철학자들과 붓다

철학자들과 붓다
근대 유럽은 불교를 어떻게 오해하였는가

초판 1쇄 발행 2006년 5월 10일

지은이 | 로제-폴 드르와
옮긴이 | 신용호 · 송태효
펴낸이 | 최원필
펴낸곳 | 심산출판사
주 소 | 서울시 마포구 연남동 567-39 301호
전 화 | 02-324-6280~1
팩시밀리 | 02-324-6412
E-mail | simsan@korea.com
등 록 | 제1-2114호(1996년 11월 28일)

ISBN 89-89721-56-3 03220

* 책값은 뒤표지에 표시되어 있습니다.

철학자들과 붓다

근대 유럽은 불교를 어떻게 오해하였는가

로제-폴 드르와 지음

신용호 · 송태효 옮김

심산

옮긴이의 말

– 소개에 대한 짧은 생각

문득 책상 위에 놓여 있는 니체의 『비극의 탄생』 프랑스어판 표지에 시선이 가 닿는다. 특이한 점이라고는 없이 단조로운 연한 회색 바탕 위에 붉은 색의 굵은 글씨로 제목이 씌어져 있을 뿐이다. 하지만 한편으로는 그 절제된 외양과 간결함으로 인해 오히려 단아하게까지 느껴진다. 이제 책을 책상 위에 가만히 세워 본다. 그러자 책 표지가 이내 단아한 집 대문처럼 느껴지고, 책 제목은 거기에 걸려 있는 문패처럼 느껴진다. 하긴, 『비극의 탄생』이라는 이름의 이 문패 뒤로는 니체가 들려주는 한 집안 사람들의 이야기가 있지 아니한가. 고대 그리스인이라는 이름의 한 크나큰 집안 사람들 말이다. 호메로스, 아르킬로코스, 아이스킬로스, 소포클레스, 에우리피데스, 아리스토파네스, 소크라테스 등과 같은 고대 그리스의 실제 인물들뿐만 아니라 그들의 '꿈의 아들들' 인 디오니소스, 아폴론, 프로메테우스, 사티로이, 판, 오이디푸스 등과 같은 신화의 인물들까지 아우르고 있는 한 크나큰 집안 사람들 말이다.

*

'무(無)의 숭배' 는 불교의 참다운 소개자가 아니었다. '무(無)의 숭배' 는 한낱 넋두리에 불과한 것이었다. 그리고 이 넋두리는 19세기 유럽의 일부 철학자들이 불교를 '안다고 생각' 했던 데서 비롯된 것이었다. 이 철학자들의 오류는 그들에게만 국한된 것도, 한 특정 분야에만 국한된 것도, 한 시대에만 국한된 것도 아니다. 19세기 유럽에서의 불교 소개의 역사인 이 '무(無)의 숭배' 의 역사는 '한 오류의 역사' 에 불과할 따름이다. 앎을 가장한 넋두리의 위험은 제반 학문의 이름 속에 보이지 않는 학문의 적처럼 항상 도사리고 있기 마련이다. 시인의 말이 앎을 가장한 넋두리가 아닌 이상, 시의 가장 큰 적은 바로 자신의 언어가 시의 참다운 소개자인지 묻지 않는 비평가에 다름 아닐 것이다. 누구나 알고 있듯이, 참다운 소개자는 아는 것과 안다고 생각하는 것을 구별할 줄 안다. 누구나 알고 있듯이, 참다운 소개자는 안다고 생각하는 것을 아는 것으로 말하지 않는다. 누구나 알고 있듯이, 참다운 소개자는 머뭇거릴 줄 안다. 하긴 소개자의 머뭇거림은 참다움의 요구에 따른 몸짓이지 않겠는가. 잠시 머뭇거리다가 한 참다운 소개자가 가만히 조심스레 입을 연다. 절제된 외양과 간결함으로 인해 단아하게까지 느껴지는 한 책표지처럼, 그렇게 절제되고 간결하고 단아한 언어로 입을 연다. "당신의 그림자는 광명이어요" 라고. 승려 시인 만해의 이 말 속에는 나의 그림자를, 당신의 그림자를, 나아가 우리의 그림자를 선명하게 드리우는 햇빛처럼 그렇게 눈부시고 그렇게 명료한 한 앎이 담겨 있는 것은 아닐는지. 혼자만의 넋두리가 아닌 이 말은 무릇 어떤 참다움을 전하는 소개의 말일 게다. 윤리의 필요 충분 조건인 참다움은 또한 앎의 필요 충분 조건이다.

소개자로서의 역할은 모두에게 공통된 역할들 가운데 하나이지만 여타의 공통된 역할들과는 달리 각자 개별적으로 도맡아야 하는, 즉 역할 분담이 불가능한 그런 역할이 아니다. 그리고 역할 분담은 비단 크고 작은 공동체의 단위 내에서 각자의 종사 영역과 직분에 따라 이루어지는 것만은 아니다. 소개자로서의 역할은 모두에게 번갈아 찾아드는 공동의 역할인 까닭에 바로 자연적으로 역할 분담이 이루어지는 역할이기도 하다. 소개자로서의 역할 분담, 이 표현 역시 참다운 소개자라는 말처럼 사뭇 생소한 표현처럼 들릴 수도 있을 것이다. 만일 그러한 경우라면, 처음으로 만남의 자리를 갖는 뭇 사람들이 만들어 내는 풍경을 상상해 보기를, 혹은 도서관이나 서점에 비치되어 있는 각종 분야의 책들이 만들어 내는 풍경을 떠올려 보기를. 자신을 소개하든 옆 사람을 소개하든 만남의 자리에서 소개자가 아닌 이 어디 있겠는가. 또 상상의 풍경이든 신화의 세계이든 역사적 사실이든 사유와 인식 체계이든 과학적 원리와 공리이든 자연의 비밀이든 혹은 신성의 신비이든 어떤 형태로든 소개서가 아닌 책이 어디 있겠는가. 소개자는 곧 모든 이의 공통된 성격이요, 소개서는 곧 모든 책의 공통된 성격이다. 소개자로서의 역할 분담, 이 자연적인 역할 분담은 사실 앎의 본질에 의한 것이다. 참다움이 윤리의 필요 충분 조건이자 동시에 앎의 필요 충분 조건인 것은 바로 앎은 세계의 열림을 말하기 때문이다. 앎, 세계의 열림. 이것은 곧 모를 이 아무도 없는 소개의 의미이기도 하다. '소개하다' 함은 곧 '세계를 열어 보이고, 세계를 알게 하다' 함이다. 참다운 소개자는 참다운 앎을 통해 세계의 참다운 열림으로 인도한다.

소개자로서의 역할 분담. 즉, 서로에게 서로는 소개자이다. 서로에게

서로는 세계로 드나드는 문이다. 모두가 어떤 잊혀진 지난날의 한 크나큰 집안 사람들의 이야기를 들려줄 수 있는 것은 아니겠지만, 그렇다고 지금의 나만의 이야기밖에 들려줄 모르는 이 또한 실로 아무도 없다. 세계로 드나드는 문으로서의 각자, 이는 곧 각자의 긍지이다. 이는 곧 보통 사람 각자의 참다운 긍지이다. 굳이 말하자면, 이는 곧 존재론적 긍지이다. 자신의 존재 자체가 세계로 드나드는 문이라면 어찌 긍지가 생겨나지 않겠는가. 이 존재론적 긍지를 가리키는, 보통 사람들이 말하는 한 보통 명사가 있다. 즉, 문호가 바로 그것이다. 서로에게 서로는 서로의 문호이다.

공동의 역할인 소개자로서의 역할이 이렇듯 각자에게 문호로서의 긍지를, 세계로 드나드는 문으로서의 긍지를 심어준다. 하긴, 세계로 드나드는 문은 곧 앎의 역할이 아닌가. 각자의 존재는 본질적으로 폐쇄적인 것이 아니듯, 앎은 본질적으로 폐쇄적인 것이 아니다. 또한 앎이 무지와 대립된 것으로서 무지로부터의 탈피를 의미하는 것은 아니다. 우물 안의 개구리가 우물 밖으로 나온다고 해서 무지로부터 탈피하는 것은 아니다. 오히려 우물 밖의 개구리는 우물 안의 개구리보다 더욱 자신의 무지를 실감하게 될 것이다. 하지만 자신의 무지를 실감하는 만큼 그에 비례하여 우물 밖의 개구리에게 주어지는 특권이 있으니, 이제 우물 밖의 개구리는 우물 안의 개구리와는 달리 개방형 개구리로 변모하게 될 것이다. 앎이 인간에게 안겨주는 해방이 있다면, 그것은 다름 아닌 자기 폐쇄로부터의 해방이다. 앎은 인간을 개방시킨다. 개방형 개구리는 자신으로부터 자유롭다. 앎은 개방형 인간을 낳는다. 세계로 드나드는 문, 앎은 자신으로부터 자유로운 개방형 인간을 낳는다. 개방형 인간을 위해 앎의 역할은 모두가 분담하는 공동의 역할이다. 윤리가 각자의 영광을 위해 양도할 수 없는 각자의 권리라면, 앎은 개방형 인간을 위해 모두가 공유하는 공동의 권리이다.

*

'무(無)의 숭배'는 불교의 참다운 문호가 아니었다. 불교를 '안다고 생각'했던 19세기 유럽의 일부 철학자들의 이 넋두리는 불교에 대한 앎을 가장한 것에 불과하였기에 세계로 열리는 문이 아니었다. 어찌 '무(無)의 숭배'만이 그러했겠는가마는 어쨌든 '무(無)의 숭배'가 19세기의 유럽에서 개방형 인간을 낳는 데 기여했던 것은 아니다. 참다운 문호가 아닌 소문이, 참다운 문호가 아닌 언론이, 참다운 문호가 아닌 이론이, 참다운 문호가 아닌 비평이 공동의 권리를 침해하는 것이듯, 오히려 '무(無)의 숭배'는 적어도 19세기 유럽인들의 공동의 권리를 침해하는 것이었다. 그런데 그 발단이 되었던 것은 다름 아닌 한 철학자의 다음의 이 질문이었다. "인도에는 철학이 있는가?"

오늘날 우리에게는 인도 철학은 고사하고 불교에 대해서조차 아는 것이 거의 없는 경우라 할지라도, 또 불교가 어떤 철학 체계이리라고 그저 막연하게 상상하고 있는 정도의 경우라 할지라도 이 질문은 터무니없고 무근하고 기이한 질문처럼 들릴 것이다. 얼핏 질문 같지 않은 질문처럼 들리는 이 질문은 하지만 실로 질문다운 질문이다. 이 질문은 물론 유럽에 대한 자부심의 발로이지만 한편으로는 어느 특정 부류와 특정 지역과 특정 시대에만 국한될 수 있는 질문이 아니다. 이 질문이 반영하고 있는 유럽에 대한 자부심은 비록 참다운 긍지는 아니라 할지라도 그렇다고 전혀 터무니없고 무근하고 기이한 어떤 우월감의 표현인 것만도 아니며 또한 단지 허울뿐인 어떤 자기 기만적인 정체성의 표현인 것만도 아니다. 그림자의 선명함이 빛의 강도를 역조명하듯이 질문 같지 않는 질문이면서도 질문다운 질문인 이 질문의 저변에는 사실 유럽인들의 자부심을 정당화시켜 주는 하나의 생각이 자리잡고 있다. 이 질문은 바로 유럽에는 철학이 있다는 생각을 전제로 하고 있는 것이다. 하긴, 철학이 있는 땅이라면 스스로에 대한 자부심을 가져도 무방하지 않겠는가. 이 질문은 자신들의 땅에 대한 유럽인들의 자부심이 철학에 그 바탕을 두고 있었음을 여실히 말해주는 것이라 하겠다. 철학은 자신들이 살고 있는 땅에 대한 자연스럽고도 당연한 자부심의 기초이다. 이 질문에서 우리가 살펴볼 수 있는 이 명제는 시대와 장소를 가리지 않고 적용될 수 있는 보편적 명제이다.

이 명제는 바로 철학의 있고 없음이 시대의 위상과 그 땅의 위상을 평가하는 척도임을 말해주고 있다. 이 질문이 반영하고 있는 인도에 대한 폄하는 이 척도에 따른 것이다. 비록 척도의 적용에서 크나큰 오류가 있었다고 할지라도 말이다. 또한 이 명제는 바로 철학의 있고 없음이 한 종교의 보편성을 결정하는 척도임을 말해주고 있다. '무(無)의 숭배' 가 시사하는 불교에 대한 거부는 이 척도에 따른 것이다. 비록 척도의 적용에서 크나큰 오류가 있었다고 할지라도 말이다. 이 질문을 제기하는 유럽의 한 철학자의 눈에 아마도 기독교의 역사는 수많은 신학 논쟁을 통해 철학 없는 종교에서부터 점차 철학에 바탕을 둔 종교로 탈바꿈해 가는 변천사로 비쳤을 것이다. 왜냐하면 철학 없는 종교는 곧 광신일 뿐이기 때문이다. 광신의 역사로부터의 탈피, 이것이 곧 기독교의 변천사라면, 철학 없는 종교인 '무(無)의 숭배' 는 바로 기독교의 변천사의 출발점에 위치하는 원시적 혹은 전근대적인 종교가 아니겠는가. 철학은 종교에 현대성을 부여한다. 철학은 종교에 보편적인 불변의 현대성을 부여한다. 만일 고대의 한 종교가 그 태동에서부터 어떤 철학 체계에 바탕을 둔 것이라면, 그 종교의 현대성은 이미 고대에 확보된 것이라 하겠다.

철학은 자신들이 살고 있는 땅에 대한 자연스럽고도 당연한 자부심의 기초이다. 이 명제는 또한 철학의 있고 없음이 그 땅의 정체성을 결정하는 척도임을 말해주고 있다. 인도에는 철학이 있는가? 이 질문이 반영하고 있는 유럽에 대한 자부심은 곧 유럽의 정체성에 대한 어느 정도의 자신감의 표현이기도 하다. 철학 없는 종교인 '무(無)의 숭배'는 사실 정체 불명의 종교였듯이, 철학 없는 땅은 사실 정체 불명의 땅이다. 정체 불명의 땅이 머나먼 우주의 어느 곳에 달리 있는 것이 아니다. 정체 불명의 존재가 머나먼 우주의 어느 곳에 달리 있는 것이 아니다. 철학 없는 인간들, 즉 정체 불명의 인간들이 사는 곳이 바로 정체 불명의 땅이다. 철학은 종교에 불변의 현대성을 부여하듯, 철학은 인간에게 그리고 그 땅에 불변의 정체성을 부여한다. 자연스럽고 당연한 자부심은 사실 불변의 정체성의 발로이다. 하긴, 불변의 정체성이 아니면 또 무엇이 자연스럽고도 당연한 자부심을 낳겠는가. 철학은, 자신들이 살고 있는 그 땅의 정체성의 기초이다.

철학은 오류 의식을 통해 앎에 종사한다. 만일 철학의 역할이 그 본연의 의미대로 세계의 참다운 문호인 앎에 종사하는 가운데 개방형 인간을 낳는 데 기여하는 것이라면, 오류 의식은 앎의 필요 충분 조건인 참다움의 요구에 부응하는 유일한 길일 것이다. 오류 의식은 철학자 '로서', 앎을 사랑하는 자 '로서', 앎의 종사자 '로서' 갖추어야 하는 첫째 조건이다. 나아가 오류 의식은 모두에게 번갈아 찾아들며 모두가 분담하는 공동의 역할인 소개자로서의 역할, 문호로서의 역할을 포기할 수 없는 각자의 몫으로,

그리하여 양도할 수 없는 각자의 긍지로 만들기 위한 필수 조건이기도 하다. 불교의 참다운 문호가 아니었던 '무(無)의 숭배'는 철학자로서의 긍지를 안겨줄 수 있는 것이 아니었다. 19세기 유럽에서의 불교 소개의 역사는 오류 의식을 상실한 정신이 빠져드는 오류의 늪의 한 단적인 실례라 할 것이다. 개인의 차원에서든, 국가의 차원에서든, 문명의 차원에서든, 종교의 차원에서든, 우리는 항상 크고 작은 우물 안에 있을 따름이다. 오류 의식은 우물 안의 개구리를 우물 밖으로 끌어내어 개방형 정신으로 변모시킨다.

만일 우리가 문명이라고 부르는 것이, 종교라 부르는 것이 각자의 정신을 개방형 정신으로 변모시키기 위함이라면, 한 문명 혹은 한 종교에 대한 연구는 '인도에는 철학이 있는가?'라는 이 질문이 본래 나아가야 했던 방향으로 나아가야 할 것이다. 즉, 한 문명 혹은 한 종교가 과연 어떻게 개방형 정신을 낳는 데 기여하고 있는가? 문명사 혹은 종교사 연구는 다음의 이 전제를 출발점과 목표로 삼아야 할 것이다. 즉, 문명의 이름은 하나이며, 종교의 이름은 하나이다. 문명의 이름과 종교의 이름은 세계의 참다운 문호인 앎의 이름이다. 문명의 이름도 종교의 이름도 철학의 이름을 전제로 한다. 왜냐하면 철학의 이름은 앎의 이름을 전제로 하기 때문이다. 그러기에 철학의 이름 속에는 앎의 필요 충분 조건인 참다움의 요구가 내포되어 있다. 참다움, 이 한 마디의 말은 철학이 떨쳐버릴 수도, 뛰어넘을 수도, 지워버릴 수도 없는 철학의 그림자이다. 철학의 그림자는 철학에 묻는다. 즉, 참다운 철학인지를. 그리고 참다운 철학은 말한다. "당신의 그림자는 광명이어요"라고.

차례

불교는 무의 숭배이다.
무슨 그런 종교가 있느냐고 아마 의아해들 하겠지만
이는 엄연한 사실이다.

빅토르 쿠쟁(Victor Cousin, 1792~1867)

서언
어느 오류의 의미

서구 역사에서 불교의 실질적 발견은 아주 최근의 일이다. 동양학자들이 불경 번역에 착수하고 교리를 재구성하기 시작할 무렵, 철학자들은 붓다가 누구인지 이해한 것으로 생각하고 있었다. 철학자들의 눈에 이 파괴자는 삶을 부정하면서 사멸을 권장하는 것으로 비쳤다. 이같은 지난날의 오류를 되돌아보는 이유는 무엇인가?

오리엔탈리스트란 여행을 많이 한 사람을 말한다.

플로베르, 『선입견 사전』*

* 프랑스어에서 오리엔탈리즘(orientalisme)이라는 단어가 등장하는 것은 1830년대로 접어들면서부터이다. 이 단어는 주로 두 가지 의미로 사용되기 시작하는데, 한편으로는 동양의 언어와 문명이 새로운 학문 분야로 대두하였음을 의미하였고, 또 한편으로는 화가 들라크루아의 오리엔탈리즘처럼 동양에서 영감을 구하는 예술적, 문화적 사조를 의미하였다. 작가 귀스타브 플로베르의 사후 30여 년이 지난 1911년에 출간된 이 『선입견 사전』 속에 등장하는 이 단어는 사전의 성격이 당대 부르주아의 어리석음을 공격하는 데 있었다는 점에 비추어 볼 때 둘째 의미로 사용되고 있는 것 같다. 따라서 여기서는 이 단어를 그대로 오리엔탈리스트로 옮기고자 한다. 하지만 이 경우를 제외하면 본서에서 사용되고 있는 이 단어는 동양학이라는 말로, 그리고 오리엔탈리스트는 동양학자의 의미로 옮기는 것이 적절할 듯하다. — 옮긴이

우선 이 점부터 분명히 말해 두자. 불교는 무(無)의 숭배가 아니라는 것을. 우리 서구인들의 눈에, 사멸을 갈망한다거나 파멸을 동경하는 태도가 불교 속에 자리잡고 있는 것으로는 — 오늘날 더 이상 — 비치지 않는다. 오히려 우리의 마음을 사로잡는 것은 불교 속에 들어 있는 너그러움, 모든 형태의 삶에 대한 연민, 관용, 비폭력성이다.

오늘날 서구인들에게 불교는 무엇보다도 하나의 치료법이다. 고통을 치유하는 불교는 허무주의와는 무관하다. 불교는 하나의 종교 혹은 하나의 철학 그 이상의 것으로서 하나의 교리이자 의학이다. 불교가 권장하고 있는 요법은 여타 종교가 약속하는 구원과는 전혀 다른 어떤 해방을 목표로 하고 있다. 불교의 길이 지향하는 궁극의 목표를 평정, 은총, 평온, 축복 등의 용어로 제시하는 것도 가능하겠으나, 이는 또한 곡해의 여지를 안고 있다. 왜냐하면 그 초월적 세계를 지칭하기 위해 사용된 기본 개념들은 여전히 우리들이 있는 이곳 세계에서 빌려온 것들이기 때문이다. 우리가 열반에 대해 말할 수 있는 것이라고는 무릇 이 점밖에 없다 할 것이다. 즉, 열반에 들어섬과 더불어 고통은 종식된다고. 게다가 이처럼 사용된 단어들 가운데 적절한 단어는 단 하나도 없다. 이를테면, 초월적 세계와 이곳 세계를 대립 관계로 설정하는 것도 적절치 않을 뿐만 아니라, 또한 어떤 공간대 혹은 어떤 시간대 '속으로' 들어서듯 열반에 들어서는 것도 아니다. 서구의 철학적 전통에서 구별짓고 있는 육체적 욕망, 즉 길을 잃게 하는 정념들을 부추기는 욕망이든 아니면 합리적 욕망, 즉 형이상학과 과학 같은 뭇 개념 체계의 형성을 고무시키는 욕망이든 관계없이, 열반은 욕망에 의해 야기된 모든 고뇌의 치유이다.

따라서 우리에게 불교는 치료법으로서 실용주의적 성격을 지니고 있는 것으로 비치고 있다. 고통의 종식 — 불교의 모든 것은 바로 이 점을 지향하고 있다. 만일 형이상학을 운용하는 것도 고통을 종식시키는 데 기여하는 것이라면, 이러한 운용 역시 권장되어 마땅할 것이다. 하지만 이러한 운용은 불필요한 것이며, 따라서 해로운 것이다. 그렇다고 그 해로움이 절대적인 것은 아니다(절대 악의 개념은 불교와 무관한 것이다). 그 해로움은 상대적인 것이다. 한 팔리어 경전에 의하면, 붓다는 참된 것인지, 기분을 좋게 하는 것인지, 유용한 것인지, 이 세 가지 척도간의 조합에 따라 말을 해야 할 경우들과 말없이 가만히 있어야 할 경우들을 일괄해 보이고 있다.* 거짓되고 불필요하고 불쾌한 것이라면 붓다는 말하지 않는다. 참되고 기분을 좋게 하는 것이기는 하지만 불필요한 것이라면 이 또한 붓다는 말하지 않는다. 반면 참되고 유용한 것이라면 붓다는 그것이 듣는 사람의 기분을 좋게 하든 불쾌하게 하든 개의치 않고 시의적절하게 말한다. 여기서 중요한 것은, 소크라테스의 경우처럼 참된 것이 기분을 좋게 하는 것보다 우선시되는 게 아니라 바로 유용한 것이 참된 것보다도 더 우선시된다는 점이다. 이 점은 바로 어떤 실용주의적 태도를 입증해 보이고 있다.

모든 형이상학적 사변과는 확연히 거리를 두는 이러한 태도는 단기적으로만 유지되었던 것으로 보인다. 단지 초창기의 불교만이 이러한 태도를 실제로 견지하고 있었을 따름이다. 왜냐하면 이제껏 인간 정신이 보여준 가장 섬세한 분석이라 해도 과언이 아닌 그러한 분석들이 이미 팔리어로 된 형식론적 교리 속에 대두하고 있으며, 또 이같은 경향은 논리를 추

* 이 팔리어 경전은 1975년 런던 팔리어 성전협회에 의해 번역 출간된 『맛지마 니카야』이다.

구하는 대승불교의 여러 유파 속에서 더욱 두드러지게 나타나고 있기 때문이다. 하지만 이렇듯 세밀한 사변화 작업이라 할지라도 어떤 체계를 정립한다거나 혹은 단언적 제언들을 조직화하려는 그런 노력이 아니라는 데서 우리는 그 특징을 찾아볼 수 있을 것이다. 이 작업의 근원적 동기는 모든 형이상학을 유보하는 데 있었다. 비록 이같은 과제가 한없이 계속되면서 또한 항상 새로이 시작해야 하는 작업을 요구하는 것임에도 말이다. 그러기에 이론 그 자체에 대한 추구가 궁극의 목표를 대체해버린 적은 찾아볼 수 없으니, 이 궁극의 목표는 해탈이라는 말로 제시되고 있다.

거북의 털과 초탈

핵심만을 말한다면, 붓다의 표현으로 간주되고 있는 표현을 빌려 다음과 같이 말하는 것으로도 족할 것이다. 즉, 해탈은 곧 종식시키는 데서 오는 것이라고. 해탈은 '갈증'을 없애는 데서, 다시 말해 무지의 산물인 욕망을 없애는 데서 오는 것이라고. 무지는 집착을 낳고 나아가 기대와 희망과 불안을 낳는바, 또한 그로 인해 고통이 생기기 마련이다. 사물들을 있는 그대로 – 불연속적인 것으로, 단일적이지 않은 것으로, 조건지어진 것으로, 항구적이지 않은 것으로, 고유성이 결여된 것으로 – 볼 줄 아는 자는 욕망을 종식시키게 될 것이며 따라서 고통 역시 종식시키게 될 것이다. 이처럼 실재를 '있는 그대로' 파악하는 것은 어떤 이론적 정립을 통해서만 비롯할 수 있는 그런 앎이 아니다. 명료함과 식별력을 갖춘 안목은 지적이지 않은 길을 통해서도 얻어질 수 있는 것으로서 대체로 추론을 통해서는 얻어지지 않는 것이다. 불교에서의 해탈은 합리적 사리판단을 배제하지 않으면서도 또 한편으로는 금욕주의, 즉 초탈로 나아가는 점진적이며 지속적인 수양과도 불가분한 것이다. 프라주나〔prajnâ, 예지〕, 지적 활동은 드야나〔dhyâna, 禪定〕, 명상과 분리되지 않는다.

사물들을 있는 그대로 볼 줄 알게 된 자에게 사물들은 사물이 아닌 것으로, 그 존재 자체가 문제시되지 않는 것으로 밝혀질 따름이다. 사물들이 어떤 연속성 속에 존속하는 것은 아니다. 사물들에게 정체성이나 항구성 그리고 고유성이란 없는 것이다. 불교의 고승들은, 대상의 차원과 각 개인의 차원에서 조직화 기능을 하는 어떤 고정적이며 영속적인 원칙을 부정하려 들기보다는 그러한 원칙이 개입되지 않도록 하는 데 주력하였던 것이다. '주체' 이든 '대상' 이든, 어떤 것도 '자기' 를 지니는 것이란 없다. 어떤 것도 고유성을 지니는 것이란 없다. 불교에서의 세계는 불연속적이며 즉각적인 현상들, 바탕도 실체도 없는 현상들, 끊임없이 출몰하는 현상들의 질서 있는 연속이다. 하지만 우리는 감각의 조야함으로 인해, 욕망이 빚어내는 환상과 우리의 언어가 야기하는 환상으로 인해 대상의 존재 및 우리들 자신의 존재를 믿으려 한다.

이러한 의미에서, 불교보다 더 반실체주의적인 사유는 없으며 또한 분석적으로도 그만큼 파괴력을 지닌 사유는 없다고 할 것이다. 아트만〔âtman, 영혼 혹은 자기〕은 준거 없는 용어이다. 아트만에 관한 어떠한 물음도 침묵 외의 또 다른 답변을 얻을 수는 없다. 왜냐하면 사실 여기에는 어떠한 질문도 제기되고 있지 않기 때문이다. 이를테면 영혼이 멸하는지 아니면 불멸인지 묻는 것은 바로 '영혼' 이 어떠한 실재로서의 의미도 내포하고 있지 않다는 점에 미루어 볼 때 곧 아이를 낳지 못하는 여인의 아들이 건강한지 아픈지 묻는 것과도, 혹은 거북의 털이 뻣뻣한지 부드러운지 묻는 것과도 같은 것이다. 우리가 대상, 주체, 실체, 형태, 물질 등의 이름으로 부르고 있는 이런 막연한 개념들에 정신을 빼앗길 필요는 없다. 오로지 공허만이 있을 따름이다. 우리는 부지불식간에 세계를 무언가 충만한 것으로, 불투명한 것으로, 견고한 것으로, 지속적인 것으로 여기고 있으나, 이 반짝이고 텅 빈 실재는 스스로 소멸하였다가 그 즉시 새로이 솟아나기를 멈추지 않는다. 이 공허한 상태는 무(無)가 아니다. 공(空)을 무와 혼동하는 것은 실로 중대한 오류를 범하는 것이다.

중도(中道) 사상은 이 공에 대한 이해를 도와주고 있다. 불교의 특수성의 근간을 이루는 중도는 (쾌락 추구도 고통스러운 고행도 아닌) 실생활의 차원에서 제기되기도 하고, (정신의 분산도 강박적인 집중도 아닌, 삶에 대한 욕망도 죽음에 대한 갈망도 아닌) 심리의 차원에서 제시되기도 하며, 또 (불멸의 삶도 무화도 아닌, 존재도 비존재도 아닌) '형이상학'의 차원에서 제시되기도 한다. 중도는, 상반된 양상의 과도함 그 양극 한가운데에 위치하면서 단지 절제를 그 특징으로 할 따름인 어떤 '중도주의적' 입장을 의미하는 것이 아니다. 공은 동태적이다. 즉, 긍정과 부정 사이를 헤치고 나아가야 하고, 대립적인 논지들 사이로 길을 열어가야 하며, 적대관계를 벗어난 어떤 '공간'을 열어가야 하는 것이다. 공은 이렇듯 상반적인 것들을 말소시킴으로써 가 닿게 되는 것이다.*

오늘날 불교는 또한 일상적으로 대하는 갖가지 모습들을 통해서도 우리 서구인들에게 다가오고 있다. 이를테면, 침묵 속에 미소짓고 있는 불상

---

* 이 표현들은 서기 5세기경의 인도 법사 바수반두(世親)의 사상에서 비롯한 말이다.

들, 비행기에서 내려오는 달라이 라마, 달라이 라마를 마중 나온 영화계의 스타들이나 그를 초청한 학자들, 캘리포니아나 프랑스 도르도뉴 지방에 세워진 티베트 사원의 입구, 세계 곳곳에 보이는 선승들, 그리고 특히 승려나 신도 혹은 불교와 '가까이하려는 사람들' 에 의해 문을 연 선도량, 자주 열리는 범종교적 토론, 평화를 위한 성토, 인도주의적 구호 활동, 비폭력 운동 등등 더 많은 것들이 열거될 수 있겠으나, 결론은 하나같다. 즉, 세계 그 자체를 부정하면서 모든 행동의 토대뿐만 아니라 진정한 도덕의 토대를 파괴하는 것으로 인식되었던 이른바 허무주의적 불교에 대한 시각은 거의 완전히 자취를 감추었다는 점이다. 우리는 불교를 무언가 이로움을 안겨주는 것으로 혹은 비공격적인 것으로 받아들이고 있을 뿐 결코 비인간적이며 위험한 것으로는 생각하지 않고 있다. 오늘날 서구인들에게 불교는 때로는 이채로운 것으로, 또 대개는 하나의 요법으로 비칠 따름일 뿐 더 이상 어떤 위협으로는 여겨지지 않고 있다.

붓다라는 악몽

그렇지만 예전에는, 불교는 두려움의 대상이었다. 19세기 전반에 걸쳐, 불교가 하나의 종교인지 아니면 하나의 철학인지에 대한 의구심 속에서 이 교리에 대한 접근이 유럽에서 행해지는 과정에서 상당수의 사상가들은 아시아 전역을 포괄하는 이 거대한 고대의 법 속에는, 당시의 표현대로라면, 무언가 이름 없는 위험이 도사리고 있다고들 생각하였다. 그들은 붓다를 어떤 악몽의 전조로 간주하였다. 붓다의 교리는 그 바탕에 무언가 있을 수 없는 것을 담고 있다는 게 그들의 지론이었다. 즉, 자신의 소멸을 갈망한다는 것이 인간 정신으로서 진정 가능한 일이겠는가 하는 바로 그 점이었다. 하지만 불교는 엄연한 역사적 사실이었다. 불교의 고대성은 적어도 그리스인들의 고대성에 못지않은 것이었으며, 또 불교는 신도 수에서도 기독교를 능가하고 있었다. 그리고 불교 윤리를 경외심 없이 대하기도 어려운 일이었다. 그럼에도 불구하고 불교를 신학의 차원에서 수용하는 것은 불가능한 일이었다. 유럽에서 불교의 발견은 시대적으로 아주 뒤늦은 일로서 그 초기에는 하나의 악몽처럼 여겨졌다. 유럽인들은 역설적이며 공포스러운 어떤 무의 숭배가 행해지고 있다고 믿게 되었는바, 이는 곧 공포에 대한 정의 그 자체이기도 하다. 다시 말해, 있어서는 안 될 있을 수 없는 현실, 하지만 확연히 입증되고 규모도 엄청날 뿐만 아니라 또한 이성 및 자연과는 지속적인 상반관계에 있는 현실, 이것이 곧 공포였던 것이다. 붓다가 뭇 철학자들에게 불러일으킨 공포는 유령이 야기하는 공포와도 흡사한 것이었다. 이 철학자들의 조직화된 논지들은 환영에 대한 두려움, 망령에 대한 공포가 뚫고 지나간 흔적을 곳곳에 안고 있을 뿐만 아니라 또 이러한 두려움, 이러한 공포에 의해 그 자체의 내적 토대가 와해된 것처럼 드러나고 있다.

우리들에게 이 지난날의 공포는 완전히 잊혀진 것으로 보인다. 그렇지만 이 지난날의 공포가 남긴 여러 다양한 흔적들을 우리는 독일 철학자들, 그 중에서도 헤겔, 쇼펜하우어, 니체에게서 찾아볼 수 있다. 이 공포는 또한 쿠쟁에서부터 텐느와 르낭을 거쳐 르누비에에 이르기까지 프랑스 철학자들에게도 그 자취를 남기고 있다. 그들 모두의 공통점은 바로 열반과 존재의 소멸을 어느 정도 상관관계로 보고 있다는 점이고, 두려움을 자아내기는 하지만 두려운 것인 만큼 유혹적인 것인 허무주의로서 불교를 고찰하고 있다는 점이며, 나아가 불교를 염세주의와 결부시킴으로써 세계의 '정상적인' 질서 — 서구적이며 기독교적이고 생동적이며 긍정적인 질서 — 와는 완전히 상치된, 죽음을 조장하는 부정적 사유 체계를 불교에서 보고 있다는 점이다. 그것은 명백한 오해의 결과였다. 그렇다면, 이러한 오해는 무엇을 의미하고 있었던 것인가? 본서는 이같은 오류에 대한 분석을 연구 대상으로 제시하고자 한다.

지난날의 오류를 연구 과제로 삼는 이유는 무엇인가? 지난날의 오류가 자취를 감추었다면 그것으로 충분하지 않겠는가? 지난날의 횡설수설은 마침내 실증적이며 검증된 인식에 자리를 내어주지 않았던가? 그처럼 가지각색이었던 환영을 좇는 말들에 뒤이어 여러 경전들에 대한 비평본들이 발표되지 않았던가? 경계심과 경멸감이 자리잡고 있었던 일반인들의 생각 속에는 불교에 대한 비록 초보적이기는 하지만 대개의 경우 전반적으로 정확한 이해가 들어서게 되지 않았던가? 19세기의 유럽에 강박 관념을 불러일으킨 이 유령으로 되돌아가는 것은 비록 학자의 호기심이 그 자체만으로 정당한 것이라 할지라도 이러한 호기심의 차원에 국한되지는 않을 것이다. 우리는 이같은 오류에서부터 여러 교훈들을 끌어낼 수 있을 것이다. 이같은 오류를 통해 물론 붓다의 교리가 밝혀지는 것은 아니겠지만 반면에 서구 철학자들의 태도, 그들의 상상의 세계 그리고 타자에 대한 그들의 관계 방식 정도는 규명될 수 있을 것이다. 본서에서 다루고 있는 참고 서적들은 역사의 한 시점, 즉 1820년부터 1890년 사이에 발간된 것들이다. 유럽인들은 아시아에 대해 거론하는 가운데, 이를테면 브라만의 전통 위계에 대한 붓다의 항변에 대해, 무(無)가 붓다의 교리 속에서 차지하는 비중에 대해, 붓다의 무신론에 대해 거론하는 가운데 실은 유럽인 자신들에 대해, 몰락과정에 있는 구시대적 권력 질서에 대해, 형이상학의 와해에 대해, 신의 죽음 — 대두하기 시작한 허무주의 — 에 대해 말하고 있었던 것이다.

오류는 늘 확실한 길잡이 역할을 하고 있다는 점에서, 이러한 역사적 사실은 또한 우리에게 어찌하여 새로이 알게 된 것이 새로운 광기를 유발하게 되는지를 일러주고 있다. 왜냐하면, 새로이 태동한 과학이 갑자기 불필요하고 혼돈스러운 것으로 되어버린 과거와의 단절을 통해 지난날의 망상들을 불식시킨 그런 경우들과는 달리, 동양학자들의 작업은 불교의 교리 및 역사에 대해 점차적으로 하나의 실증적 인식 토대를 마련해 가는 과정에서 지난날의 망상들을 불식시키지 못했기 때문이다. 어떤 기이한 장난에 의해서인 양, 가장 잘 정립된 사전 지식들이 오히려 가장 터무니없는 악몽의 양분으로 작용하였던 것이다. 불교에 대한 전문 지식이 출현하고 성장해 감에 따라 역설적으로 이로 인해 환각 상태가 빚어낸 것과 같은 한 가지 모습이 형성되기 시작하였던바, 이렇듯 형성된 모습은 전문 지식으로부터 충분한 영양을 공급 받아 가면서 또한 이 전문 지식과 보조를 같이 하였던 것이다. 문헌 학자들이 불경 한 줄 한 줄의 의미를 묻고 정립해 가면서 또 한편으로는 불경의 편력 경로를 통해 불교의 역사 및 불교 교리의 특수성을 재구성해 가는 동안, 철학자들의 생각 속에 형성되었던 것은 이와는 다른 모습, 갈등과 당혹감을 초래하는 모습, 즉 '무를 숭배' 하는 모습이었다. 이같은 모습이 임의적 수단을 통해 만들어진 것은 아니다. 이같은 모습은 동양학자들이 제공해 준 재료를 통해 빚어진 것이다. 하지만 꿈 속의 형상이 현실로부터 나온 요소들 가운데 몇 가지를 달리 배치함으로써 그 요소들을 기이하거나 위협적인 모습으로 결합시키는 것과 마찬가지로, 이러한 철학적 전개 역시 동양학자들이 마련해 준 사전 지식들을 선별하고 조작하고 재배치함으로써 그로부터 하나의 가공할 만한 학설을 추출해 내고 있는 것이다.

이러한 역사가 의미하는 바를 이해하기 위해 우리에게 필요했던 것은, 유럽의 동양학자들이 불교의 교리를 발견하기까지 거쳐 왔던 그 과정의 굴곡을 재구성하는 일이었으며, 또 철학자들의 분석 가운데서 그들 자신의 생각에서 나온 것과 과거의 준거가 개입한 결과로 인한 것을 판명하는 일이었으며, 또 한동안 불교에 대한 철학적 해석을 부정과 자기 파괴와 허무주의의 관점 아래 묶어 놓던 지난날의 인식 체계가 갖추고 있었던 그 전체적 일관성에 조금씩 가까이 접근해 가는 일이었다.

왜 불교가 문제시되어야 했던가? 필자는 『인도에 대한 망각』*을 저술하면서 시작하였던 연구 조사 과정에서 다음과 같은 생각을 갖게 되었다. 즉, 낭만주의 세대와 더불어 비로소 유럽의 철학 무대에 등장하게 되었던 인도 학설들이 이내 유럽의 철학 무대에서 자취를 감추게 된 과정을 살펴보면 동양학자들에 의한 불교의 발견과 철학자들에 의한 불교 해석이 아마도 그 결정적인 전기가 되고 있으리라고. 또 한편으로, 유럽 철학자들에 의한 인도 학설들의 '수용'에 관한 주요 연구물들을 살펴보면 거기에는 브라만교의 수용과 불교의 수용이 명료히 구별되어 있지는 않지만, 브라만교의 수용과 불교의 수용은 동일한 연대기나 동일한 맥락 속에 설정될 수 없는 것이라고.

---

* 『인도에 대한 망각, 한 가지 철학상의 기억 상실』, 파리, PUF, 1989.

유럽인들에게 브라만교의 발견 그리고 나아가 불교의 발견이라는, 유사하면서도 확연히 구별되는 이 두 가지 사실 사이의 대조되는 면을 설명하기 위해서는 여기서 인도 역사를, 그리고 보다 넓게는 아시아 역사를 서구 역사와의 관계 속에서 살펴보아야 할 것이다. 이 두 교리간의 차이는 오늘날 한편으로는 브라만교 종파마다 내세우는 실체주의와 또 한편으로는 실체에 대한 일체의 생각에 대해 불교가 보여주는 비판의 양상으로 나타나고 있지만, 우리는 이러한 교리상의 차이를 고찰하는 것으로 그쳐서는 안 될 것이다. 우리는 또 다른 두 가지 기본적 사실을 염두에 두어야 한다. 첫째 사실은 바로 인도에서 태동한 불교가, 기원전 5세기부터 그 후 서기 10세기까지 적어도 1,500년 동안 성장하고 확산되었던 불교가 오늘날에도 여전히 상당 부분 수수께끼로 남아 있는 뭇 이유들로 인해 11, 12세기경에 인도에서 사라졌다는 점이다. 그 결과 17, 18세기에 들어 차츰 인도에 정착하기 시작한 프랑스인들, 네덜란드인들, 영국인들은 그곳에서 불교 승려들을 접할 수 없었던 것이며 단지 방치되고 폐허로 변한 사원들만을 목격하였던 것이다.

둘째 사실은 바로 경전들마저 인도 땅에서 자취를 감추고 또 브라만 승려들은 오랜 기간 지속되어 왔던 불교의 항변에 대해 거의 기억조차 하지 못하고 있는 것 같다는 점이다. 산스크리트어로 된 불전들이 보존되어 왔던 곳은 히말라야 산악 지대, 특히 네팔이다. 그리고 원본이 상실된 그 밖의 다른 많은 불전들은 티베트어나 중국어 번역으로 전해 내려오고 있다. 따라서 산스크리트어를 습득했던 최초의 유럽인들은 브라만교의 경서들에 직접적으로 다가갈 수 있었던 것이다. 하지만 이와 반대로 불교에 대한 접근은 되는 대로 수집된 분산된 지표들, 아무런 통일성이 없는 지표들을 통해 점차적으로 나아갈 수밖에 없었던 것이다.

그 이유는 바로 불교가 시간의 흐름에 따라 점차 거의 아시아 전역으로 펴져 나가는 과정에서 결코 획일적이지도 않았으며 또한 통일된 체계를 갖춘 적도 없었기 때문이다. 불교가 크게 소승불교와 대승불교로 나눠지는 가운데서도 다각적이고 상치되는 교리 해석을 제시하는 다양한 종파와 교파가 — 여기서 교파라는 이 용어는 전혀 조소적인 의미를 갖고 있지 않다 — 아주 일찍부터 대두하고 있었다. 그리고 이러한 다양함은 불교가 점차 뿌리를 내린 그 지역의 기존 토착 신앙 및 숭배와 결합되었던바, 소승불교는 스리랑카, 미얀마, 라오스에, 그리고 대승불교는 중국(1세기경), 일본(6세기), 티베트(8세기), 몽골(12세기)에 정착하게 되었다.

희망이 공포로

18세기 후반으로 접어들면서부터 인도에 대한 연구와 산스크리트어 문헌학은 고유의 의의와 방법을 갖춘 하나의 학문으로 형성되기 시작하였다. 영국인들의 캘커타 학파를 시작으로 콜레주 드 프랑스와 아시아학회〔1822년 파리에서 결성된 동양학 학술단체〕 중심의 파리 학파, 그리고 독일인들의 본 학파 및 베를린 학파는 19세기 초반으로 접어들면서 당시까지 거의 미지의 영역으로 남아 있던 한 거대한 영역에 접근하기 시작하였다. 기상천외한 어원 해석과 이국적 환상이 차지하고 있던 자리에, 점진적이기는 하지만 상당히 빠른 속도로, 정확한 지식과 엄격한 번역이 들어서게 되었다.

번역된 서적들은 처음에는 소수에 불과하였다. 하지만 그 번역서들이 불러일으킨 반향은 대단한 것이었다. 낭만주의의 유럽, 그 중에서도 특히 독일인들은 최초로 번역된 산스크리트어 경본들을 읽어나가는 과정에서 브라만교 속에 그들 자신이 안고 있는 문제들이 반영되고 있다고 생각하였다. 인도의 서사시와 희곡과 시, 그리고 '갠지스강의 철학자들' 의 저술들은 새로운 르네상스에 대한 기대를 심어 주었다. 그 다각적인 반향으로 인해 15, 16세기의 르네상스와도 유사한 성격을 지니게 될 이 '동양으로부터의 르네상스' 는 그 규모와 깊이에서 이전의 르네상스를 능가할 것으로 여겨졌다.* 사실 이 '동양으로부터의 르네상스' 가 다가가게 하는 과거의 샘물은 그리스 이전부터 흘러 내려오는 것이었다. 가장 기원적인 것으로 돌아가는 데서부터 새로운 미래는 창시될 수 있다고 그렇게 생각하고들 있지 않았던가! 당시의 생각에, 가장 요원하고 가장 고대적인 과거는 현재와는 전혀 다른 미래에 대한 가능성이 내포되어 있는 곳으로 혹은 그 원천으로 받아들여지고 있었다. 그 후로도 오랫동안 계승되었던 이같은 생각이 물론 고대로 돌아가기를 권장했던 것은 아니다. 하지만 이 사상은, 당대의 무질서는 조만간 닫히게 될 역사의 한 기나긴 일막의 마지막 순간에 불과한 것이라는 믿음에 토대를 마련해 주고 있었던 것이다. 유해한 기운으로 덮인 이 시기를 전후해서, 기원과 미래란 비록 유사성 없이도 서로 조응하고 있다는 것이다.

독일의 헤르더가 '인류의 요람' 이라고 부르기도 한 인도에 대해 서구

* '동양으로부터의 르네상스' 라는 표현은 에드가 키네(Edgar Quinet)의 저서인 『종교의 정신』(파리, 1842)의 한 단원에 붙은 제목이다.

인들이 기대하였던 것은 당대의 방황이 일단 그 막을 내림으로써 오게 되는 미래의 구원, 오직 그것이었다. 최초로 번역된 산스크리트어 경본을 통한 브라만교의 발견은 따라서 놀라움 그 이상의 어떤 호기심이나 경외감을 불러일으켰다. 이제 막 알게 되었을 뿐인 이 인도는 이내 시와 사유가 한데 어우러진 원초적 조국처럼, 그 완벽함과 질서와 권능이 유럽의 정신 나아가 유럽의 육신을 되살려 줄 수 있는 유일하고 거대한 생동력처럼 역사 그 아래에 또 역사의 여러 타락한 단면 그 아래에 자리잡고 있는 그런 원초적 조국처럼, 그렇게 동경의 땅으로 비쳤었다. 셸링은 빈디슈만〔Windischmann: 독일의 철학자〕에게 보낸 1806년 12월 18일자의 한 편지에서 이렇게 적고 있다. "서양과 동양의 결연 관계를 복원하는 일이야말로 세계정신이 해결 노력을 기울여야 할 가장 큰 과제라고 생각됩니다. 유럽이 무엇이겠습니까? 어느 것 하나 동양으로부터의 접목에 의하지 않은 것이 없고 또 오로지 동양으로부터의 접목에 힘입어 완벽함을 갖추어 나갈 수 있었을 따름인, 그 자체로는 아무것도 낳지 못하는 그런 통나무가 아니라면 말입니다." 이보다는 한참 뒤의 일이지만 파리에서도 많은 이들이 이와 동일한 희망을 표명하였던바, 그 중 에드가 키네〔Edgar Quinet: 프랑스의 역사가, 시인, 정치가〕는 이렇게 말하고 있다. "아시아는 서구의 시와 정치 속으로 파고 들어오고 있을 뿐만 아니라 동시에 서구의 학설 속으로도 스며 들어오고 있다. 이제 형이상학도 이 두 세계의 결연을 승인하고 있다."

하지만 기대하고 기다리고 예고되었던 이 결연은, 해후와 갱생을 바탕으로 하는 이 르네상스는 없던 일로 되고 말았다. 그건 단지 꿈이었다는 것이, 늘 그렇듯이 현실은 꿈과는 본연적으로 다르다는 것이 그 모든 이유는 아니다. 어떤 공동의 환멸감도, 환상이 걷히면서 소리 없이 찾아드는 그런 어떤 실망감과도 전혀 다른 일이 발생하였던 것이다. 희망의 자리에는 공포가 들어서고, 꿈의 자리에는 악몽이 들어서게 되었다. 천국으로서의 인도는 지옥으로서의 아시아에 의해 대체되었다.

서구인들이 이미 날인된 것으로 생각하고 있었던 결연은 불교의 개입으로 깨어지게 되었다. 서구인들에게 오랫동안 있는지조차도 모르는 상태로 남아 있다가 이제 막 주변적인 것으로 비치면서 단지 비스듬하게 일견되었을 따름인 붓다의 가르침은 인도학 연구의 첫번째 도약이나 인도학 연구가 낳은 뭇 환상들과 무관한 것이었다. 그러던 것이 1820년에 들어 네팔과 중국, 스리랑카, 티베트, 시암, 일본 등지로부터 비롯한 분산된 요소들을 짜 맞추는 작업이 시작되면서부터, 또 출처가 다양한 이 정보들이 한 지점으로 수렴하고 있음을 알게 됨에 따라 이 정보들을 재조합하고 상호 비교하는 것이 가능해지면서부터, 그리고 유형과 역사의 측면뿐만 아니라 지향하는 목표에서도 브라만교의 그것과는 크게 다른 한 교리의 특징들이 마침내 식별되면서부터, 상황은 완전히 바뀌게 되었다. 어떤 근원적 삶이 자아내던 동경심은 한 죽음의 형태가 야기하는 심한 거부감으로 탈바꿈하였다. 불교는 흉측스럽고, 위협적이며, 부패되고 또 부패시키는 것으로 여겨졌던 것이다.

불교가 단지 브라만교의 사회적, 정신적 질서 속에서 들려오는 주된 항변의 목소리로서만, 혹은 모든 형태의 계시와 형이상학에 대한 아주 특이한 '논리적 항거'로서만 간주되었던 것이 아니다. 브라만교 사상 그 내부에서 일어나는 어떤 지속적인 도전 그 이상의 것으로서, 또 그 자체만으로도 사실상 인도 사유 전반에 걸쳐 이론적 전개를 야기한 어떤 사상적 거역 그 이상의 것으로서, 불교는 많은 유럽인들이 판단하기에 생각조차 할 수 없는 것으로, 따라서 있을 수 없는 것으로 인식되었다. 유럽인들은 불교의 주안점이 모든 사유의 원동력을 사멸시키는 데 있는 것으로 제시하였다. 의식이 와해된 의식 부재의 상태, 의지에 대한 부정, 돌이킬 수 없는 죽음에 대한 갈망 등 그 어떤 형태로 불교가 소개되든, 불교의 특징으로 주어진 것은 바로 인간의 유일한 목표가 더 이상 아무것도 아닌 것으로 되는 데 있다고 하는 그 있을 수 없는 교리라는 점이었다. 고대성과 역동성을 지니고 있을 뿐만 아니라 나아가 아시아 전역으로 널리 퍼져 나간 한 신앙이 그 궁극의 목표를 이렇듯 그저 무에 두고 있다는 점은, 또 수억의 인류가 자신의 돌이킬 수 없는 소멸에 자신을 바치고 있다는 점은, 또 그토록 많은 사람들이 이같은 목표를 위해 가장 경건하면서도 가장 부단한 노력을 기울이고 있다는 점은, 다시 또 이 많은 사람들이 자신의 완전한 무화를 어떤 형용할 수 없는 축복으로 여기고 있다는 점은 참으로 생각조차 할 수 없는 일로 받아들여졌던 것이다. 인간이 어떻게 무를 갈망할 수 있는 것인지 유럽인들은 의아해하지 않을 수 없었다. 이러한 괴물성은 인간의 본질 및 종교 본연의 성격과 상반되는 것일 뿐만 아니라 심지어는 욕망의 본질과도 상반되는 것이었다.

학자들이 전혀 다른 사실을 말하고 있는 가운데서도 이 공포스러운 양상들은 서구인들의 뇌리에서 지워지지 않았다. 뭇 뛰어난 정신들이 도대체 어떤 알 수 없는 연유로 한 문장을 정반대로 해독하면서 그에 대해 완전히 왜곡된 해설을 하게 되었던 것인지를 여기서 묻고자 하는 것은 아니다. 그보다는 '무의 숭배' 나 '위대한 공허의 그리스도' 혹은 '허무주의의 교회' 에 관한 수많은 글들은 도대체 무엇과 관계되어 있었던 것인가? 부정과 공허와 무에 관한 이 다양한 시각들 속에서 관건이 되고 있었던 것은 무엇인가? 이 다양한 시각들 속에서 허무주의의 틀은 어떻게 정립되어 갔던 것인가? 이 질문들의 영역이 어떤 식으로 규정되는지를 이제 보다 분명히 제시해 두도록 하자.

만남이라는 허구

누가 무엇을 그리고 언제 발견했는지를 말하고자 한다면 이 경우에는 '발견'과 '불교'가 무엇을 의미하는지부터 사전에 물어야 할 것이다. 이 주제를 다룬 저작을 썼던 사람들은 이같은 사전 성찰을 면제받은 것으로 생각하고 있었다. 그들은 '불교'라는 이름의 한 대상이 어떻게 역사의 한 시점에서 그리고 특별한 여건하에서 서구 인식의 장으로 들어오게 되었는지를 묻지 않았던 것 같다. 아마도 그들에게 답변은 너무도 명백하고 너무도 단순한 것이어서 질문 자체가 제기될 필요가 없었던 것으로 보인다. 요컨대, 불교는 붓다의 가르침 이래 줄곧 존속되어 왔었고 또 서구는 조금씩 불교에 대한 지식을 갖게 되었다는 것 외에 또 무슨 답변이 필요하겠는가! 서구의 시각이 시대에 따라, 혹은 정보 출처 및 언어상의 가능성 그리고 관찰자의 정신 구조에 따라 극도의 차이를 보이고 있기는 하지만 그래도 어느 정도 전체적으로, 어느 정도 정확하게 여러 교리들을 접하였다고 생각할 수도 있을 것이다. 그렇지만 인도에 관한 고대 그리스 고전에서부터 현대 문헌학의 면밀한 업적에 이르기까지 연속성을 지닌 해결책이 있지는 않았을 것이다. 불교는 항상 똑같은 정체성을 유지하고 있었지만 항상 똑같은 주의의 대상으로 있지는 않았을 것이다. 서구인들이 불교에 기울인 주의는 시대에 따라 날카로워지거나 느슨해지기도 하고, 다소의 비평 도구와 인식 수단을 갖춘 그러한 것이었을 걸로 생각된다. 하지만 이같은 주의의 성격이 시대가 바뀐다고 해서 마치 완연히 구별되고 비교하기조차 힘든 그런 대상들을 대하는 식으로 그렇게 근본적으로 달라지지는 않았을 것이다.

이러한 '만남'의 획일성은 하나의 허구에 불과한 것이다. 스트라본과 시칠리아의 디오도로스 혹은 알렉산드리아의 클레멘스 등이 '사마네 인들'에 대해 암시하고 있다고 해서, 그들이 중국에서 포〔Fo, 浮屠: 붓다의 음역〕교나 일본에서 샤카〔Xaca, 釋迦〕교에 대해 연구하였던 최초의 예수회 선교사들과 동일한 것에 대해 말하고 있는 것은 아니다. 또, 가톨릭 혹은 개신교 포교자들은 19세기의 산스크리트어 연구자들이나 티베트학 연구자들과는 다른 사실들을 염두에 두고 있었다. 그리고 메가스테네스의 학설지의 1846년판에 대한 당시의 독서 방식은 물론 알렉산드리아 도서관의 학자들이나 17세기의 프랑스 학술원 회원들의 그것과는 같을 수 없는 것이었다.* 따라서 마치 고대로부터 오늘날에 이르기까지 어떤 식으로

---

* 스트라본(Strabôn)은 기원전 1세기경의 그리스 지리학자로서, 여러 민족들의 기원과 이동 그리고 인간과 자연 환경간의 관계를 다룬 『지리서』를 남겼다.

그리고 그리스 역사가인 시칠리아 태생의 디오도로스(Diodôros: 기원전 90년경~20년경)는 세계의 기원에서부터 카이사르에 의한 골 지방의 정복에 이르기까지의 역사를 기술한 『역사도서관』이라는 제목의 방대한 분량의 글을 남겼다.

아테네 태생으로 전해지는 알렉산드리아의 클레멘스(Clemens: 150년경~215년)는 기독교로 개종한 후 초기 기독교와 더불어 대두한 가지론의 선구자 역할을 했던 것으로 알려지는 종교 철학자로서, 『교육자』 등의 저술을 남겼다.

그리스 역사학자이자 지리학자였던 메가스테네스(Megastenès: 기원전 4~3세기)는 알

든 진전되는 동일선상의 한 지식이 있기라도 하듯 단계별 지표를 설정하는 것은 잘못된 접근이라 할 것이다. 어떤 동일한 인식 체계가 저자에 따라 혹은 역사의 우연에 따라 텅 빈 상태에서부터 충만한 상태에 이르기까지, 전무한 상태에서부터 모든 것이 있는 상태에 이르기까지, 영(0)에서부터 일(1)에 이르기까지의 그 모든 변화를 겪은 것이 아니다. 우리는 어떤 연속적인 줄기가 있다고 생각하기보다는 어디에 단절점이 위치하는지를 살펴보아야 할 것이다. 우리에게 요구되는 것은, 중세의 가지론자들과 여행자들, 고전주의 시대의 탐험가들과 포교에 나선 선교사들, 계몽주의 시대의 자료 편찬자들, 그리고 산업혁명기의 형식적인 학자들이 서로간의 차이에도 불구하고 나란히 자리잡고 있을 어떤 평편한 표면을 상정하는 일이 아니라 판이한 여러 단면들을 찾아보는 일일 것이다. 요컨대, 일관적인 전체적 양상은 한정지어져야 할 것이다.

따라서 한 가지 선택이 요구된다. 공통점이 거의 없는 뭇 시대들과 뭇 논지들이 한데 뒤섞이는 것을 피하고자 한다면 우리는 불교의 발견이라는 그 생각 자체가 무엇과 관계되는지를 규명해야 할 것이다. 이 생각의 범위를 규정짓기란 그리 어려운 일이 아니다. '불교의 발견' 은 다음과 같은 질문들이 확실하게 제기되는 바로 그때부터 실질적인 것이기 때문이다. 즉, 서구인들은 누구를 가리켜 붓다라 부르는가? 붓다의 이름은 무엇을 의미하는가? 붓다는 어느 시대에 살았는가? 붓다의 교리는 어떤 것인

렉산드로스의 휘하 장수로 있다가 알렉산드로스 사후 시리아의 왕으로 등극한 셀루코스가 인도 모리아 왕조의 창건자 찬드라굽타에게 파견한 사절단의 일원이었던 것으로 알려져 있다. 그의 학설지는 당시의 인도에 대해 가장 많은 정보를 제공해 주는 자료로 평가받고 있다. — 옮긴이

가? 붓다의 교리는 브라만교의 교리와 어떤 점에서 구별되는가? 붓다는 신인가, 철학자인가, 도덕가인가? 붓다의 제자들이 인도를 떠난 이유는 무엇인가? 불교는 어떻게 또 어느 시대에 아시아에 전파되었는가? 불교의 전파 과정은 무엇이며 또 그 전파과정에서 불교는 어떤 변화를 겪게 되었는가? 불교에는 어떤 경전들이 있고, 그 주해자들은 누구이며, 그 원래의 언어는 무엇이고, 또 그 번역은 어떠한 것들인가? 불교에는 어떤 종파들이 대립하고 있으며 또 정확히 어떤 점에서 대립하고 있는가? 이 모든 질문들은 하나같이 불교에 대한 정의 그 자체를 묻는 질문으로서 마땅히 제기되어야 했던 것이며 또 제기된 것만으로도 충분하다 할 것이다. 이 질문들에 대한 답변이 성급한 것일 수도 뒤늦은 것일 수도 있겠지만, 이 점은 그다지 중요하지 않다. 어떤 질문들은 오랫동안 만족할 만한 답변을 얻지 못한 채로 남아 있을 수도 있을 것이다. 단 하나 중요한 것은, 해결해야 할 질문들이 대두했다는 바로 그 점이다.

그렇다면 서구인들이 이같은 질문들을 구체적으로 제기하면서 그에 대해 가급적 확실한 답변을 얻기 위한 실질적 방편들을 강구했던 것은 언제부터인가? 다만 이러한 시도가 어느 시대 할 것 없이 줄곧 있었던 것은 아니다. 우리는 '불교' 라는 대상이 학술의 장으로 들어선 전환점을 어느 정도 정확히 규명해 낼 수 있을 것이다. 물론 어떤 특정의 한 해를 전환점으로 설정하는 것은 임의적일 수밖에 없을 것이다. 반면에 짧은 기간의 한 시기를 설정하는 것은 용이한 일이다. 즉, 1820년 전후. 바로 이 시기부터 일련의 기초 연구가 시작되었으며, 시선은 신화의 지평을 떠나 역사의 공간으로 들어섰고, 또 이와 더불어 '무의 숭배' 는 처음으로 그 그림자를 드리우게 되었던 것이다. 이 시기는 본 연구의 출발점이기도 하다. 몇 가지 형태의 이 시기 이전의 말들이 본 연구의 배경의 말들처럼 여기저기서 간혹 들려오기도 하겠지만, 이는 단지 이러한 말들이 이루고 있는 바탕 위에 어떻게 이 새로운 역사가 일어서게 되었는지를 이해하기 위한 것일 따름이다.

한 단어와 사물의 출현

이러한 단절이 발생한 시점을 알아보는 간단한 방법은 '불교(bouddhisme)' 라는 용어가 출현한 시기를 살펴보는 데 있다. 1800년 전후까지도 '불교' 라는 용어는 유럽의 어떤 언어에서도 아직 통용되지 않고 있었다. 이 용어의 출현은 당시까지 부재하였던 한 지식 대상이 형성되었음을 시사한다. 이름을 얻기 전에는 '불교' 는 존재하지 않는 것이었다. 산재하는 여러 형태의 의식과 상호 유사성을 지닌 뭇 우상들 그리고 표출되지 않은 여러 교리들에 대한 기술이 서구인들 사이에 없었던 것은 아니지만, 하나의 종교를 규정지어 줄 수 있는 교리상, 의식상의 어떤 체계적 통일성에까지 서구인들의 생각이 미쳤던 것은 아니다. 한편으로 그리스인들, 프란치스코회 및 예수회 수도사들, 영국 행정가들 그리고 그 밖의 일부 서구인들이 불교 승려들이나 탈라포엥〔미얀마, 태국의 승려〕의 행동과 신앙에서 드러나는 여러 가지 특징들을 관찰하고 기술하였던 것은 사실이지만, 이 점만으로는 오랫동안 서구인들의 눈에 '불교' 는 존재하지 않았다는 이 점이 부인될 수는 없을 것이다. 단어가 그에 대한 인식과 더불어 정착되고 펴져 나가기 시작한 것은 단지 1820년경의 일이다. 초기에 일어난 일들이란 늘 이론의 여지를 안고 있기 마련이지만, 자료상의 모든 지표들은 바로 이 시점으로 향하고 있다. 프랑스어의 경우, 미셸-장-프랑수아 오즈레(Michel-Jean-François Ozeray: 제2장 참조)는 1817년부터 'bouddisme' 이라는 단어를 쓰고 있다. 그리고 벤자멩 콩스탕〔Benjamin Constant: 작가〕이 1827년 'bouddhaisme' 이라는 단어를 사용하고 있는 반면, 외젠 뷔르누프〔Eugène Burnouf: 동양어학자〕와 크리스티안 라센〔Christian Lassen: 헝가리의 언어학자〕은 1826년 그들의 저술 『팔리어 시론』에서 'bouddhisme' 이라는 단어를 사용하고 있다. 영어 저술의 제목으로 'buddhism' 이라는 단어가 처음으로 사용된 것도 바로 이 시기의 일이다(Brian Houghton Hodgson, *Sketch of buddhism*, 1828; Edward Upham, *The history and doctrine of Buddhism*, 1829).* 그리고 독일어의 경우, 쇼펜하우어는 1819년 'buddhaismus' 라는 용어를 사용하고 있는데, 이 용어는 헤겔의 1827년도 글에 등장하기도 하는 'buddhismus' 라는 용어로 대체되기 전까지 상당히 오랜 기간(적어도 19세기 중엽까지) 사용되었다. 이 몇 가지 사실들이 우리에게 시사해 주고 있는 것은 바로 언어상의 변이 속에 인식상의 변이를 가리키는 지표들이 들어 있다는 점이다.

1820년경까지는 단어의 부재는 곧 대상의 부재와도 관계되어 있었다. 바로 이 시기부터 한 신조어의 사용을 통해 지칭되기 시작한 것 — 특수성을 지닌 한 교리, 고유한 사유 체계와 역사를 지니는 한 교리, 철학과 종교의 중간 지점에 위치하는 한 교리 — 이 아직 알려져 있지 않았다는 점에

* 브라이언 휴튼 호지슨은 동인도회사 사원, 영국의 네팔 공사. 에드워드 어펌은 영국의 서적상, 동양학자, 정치가. — 옮긴이

서 볼 때, 그때까지는 그 누구도 이 신조어를 만들어 낼 생각을 하지 않고 있었다고 말할 수 있을 것이다. 따라서 본서에서는 의도적으로 단지 19세기에 시작되고 또 이 시기 동안 지속되었던 그 특수한 발견 과정만을 조사 대상으로 삼고자 하였다. 또한 고대나 중세에 출처를 두고 있는 전대의 다층적 자료들이나 현대에 출처를 두고 있는 자료들을 동일한 차원에서 다루고 있지 않은 것은 이러한 조사 방침에 따른 의도적 선택에 의한 것이다. 사실 본서에서 조사 대상으로 삼고 있는 일체의 모든 자료들은 상이한 여러 단면들을 내포하고 있는바, 단지 몇 가지 특징만을 공통점으로 지니고 있을 뿐이다. 즉, 불교 신앙의 교리상의 특수성이 미약하게 그리고 불확실하게 제시되고 있다는 점이 그것이고, 또 피상적으로 주어진 요소들을 고대 그리스 혹은 기독교의 실상에 억지로 융화시키고 있다는 점이 그것이며, 또한 연구나 분석보다는 가치판단이 우선시되고 있다는 점이 그것이다.

끈질긴 몰이해

고대 그리스 출처의 자료들도 소수에 불과한 것일망정 전체를 조망하려는 작업 속에 포함되어야 하는 것인가? 이에 대한 타당성의 여부를 판단하는 일이 그다지 쉽지는 않을 것이다. 우리가 가지고 있는 정보는 사실 미약하기 짝이 없는 것으로, 동양학 연구에 크게 기여하였던 실뱅 레비〔Sylvain Lévi: 프랑스의 동양학자〕는 이미 1891년에 이 점을 지적한 바 있다. "알렉산드로스의 원정 이후 로마 제국이 몰락하기 직전까지 그리스 세계와 인도 사이에는 교류가 계속되었음에도 불구하고, 그리스 문학은 불교의 존재 자체를 거의 모르고 있었고 또 설사 알고 있었다 하더라도 미미하기 그지없는 것이었다."* 그리스어 글들 속에서 브라만과 같이 거론되고 있는 '사마네 인들' 혹은 '사르만 인들' 이라는 이름은 전 시대에 걸쳐 자주 거명되고 있다. 그렇다면 이 이름은 무엇과 관계되는 것인가? 이 이름은 누구를 지칭하는 것인가? 이 이름은 바로 불교도를 지칭하고 있었던 것인가? '사마네 인들' 혹은 '사르만 인들' 이라는 이 이름이 정확하게 누구를 가리키는지를 묻는 질문이 명백히 제기되었던 것은 19세기의 문헌학에 의해서다. 이 질문은 곧 논쟁을 불러일으켰는데, 일부에서는 이 이름이 불교도를 지칭한다는 주장을 내세우기도 하였으나 또 다른 일부에서는 이같은 주장을 반박하고 나서기도 하였다. 하지만 이러한 논쟁은 그 자체만으로도 불교 연구의 영향으로 그리스어 글들을 대하는 시각에 변화가 있었음을 시사해 줄 뿐만 아니라 또 고대의 자료가 비평 연구 및 비교 분석의 대상이 되고 있음을 시사해 준다고 할 것이다. 독일 문헌학은 바로 이같은 전환기의 시발점이 되고 있다. 쾨니히스베르크 대학에서 산스크리트어를 강의하던 페터 폰 볼렘〔Peter von Bohlem: 동양학자, 언어학자〕이 1830년 사르만 인들은 불교도가 분명하다는 주장을 제기하자, 1833년 크리스티안 라센〔본 대학에 빌헬름 슐레겔과 함께 재직하였던 그는 슐레겔의 뒤를 이어 산스크리트어와 인도 연구에 관한 책임 강좌를 맡게 된다〕은 이 이름이 브라만 가운데 최고의 현자들을 지칭할 뿐 엄밀한 의미

* 실뱅 레비, 『불교와 그리스인』, 파리, 1891. (각주에 명시된 저술들 가운데 1890년 이전에 발표된 저술들에 대해서는 본서 말미에 실려 있는 서지 목록에서 그에 대한 보다 상세한 정보를 얻을 수 있을 것이다. — 옮긴이)

에서의 불교도를 지칭하지는 않는다는 반론을 제기한다. 이 질문은 그리스어 글들만을 통해서는 해결될 수 없는 문제로 남았을 뿐만 아니라 오늘날 우리가 가지고 있는 보충자료들을 고려한다 할지라도 풀리지 않는 문제로 남아 있기는 마찬가지이다. 실제로, 스트라본과 클레멘스의 글이 제공해 주는 지표들은 이 점에서 양쪽 모두 메가스테네스의 학설지 〈인디카〉를 그 출처로 하고 있을 뿐만 아니라 그 수도 아주 미미하고 또 특히 지나치게 모호한 것들이어서 어떤 결정을 내리는 데 전혀 도움이 되고 있지 않다. 물론 그리스어의 'sarmanai' 라는 이름이 고행주의자들을 가리키는 산스크리트어의 'sramana' 에 해당하는 것이라는 점은 쉽게 규명될 수 있을 것이다. 하지만 이 명명 용어가 단지 불교도에게만 적용되고 있는 것은 분명 아니다. 그리고 메가스테네스가 불교도의 특별한 점으로 제시하고 있는 또 다른 면모들은 지극히 일반적인 것들이어서 그로부터 어떤 결론을 도출해 낼 수는 없을 것이다. 더욱이 'samana-brahmana' 라는 이 팔리어 표현은 불교도를 가리키는 어떤 특별한 이름이 아니라 모든 부류의 승려들을 총괄적으로 가리키고 있다. 따라서 '사르만 인들' 혹은 '사마네인들' 이라는 이름이 불교 승려를 가리키고 있다는 확신을 우리에게 심어주는 것은 아무것도 없는 상태이다.

출구 없는 토론처럼 와 닿는 이 토론은 19세기 내내 계속되었다. 헨리 토머스 콜브루크〔Henry Thomas Colebrooke: 영국의 동양학자〕, 크리스티안 라센, 그리고 성공회 신부 사무엘 빌〔Samuel Beal: 영국의 불교학자〕은 사르만 인들을 정통 브라만과 동일시하는 쪽으로 입장이 기울었던 반면, 칠더스〔Childers: 영국의 언어학자〕와 커닝엄〔Cunningham: 영국의 군인, 고고학자〕 그리고 쥘 바르텔르미 생 틸레르〔Jules Barthélemy Saint-Hilaire:

프랑스의 철학자, 정치가〕는 이 이름이 불교 승려를 지칭하는 것으로 생각하였다. 그 중에서도 생 틸레르는 '세 가지 정보 출처', 즉 '알렉산드로스의 원정을 통해 지식을 얻게 된 그리스 역사가들, 근래에 발견된 인도 기록들, 그리고 중국의 여러 연대기들'을 동일한 차원에 두고 있다.* 여기서는 다음 두 가지만을 제시해 두고자 한다. 하나는 고대의 저자들로부터 전해지는 뭇 정보들은 불분명하고 불확실하다는 점이고, 또 하나는 고대로부터 전해지는 정보들의 불확실성에 대한 비판적 검토는 단지 '발견'의 시대로 접어들면서부터 시작되었을 따름이라는 점이다. 바로 그런 까닭에 여기서 채택하고 있는 관점에 비추어 볼 때 고대 그리스 출처의 자료들은 그 자체로는 차후 점진적으로 틀을 잡아나간 한 지식 체계의 시발점으로 간주될 수 없는 것이다. 이 자료들은 문헌학적으로 보장된 발견에 간접적 영향을 미치고 있다는 측면에서, 즉 이러한 발견에 도움이 되기도 하였거나 혹은 장애 요소가 되기도 하였다는 측면에서 고찰되어야 할 것이다.

우리가 '불교'라는 이름으로 — 이 이름을 소급하여 적용하면서, 또 다소 시대에 맞지 않게 적용하면서 — 부르고 있는 것과 관계되는 그 밖의 모든 종류의 서구의 글들 역시 전반적으로 이와 동일한 시각에서 거론되어야 할 것이다. 그 첫째 부류는 13세기 말과 14세기에 기술된 자료들이다. 사실 플라노-카르피니의 요하네스〔Jean de Plano-Carpini: 이탈리아 출신의 프란치스코회 수도사〕와 기욤 드 뤼브루크〔Guillaume de Rubrouck: 플랑드르 출신의 프란치스코회 수도사〕의 견문록, 아르메니아 출신인 하

---

* 쥘 바르텔르미 생 틸레르, 『불교』, 파리, 1885. 이 책은 1854년과 1855년 〈학술통신〉에 실린 일련의 논고들을 모은 것으로, 그 후 1860 · 1862 · 1866년에 판을 거듭하면서 널리 유포된다.

이톤(Haiton)의 『동양 나라들의 역사』(이 책이 1307년부터 프랑스어판으로 유통되었던 것은 바로 저자가 프랑스의 프와티에라는 도시에서 니콜라 포를라니(Nicolas Forlani)에게 구술한 것에 기초한 것이었기 때문이다. 니콜라 포를라니는 이 구술본을 라틴어로 번역하였는데, 그 라틴어판은 장 르 롱 디프르(Jean le Long d' Ypres)에 의해 프랑스어로 재번역되었다), 마르코 폴로의 저술, 오도릭 데 포르데노네〔Odoric de Pordenone: 동방 포교에 나서 북경에까지 당도〕의 저술 『여행기』(1330), 코라의 요하네스〔Jean de Cora: 일명 마리놀리의 요하네스(Jean Marignolli). 프란치스코회 수도사로 중국에서 포교〕의 견문록 속에는 상당수의 흥미로운 관찰들이 기록되어 있다. 이 책들은 중세 여행자들의 '정신적 도구' 의 측면에서 재고되어야 하는 것들로서 본 연구의 틀을 넘어서는 것들이다. 또한 이 글들의 내용은 역사의 흐름 속에서 거의 지워지고 흐려지고 묵과되어 왔었다. 비록 그 가운데 어떤 것들은 상당한 기간을 두고 그 후로도 계속 재발간되기도 하면서 아주 훗날 찾아온 발견의 시기를 멀리서 함께한 경우가 있었다고 할지라도, 이 서술들이 발견의 과정 속으로 들어올 수는 없었을 것이다. 더욱이 서구가 불교 교리와 맺고 있는 관계 전반을 살펴보면 거기에는 하나의 항수가 자리잡고 있다. 즉, 아주 오랜 기간의 관계를 고려한다면 정보 축적이 이루어지지 않았다는 점이 그것이다. 이전에 이미 알고 있던 것을 지식화하지도 못하거나 혹은 이전의 정보들을 새로이 알게 된 것과 적절한 방식으로 결부시키지도 못한 채, 여러 차례 매번 거의 백지 상태에서 새로이 출발해야 했던 것으로 보인다.

출처가 아랍 이슬람권 자료들인 경우에는 사정이 이와 달랐다. 1032년에 편집이 완료된 저술임에도 겨우 1888년에 이르러서야 에두아르트 자하우〔Eduard Sachau: 독일의 동양학자〕에 의해 영어로 번역되었던 알 비루니〔Al-Bîrûnî: 가즈나 조의 이란계 학자〕의 『인도지(印度誌)』는 사실 18세기 말에서 19세기 초의 동양학자들에게는 알려져 있지 않았던 것으로 보이지만, 반면에 아불 파지즈〔Abul Faziz: 16세기의 이슬람신학자, 정치가〕의 저술 『아크바르회전(會典)』은 그들에게도 친숙한 것이었다. 이 책은 18세기 말엽 발간된 학회지 〈아시아 연구〉의 초기 간행물들 속에서 여러 차례 인용되고 있는데,* 그 중에서도 특히 벵골에 있던 왕립 아시아학회(1784년 창립)의 초대 회장을 맡았고 산스크리트어를 배우기 전에 오랫동안 페르시아어에 능숙하였던 윌리엄 존스〔William Johnes: 18세기 영국의 동양학자〕의 글 속에 자주 인용되고 있다. 따라서 인도를 연구한 초기의 인도학자들이 가지고 있던 정보들 가운데 그들 스스로 인도에서 직접 확인한 견문이나 혹은 여러 문서자료들을 자주 접함으로써 얻은 것들이나 그 밖의 정보들의 일부는 이렇듯 그 출처를 아랍권에 두는 것들로서, 우리는 이를 소홀히 다루어서는 안 될 것이다.

양적으로 이보다 훨씬 많은 또 다른 종류의 자료들은 16세기 중엽부터 주로 예수회의 주도하에 불교 국가들을 포교 대상으로 삼으려는 그런 목적 아래 이루어진 발견에 따라 기술된 보고서들이다. 이를테면, 프랑수아 1세에 의해 설립된 '왕립 학사원(콜레주)'의 최초의 보고자들 가운데 한 명이었던 기욤 포스텔〔Guillaume Postel: 프랑스의 인문학자〕은 1552년 그

* 동양학 관련 최초의 전문 학술지인 〈아시아 연구〉(*Asiatick Researches*)는 1778년 캘커타에서 첫 호가 발행된 이래 1839년까지 총 23호에 걸쳐 발행되었다. 1800년부터는 런던에서 발행되기 시작하였던 이 학술지는 이미 1795년부터 독일어로 번역 출간되었으며 또 1805년부터는 프랑스어로도 번역 출간되었다.

의 저술 『세계의 경이』의 제6장에서 제8장에 걸쳐 '지아판 섬의 특이한 것들에 대한 프란시스코 하비에르의 편지 사본' 을 수록하면서 다음과 같이 명언하고 있다. "나는 독자들에게 동양의 것들을 유의해서 보라고 당부하고 싶다." 사실 포스텔은 일본 주민들이 점성술을 통해 예수 그리스도의 존재와 구원에 대해 알게 된 것이라고 확신하였던 것이다. 포스텔의 눈에 일본인들은 어떤 계시나 복음을 통해서가 아니라 별들에 대한 그들의 탁월한 지식을 통해 그리스도의 왕림에 대해 알고 있는 것으로 비치고 있었다. 여기서 우리에게 중요한 것은 포스텔의 이같은 추측이 어떤 결과를 빚어내었는가 하는 점이다. 요컨대 포스텔은 샤카 신앙에서(샤카는 붓다의 일본식 이름) 어떠한 특수성도 인지하지 못했으며 또 샤카 신앙을 보다 적극적으로 이해하기 위한 어떤 탐구 노력의 필요성도 느끼지 못했던 것이다. 그는 자신의 보고서에서, "샤카는 복음의 역사에서 빠져나온 한 어두운 구름일 뿐이다"라는 견해를 피력하고 있다. 아직 알려지지도 않은 이 종교를 기독교에 융화시켜버리는 것은 어떤 결론에 입각해서라기보다는 어떤 원칙 제창에 의한 것이었다. 따라서 포스텔은 그가 원용하는 원전에 실려 있는 사실, 즉 일본에는 십자가를 상징처럼 몸에 지니는 한 군주가 있는데 오직 그만이 그럴 권한을 갖고 있다는 이 사실이야말로 "그곳에서 샤카가 숭배되고 있는 것은 십자가에 못 박힌 예수 그리스도를 위한 것임을 여실히 입증해 주고 있다"고 말하고 있다.

이는 중세 말엽부터 현대로 들어서기 직전까지 뭇 정신들 속에 자리잡고 있던 한 신념이 빚어낸 수많은 실례들 가운데 하나일 따름이다. 다시 말해, 감춰진 기독교 세계가 어딘가에 분명 있으리라는 것이었다. 세계 저편에는, 저 머나먼 극동에는 잊혀지고 고립된 형제들이 있어 그들은 이전에 기독교 복음을 통해 얻은 신앙과 의식을 어떤 식으로든 유지하고 영속시키려는 노력을 하고 있다는 것이었다. 아마도 세월이 흐르는 동안 교리서들에 대한 그들의 이해는 타락하고 상징들에 대한 그들의 시각은 변질되었겠지만, 그래도 서구인들은 불교도들을 관찰하는 과정에서 역사 속에 묻혀버린 그 공동의 정체성을 확인시켜 줄 수 있는 지표들이 있는지 살펴보았던 것이다. 수도원, 삭발, 종(鐘), 검소한 생활, 규칙적인 일과, 영송, 염경 기도 등, 이 모든 외관상의 유사성들은 서구인들에게는 아직까지 그곳에 어떤 기독교 세계가 존속하고 있음을 일러주는 지표들처럼 탐색 대상으로 주어지게 되었다. 또한 그들은 이 기독교 세계로 하여금 이러한 지표들을 되찾게 해 주는 것만으로도 이 세계가 빠져 있는 기억 상실증은 사라지게 되리라고 생각하였던바, 이같은 소명 의식은 대규모 종교적 포교활동의 계기로서 바다와 히말라야 산맥 너머로의 대여정의 계기로 작용하게 되었던 것이다. 더욱이 우리는 이 과정에서 두 가지 가정이 공존하고 있었음을 알 수 있는데, 이 두 가정은 때로는 양자택일되고 때로는 상호연관지어지면서 물음과 주저함과 당혹스러움을 낳고 있다. 즉, 불교도들은 변질되고 와해되고 잊혀지다 보니 이렇듯 자신이 누구인지조차 조금씩 잊어버린 기독교인들인가, 아니면 불교도들은 그들이 결코 공유한 적이 없는 기독교 신앙의 의례와 표상들을 전혀 이해하지도 못하면서 어느 날 끌어와 흉내내고 있는 이교도들인가? 후자의 경우라면 불교도들은 더 이상 잊혀진 형제들이 아니라 거짓 형제들이며 기만을 일삼는 자들이며 심지어는 도적 무리가 아니겠는가?

기욤 포스텔의 저술이 출간된 그 해 1552년 성 프란시스코 하비에르가 일본에서 성 이그나티우스 데 로욜라〔예수회 창립자〕에게 보낸 서한의 내용을 보도록 하자. 가히 이례적일 만큼 격렬한 내용이 담겨 있는 이 유명한 편지들 속에서 사실 성 프란시스코 하비에르는 신랄한 언어를 써가며 불교 승려들을 질타하고 있다. "(……) 만일 그들의 터무니없고 오만하기 짝이 없는 주장이 거짓으로 밝혀진다면, 그들에게 무언가 얻을 수 있는 결정적 기회는 더 이상 없을 것입니다. 그들의 눈에는 단지 경미한 것으로 비칠 따름이거나 심지어는 영광스러운 것으로까지 비치고 있는 그들의 수치스러운 죄상, 그 가증스러운 난잡한 행동들이 어떤 정당하고도 힘있는 질책의 채찍 아래 놓이게 된다면, 분명 이 성난 멧돼지들은 그들의 더러운 진창 속에서 제 몸이 창끝에 찔렸다고 느끼면서 미친 듯 날뛰고 또 그들에게 진주를 주려고 하는 이들을 갈기갈기 찢어 놓으려 들 것입니다." 포교 활동에 나섰던 선교사들의 유일한 목표는 신의 계시를 설파하는 것만으로 불교 승려들에게 당혹감을 안겨주고 또 그들의 과오를 고발함으로써 그들에게 수치심을 안겨주며, 나아가 그들을 진정한 믿음의 길로 인도하는 데 있었다. 성 프란시스코 하비에르는 다시 이렇게 말하고 있다. "나는 머지않아 중국인들과 일본인들이 우리 교단의 정성에 힘입어 우상 숭배 같은 그들의 미신을 버리고 모든 민족의 구세주 예수 그리스도를 경배하게 되리라는 믿음에 차 있습니다." 이렇듯 한편으로 성 프란시스코 하비에르는 샤카의 추종자들을 복음의 진실에 의해 변모되어야 할 멧돼지들, 즉 야생에서 찾아볼 수 있는 돼지의 변종으로 보고 있는 반면에 한편으로 기욤 포스텔은 그들을 예수의 제자들로 보고 있는 이 사실은 아마도 불교에 대한 서구 시각의 역사에서 극히 중대한 사실이라 할 것이다. 이 논쟁은 그 후로도 19세기 중엽에 이르기까지 여러 형태로 지속되어 왔지만 그 자체로는 진정한 의미에서의 불교에 대한 지식의 역사에 포함될 수는 없을 것이다. 사실 (불교도들이 타락한 기독교인들이거나 아니면 기독교적 색채를 띠고 있는 이교도들이라는) 이 두 가지 가정은 그 외면상의 대립에도 불구하고 공통적으로 불교 승려들이 누구인지를 미리부터 단정 짓고 있다. 이편에서는 기독교인들로 그리고 저편에서는 기만자들로 단정지어진 불교 승려들은 이렇듯 더 이상 미지의 장막에 가려 있지도, 더 이상 물음을 불러일으키지도 않게 되었던 것이다.

붓다에 대한 서구의 시각을 일반 역사의 측면에서 고려 대상으로 삼아야 할 기록들은 많은 양에 달한다. 그 중 일부는 비교적 널리 유포되기도 하였는데, 성 프란시스코 하비에르의 서한과 코스메 데 토레스(Cosme de Torres) 신부의 서한(1551)과 이후 루벵에서 간행된 여러 서한집들 — 『인도로부터의 편지』(1566), 『일본으로부터의 편지』(1569), 『인도와 일본으로부터의 편지』(1570) — 이 이 점을 입증해 주고 있다. 또 아타나시우스 키르허〔Athanase Kircher: 독일의 예수회 수도사, 과학자〕의 『중국 개설』(1667)이 간행되기 훨씬 이전에 여러 책들이 출판되었는데, 그 중에서도 니콜라 트리고〔Nicola Trigaut: 프랑스의 예수회 수도사로 중국 전도에 종사〕의 『기독교의 중국 원정』(안트베르프, 1615, 라틴어) 같은 몇몇 저술들은 독일어, 프랑스어, 스페인어, 이탈리아어로 번역되기도 하였다. 상당히 널리 유포되기도 하였던 이 저술들은 무엇보다도 호교론적 의의를 지니는 것들이었다. 이해와 연구보다는 심판과 개종을 그 목적으로 삼고 있었던 이 저술들은 불교의 실질적 발견에 해당할 수 있는 그런 정보 면에서는 비교적 빈약한 것들이었다. 이 저자들에게 불교 교리들은 정확히 무슨 내용을 담고 있는지, 이 교리들의 효시가 되고 있는 경서들은 무엇인지 혹은 교리상으로 드러나는 변천은 무엇인지 등등의 문제들은 엄격한 조사를 필요로 하는 문제로서 제기되지는 않았다. 따라서 본서에서는 이 저자들을 고려 대상으로 삼지 않았다.

외부 배포용으로 혹은 종교적 선전용으로 작성되지 않은 특정한 내부 보고서들은 또 다른 성질의 요소들을 담고 있다. 포교를 위해 파견된 선교사들이 자신이 속한 특정 교단 본부에 보낸 보고서들 속에는 실제로 각종의 상세한 정보들뿐만 아니라 불서의 몇몇 부분에 대한 제법 충실한 번역이 담겨 있는 경우도 있었다. 하지만 이 자료들은 일반인들에게 배포되지 않은 내부용이었다는 점에서 우리가 여기에서 채택하는 관점에 비추어 볼 때 전혀 의의가 없는 것들이다. 물론, 대학의 문헌학에 의한 재발견이 이루어지기 훨씬 전에 어떤 경문이나 논변에 대해 '유럽인들' 이 이미 알고 있었음을 이처럼 확인시켜 주고 있다는 점은 그 의의가 실로 지대하다고 할 것이다. 그렇지만 이 '유럽인들' 이 한낱 고립된 신부 한 사람이나 수도회의 서고에 잠자고 있던 수고본, 혹은 유포된 적이 없는 메모들에 불과한 것이라면, 사실 이 '유럽인들' 은 어떤 유럽인도 아닌 것이다. 신의 관점에서라면, 혹은 사회의 현실에 관심이 없는 그런 역사가의 관점에서라면 충분히 이렇게 말할 수 있을 것이다. 즉 (적어도 한번쯤은, 적어도 누군가는) '그것을 알고 있었다' 고. 하지만 이는 서구인들이 불교를 발견해가는 사회적 프로세스와는 아무런 관련이 없는 것이다.

계몽주의 시대에 기술된 자료들은 이와는 별개의 성질을 지닌 일군의 문헌들로 간주되어야 할 것이다. 중국과 일본 그리고 티베트나 시암에서 목격된 불교의 여러 형태들이 인도에서 시작된 불교의 원형과 맺고 있는 관계는 이미 17세기 전반에 걸쳐 정립된 것이기는 하지만, 이 자료들을 통해 우리는 특히 이 관계에 대한 인식이 확산되어 간 과정을 살펴볼 수 있을 것이다. 1743년 간행된, 듀 알드〔Du Halde: 프랑스의 예수회 소속〕 신부에게 보낸 퐁스(Pons) 신부의 1740년 11월 23일자 편지는 이를 입증해 주는 실례라 하겠다. 또한 다우〔Dow: 영국 군인으로, 인도에서 동양의 일화에 대해 연구〕, 홀웰〔Holwell: 아일랜드의 의사〕, 앙크틸 뒤페롱〔Anquetil Duperron: 프랑스의 동양학자〕 등 이른바 '인도학의 선구'가 된 사람들의 저술을 비롯한 다른 여러 간행물들을 통해서 인도의 역사 속에 불교의 위치가 점차 확실히 제시되고 있음을 살펴볼 수 있다. 이같은 제시가 여전히 불충분하고 불확실하며, 또한 단편적이고 불완전한 양상을 띠고 있는 것은 사실이다. 하지만 이같은 제시를 통해 또 한편으로 잡다한 정보들을 이해 가능한 하나의 전체로 통합시키려는 작업이 시도되고 있다. 이렇듯, 1761년부터 1769년에 걸쳐 인도양을 항해한 뒤 자신의 여행기를 발표하였던 프랑스의 탐험가 르 장티(Le Gentil)는 다음과 같이 기술하고 있다. "예전에 코로만델의 해안지방과 실론의 해안지방에서는 우리로서는 전혀 그 교리를 알 수 없는 한 신앙이 퍼져 있었다. 그 숭배 대상은 오늘날 인도에서 단지 그 이름만이 알려져 있을 따름인 바우트 신이었다." 이 저술들 가운데는 불교에 대한 일반적인 규정이 불교의 가르침에 대한 학술 연구로 옮겨가게 된 경위를 이해하는 데 도움을 주는 것들도 있는바, 본서에서는 이러한 저술들에 한해서 검토하고자 한다.

언어 습득과 고문서 해독

따라서 본서에서는 방법상의 문제로 인해 이른바 '서양과 불교'라는 식의 개괄적 제시는 피하고자 하였다. 사마네 인들에 관계된 몇 조각의 고대 자료, 중세인들의 경이로워하는 모습, 포교에 나선 신부들의 포교에 대한 열정, 근대 탐험가들의 이국적 취향, 계몽주의 시대의 사변, 실증주의적 문헌학자들의 세밀한 조사 등 이 모든 것들을 동일한 차원에서 고찰한다는 것은 그 가능성 자체가 의문시되지 않을 수 없었다. 형성된 과정 자체가 상이한 이 다변적인 언급들은 하나의 연속성 속에, 즉 각각의 고유한 양식이 서로 이어지고 축적되어 가면서 전개되는 하나의 동일한 발견과정 속에 수용될 수 없는 것들이다. 인위적인 해결책에 의하지 않는 한, 이처럼 단속적인 시점들을 하나의 틀 속에 집어넣을 수는 없을 것이다. 우리에게 보다 바람직한 태도는 연구에 앞서 바로 이 점을 상정해 두는 것이 아닐까 생각된다. 말하자면, 불교에 관한 한 엄밀한 의미에서의 발견은 바로 불교 경전들을 이루고 있는 언어들을 해독하면서부터, 그리고 주요 경전들에 대한 체계적인 번역이 시도되면서부터 비로소 시작된다는 점이다. 이렇듯 산스크리트어의 습득은 이미 1780년대에 들어 시작되었지만, 산스크리트어로 된 불서들이 네팔에서 브라이언 휴튼 호지슨에 의해 발견된 것은 어디까지나 1820년대에 들어선 후의 일이다. 그리고 이와 동일한 시기에 외젠 뷔르누프와 크리스티안 라센에 의해 팔리어의 해독이 시작되었으며, 한문으로 된 불서들 역시 이 시기에 와서야 비로소 장 피에르 아벨 레뮈자〔Jean-Pierre Abel-Rémusat: 프랑스의 동양학자, 중국학자〕에 의해 연구되기 시작하였고, 그 후 얼마 지나지 않아 헝가리인 알렉산드르 크소마 드 케레스〔Alexandre Csoma de Körös: 티베트어 및 산스크리트어 학자〕에 의해 티베트어의 습득이 시작되었던 것이다. 요컨대, 유럽을 무지에서 앎으로 나아가게 한 전환기가 마련되고 있었던 셈이다.

따라서 우리에게는 인습적인 시각을 바꿔놓는 일이 요구된다. 이미 앞서 밝힌 바대로, 이를 위해 우리가 먼저 염두에 두어야 하는 것은 바로 불교의 발견은 단어와 사물이 학술적 시각 속에 함께 나타나는 것으로서 알렉산드리아의 클레멘스나 마르코 폴로 혹은 성 프란시스코 하비에르와 더불어 시작된 것이 아니라 단지 1820년경에 실질적으로 시작되었다는 점이다. 그렇지만 시대에서 시대로 전해 내려온 이 많은 양의 저술들이 어떠한 적절성이나 무게도 없는 있으나마나 한 것들처럼 간주되어서도 안 될 것이다. 출처가 다양한 이 관찰기록들과 이 집요한 허구들, 그리고 한동안 가라앉은 상태로 있다가도 늘 여기저기서 다시금 불거져 나오는 그런 끈질기고 음험한 분위기를 연상시키는 이 복합적인 전통을 발견의 측면에서 어떤 시각으로 보아야 하는지 모색하는 것은 우리로서는 간과할 수 없는 일이다. 이 자료들이 새로운 지식들의 기틀을 마련해 주는 고대로부터의 기반처럼 고찰될 수는 없다는 것이 나의 판단이다. 오히려 이 자료들은 새로운 인식을 저해하는 크고 작은 장애 요인들처럼, 새로운 정보망의 형성을 여기저기서 가로막는 소문들처럼, 그리고 근래에 얻어진 요소들 속에 다소 강력하게 개입하여 그 요소들을 질서화하려는 작업의 흐름을 바꿔놓을 수 있는 하나의 바탕처럼 그렇게 간주되어야 할 것이다. 이러한 관점에서 '불교'는, 불교의 실질적 출현에 기여하고 있는 것은 물론 아니지만 불교의 외형적 출현에 기여하고 있는 이 과거로부터의 지식 위에서 그 윤곽을 드러내고 있다고 할 것이다.

무(無)의 맥락

19세기의 철학자들이나 문필가들이 불교와 그 교리를 문제 삼을 때마다 꼭 허무주의가 거론되는 일차적 이유는 적어도 부분적으로는 이러한 유형의 개입을 통해 설명될 수 있을 것이다. 문제의 발단은 바로 다음의 사실에 있다. 즉, 19세기의 철학자들이 붓다에 대해 언급할 때면 획일적으로 그리고 명시적으로 무를 거론하고 있다는 점이 바로 그것이다. 그들에게는 불교와 무의 숭배는 동의적인 것 혹은 등가적인 것이 되고 있다. 나중에 살펴보겠지만, 물론 '무'가 다의적인 의미로 사용되고 있기는 하다. 하지만 이 용어는 예외 없이 늘 등장하고 있을 뿐만 아니라 그 사용방식에서도 불교의 교리나 제반 의식, 신봉자 등 불교 전반과 항상 밀접히 연관지어져 있다. 헤겔의 『엔치클로페디』 1827년판과 1830년판의 제87절은 다음과 같이 언급하고 있다. "불교도들은 무를 모든 것의 원리로, 모든 것의 궁극의 목표이자 궁극의 귀결점으로 삼고 있다." 헤겔은 또한 그의 『종교철학강의』에서, 불교에 의하면 "인간은 자신을 무화시켜" "무의 영원한 평화"에 가 닿아야 하는 것이라는 설명을 하고 있다. 헤겔에 뒤이어 철학자들은 "위대한 공허의 그리스도"가 설파하는 교리 속에서 오랫동안 "무의 광신주의"를 보아 왔었다. "무를 삶의 지고한 목표로 부여하는" 이 생각조차 할 수 없는 종교는, "영혼 속에 공허한 상태를 만들어 내는 이 기계"는 르낭에게는 "허무주의의 교회"가 존재하고 있음을 가리켜 주는 자료와도 같은 것이었다. 그리고 한편으로 쇼펜하우어가 자신의 눈에 비친, 불교와 자기 자신의 염세주의 간의 그 "놀라운 일치"에 대해 조금도 주저함 없이 자축하고 있는 것과는 달리, 또 한편으로 니체는 "비극적 지혜에 대한 부정" 그 자체인 "무에 대한 향수" 즉 고통을 기피하려 들게 함으로써 결과적으로 삶을 더 이상 감내하려 들지도 사랑하려 들지도 않게 하는 "의지 쇠약증"을 고발하고 있다. 니체는 특히 열반에 대한 거부감을 표명하고 있는데, 그는 이 "동양의 무"가 쇼펜하우어의 사상보다 더 본질적으로 염세주의의 핵심을 이루는 것으로 보고 있다. 니체의 눈에 불교는 지극히 도덕적이며 지극히 부드러운 몇몇 특징적인 면모를 지니는 것으로 비치기도 하지만 그럼에도 불구하고 하나의 거대한 "세계에 대한 부정"처럼 여겨지고 있다. 만일 우리가 삶이 지니는 비극적 의미를 되찾고자 한다면, "고통을 덜어주기 위한 최후의 일격"을 불교에 가해야 한다는 견지에서 니체는 이렇게 말하고 있다. "비극은 우리를 불교로부터 구원해야 한다." 그 밖에도 여기서 언급해 두고 넘어가야 할 저술들은 상당수에 이르는데, 쇼펜하우어 계열의 마인랜더나 하르트만의 글들이 그러하고, 『신화의 철학』 속에 실려 있는 셸링의 마지막 글들이 그러하며, 또 프랑스 철학자들의 경우 쿠쟁, 키네, 바르텔르미 생 틸레르, 텐느, 콩트, 고비노, 아미엘 그리고 『역사의 철학적 분석』 속에 실려 있는 샤를르 르누비에의 글들이 그러하다.

불교가 유럽에서 불러일으킨 여러 논지들은 실타래처럼 뒤엉킨 양상에도 불구하고 이렇듯 허무주의가 그 주요 맥락을 이루고 있다. 사실 무의 문제나 무의 다의적 의미를 둘러싸고 거대한 허구가 자리잡아 갔던바, 그 허구의 중심은 바로 불교였던 것이다. 19세기 사상가들의 글들을 한데 모아 상호 비교하는 과정에서 우리는 바로 불교의 발견뿐만 아니라 특히 무의 숭배라는 있을 수 없는 형태로 불교가 재정립되었던 이유가 당시 서구의 철학적 사유 속에서 허무주의의 정립과 여러 허무주의 색채들에 대한 의미상의 구별과도 연관되어 있음을 분명히 알 수 있었다. 이러한 연관성은 원인과 결과의 관계가 아니다. 부언하자면, 19세기 유럽의 허무주의가 불교의 영향으로 대두하였으리라는 생각은 부질없는 가설에 불과하다. 이러한 용어들로 질문을 제기하는 것은 타당한 방식이 아니다. 철학적 관념의 형태로든 아니면 병적인 도취의 형태로든 모종의 형태의 불교식 무가 유럽인들의 정신에 영향을 미치고 유럽인들의 정신 속으로 퍼져 나가 그들의 정신을 바꿔놓았으리라는 생각은 그만두도록 하자. 이같은 생각은 그 자체가 벌써 무의 숭배에 속하는 것이다. 말하자면 이런 식의 설명은 설명 대상으로 주어져 있는 것의 몫이라 할 것이다.

이 과정을 이런 식으로 설명하려 들기보다는 화학적 의미에서의 일종의 '응결현상' 처럼 고찰하는 편이 더 바람직할 것이다. 서로간의 결집을 통해 '허무주의' 라는 이름의 형체 없는 덩어리를 형성하고 있는 요소들은 모두 이미 존재하던 것들이었다. 그 중 일부는 오랜 과거부터 심지어는 고대부터 있었던 것들이며, 또 다른 일부는 역사의 단절이 여러 형태로 표출되기 시작했던 그 무렵에, 즉 형이상학의 한계에 대한 의식이 강화되고 신의 죽음이 예고되고 절대왕정의 종말이 구체화되었던 가까운 과거에 생겨난 것들이다. 분명한 것은, 칸트 이후로 그리고 혁명 이후로 이렇듯 허무주의가 형성되어 가는 과정에서 불교의 발견 그 자체가 어떤 새로운 동요도 초래하지 않았다는 점이다. 하지만 불교가 불러일으킨 여러 물음들을 통해 – 신을 필요로 하지 않는 종교, 불멸성이 결여된 구원의 길, 아무런 내용이 없는 축복, 신의 말씀과는 무관한 법, 초월성을 떨쳐버린 도덕 – 불교는 일종의 촉매 역할을 하게 되었다는 점이다. 또한 유럽의 사상가들에게 불교는 오랫동안 그 존재조차 거의 모르고 있었던 것으로서 이제 막 단편적으로 발견되었을 따름이며 또 잡다하게 주어진 여러 요소들을 통해 이해되었을 따름이라는 점, 그리고 면밀히 관찰되기보다는 제멋대로 상상되었을 따름이고 또 정확한 지식을 통해 규정되기보다는 근거 없는 생각에 의해 재구성되거나 보완되었을 따름이라는 점, 바로 이러한 사실들로 인해 불교는 지속적으로 일종의 촉매 역할을 하게 되었던 것이다. 허무주의의 주된 형상들은 이렇듯 불교와의 관계 속에서, 그리고 불교에 담긴 역설들에 대한 물음을 통해 보다 분명하고 보다 섬세한 모습을 띠게 되었다. 유럽인들은 불교에 대해 말하고 있는 것으로 생각하였지만, 실은 그들 자신에 대해 말하고 있었던 것이다. 유럽인들은 그들 자신의 문제들을 아시아로 돌려놓고 있었으며 또 그들의 두려움이나 당혹감을 아시아에 투영시키고 있었던 것이다.

세 가지의 허무주의

본서의 제반 고찰들은 그 전개 과정에서 암시되고 있는 허무주의의 세 가지 형상을 논지의 축으로 삼고 있다. 첫째, '허무주의'는 형이상학적 의미에 국한시켜 이해될 수 있는 것이다. 이 경우 '허무주의'라는 용어는 존재와 무가 더 이상 본질적으로 구별되지 않음을 의미한다. 이러한 색채의 허무주의는 '존재론적' 허무주의라고 불려도 무방한 것으로서 그 요지는 다음과 같다. 즉, 어떤 관점에서 무는 존재와 '등가적'인 것으로서, 무와 존재는 어떤 절대적이고 극복될 수 없는 대립관계 속에 놓여 있지 않다. 이러한 시각은 얼핏 상반적인 것처럼 보이는 다음 두 가지의 전제를 상호 치환 가능한 것으로 고찰할 수 있는 여지를 마련해 주고 있다. 하나는, 세계를 형성하고 있는 갖가지 상(象)들의 외양과 반짝거림 뒤에는 오직 무만이 있을 따름이라는 점이다. 그리고 또 하나는, 절대와 순수 존재 그리고 규정된 특징이 없는 무한은 우리에게 체험 대상으로 주어지고 있는 개별적이며 한정적인 사건들 너머에 있을 따름이라는 점이다.

둘째 의미에서의 허무주의는 삶에 대한 적극적 거부를, 즉 삶을 영속시키거나 삶을 번식시키고 또 삶 그 자체를 영위하는 데 집착토록 하는 그 모든 것을 향해 던진 '부정' 을 시사한다. 이렇듯 무를 선택한다는 것은 곧 존재에 대한 무의 우월성을 표명하는 것이다. 행복해질 수도 지속적으로 평온함을 유지할 수도 없는 것이 삶이라면 부정의 대상으로서 소멸되고 지워지고 폐기되고 영원히 와해되는 편이 보다 낫지 않겠는가. 삶은 한낱 고통스러운 유혹에 불과한 것이어서, 삶을 결정적으로 종식시키는 방편을 모색하는 것만이 정신이 정당화될 수 있는 유일한 길이리라. 이처럼 염세주의적인 허무주의는 모든 것을 포괄하고 있는 듯 보이나 실은 자체의 한계를 안고 있다. 사실 허무주의에 있어 낙관주의는 항상 그와 상반된 것으로 비치고 있다. 삶을 '긍정' 하는 태도는 허무주의의 명료한 의식과는 상치되는 극과 극의 관계를 이루고 있는 것이다. 그칠 줄 모르는 맹목적인 행복 추구는 염세주의자의 눈에는 한낱 환상으로 비칠 따름이지만 또한 줄곧 면면히 이어져 오고 있는 것인바, 이러한 허무주의가 참된 것과 거짓된 것 간의 대립까지 종식시키고 있는 것은 아니다.

셋째 의미에서의 허무주의는 이 대립관계를 해소시키는 것으로 이해된다. 이 최종적 의미에서의 허무주의는 더 이상 삶에 대한 거부나 세계에 부여된 제반 긍정적 가치에 대한 부정을 가리키지 않는다. 사실 궁극적으로 허무주의를 이루는 것은 제반 가치들로 형성된 세계이다. 배후 세계는 하나의 인위적 천국일 따름이며, 또 진실에 대한 생각조차 하나의 해로운 망상에 불과하다. 따라서 삶은 무가치한 것이며 모든 것은 대동소이한 가치를 지닐 뿐이라는 식의 주장이 여기서 문제시되는 것은 아니다. 여기서 관건이 되는 것은, 모든 것은 세계 그 자체와는 무관한 어떤 외적인 이유들 때문에 가치를 지니지 못한다는 점이다. 이런 관점에서 허무주의는, 우리가 어떤 외적인 법에 입각하여 잔혹하거나 행복한 현실을 심판하고 또 그러한 현실에 이 법을 적용시키고자 하거나, 또는 주어진 세계를 그대로 수용하기보다는 어떤 당위적인 것의 질서를 추구하고자 할 때 대두하는 것이라 할 것이다.

허무주의의 이 세 가지 주된 의미는 본서에서 다루는 19세기 불교에 대한 여러 기술들 속에서 찾아볼 수 있다. 본서의 전개 방식은 이 자료들간의 상호 연계성을 그대로 따르고 있을 뿐이다. 또한 이 자료들을 인용하는 과정에서 때로는 인용이 길어질 수박에 없는 경우들도 있다. 그 이유는 단지 그 자료들이 대개는 알려져 있지 않는 것들이고 또 어떤 것은 찾기 힘든 것이라는 점 때문만이 아니라 보다 중요하게는 그 자료들이 놀라울 정도로 명확한 것들이라는 바로 그 점 때문이다. 불교는 무의 숭배라는 것을, 불교는 하나의 흉측스러운 체계라는 것을, 천민들의 봉기라는 것을, 위험스런 수면상태라는 것을, 나약함이 낳은 발명이라는 것을, 삶에 지친 모습이라는 것을 이 자료들은 말하고 있다. 아주 명약관화하게 이처럼 표명된 발언들은 유추할 필요도, 재구성할 필요도 없는 것들이다. 이 발언들은, 표면적인 내용 아래 감춰진 암호화되어 있는 의미처럼 화폭 한 구석에 웅크리고 있지도, 은폐되어 있지도 않은 것들이다. 흩어져 있는 요소들이나 희미한 지표들을 근거로 재구성할 필요가 없는 이 발언들은 지울 수 없는 증언처럼 명확하게 우리에게 주어지고 있다. 하지만 우리에게 요구되는 것은, 이 발언들이 이루고 있는 그 고유한 전개 속으로 들어서는 일일 것이고, 그 전개상의 굽이굽이를 따라가면서 문장상의 다양한 어조에 귀를 기울이려는 노력일 것이며, 여기저기서 주어지는 용어를 취득하는 것만으로 만족하지 않는 자세라 하겠다.

고문서들을 통한 본 작업이 진행되어 감에 따라 나는 어떤 떨쳐버릴 수 없는 느낌에 차츰 사로잡히게 되었다. 나는 이 느낌을 한동안 통제하면서 그에 대한 경계심을 늦추지 않았다. 왜냐하면 이 느낌은 이상한 것이었고 또 처음에는 터무니없는 것처럼 생각되었기 때문이다. 사실 나는 이 자료들이 붓다에 대한 거론을 핑계로 하여 단지 그 시대의 유럽, 한창 혼란에 휩싸였던 19세기에 대해서만 말하고 있는 것이 아니라 바로 우리들의 시대에 대해서도, 20세기와 이 세기의 '무의 숭배' 에 대해서도, 즉 20세기의 전쟁과 유례없는 학살들 그리고 인간적인 것에 대한 부정과 파괴적 허무주의에 대해서도 말하고 있는 것이 아닌가 하는 생각을 갖게 되었다. 그렇다면 서구인들은 다른 사람들과 저 머나먼 곳, 아시아와 붓다에 대해 말하는 가운데 어떻게, 무슨 이유로, 어떤 마법의 장난으로 그들이 앞으로 겪게 될 것에 대해 그처럼 미리부터 두려워하였던 것인가? 본 연구가 진행되는 동안 나는 이러한 느낌을 지울 수 없었다. 오히려 이 느낌은 강화되었으며 급기야는 마치 일종의 확신처럼 자리잡게 되었다. 물론 이같은 확신은 해석을 위한 하나의 가정에 불과한 것이겠지만 말이다. 나는 본서의 끝부분에서 이 느낌을 다시금 들추어 낼 것이다.

제1부

태동

(1784~1831)

1784년. 벵골 왕립 아시아학회의 첫 번째 연구 발표회가 윌리엄 존스의 주최로 캘커타에서 개최된다. 산스크리트어와 인도 문화에 대한 연구는 하나의 엄격한 학문 분야로 자리잡는다. 그럼에도 불구하고 11세기 이래 인도에서 자취를 감춘, 붓다의 이름에 관계된 교리들은 인도학의 초창기에는 알려지지 않은 상태로 남아 있었다.

1831년. 베를린에서 헤겔 죽음. 말년의 헤겔은 "인간은 자신을 무화시켜야 한다"는 말로 '불교' 라는 새로운 이름이 가리키는 종교를 특징짓고 있다. '불교' 라는 말은 선구자들의 작업과 더불어 유럽의 여러 언어들 속으로 퍼져 나간다.

I

얼굴 없는 우상

18세기의 저술들 속에서 붓다는 흔히 '원시 세계'의 요소들 가운데 하나로 여겨지고 있다. 정체성이 거의 결여된 채, 붓다는 전반적으로 무의 문제와는 별다른 연관을 맺고 있지 않다.

붓다는 이집트인들의 토트 신, 그리스 인들의 헤르메스 신,
유럽인들의 머큐리 신, 고트족 국가들의 보덴 신 등과 같은 것으로서
브라만 이전의 한 입법자이다.
— 〈아시아 연구〉의 프랑스어판에 붙인
랑글레〔Langlès: 프랑스의 동양학자〕의 주석, 파리, 1805.

19세기 초 이전까지는 붓다의 이름과 결부된 정확히 규정된 체계는 어떤 것도 없었다. 선교사들의 편지와 탐험가들의 기술 속에서 다양한 이름

으로 불렸던 이 창시자가 한 동일한 형상으로 생각되지는 않고 있었다. 중국의 포〔浮屠〕와 일본의 샤카〔釋迦〕 그리고 시암의 승려들이 말하는 사모나코돔(Sammonacodom)이 인도의 붓다와 동일한 대상을 가리키는 것이라는 사실이 서구인들 사이에 알려지게 된 후로도 서구인들은 여전히 붓다의 이름이 아시아의 주변으로 자리를 옮긴 어떤 알 수 없는 우상 숭배의 대상을 가리키는 것으로 생각하고 있었다. 보드(Bodh), 부드(Budh) 혹은 붓두(Bouddou)는 고대로부터 내려오는 한 미신의 기원이었기 때문이다. 윤곽도 제대로 파악되지 않은 채 어렴풋이 알려졌을 따름인 불교 신앙은 관심의 대상도 두려움의 대상도 아니었다. 그 우상은 고대로부터 내려오는 일반적인 어떤 앎과 지혜의 표상이리라는 것이 유럽인들의 생각이었다. 이 우상은 자신만의 존재를 드러내 보이는 것도 아니었으며, 어떤 인간의 현실에 상응하는 것도 아니었고, 역사 속에서 어떤 확실한 자리를 차지하고 있는 것도 아니었다. 이 우상의 실체가 전설적인 것인지 아니면 역사적인 것인지, 그의 교리에 담겨 있는 상세한 내용은 무엇인지, 어떤 점에서 그의 교리는 뭇 브라만 교리들과 구별되는지, 어떤 경로로 또 어떤 상황에서 그의 교리가 아시아 전역으로 전파되었는지는 문제시되지 않고 있었다.

이러한 물음들이 전혀 제기되지 않았던 것은 아니다. 다만 이러한 물음들이 굳이 표명되어야 할 필요가 없었을 뿐이다. 왜냐하면 미리 준비된 모든 종류의 답변들이, 그것도 제각기 확실한 답변처럼 제시되었던 모든 종류의 답변들이 이러한 물음들이 구체화될 수 있는 공간을 가로막고 있었기 때문이다. 임의적으로 주어진 답변들은, 구별짓고 한정짓고 특징짓는 것과는 아무런 관계도 없는 그런 식의 질문들에나 합당한 것이었다. 이 답변들은 상이한 것들 사이에서 어떤 식으로든 등가성과 유사성을 찾으려 하는 경향에 부응하는 것이었다. 저자들은 정보들을 조합하거나 중첩시키면서 언뜻 잡다하게 주어진 이미지들, 형상들, 지표들, 이름들 사이에 있을 수 있는 새로운 일치점들을 찾아내는 데만 주력하였다. 문헌학의 발전으로 실증적이며 질서 잡힌 지식 체계가 태동하기 전까지는 붓다에 대한 질문은 어떤 의미에서는 단지 하나의 수사상의 문제에 불과하였다. 붓다의 이름을 일련의 이름 속에 포함시키는 것이 문제시되었을 뿐 그 이름이 지칭하는 것이 무엇인지 규정하는 것은 문제시되지 않고 있었다.

17세기와 18세기에 걸쳐 흔히 등장하는 이같은 설명 방식은 조지 스탠리 페이버〔George Stanley Faber: 영국의 신학자〕의 『이교도 우상숭배의 기원』(1816)과 같은 그 후의 저술에서도 여전히 나타나고 있다. 그는 나름의 방식으로 벌써 오랜 과거를 지닌 말의 한 형태를 요약해 보이고 있다. "원시의 붓다는 비슈누, 시바, 혹은 오시리스와 동일한 것이다." 그렇다면 그가 이렇게 단정하게 된 요인은 어디에 있었는가? 또 이러한 단정을 가능케 한 자료와 논지는 어떤 것들이었는가? 사실 그에게는 이러한 질문들을 제기하는 것 자체가 그다지 적절치 않은 것으로 보였던 것이며, 여러 가지 이름들이 동일한 대상을 지칭하고 있다는 오직 그 점만이 중요했던 것이다. 이 책의 또 다른 대목이 이를 확인시켜 주고 있는데, 그에 의하면 "토트(Thoth)와 붓다는 이드리스(Idris)와 동일한 인물이었으며" 또 붓다와 비슈누와 노아 역시 동일한 인물이었다. 그렇다고 조지 스탠리 페이버가 비정상적인 정신의 소유자였던 것은 아니다. 수십 편에 달하는 그 밖의 저술 속에서도 붓다는 헤르메스 신, 머큐리 혹성, 노아, 모세, 토트 신, 오딘 신 또는 보탄 신과 동일한 것으로 다루어지고 있는데, 붓다의 형상이 원래

'원시 세계' 에 속한 것이라는 견해가 자리잡게 되었던 것도 이러한 일련의 통합적 시각에 의한 것이다. '원시 세계' 라는 이 표현은 하나의 거대한 일차적 단계를 지칭하는 것으로서, 서구인들은 이 단계에서는 여러 다른 장소와 시기와 민족과 언어에 속하는 제반 신화와 신과 의식과 단어를 하나의 공동의 기원 속에 포괄시킬 수 있는 것으로 생각하고 있었다. 따라서 구별되지 않는 특징들, 즉 특징 아닌 특징들만을 지니고 있을 따름인 이 우상은 고유한 기원이 없는 것인데도 또한 기원적인 것이었다. 이 우상은 이렇듯 '원시' 와 불가분한 기원 그 자체를 본질적인 방식으로, 거의 유기적인 방식으로 구현하고 있었던 것이다.

'원시 세계' 란?

'원시' 라는 말이 오랫동안 어떤 의미를 지니고 있었는지에 대해 우리는 별다른 인식을 갖고 있지 않는 듯하다. 사실은 이 용어가 통용되었던 사고의 틀이 사라지면서 그 의미도 바뀌게 되었다. '원시 세계', '원시 종족', '원시 언어와 원시 신앙' 등의 표현은 우리가 레비 브륄〔Lévy Bruhl: 19~20세기 프랑스의 철학자, 사회학자. 미개사회의 인간은 문명사회의 인간과는 다른 원시심성을 갖는다고 주장〕의 견해를 좇아 그렇게 생각하려 드는 것과는 달리 인류의 미성숙한 상태, 전(前) 논리적 상태 혹은 후진적인 상태를 지칭하는 것은 아니었다. 원시는 어떤 '사고 방식' 에 관계되는 것도, 지적 · 심리적 · 사회적 발전 단계에 관계되는 것도 아니었다. 따라서 원시라는 표현이 오늘날의 우리를 정점으로 하는 어떤 변천 단계에 속하는 존재 방식 즉 세계와의 관계 속에서의 어떤 존재 방식을 의미하지는 않았다. 이렇듯 원시의 의미가 초보적인 것, 아직 발휘되지 않은 상태에서 발휘되기를 기다리는 능력과 관계되는 것은 아니었다.

원시라는 표현은 오히려 역사의 저변을 이루는 어떤 획일적인 시공간을 의미하는 것이었다. 다시 말하면 이 표현은 원초적이며 독립적이고 또 연대상의 구별이 없는 세계, 따라서 동일성을 갖추고 있는 것으로 추정되는 한 세계를 의미하였다. 그 세계에서는 동일한 신들이 여러 다양한 이름으로 도처에서 숭배되었다. 풍습상의 차이와 외양상의 다양성에도 불구하고 동일한 신앙이 도처에서 뿌리를 내렸다. 언어상의 차이를 보이는 고유한 명칭들은 실은 동일한 신을 가리키고 있을 따름이라는 견지에서 장 실뱅 바이이〔Jean-Sylvain Bailly: 18세기 프랑스의 정치가 · 천문학자. 프랑스 대혁명의 발발과 더불어 파리 시장으로 선출〕는 이렇게 말하고 있다. "수많은 고대의 관습들은 모두 하나같이 이전의 한 종족을, 그리고 한 공동의 기원을 표방하고 있다."*

이 닫힌 세계를 형성하는 공식은 다음과 같이 제시될 수 있을 것이다. 즉, X는 Y와 같다. 이렇듯 원시라는 표현은 무엇보다도 기능성의 의미로 통용되고 있었다. 복합적인 것을 통일시키고 다양한 것을 획일화하며 또 여러 문화들간의 상호 치환을 가능케 하는 그런 식의 역할이 이 표현에 주어졌던 것이다. 따라서 우리는 이 표현을 오늘날의 시각에서 변천상의 시초, 역사의 초기 등의 의미로 이해해서는 안 될 것이다. 원시의 역할은 장

---

* 장 실뱅 바이이, 『고대 천문학의 역사, 그 시초에서 알렉산드리아 학파의 대두까지』, 파리, 1781.

차 출현하게 될 역사의 근거, 평편하고 견고하고 아무런 균열이 없는 그 초석을 마련해 주는 데 있었다. 역사 시대는 이 바탕 위에서 움트고 또 이 바탕에서부터 진행되었다. 하지만 역사 시대가 원시에 귀속되지 않는 것처럼, 이 근원적 구도 역시 시간상의 주행에서 벗어나는 것이다.

이같은 제시들은 물론 본서의 연구 대상이 아니다. 그렇지만 고전주의 시대에 태동하여 계몽주의 시대에 들어서 — 쿠르 드 제블랭〔Court de Gébelin: 18세기 프랑스의 문필가〕과 장 실뱅 바이이의 저술을 비롯한 여러 저술들 속에서 — 전개되고 또 19세기에 들어서까지 — 조지 스탠리 페이버나 프레데릭 드 루즈몽〔Frédéric de Rougemont: 스위스의 정치가, 문필가〕에 의해 — 연장되었던 '원시 세계'는 기나긴 역사를 지녔던 것이라고 말해도 무방할 것이다.* 우리들의 눈에는 전적으로 상이한 것들로 보이는 뭇 형상들이 상호 치환됨으로써 동일한 것들로 되어버리는 이 거대한 연계망은, 요컨대 모든 우상들을 무한정한 등가 관계 속으로 흡수해버리는 이 거대한 연계망은 그 출현에서부터 쇠락에 이르기까지 유럽 근대사를, 즉 유럽이 전세계로 개방되는 시점에서부터 오늘날의 사회가 첫발을 내닫기 시작한 시점까지를 그대로 반영하고 있다 할 것이다.

대발견의 시대부터 산업 성장의 시대에 이르기까지의 이 광범위한 기간에 유럽인들의 의식은 다른 사람들과 다른 곳들을 단 하나의 전체처럼 — 온통 원시적이며, 온통 우상 숭배에 빠져 있고, 온통 이교도적인 그러한 전체처럼 — 간주하는 데 급급하면서 다른 사람들의 복수성을 차단하

* 쿠르 드 제블랭, 『현대 세계와의 비교에 따른 원시 세계의 분석』, 파리, 1773~1782; 프레데릭 드 루즈몽, 『원시 민족, 그 종교와 역사와 문명』, 파리, 1855.

고 다른 곳들의 다양성을 중성화시키는 데 주력하고 있었다. 3세기 가까운 기간에 세계가 확장되고 다변화함에 따라, 또 공간이 새로운 먼 곳으로 열려가고 역사 시대가 심화되어 감에 따라, 이처럼 분산되고 단절된 양상에 대항하여 단일성과 동질성과 밀도를 지닌 어떤 고대적 양상을 유지하려는 노력 또한 배가되었다. 서구인들은 그리스인들의 이편과 저편에서 수많은 다신교와 신화들과 전혀 생각지도 않은 신들과 새로운 문자들과 불가사의한 기념물들을 찾아내게 되었는바, 그들은 이 다양한 것들을 원시 세계의 원칙하에 통일화했던 것이다. 이렇듯 번식일로에 있던 차이들은 원시 세계의 원칙에 의해 한 가지 유일한 체계 속으로 흡수되었는데, 이 체계 속에서 상호 치환 가능한 것으로 되어버린 개별성들은 상호간의 전이를 무한정 가능케 하는 열쇠를 손에 쥐는 순간 모두 삭제되었던 것이다.

원시의 원칙은 한편으로는 세계의 다변화에 제동을 걸면서 또 한편으로는 서구만이 체험하고 있던 변혁의 가속화를 상상 속에서나마 상쇄시켜 주는 역할을 하였던 것으로 보인다. 실제로, 르네상스에서부터 종교 개혁을 거쳐 프랑스 대혁명에 이르기까지 유럽에서 변화의 물결이 날로 빨라지고 날로 거세지고 있던 것과 병행하여 또 한편에서는 원시 세계 — 즉, 역사의 흐름과는 무관한, 시대가 없는 그 역사 아래의 부동의 저변 — 의 특징으로 주어진 것들이 점차 굳어지고 있었다. 원시 세계가 한편에서는 오늘날의 우리가 빠져 나온 지하의 그늘에 비유되고 있다든가 혹은 또 한편에서는 대낮의 사건들이 떨어져 나온 우윳빛 새벽에 비유되고 있다든가 하는 점은 그다지 중요한 것이 아니다. 이 경우든 저 경우든 원시는 본질상으로나 기능상으로 반(反)현대적인 것이었다. 역사에 선행하는 것으로서 원시는 미래와는, 미래의 유동성과는 모순되는 것이었으며, 더불어 다양성과 상치되는 것이기도 하였다.

머큐리라는 이름의 붓다

단 하나뿐인 유일한 원시 세계는 곧 그 자체가 이집트와 페르시아, 그리스인들과 스칸디나비아 사람들, 중국인들과 에트루리아 사람들의 제반 신앙과 언어와 신화 사이에 근원적인 소통이 있었음을 시사해 주는 것이었다. 그러기에 이름 외에는, 그것도 불확실한 이름 외에는 전혀 알려진 것이 없던 '붓다'가 아주 다양한 신들과 동일시되었던 것은 그에 따른 당연한 결과였다. 머큐리(헤르메스) 신은 가장 지속적으로 붓다와 동일시되었던 신들 가운데 하나였던바, 라 루베르〔La Loubère: 프랑스의 외교관, 저술가〕는 그의 유명한 견문록 『시암 왕국 여행기』(1691)에서 붓다와 머큐리 간의 유사성에 대해 언급하고 있다. 구체적인 관찰들을 바탕으로 정확한 지적들이 실려 있는 이 책에서 그는 그 유사성에 대해 다음과 같이 설명하고 있다. "예지의 신이었던 머큐리는 지상 전역에서 숭배되었던 것으로 보인다. 왜냐하면 예지는 참다운 신의 표상들 가운데 하나이기 때문이다." 붓다를 머큐리 신과 연관지으려는 그런 발상의 유일한 근거로 주어졌던 것은 바로 일주일 가운데 머큐리의 날인 수요일의 이름이 팔리어로는, 그리고 산스크리트어에서 파생된 여러 언어들 속에서는 '부다(budha)' 였다는 오직 그 사실이었다. 이 유사성은 다른 여러 저자들에 의해서도 언급되고 있다. 이 두 이름 사이에는 사실 어떠한 연관성도 없지만 그 유사성만으로도 이후 오랫동안 동일시되었던 것이다.

출간된 후 반세기 동안 자주 인용되고 거론되었던 앙트완느 오귀스탱 지오르지〔Antoine Augustin Giorgi: 이탈리아의 동양학자〕의 저술 『티베트어 입문』(1762)에서도 이같은 시각을 찾아볼 수 있다. 그리고 앞서 언급한 바이이의 저술 역시 이같은 시각에 따라 '원시 종족'에 대해 다음과 같은 견해를 피력하고 있다. "그리스인들의 그 유명한 헤르메스 트리스메기스토스 신도, 이집트인들의 토트(Thaut 혹은 Thoth) 신도, 인도인들의 붓타(Butta) 신도 모두 원시 종족의 신이었는데, 이 모든 신들은 원시 종족들의 공동의 기원에 자리하고 있던 한 동일한 신일 따름이며 또 원시 종족들은 이 신을 제각각 그들만의 신으로 만들었다." 붓다와 머큐리 신의 동일성은 19세기 초 이후로도 상당 기간 자주 거론되었던바, 앞서 언급한 조지 스탠리 페이버의 책을 제쳐두더라도 프리드리히 크로이처〔Friedrich Creuzer: 독일의 문헌학자, 신화학자. 셸링과 헤겔에게 영향을 끼침〕의 대저 『고대 민족의 상징과 신화』(라이프치히-다름슈타트, 1819~1823)가 그 좋은 예라 할 것이다. 대개의 경우 붓다와 머큐리 신의 유사성은 마치 하나의 명백한 기정 사실인 양, 더 이상 재고할 필요가 없는 표지인 양 짤막하게 언급되고 있을 따름이다. 논쟁의 대상이 아니었던 이 견해는 집요한 주장이나 반론도 펼칠 필요가 없는 것이었다. 단지 가르멜 수도회의 수도사 폴랭 드 생 바르텔르미〔Paulain de Saint-Barthélemy: 본명 장 필립 베르댕(Jean Philippe Werden). 프랑스의 선교사, 문헌학자. 『동인도 기행』 저술〕만이 예외가 되고 있는데, 그는 1793년 선교사학원의 교사 자격으로 로마에서 라틴어로 간행한 한 저작의 대부분을 이 논지를 옹호하고 입증하는 데 할애하고 있다. 인도의 말라바르 해안 지방에서 포교 활동을 한 적도 있던 그는 점성술과 상징성에 의거한 해석을 옹호하는 데 가히 예외적인 열정을 보여주고 있다. 그의 주장에 따르면, 인도에서 말하는 붓다 혹은 고타마, 그리고 중국에서 말하는 '포'는 인간이 아니며, 그들 모두는 하나같이 황도상의 머큐리 별을 가리키고 있고, 또 머큐리의 정신은 모든 민족 사이에서 도덕적 규범의 창시자처럼, 그리고 제반 예술과 학문의 창설자처럼 여겨졌으리라는 것이다.

이렇듯 하나의 동일한 이름과 동일한 신앙이 이곳저곳을 편력하는 가운데 그 형태가 다소 변질되어 인도에서는 붓다로, 이집트와 에티오피아에서는 토트 신으로, 중국에서는 '포'로 나타나게 되었으며, 또 그 밖에 티베트와 스키타이 그리고 스칸디나비아와 스웨덴에서도 그 흔적을 남기고 있다는 것이다. 이처럼 도처에 편재하는 것으로만 알려졌을 뿐 거의 미지의 상태로 남아 있던 한 동일한 우상의 이같은 다양한 얼굴들은 점차 그 수가 늘어났다. 폴랭 드 생 바르텔르미는 붓다가 마니교도들의 예수일지도, 아니면 베다교의 미트라 신일지도 모른다는 생각까지 갖고 있었다. 그런데 붓다가 이토록 많은 얼굴들을 갖기 위해서는 붓다에게 얼굴이 없어야 하지 않았겠는가. 등가관계에 묶여 끊임없이 대체되는 요소처럼, 실제로 그 수가 무한정한 온갖 종류의 신화적 '권능'에 상응하는 것으로 얼마든지 주어질 수 있었던 이 너무나 일반적인 등가물은 기실 얼굴다운 얼굴이 없는 것이었다. 붓다=머큐리 설은 유달리 오랫동안 거론되어 왔었다. 머큐리라는 이름의 붓다는 라 루베르의 1691년 저술에 등장하고 있는데, 특히 야콥 브루커〔Jacob Brucker: 독일의 목사, 철학자〕의 기념비적 철학사 저술(1742)과 디드로(Diderot)의 『백과사전』에 실려 있는 '시아카(Siaka)' 항목에서 언급되고 있고, 또 1805년 랑글레(Langlès)가 〈아시아 연구〉 제1, 2권의 프랑스어판에 붙인 각주들 속에서 여러 차례 거론되고 있다. 나아가 에드워드 어펌이 1829년 『불교의 역사와 교리』라는 제목으로 출간한 저술에서는 머큐리라는 이름의 붓다의 입지가 더욱 공고해져 있었는데, 거기서는 다음과 같은 언급을 찾아볼 수 있다. "브라만 신봉자들은 머큐리 혹성을 붓다의 별이라 하며 숭상하였다."

이렇듯 붓다가 단지 머큐리 신과의 상응관계에만 국한되어 인식되었던 것은 아니다. 붓다의 이름은 대체적으로 여러 '다른' 신화 속의 신들을 연계시키는 사슬 속에서 언급되고 있다. 그러기에 랑글레는 붓다가 "이집트인들의 토트 신, 그리스인들의 헤르메스 신, 유럽인들의 머큐리 신, 고트족 국가들의 보덴 신과 동일한 것"이라고 기술하고 있는 것이다. 그 후로도 한동안 계속되었던 이같은 유형의 사변이 마지막으로 제시되는 글들 가운데 하나인 윌리엄 프랭클린〔William Francklin: 영국의 군인, 동양학자〕 대령은 그의 저서에서 "고대 인도의 붓다는 고대 이집트의 헤르메스 트리스메기스토스일 뿐이다"라는 견해를 다시금 피력한 다음 "이 기원적 인물은 대홍수 이전의 종족에 속한다"고 명시하고 있다.

이 상투적인 신들의 명단은 거의 변동 없이 누차 반복적으로 언급되어 왔었다. 그렇지만 이 명단이 붓다를 다른 식으로 동일시할 수 있는 여지를 없애버리는 것으로 여겨서는 안 될 것이다. 오히려 다음과 같은 말도 가능할 것이다. 즉, 어떠한 종교적 전통이나 지리적 영역에서든(여기서 아메리카 대륙은 일단 예외로 해두자) 붓다가 있었던 자리는 항상 발견되었고 또 현학적으로 검증되었다고.

피요르드의 불승들

우리의 눈에는 하루아침이면 지워지고 말 것처럼 보이는 이 기이한 유사성과 상응관계들 가운데서 붓다가 '오딘=보타나즈=보단'과 동일시되고 있는 점은 보다 각별한 고려 대상으로 주어지고 있다. 이 관점은 동양학자 윌리엄 존스에 의해 다시금 새로이 제시되었는데, 그 출발점은 전과 마찬가지로 수요일의 이름이다. 수요일의 이름은 라틴족의 경우 머큐리 신의 이름에서 비롯되며, 또 인도인들의 경우 붓다의 이름에서 비롯되는 것으로 생각하고 있었듯이 스칸디나비아 사람들의 경우에는 보단의 이름에서 비롯되는 것이었다. 우리에게 보단 신이 아는 것을 아는 것으로 생각하지 못하게는 하지만 가르쳐 주지는 않는 그러한 앎의 스승으로 비친다거나 변증법적 수법과 궤변적 술수에 능한 자로 비친다거나 하는 점은, 혹은 보단 신이 애꾸눈이고 못생겼고 간교하고 잔혹하고 조소적이며 또 여자를 혐오한다거나 하는 점은 여기서 직접적인 고려 대상이 아니다. 여기서는 단지 이 점만을 주목하고자 한다. 즉, 붓다와 보단 신에게 이렇듯 동일성이 주어지고 있다는 사실은 바로 아시아의 민족들과 북유럽의 민족들 사이의 어떤 비밀스런 동일성에 대한 막연한 기대가 있었음을 시사해 주고 있다는 점이다. 이같은 망상은 동양학자들에 의해 확실한 지식 체계가 대두한 후로도 여전히 사라지지 않고 있었다. 사실 낭만주의 세대는 스칸디나비아의 안개를 갠지스 강의 태양과 연계시키려는 환상에서 벗어나지 못하고 있었다. 낭만주의자들이 그들의 상상 속에서 찾아내려고 했던 것은 바로 독일인들이 라인 강과 비스라 강과 오데르 강을 따라 정착한 브라만의 후손이라는 것을 확인시켜 줄 수 있는 먼 고대에 이루어진 온갖 종류의 이동이었다. 또한 그들은 붓다와 북유럽의 신이 서로 밀접한 관계를 맺고 있다는 것을 입증해 내는 데 오랫동안 매달리고 있었다. 이 주제에 관한 공동 저작이 페트루스 벤야민 스쾰트베르크(Petrus Benjamin Sköldberg)의 주도하에 1822년 웁살라에서 발표되기도 하였으며, 또 이 주제는 다음해 빌헬름 슐레겔(Wilhelm Schlegel)의 〈인도학 논총〉에서 다시금 주의 깊게 다루어지기도 하였다. 그런데 실로 놀라운 것은, 그로부터 몇 십 년 후 비교 문헌학이 이미 정착된 시기에까지 학술연구물 속에 여전히 이 같은 오류에 찬 저술들의 잔재가 남아 있었다는 점이다. 그 비근한 예로, 노르웨이의 진지한 언어학자 홀름뵈(Holmboe)는 1857년 파리에서 「기독교가 유입되기 전 노르웨이에서의 불교의 자취」라는 제목의 놀라운 논문을 발표한 바 있다. 이 논문은 다음해 권위 있는 〈벵골 왕립 아시아학회보〉에 실린 「불교와 오딘 숭배, 그 유사성」이라는 제목의 한 보고문의 계기가 되기도 하였다. 그런데 이 논문이 부각시키고 있는 문제들 가운데 하나는 당시의 전문가들이 제시하고 있는 오딘 숭배 시기와 붓다의 생존 시기 간의 시대상의 차이에 관한 것으로서, 홀름뵈는 일군의 불교도들이 인도에서부터 발트해 연안까지 이동하는 데 걸렸을 시간을 이 차이에 대한 설명 근거로 제시하고 있다.

곱슬머리를 한 저 먼 곳의 예수

보다 드문 경우이기는 하지만 르네상스 시대에 기욤 포스텔(Guillaume Postel)이 그러했고 또 고전주의 시대에 들어 드 기뉴〔De Guigne: 프랑스의 동양학자)가 그러했듯이 붓다는 예수와, 그리고 붓다의 교리는 기독교와 동일시되기도 하였다. 특히 드 기뉴의 경우 중국인들 사이에 퍼져 있던 '포' 종교의 교리는 기독교의 그것과 동일한 것이라는 관점에서 그의 저서 『훈족, 터키족, 무갈족 및 그 밖의 서역의 타타르 족에 대한 통사. 예수 이전 및 예수 이후에서 현재까지』(1756~1758)에서 이렇게 말하고 있다. "포가 중국에 전파된 것은 서기 65년의 일이다. 이 종교는 오늘날 무갈 왕조가 들어서 있는 인도의 한 지역에 뿌리내리고 있었다. 나는 이 종교가 기독교였다고 생각한다." 그러기에 그의 눈에 불교의 교리는 설령 역사의 흐름 속에서 퇴락하고 변질되었다고 할지라도 근본적으로는 조금도 이질적이지 않은 것으로 여겨졌던 것이다. "불교의 교리를 살펴보는 자라면 거기에는 1세기 무렵의 기독교 이단자들이 윤회에 관한 피타고라스의 사상과 인도에서 끌어온 몇 가지 다른 원리들을 가미시켜 설파하였던 것과 같은 기독교만이 있을 뿐임을 알게 될 것이다. 이 교리서도 당시 돌아다니던 가짜 복음서들 가운데 하나일 가능성이 다분하다. '포'가 가르치고 있는 여러 지침들은 그 중 몇몇 특이한 생각을 제외하면 모두 복음에서 끌어온 것으로 보인다." 붓다가 예수와 동일시된 경우는 다른 경우들에 비해 많지 않았던 것 같다. 특히 이러한 관점은 단지 어떤 가능성이나 가정 혹은 개인적 확신으로만 주어졌을 뿐 일련의 증거들에 입각한 논지처럼 제시된 적은 없었다. 성 프란시스코 하비에르가 일본에서 보낸 편지들을 통해 앞서 그 실례를 살펴보았듯이, 붓다 신봉자들과 기독교 계시 간의 관계를 규정지었던 것은 우상 숭배자들을 개종시켜야 하는 필연성에 있었다. 하지만 또 한편으로 당시 서구인들은 붓다가 누구인지에 대한 다양한 견해에도 불구하고, 또 불교 신앙에 대한 모호한 생각에도 불구하고, 그리고 여러 가지 기원과 연관성을 병치시키는 가운데서도 세계 저편에서 그들의 잊혀진 기독교 형제들을 찾고자 하였다. 지속적인 갈등처럼 어떤 경쟁 관계가 문제로 떠오른 것은 단지 '불교' 그 자체에 대한 인식이 생겨나기 시작하면서부터의 일이다. 그 전에는 불교가 심판과 배척의 대상으로 주어지든 예찬이나 경멸의 대상으로 주어지든 이는 단지 수사 차원의 문제에 불과한 것이었다. 갖가지 지식의 표상일 뿐만 아니라 지대한 권능과 섬세한 '예지'를 상징하는 헤르메스 신의 모습으로 붓다가 제시되었다는 것은 아마도 어떤 숭상의 표시일 것이다. 또한 비록 붓다 신봉자들이 본래의 말씀을 상실하고 타락한 신앙에 젖어듦에 따라 가련하면서도 기괴한 몰골을 하게 되었음에도 불구하고 붓다가 예수와 동일시되었다는 것은 곧 붓다가 높이 평가되고 있었음을 말해주는 것이라 하겠다. 그렇지만 상호 치환과 상호 대체가 가능한 기호들을 통한 이같은 막연한 인식 속에는 차후 경쟁의 대상으로 주어지게 될 한 역사, 한 신앙, 한 세계관에 대한 진정한 문제의식이 배제되어 있었다. 이 원시적인 바깥 세계는 기존의 그것과도 그다지 구별되지 않는 비교적 유사한 특징들만을 지니고 있을 따름이었다.

또 한편에서는 붓다가 예수이기보다는 짙은색 피부와 두터운 입술 그리고 곱슬머리를 지닌 어떤 '에티오피아인'일 가능성도 있다는 견해가 제시되기도 하였다. 상당수의 저자들이 이같은 생각에 이끌렸던 것으로 보이는데, 머릿결에 관한 견해가 처음으로 발표되자 그로부터 이에 대한 일련의 글들이 파생하게 되었다. 1786년 2월 2일 벵골 왕립 아시아학회 창립 3주년을 기념하는 자리에서 시인이자 동양학자이며 산스크리트어 연구자로서 회장직을 맡고 있던 윌리엄 존스는, 고대의 어떤 글들에 보이는

'에티오피아인들' 이라는 지칭은 인도의 여러 종족들을 가리키는 것으로 보아야 한다면서 다음과 같이 덧붙이고 있다. "우리는 곱슬머리를 하고 있는 붓다의 형상들을 자주 보게 되는데, 이같은 형상들은 붓다의 본래 모습을 재현하고 있는 것으로 생각됩니다." 그 후 1792년 〈아시아 연구〉 제3권에 실린 긴 논고에서 윌포드〔Wilford: 영국의 군인, 고대사 연구가〕 중위는 인도인들이 나일 강의 줄기를 정확히 알고 있었다는 주장과 더불어 붓다의 용모는 인도인들이 아니라 에티오피아인들에게서 찾아볼 수 있을 것이라는 주장을 펴고 있다. "붓다가 어떤 현자이든 어떤 영웅이든, 어떤 종족의 수장이든 한 종족 전체의 표상이든, 백인이든 흑인이든, 붓다의 머리를 곱슬머리로 상정하든 머릿결이 매끄러운 것으로 상정하든, 또는 붓다의 출현 시기가 크리슈나 신에 비해 백년 후든 2백년 후든 천년 후든, 요컨대 확실한 것은 붓다가 순수 인도 계통은 아니라는 점이다. 그 지역 도처에 산재해 있는 남성적 혹은 여성적 형상의 불상들은 뭔가 이집트인이나 에티오피아인의 외모를 지니고 있으며, 또 외모상의 특징뿐만 아니라 복장상으로도 힌두교의 고대 영웅들 및 반신상의 모습들과는 큰 차이를 보이고 있다." 이같은 주장은 그 후로도 여러 차례 반복되고 있는데, 그 비근한 예로 로버트 퍼시벌〔Robert Percival: 영국의 군인, 동양학자〕 대위는 1803년에 다음과 같이 말하고 있다. "붓두는 아프리카 흑인처럼 머릿결이 굵고 곱슬곱슬한 검은색 머리를 지닌 모습으로 줄곧 재현되고 있다."

반면에 1819년의 〈학술통신〉지에서 프랑스의 중국학자 장 피에르 아벨-레뮈자(Jean Pierre Abel-Rémusat)는 이러한 가설에 대해 논박하고 있다. 이러한 가설은 전통적으로 산스크리트어의 어휘에 입각하여 붓다를 묘사하는, 특히 붓다의 머리를 묘사하는 데 사용된 형용어들과 어긋난다는 것이 그의 반론 요지였다. 그렇지만 흑인 붓다에 대한 견해는 그 후로도 십여 년 동안 계속 확산되어 갔으며 또 1850년의 여러 논문들에서까지 여전히 등장하였던바, 붓다에 관한 일체의 사실들에 대해 과학적 분석의 길을 열었던 외젠 뷔르누프(Eugène Burnouf)는 「한 위대한 인물의 서른 두 가지 특징에 관하여」라는 제목의 논고에서 "불교의 창시자가 흑인 계통이라는 이 성급한 결론"은 붓다의 머릿결과 촘촘히 짜인 고리 모양의 머리 그리고 짙은 머리색을 묘사하는 산스크리트어와 티베트어의 단어들을 분석해 볼 때 결코 수용될 수 없는 것이라는 점을 애써 부각시키고 있다. "오늘날 우리에게는 몇몇 학자들이 여러 불상들의 머리 모양으로부터 끌어낸 유추들의 타당성 여부를 판단할 수 있는 제반 여건이 갖춰져 있다. 이 불상들에 대한 묘사가 담겨 있는 권위 있는 불서들과 마찬가지로 이 불상들은 우리에게 곱슬머리를 제시해 주고 있는 것이 아니라 환상형 머리를 제시해 주고 있는바, 이 두 가지 머리 형태는 혼동할 여지가 없을 정도로 상이한 것들이다."

이렇듯 갖가지 가설들을 다양하게 조합하는 것에 대한 견제 장치가 아직 마련되지 않고 있었다. 그래서 이를테면, 원래 에티오피아인이었던 붓다는 이집트로 넘어가 모세 5경을 읽게 되었고 거기서부터 인도를 거쳐 일본으로 건너갔던 것이며, 또 초기의 그리스인들은 인도로 건너가 붓다에게서 앎의 싹을 얻어 갔던 것이라는 식의 지론도 얼마든지 가능하였던 것이다. 이같은 조합이 단순히 형식적인 것만은 아니다. 우리는 붓다의 교리에 대한 암시가 담겨 있는 『백과사전』의 여러 항목에서도 디드로의 붓이 빚어낸 이와 유사한 요소들의 혼합을, 깊은 지식의 눈은 제쳐두고라도 단순한 양식의 눈에조차 상호 부합할 수 없는 것들로 비치는 그러한 요소들의 혼합을 찾아볼 수 있을 것이다.

아주 조심스러운 무의 표면화

다양한 신들이 서로 대체되고 또 다양한 신화들이 상응관계 속에서 서로간에 번안이 이루어지는 곳인 '원시 세계', 그 잿빛의 연속성 속에서 세계의 통일성은 견지되고 있었다. 뭇 역사의 다양성은 서로간의 필연적 연계성을 전제로 하는 것이며, 또 뭇 신화와 체계는 제각기 유일한 것으로서 분산되거나 분리되어 있는 것이 아니다. 이렇듯 다면적이며 상호 이질적이고 근본적으로 다양한 뭇 세계들 — 각각의 특이성으로 인해 파악하기도 힘들고 또 서로간의 상이성으로 인해 이해하기도 힘든 세계들 — 을 밀어내고 대신 그 자리에 단 하나의 거대하고도 매끈한 표면이 모든 불안 요소들을 불식시키며 들어서게 되었던바, 그 표면 위에는 뭇 상징들과 뭇 형상들과 뭇 권능들간에 마법적인 표현상의 대체가 가능해짐에 따라 모든 상이점들이 용해되고 종식되었다.

이러한 통일성 속에서 붓다는 여전히 하나의 얼굴 없는 우상에 불과하였다. 원시 신앙에 관한 이들 문헌에서 무의 문제는 거의 표면화되지 않고 있었다. 기이하게도 신부들이 전하는 한 편의 일화에 국한된 것이기는 하지만, 붓다의 초상이 없었던 것은 아니다. 즉, 임종 순간에 자신의 제자들에게 모든 것은 무이며 또 오로지 그것만이 진실임을 밝히면서 자신의 제자들을 속여 온 기만적인 스승의 모습으로 그려진 붓다의 초상 말이다. 하지만 이러한 초상마저도 그림 한귀퉁이에 그려진 하나의 부대적인 요소에 불과하였다. 다만 이 그림에도 변화가 생기게 되었으니, 19세기 초로 접어들면서 붓다는 더 이상 별다른 특징 없는 하나의 우상처럼 간주되지는 않게 되었다. 경계심을 자아낼 만큼 상당히 급작스럽게 붓다는 한 '탁월한 철학자' 로 변모하였던 것이다. 이제 그 변화의 과정을 살펴보도록 하자.

2

붓다의 정체

1817년 파리에서 오늘날에는 거의 잊혀진 한 소책자가 발간되었다. 저자의 신원이 분명치 않은 이 글은 아주 간혹 언급되고 있을 뿐이다. 그렇지만 이 책자는 붓다를 보는 방식에 근본적인 변화가 있었음을 말해주고 있다.

맹신의 제단과 미신의 제단 위에 놓여 있다가
거기에서 내려온 붓두는 이제야말로 탁월한 철학자이며,
그와 같은 사람들의 행복을 위해 또 인류를 이롭게 하기 위해
태어난 현자이다.

— 미셸-장-프랑수아 오즈레(Michel-Jean-François Ozeray),
『동아시아의 종교의 창시자 붓두(Buddou) 혹은
붓두(Bouddou)에 관한 연구』, 파리, 1817, 111쪽.

"이 신은 한 인간이다." 이는 하나의 단절을, 즉 신화에서 역사로의 이

행을 말해주고 있다. 또한 보다 본질적으로는 만일 '붓다' 가 어떤 신적 권능의 이름이 아니라면 불교는 전통적인 의미에서의 한 '종교' 가 아닐 수도 있음을 말해주고 있다. 앞에서 인용한 이 문장은 1817년 파리에서 발간된 미셸-장-프랑수아 오즈레의 저서에 실려 있는 것이다. 이 소책자는 '붓두의 종교' 를 가리키기 위한 '불교(bouddhisme)' 라는 용어가 프랑스어로는 처음으로 등장하는 저술들 가운데 하나로, 저자는 그것을 '다신교에서 드러나는 종교적 주요 착란' 과는 상반관계에 놓고 있다. 그런데 이 책자는 이 점을 제외한다면 우리의 주의를 붙들어 둘 만한 특기할 점은 없는 것 같다. 거기에는 동양학에 관계되는 발견이나 진정한 철학적 분석은 실려 있지 않다. 저자는 붓다에 관한 어떠한 새로운 정보도 제공해 주지 못하고 있으며, 또 그가 인용하고 있는 저술들도 라 루베르, 드 기뉴, 손느라〔Sonnerat: 18~19세기 프랑스의 박물학자〕, 캠퍼〔Kaempfer: 17~18세기 독일의 생물학자. 의사로서 일본에 머물며 『일본과 그 역사』를 씀〕, 팔라스〔Pallas: 18~19세기 독일의 탐험가〕, 폴랭 드 생 바르텔르미 등의 것으로서 최신 저술들이 아니었다. 또한 책자가 발행되기 전 20년 동안 인도학은 상당한 성장을 이루었는데도 그 이전의 자료들에 근거하고 있다. 이 책자의 도입부에서 묻어나는 어조와 야심찬 작업이 예고되고 있는 점으로 미루어 볼 때 저자는 지긋한 나이에도 불구하고 여전히 계획 자체를 계획이 완수된 것으로 혼동하고 있는 것 같기도 하다.

그러나 이 책자는 그다지 특기할 만한 점이 없음에도 불구하고 시각상으로는 큰 변화가 있었음을 말해주고 있다. 물론 저자가 그러한 변화를 '유발' 하고 있는 것은 아니다. 하지만 '붓두 혹은 붓두' 에 대한 백여 쪽에 달하는 이 고찰은 그 진부한 양상에도 불구하고 — 그 진부한 양상은 새로운 호기심이나 새로운 연구 대상으로 주어진 것에 대해 적합한 이름이나 논고의 제목을 다는 데 주저하는 모습에서까지 나타난다 — 유럽에서 줄곧 문제로 떠오르게 된 붓다 얼굴의 특징들을 그려 보이고 있다. 이 소책자는 이후 등장하게 되는 새로운 상투적 표현들의 제반 요소들을 한데 담고 있다. 따라서 우리는 이를 하나의 사례나 전조처럼 간주하면서 이 책자를 통해 드러나는 주된 변화들을 살펴보아야 할 것이다.

오직 한 인간일 뿐

이 책자가 지적하는 첫 번째 사항은, 그 이름이 아직 확실히 정해지지 않은 한 인물의 인간으로서의 성격에 관한 것이며, 따라서 그 인물의 역사적 성격에 관한 것이다. 이 인물은 어떤 신적인 존재가 아니라 하나의 '신격화된 인간' 이다. "신격화된 붓두를 부도덕성의 산물인 그 모든 신들과 혼동해서는 안 될 것이다. (……) 붓두에 관한 허구 속에는 그의 역사의 일면이 담겨 있다." 이같은 전제는 붓다를 신화 속의 여러 형상들과 동일시하려 드는 종전의 시각에 대한 거부로 귀결되고 있다. 라 루베르나 특히 폴랭 드 생 바르텔르미의 경우처럼 붓다를 '하늘의 정신, 학문과 기예의 신 머큐리' 와 동일시하는 것은 곧 무모한 판단을 허용치 않는 문제를 두고 무모한 판단을 내리는 것일 뿐이다. 물론 이 책자가 어떤 새로운 사실을 언급하고 있다거나 여러 단정적인 발언들을 받쳐줄 만한 증거를 제시하고 있는 것은 아니지만, 저자 오즈레는 다음과 같이 단언하고 있다. "이 인물이 누구인지에 대해서는 더 이상 의심할 여지가 없을 것이다."

유일한 증거 자료로 제시되고 있는 것은 스리랑카에서 티베트에 이르기까지 여러 다른 사원들에서 찾아볼 수 있는 동일한 형상의 불상들에 관한 것이다. 그런데 폴랭 드 생 바르텔르미 역시 이 불상들을 근거로 하여 붓다와 머큐리는 하나의 동일한 실체라는 전혀 상반된 주장을 펴고 있다. 따라서 수집된 정보에 변화가 있었던 것이 아니라 정보를 대하는 시각과 정보에 부여한 의미에 변화가 있었던 것이다. 몇 년 전만 해도 붓다와 머큐리를 동일시하는 논지의 근거가 되었던 여러 이야기들과 지표들이 여기서는 붓다가 한 인간이라는 논지의 근거가 되고 있다. 붓두가 '아시아의 종교의 창시자' 라는 데는 변함이 없으나, 더 이상 신적인 존재는 아니었던 것이다.

이에 따른 새로운 결과로서, 계시 받은 종교를 온전하게 보지하는 것이 가능하게 되었다. 붓다를 오직 인간적 실체로만 상정하면서 이렇듯 아시아에 국한된 붓다의 특수성을 연구 대상으로 삼는다는 것은 곧 '원시 세계' 와 '근원적 계시' 라는 이 두 문제를 연계짓고자 했던 관점과는 단절을 의미하는 것이었다. 고전주의 시대의 태도와는 반대로, 오즈레는 근원적 계시를 전제로 하거나 모종의 전파 과정을 전제로 하여 붓다를 성서에 대한 지식과 관계지으려 드는 그런 식의 가설을 사전에 아예 멀리하고 있다. "붓두는 가장 오래되고 가장 참다운 뭇 전통의 보관자가 아니다. 붓두는 모세가 우리를 세계의 요람으로 인도하면서 또한 우리로 하여금 놀라운 창조의 작품을 관조하게 하였던 그 횃불이 밝히는 빛을 따라 걷지 않았다." 덧붙여 오즈레는, 그럼에도 이 '입법자' 는 '고결하고 엄격한 도덕률' 을 통해 미신을 타파하고 잠재웠다고 기술하고 있다.

이 책자가 지적하는 새로운 사항은 이러하다. 즉, 이 '유명한 인물' 은 신도 예언자도 아니지만 그렇다고 평범하거나 통속적인 의미에서의 인간이 아니라 바로 철학자라는 것이다. 철학자로서의 붓다의 모습은 한 시대를 관류하게 되는바, 오즈레의 책자는 철학자로서의 붓다의 출생 신고서라 해도 지나치지 않을 것이다. 사실 저자는 그의 논지를 전개하는 과정에서 붓다를 현자 또는 성자의 이름으로 거론하기보다는 대개의 경우 철학자의 이름으로 — 독단론에 맞서는 이성의 행사, 자기 통제를 위한 수행, 도덕을 최우선시하는 태도와 연관된 의미에서의 철학자의 이름으로 — 거론하고 있다. 그러기에 우상으로서의 붓다에 대한 표상은 그 윤곽조차 분명치 않은 비교적(秘敎的)인 것일 뿐만 아니라 또 이내 그 명백한 모순을 드러내며 더 이상 견지될 수 없는 것이라고 할 것이다. "맹신의 제단과 미신의 제단 위에 놓여 있다가 거기에서 내려온 붓두는 이제야말로 탁월한 철학자이며, 그와 같은 사람들의 행복을 위해 또 인류를 이롭게 하기 위해 태어난 현자이다." 바로 그런 까닭에 오즈레의 눈에 불교는 "일종의 보편성을 누리고 있는 것"으로 비쳤던 것이다. 이제 머큐리 별은 실로 요원한 이야기가 되어버린 것 같다.

한 도덕가의 생애

그렇지만 이 철학자의 사유 체계가 어떤 것인지는, 아니면 적어도 그의 사유를 이루는 중심 사상이 무엇인지는 여전히 문제로 남아 있었다. 사실 이 문제에서 분명한 것이라고는 아무것도 없었다. 개혁가로서 붓다의 행동 반경은 무지몽매함과 미개함을 어느 정도 일깨워 주거나, 또는 풍습을 도덕적으로 교화시키고 나아가 순화시키는 데 그쳤던 것으로 보인다. 물론 이같은 행동 반경은 그 자체만으로 중요한 의미를 지닌다고 볼 수도 있지만, 그 어떤 사유 체계와는 다른 독특한 사유 체계를 제시할 만한 특징이 될 수는 없을 것이다. 오즈레는 비록 자신이 연구 대상으로 삼은 인물을 윤회 사상의 창시자로 제시하기는 하지만, 그의 기술은 여전히 모호한 표현들로 가득하다. 이를테면, "자연의 가장 숭고한 부분과 온갖 신들에게 바치는 제단이 곳곳에 세워졌던 온통 오류뿐인 그 초기 상황에서는 모든 것이 난립하고 있었다. 그릇된 통념들이 그렇듯 홍수를 이루는 가운데, 동아시아에서 태어난 한 인물이 조야함이 좀 덜한 다신교를 사람들에게 선보이고, 가장 기괴한 미신적 요소들을 신앙에서 제거하며, 신앙에 하나의 종교적 도덕을 갖추어 주고, 나아가 아주 특이하고 새로운 체계인 인과응보의 체계 즉 윤회 사상을 신앙에 불어넣었다. 이 열광적인 교조주의자, 이 금욕주의 철학자는 이런 식의 칭호로 불리게 되었고, 또 그는 이런 단계를 거쳐 신격화되기에 이르렀다."

이 '철학자'의 역사 참여에 대한 기술은 아무래도 대략적인 것에 불과하지만, 그를 보는 시각만큼은 긍정적이라 할 것이다. 이 붓두는 반감을 불러일으키고 있지 않다. 굳이 말하자면, 이 철학자는 진보주의자로서 자신의 행동을 통해 사물의 흐름을 바꾸고, 현상 유지에 연연하는 낡은 전통을 타파하며, 영적인 세계를 개혁하고 있다 할 것이다. 하지만 이러한 특징들 역시 다각적으로 규정되고 또 상이한 평가들을 거치게 되는데, 대개의 경우 부정적인 관점에서 다루어지고 있다. 반면에 오즈레는 붓다가 철학자라는 견지에서, 자신의 그러한 견지를 뒷받침해 줄 수 있는 합리적 근거를 붓다에 관한 전설 속에서도 찾아낼 수 있다는 점을 일관된 방법상의 규칙으로 상정하고 있다. "우리가 붓두의 교리에서 그 근본적인 핵심만을 놓고 본다면, 거기에는 어떠한 신화적 성격의 그릇된 통념들도 앗아가지 못할 것이 있다는 바로 이 점만큼은 하나의 기정사실로 받아들여야 할 것이다."

그의 제시는 실로 획기적인 것이다. 물론 이 제시는, 붓두는 한 인간이며 또 이 인간은 한 철학자이다는 앞서의 논점과도 직결된다. 그럼에도 이 제시는 전에 없던 새로운 의지를 표명하고 있다. 즉, 대상으로 하는 불전들이 신화적인 이야기나 허구적인 일화들로 넘쳐나고 또 '장식음' 같은 수많은 환상적인 이야기들로 가득하다 할지라도 거기에 담겨 있는 어떤 진정한 사유 체계를 도출해 보겠다는 그 의지 말이다. 19세기 후반에 접어들면서 불교에 대한 시각은 바로 이 점에서도 종전의 시각과 거리를 두고 있다.

이 '교리의 바탕' 을 이루는 '근본적인 핵심' 이 무엇인지는 사실 여전히 모호하기 그지없는 문제로 남아 있었다. 다만, 윤리 문제가 '불교' 에 대한 분석에서 가장 중요한 문제로 떠오르게 되었으며, 또 이러한 분석상의 특징은 그 후 오랫동안 많은 저술에 나타나는 주된 특징이기도 하였다. 오즈레는 불교의 윤리를 '위대하고 고결한' 이라는 표현으로 지칭하고 있다. 반면에 그 윤리의 세부적인 내용은 제대로 설명하지 않고 있으며, 또 그 행동 수칙상의 형식 또한 제대로 명시하지 않고 있다. 하지만 명확한 정보의 부재에도 불구하고, 오즈레는 자신이 '우리의 철학자' 라 부르는 그 인물로 인해 바로 인간을 제물로 바치는 의식이 종식되었고, 노인들을 유기하고 아이들을 방치하는 행위가 금지되었음을 밝히고 있다. 덧붙여 그는 이미 제법 널리 알려져 있던 뭇 주해자들(라 루베르, 드 기뉴, 캠퍼

등)의 의견을 좇아 이른바 불가(佛家) 윤리의 토대가 되는 다섯 가지 금기 사항(오계)을 다시금 상기시키고 있다. "살아 있는 것은 어떠한 것도 죽이지 말 것〔不殺生〕, 도둑질하지 말 것〔不偸盜〕, 어떠한 부정한 짓도 범하지 말 것〔不邪淫〕, 거짓말을 하지 말 것〔不妄語〕, 취하게 하는 어떠한 음료도 마시지 말 것〔不飮酒〕."

이러한 접근은 물론 대략적인 것에 불과한 것이기는 하지만 원시 세계와의 관계에 따른 접근 방식과는 판이한 것이다. 단일화와 동일화에 따른 폐쇄적인 체계 속에서는, 모든 새로운 요소(X)는 전혀 규정되지 않은 것이라 할지라도 이미 사전에 Y나 Z에 융화되었으며 또 '보다 잘 알다' 라는 말마저도 기존의 사실을 조금도 바꾸지 않고 강화시켜 주는 그러한 용도의 보충적인 논거들을 갖게 되었음을 의미할 따름이었다. 하지만 여기서는 어떤 실질적인 역사 탐구의 가능성이 열리고 있다. 여기서는 이른바 철학적 성격의 어떤 교리를 보다 잘 아는 것만이 문제시되고 있는 것은 아니다. 여기서는 한 무더기의 온갖 전설적인 이야기들과 병행하여 인간으로서의 붓다가 살다간 '실제' 생애의 지표들을 찾아내는 것이 문제로 부각되고 있다. 이 지표들은 미미하고 또 소수에 불과하다. "우리의 전기 문학은 사실 단편적인 일면들만 제공해 주고 있을 따름이다." 그렇지만 이같은 언급은 아직 알려져 있지 않은 요소들과 새로운 구체적 명시를 위한 연구의 가능성을 열어놓고 있는바, 이 점에서도 '원시 세계' 를 보는 종래의 시각과는 완전히 다른 시각이 등장하고 있다.

전기 연구에 따른 최소한의 요구는 붓다가 언제 어디서 살았는지, 그것만큼은 적어도 알아야 하는 것일 게다. 이 문제를 두고 오즈레는 선뜻 결정을 내리지 못하고 있다. 그는 손느라의 견해에 따라 시암을 택하기도 하고 존스의 견해를 따라 카슈미르를 택하기도 하며 또 체임버스〔Chambers: 18세기 영국의 건축가〕의 견해를 따라 벵골을 택하기도 하다가 마침내 스리랑카로 결정하고 있다. 요컨대, 붓두는 '기원전 1029년을 전후하여' 스리랑카에서 태어났다는 것이다. 그의 생애에 대한 이야기도 극히 간략하게 기술되어 있다. "일본에서 내려오는 전설에 의하면, 스리랑카의 한 왕의 아들이었던 붓두는 열아홉 살 되던 해 엄격한 금욕 생활로 큰 명성을 누리고 있던 한 은거자의 제자가 되고자 아내와 아들을 남겨둔 채 아버지의 궁을 떠나갔다." 이것이 전부이다. 그리고 붓다가 금욕과 고행에서 등을 돌린 또다른 단절에 대해서는 일체의 언급도 없다. 하지만 아버지의 궁에서 누리던 사치에서 등을 돌린 첫 번째 단절과는 대조를 이루는 이 역방향에서의 두 번째 단절은 중도 사상과는 불가분한 것으로서 붓다의 태도를 특징짓는 그 '이중의 거부' 의 골자이지 않은가.

하지만 어찌됐든 여기서는 한 실제 인간의 전기가 문제로 제기되고 있다. 그 전기가 비록 단편적이고 실망스러운 것이며 게다가 그 가능성에 대한 의문까지 자아내는 것이기는 하지만 말이다. 이제 더 이상 어떤 가상의 존재에 관습적으로 주어진 특성들은 필요치 않게 되었다. 전설에서 실제 모습을 규명해 내려는 이같은 의지는 오늘날까지도 계속되고 있다. 사실 지난 수세기 동안 붓다의 전기 속에 모종의 꾸며낸 이야기들이 삽입되고 가상의 일화들이 덧붙여진 마당에, 또 이 지복의 인간이 이룬 공적들을 찬란하게 하려는 의도와 경이로움과 과장에만 익숙해진 습관이 지난 수세기 동안 자리잡고 있던 마당에, 붓다의 전기 속에서 역사적으로 입증된 것과 의심쩍은 것 그리고 명백히 조작된 것을 가려내기란 무척 어려운 과제인 것 같다. 아마도 이 과제는 수행해 내기가 불가능한 것일지도 모른다.

그렇지만 이 과제는 지속적으로 수행되어야 할 그만한 가치가 있는 것이라 하겠다. 앙드레 바로(André Bareau)의 가히 기념비적 작업은 앞으로도 새로운 진척이 가능하리라는 것을 여실히 보여주고 있다.*

이 책자가 시사하고 있는 또 하나의 사실은, 붓다의 가르침을 표방하는 뭇 종파들에 대한 다각적인 연구가 시작되기 이전에, 그리고 장차 유럽에 출몰하게 될 '불교' 라는 유령이 그 형체를 갖추기 이전에 붓다의 윤곽이 소개되고 있다는 점이다. 이 창시자의 인물상, 그의 성격상의 특징, 그리고 그의 정신적 여정에서 드러나는 특징은 그 후로 줄곧 의문의 대상으로 제기되었던바, '붓다의 생애' 는 19세기 서구 문학의, 아직 연구되지 않은 한 장르가 되었다고 해도 과언은 아닐 것이다. 그리고 한편으로는 이로 인해 특히 예수와의 비교가 불가피한 것처럼 여겨지게 되었다. 그 결과, '예수의 생애' 에 '붓다의 생애' 가 응답하면서 이런 식의 대화가 보여줄 수 있는 모든 경우가 등장하게 되었다. 즉, 비교는 둘 중 어느 한쪽으로 치우친 결론을 낳기도 하였고 또 때로는 둘 사이에 어떠한 차이도 없음을 선포하기도 하였으며 심지어는 둘 사이에 어떤 역사적 관계가 있을 수 있다는 결론을 낳기도 하였다.

하지만 오즈레의 경우는 '예수-붓다' 문학을 말할 시점이 아직은 아니었던 것 같다. 이 문학은 19세기 중엽부터 하나의 조류를 이루기 시작하여 19세기 말에 접어들면서 비로소 많은 작품을 낳고 있다. 그렇지만 오즈레의 소책자가 암시하고 있는 지평의 변화는 또한 이러한 유형의 사색에 길

---

* 앙드레 바로, 「고대의 수트라피티카(경장)와 비나야피티카(율장)에 나타나는 붓다의 생애에 대한 연구」, Ecole française d' Extrême-orient 출판부, 파리, 1963~1971.

을 열어주고 있다 할 것이다. 실제로, 한 인간이 우상을 대체하면서부터는 자기 제자들에 의해 신격화된 철학자와 인간화된 신 사이의 관계 문제가 제기되지 않을 수 없었던 것이다. 왜냐하면 이같은 '인격화'는 붓다의 교리를 인도의 다른 종교적 유산과 명확히 구별짓는 것이었기 때문이다. 낭만주의 유럽이 산스크리트어 연구자들의 작업에 힘입어 발견해 가던 브라만교에서 베다 경전은 계시를 받은 경전으로 여겨지고 있었다. 인도의 전통 사상들과 경서들은 아무런 '서명'이 없는 것들이다. 그 '저자'들은 신이나 환상적인 이름들로서 '진실'을 전하기만 할 뿐 그 '진실'의 창시자도 발견자도 아니었던 것이다.

이와는 달리, 붓다의 제자들을 통해 전해지게 되었다는 붓다의 훈계와 그의 생애에 대한 이야기 그리고 교리서들은 모두 한 인간의 실제 모습과 관련되어 있는 것들임을 말해주는 어떤 표시들을 내포하고 있다. 그 실제 모습이 상상을 통해 재구성된 것인지 아니면 훗날 적절하게 조작된 것인지의 문제는 이 관점에서는 그다지 중요한 것이 아니다. 인도에서 붓다의 자리를 근본적으로 구별지어 주는 것은 바로 붓다는 기억 밖의 먼 과거로부터 전해지면서 자체의 정당성을 얻게 된 한 전통의 영속성 속에 자리하고 있지 않다는 점이다. 붓다의 설파는 어떤 근원의 말을 전해주거나 되새기게 하는 데 그치지 않는다. 그 이전 것과의 단절을 통해 단지 자체의 자율성을 천명할 따름인 붓다의 설파는 오직 붓다 스스로 체득한 것을 통해 정당성을 얻을 뿐 그 밖의 다른 어떤 힘도 빌리지 않고 있다. 이것은 곧 '깨달음'(보디〔bodhi, 覺〕는 고타마의 별칭인 '붓다' 즉 '깨달은 자'의 어원이다)이라는 이 창시적인 주제가 의미하는 것이기도 하다.

유럽인들의 시선은 인도의 역사를 통해 드러나는 이같은 붓다의 특이성에 점차 가닿게 되었다. 오즈레 역시 향후 오래도록 지속될 이 매료된 시선의 역사를 나름으로 예고하고 있다. 비록 그의 '붓두 혹은 붓두에 대한 연구'에 진정으로 문헌학적인 어떠한 발견도 실려 있지 않다고 할지라도, 이 저술은 붓다를 보는 시각에 큰 변화가 일어나고 있음을 알려주는 것이다. 물론 1817년에 발표된 이 저술은 여러 면에서 아직 18세기를 벗어나지 못하고 있기는 하다. 이를테면, 불교가 브라만교에 선행한다는 주장이, 즉 붓다와 인도의 관계에 대한 철저한 곡해를 야기하는 이 주장이 여전히 되풀이되고 있다. 하지만 앞서 우리가 충분히 살펴보았듯이, 이 저술이 말하고자 하는 바는 '원시 세계'를 논거로 삼았을 때 생기는 그런 논지들과는 전적으로 판이한 논지들을 중심으로 전개되고 있다.

불교도의 수는?

이 저술의 이같은 성격은 불교도들의 수를 문제삼고 있는 데서도 확인된다. 일찍이 붓다를 머큐리 신이나 토트 신 혹은 오딘 신과 동일시하는 저술들에서 이 문제가 제기된 적은 없었다. 신화에 입각한 신원 조사로 말미암아 인구에 대한 통계학상의 현실이 가려지게 되었던 것 같다. 헤르메스와 쌍둥이 형제간이었던 붓다는 시간과는 무관하게 존재하는 모종의 신으로, 육신을 지닌 신도들이 없는 우상으로 남아 있기라도 하듯이 말이다. 붓다 추종자들의 수를 조사 대상으로 삼으려는 연구자는 아무도 없었다. 불교도들이 아시아 전역에 산재한다는 것을 알고 있던 유럽인들에게 그들 전체에 대한 인식은 염두에 없었던 것이다. 하지만 19세기로 접어들어 불교도들의 수가 문제로 부각되면서부터 이 문제는 거의 강박관념의 고통을 안겨줄 정도로 심화되었고, 그로 인해 수만, 수억 등의 숫자가 제시되기에 이르렀다. 이윽고 불교도들은 기독교도들보다 수가 많다는 견해가 전해지면서 한편으로는 프레데릭 오자남〔Frédéric Ozanam: 1813~1853. 프랑스의 기독교 역사가〕의 경우처럼 불교도들이 들끓고 있는 것을 두려워하기도 하였고 또 한편으로는 쇼펜하우어의 경우처럼 불교도들의 수가 많은 것을 반기기도 하였다.

오즈레는 그 나름으로 '붓두의 생각을 추종하는 사람들의 수는 1억 명 이상' 이라는 견해를 제시하고 있다. 그는 자기 저술의 부록에서 열 쪽에 걸쳐 자신이 산정한 수치를 입증해 보이고 있는데, 그의 산정 방식은 지역별 전체 인구에 대한 지역별 불교도들의 비율에 의거하고 있다. 그가 제시하는 수치들이 터무니없는 것일 수도 있겠으나, 이는 부차적인 문제에 불과하다. 중요한 것은, 일련의 이 수치들이 현실을 측정하고 파악하려는 의지를 반영하고 있다는 점이다.

유령의 희미한 윤곽

이때까지만 해도 무(無)의 숭배와는 아직은 멀었던 것 같다. 사려 깊은 도덕가로서 미신과 제물의 피가 흐르는 종교 의식을 타파한 그 탁월한 철학자인 붓다와, 또 한편으로는 장차 여러 주석가들에 의해 윤곽이 드러나게 될 그 비논리적이고 파괴적이며 어리석고 교활한 설교자, 이 둘 사이에는 분명 상당한 거리가 있다고 할 것이다. 하지만 무의 문제가 아직은 현황판에 기입되지 않았다고 하더라도, 그리고 두려움을 자아낼 만한 그 어떤 것도 이 '붓두' 에게서 찾아볼 수 없는 것처럼 보였다고 하더라도, 몇몇 새로운 특징들은 쉽사리 불안 요인으로 바뀔 여지를 안고 있었다. 말하자면, 불교도들의 수가 그렇게 많다는 것은 언젠가는 유럽에 위협 요소가 되지 않겠는가? 또 불교 신앙이 계시도 초월성도 없는 오로지 인간 차원의 구원의 길이라면, 불교의 허무주의가 새로운 추종자들을 양산해 낸다면, 또 붓다가 분명하고 일정한 특징이 없는 조작 가능한 우상이기보다는 하나의 역사적인 실제 모습으로서 그 역설적인 면모와 생생한 면모 그리고 당혹스러울 정도로 농밀한 면모를 통해 예수와 경쟁관계에 들어선다면, 이 모든 것은 유럽에 위협 요소가 되지 않겠는가?

이 시점에서는 실제로 아직은 아무것도 두려움을 불러일으키지는 않고 있다. 하지만 이미 약간의 충동질만으로도 충분한 상태이다. 주요 배경은 마련되어 있다. 단지 몇몇 인물만이 없을 따름이다. 이제 그들이 등장한다.

3

한 세계의 부상

30년 사이에(1800년에서 1830년까지) 불교 세계는 다양성과 통일성을 지닌 세계로 등장하게 된다. 동양학자들은 붓다에 대한 신앙이 브라만교 이후에 출현한 것임을 확인하게 된다. 그들은 불교가 중국과 일본, 티베트로 전파되는 역사를 살펴보고 또 경전들을 해독하기 시작한다. '무의 교리인가' 라는 의문에 학자들은 '결코 아니다' 라고 답변하고 있다.

붓다의 종교에 관한 질문은 단순히 호기심 차원에서
던져진 그런 한가한 것들이 아니다.
— 〈르 글로브〉 1829년 11월 25일.

1799년 〈아시아 연구〉 제6권에 「버마의 종교와 문학에 관하여」라는 제목의 프랜시스 부캐넌〔Francis Buchanan: 영국의 군의, 식물학자〕의 연구가 발표된다. 몇 년 후 헤겔과 쇼펜하우어도 접하게 되는 이 긴 논고는 불교도들과 브라만교도들 간의 차이를 극구 강조하는 최초의 저술들 가운데 하나이자 팔리어 원본들에서 비롯한 미얀마어 문헌들에 근거하는 최초의 저술들 가운데 하나이다. 특히 이 논고는 열반 개념의 특이성, 즉 신성한 본질 속으로의 융화도 사멸도 뜻하지 않는 이 특이성에 대해 일관된 접근을 모색하는 최초의 논고이기도 하다. 또한 이 논고가 집필된 상황은 18세기에서 19세기로의 전환기에 갓 정립되기 시작한 이 분야의 연구 흐름을 단적으로 보여주고 있다. 사실 부캐넌은 미얀마에 아주 단기간 체류했을 뿐이며 또 미얀마어를 구사하지도 못했다. 그는 그곳에 들른 심스〔Symes: 영국대사관 소속 무관〕 대위로부터 한 편의 라틴어 원고를 건네받게 되는데, 그 원고는 이탈리아 출신의 한 선교사 빈센티우스 산제르마노(Vincentius Sangermano)에 의해 씌어진 것이었다. 이 신부는 이미 두 권의 팔리어본 불교 교리서를 번역한 적이 있었다. 또한 그는 불교의 법사들이 기독교 선교사들의 진출에 대응하여 역으로 기독교도들을 불교로 개종시킬 목적에서 기술한 글을 미얀마어에서 라틴어로 번역하기도 하였는데, 아마도 이 번역의 취지는 선교사들의 활동이 상대방의 논지에 대한 보다 깊은 이해에 근거할 수 있도록 하는 데 있었던 것 같다. 부캐넌은 이 세 편의 글을 하나로 묶어 편찬하여 라틴어에서 영어로 번역한 다음 거기에 자신의 견해와 고찰을 덧붙였다. 이렇듯 원본과 서구의 독자들 사이에는 연이은 번역에 의한 여과장치뿐만 아니라 불교 교리를 황당무계한 것으로 취급하는 데 주저하지 않은 한 관찰자의 판단에 따른 여과장치까지 놓이게 되었다.

그로부터 30년이 지난 1829년, 프랑스의 〈르 글로브〉지는 11월 25일 수요일자의 1면 전체를 할애해서 「불교에 대하여」라는 제목의 기사를 싣고 있다. 그런데 그 기사는 이렇게 시작하고 있다. "근래 들어 동양학은 유럽인들 사이에서 상당한 진전을 보이고 있다." 이제 기본적인 지표들은 마련된 셈이었다. 요컨대, 브라만교와 불교의 역사적 위치가 개괄적으로 제시되기에 이르렀던 것이다. "불교의 역사와 교리에 대해 우리가 지금까지 알게 된 것들을 종합해 보면, 인도에서 불교가 그 광대한 지역의 지배적인 종교와 비교했을 때의 위치는 유럽에서 가톨릭교에 대한 종교개혁의 위치와도 흡사한 것이다." 이 기사의 필자는 뒤이어 이같은 판단이 지니는 단정적인 측면을 다소 완화시키면서 이러한 비교론으로 인해 생길지도 모르는 오해를 애써 불식시키려 하고 있다. 하지만 이렇듯 불교의 근원적이며 소박한 성격이나 브라만교에 대한 불교의 선행성 등은 이미 먼 과거의 지식으로 여겨지고 있다. 마찬가지로, 붓다에 대한 학자들의 견해 역시 붓다를 여러 신들과 동일시하려는 종전의 터무니없는 시각을 배격하면서 불교에 인도적 특성을 부여하는 방향으로 수렴되고 있다. "붓다를 멤피스의 한 제사장으로 생각했던 캠퍼의 의견, 그리고 붓다를 스칸디나비아인들의 보텐 혹은 오딘 신으로 간주했던 존스와 그 밖의 저자들의 의견은 비록 그들이 대단한 권위를 누리고 있기는 하지만 마땅히 수용될 수 없는 것들이다. 또한 곱슬머리를 하고 있는 붓다의 모습을 보여주는 수많은 불상들이 있다고 해서 붓다가 에티오피아 출신이라고 생각할 수는 없을 것이다. 동양에 관계된 새로운 고문헌학적 발견들은 붓다가 인도 출신이라는 가장 공통적인 견해를 더 이상 재론의 여지 없이 확증해 주고 있다." '공통적인 견해' 라는 표현 자체가 많은 전문가들이 있음을 시사하듯이, 익명의 이 기사의 필자는 동양학의 여러 연구 분야에서 제각기 불교에 대한 이해를 시도하는 일련의 작업들을 특히 자신의 논거로 삼고 있다.* 이를테면, 프랑스의 중국학자 장 피에르 아벨-레뮈자의 연구, 파리에 거주하던 독일인 몽골문화 전문가 율리우스 폰 클라프로트(Julius von Klaproth)의 연구, 네팔에 거주하는 동안 히말라야 여러 지역에서 보존되고 있던 상당수의 산스크리트어 자료들을 소개하였던 영국인 브라이언 휴튼 호지슨의 연구 등이 그것이다.

부캐넌의 논고와 〈르 글로브〉지에 실린 기사 사이에, 앞서 말했듯이 꼭 30년 사이에, 하나의 새로운 인식의 장이 형성되기 시작하였던 것이다. 바야흐로 '불교'가 태동하였으며, 또 '불교'와 더불어 '무의 숭배'도 태동하게 되었다. 이렇듯 불교 교리에 대한 학술적 연구와 병행하여 한편에서는 허무주의의 다양한 의미 영역에 초점을 둔 불교 교리 해석들이 대두하고 확산되게 되었다. 또 19세기 말에 이르기까지 이같은 두 가지 접근 방식은 상호 불가분의 관계를 이루고 있었다. 하지만 동양학자들의 실증적 작업이 진전됨에 따라 완고한 오해나 공포심에 따른 망상들이 자취를 감추게 되었으리라고 생각하는 것은 착각일 따름이다. 이와는 전혀 다른 상황이 전개되었던바, 가장 객관성을 지닌 동양학자들의 작업은 오히려 환상을 부추기고 몽상을 자아내며 망상을 살찌우는 결과를 낳게 되었다. 언어학자들과 역사학자들의 끈질긴 인내와 철학자들의 허구화 사이에는 깊은 간극이 자리하고 있었지만, 따지고 보면 이는 기실 공유에 의한 것이었다. 왜냐하면 수십 년 동안 철학자들의 허구화는 학자들의 인내에서 그 양분을 얻고 있었기 때문이다.

---

* 이 익명의 필자는 기욤 포티에(Guillaume Pauthier)로 추정된다. 중국학자였던 그는 특히 1837년 파리에서 『중국 — 중국 사료들에 의거한 이 거대한 제국의 역사학적 · 지리학적 · 문학적 묘사』라는 제목의 저술을 발표한다.

새로운 질문들

진정한 단절이란 이전에 제기되지 않았던 질문들을 등장시키는 그러한 경우로만 국한되는 것이다. 이 경우 붓다가 누구인지, 붓다의 이름은 무엇을 의미하는지, 붓다는 언제 태어나 언제 사망했는지, 붓다의 가르침은 어떤 특수성을 지니고 있었는지 등에 대한 질문이 제기될 것이며, 또한 불교가 인도 땅에서 사라지게 된 이유나 아시아 대륙으로의 전파 과정이 의문시될 것이다. 이러한 질문들이 명백히 제기되었을 때 비로소 '불교'는 서구 지식사에서 하나의 인식 대상으로 태동하게 된 것이라고 말할 수 있을 것이다. 물론 이같은 질문들이 모두 어떤 즉각적 대답을 기대하기는 어렵겠지만, 이 점은 그다지 중요한 것이 아니다. 여기서 중요한 것은 이같은 질문들이 제기되었다는 사실 그 자체이다. 왜냐하면 이 질문들은 하나의 연구 영역을 규정지어 주기 때문이다. 실제로 이 질문들은 상호적으로 파생된 것들로서 제각기 독립적인 것이기보다는 하나의 공통된 질문을 둘러싸고 있는 여러 가지 변형들에 불과하다. 즉, 불교란 무엇인가 하는 질문이다.

이 질문이 일단 표명된 이상 답변은 유보 상태로 남게 될 것이며, 당혹감 역시 표출되기 마련일 테고, 또 무지의 고백도 시작될 것이다. 하지만 어쨌든 불교는 물음의 대상이 되고 있지 아니한가! 불교의 특수성은 비록 전혀 알려지지 않은 것으로 남아 있을지언정 이제부터는 알아야 할 대상으로 주어지게 되었으며, 또 불교가 무엇인지는 비록 문제로 남아 있을지언정 적어도 해결해야 할 하나의 실질적인 과제로 주어지게 되었다. 따라서 1833년, 독일의 산스크리트 문헌학을 대표하는 학자의 한 사람이었던 아우구스트 빌헬름 슐레겔은 그가 주재하는 〈인도학 논총〉지에서 다음과 같은 견해를 피력할 수 있었던 것이다. "붓다의 교리를 그 자체만으로 고찰하든, 아니면 브라만교와의 관련 속에서 고찰하든, 또는 브라만교와의 대립관계 속에서 고찰하든, 나는 그에 대해 어떤 명료한 생각도 가질 수 없었다." 또한 1893년, 가톨릭 성향이 매우 강한 잡지였던 〈기독교철학 연보〉는 붓다에 대한 발로제(Valroger) 신부의 견해를 이렇게 싣고 있다. "참으로 신비롭기 그지없는 이 인물은 아득히 먼 과거의 어둠 속으로 잠겨든 채로 동양에서든 서양에서든 가장 고대적인 모든 것에, 그리고 가장 어둠 짙은 모든 것에 어떤 비밀스런 끈으로 연계되어 있는 듯하다." 하나는 학술적이지만 또 하나는 순진한 생각을 드러내 보이고 있을 따름인 이 두 발언은, 인식의 역사에 관한 한 모든 것이 하루아침에 바뀌지 않는다는 것을 굳이 상기시켜 주는 것 같다. 그러기에 인식의 전환을 논하는 데 있어 그 연대를 결정하거나 시대의 지표를 정해두려는 것은 오류의 여지를 안고 있다고 할 것이다. 모든 것이 바뀌게 된 그 정확한 연대를 상정하기란 사실 스스로에게 유혹의 덫을 놓는 것이라 하겠다. 따라서 우리에게 허용된 접근 방식은 근사치를 통한 접근으로서, 당시까지 수용되어 오던 어떤 주장이 그 효력을 잃은 채 더 이상 지탱하기가 어려워지기 시작한 시점에 근접하는 것이라 하겠다.

정확한 연대기

가장 비근한 예로는 아마도 브라만교와의 관계 속에서 파악된 불교의 연대기적 위치를 들 수 있을 것이다. 18세기 전반에는 불교가 브라만교에 선행한다는 주장이 힘을 얻고 있었다. 이러한 판단은 결코 불합리한 것이 아니었고, 또 서구인들이 확인한 사항과도 적절히 부응하는 것이었다. 즉, 인도 본래의 신앙이 훗날 인도 대륙에 정착하게 된 새로운 이주민들에 의해 인도 바깥으로 밀려났으리라는 생각은 ― 역사상의 사실에 비춰보면 이는 그릇된 것이지만 ― 당시의 실제 관찰과 부합하는 것이었다. 이 생각은, 나무는 물에 뜨지만 돌은 물 속에 가라앉는 이유를 ― 나무에는 공기가 들어 있어 위로 향하는 성향이 있고, 돌에는 흙의 성분이 있어 아래로 향하는 성향이 있다 ― 설명하는 아리스토텔레스의 자연학을 연상시킬 수도 있는 것이었다. 그렇다면 실제로 유럽인들은 당시 인도에서 무엇을 목격하였는가? 그들은 붓다의 사원들이 방치되어 있는 것을, 붓다에 대한 어떠한 신앙도 존속하고 있지 않은 것을, 폐허로 변한 이 과거의 기념물들을 찾는 어떠한 신도도 없다는 것을 확인할 수 있었던 것이다. 신도들이 있는 곳은 중국이나 티베트, 몽골, 시암이 아닌가. 따라서 기독교인들이 이교도들의 땅에 진출한 역사를 적용시키는 경우라면, 브라만교가 어떤 피비린내나는 전쟁을 통해 이 원래의 신앙을 몰아내었다고, 그 결과 변방으로 쫓겨난 이 우상 숭배 의식은 그곳의 보다 미개한 다른 족속들 사이에서 존속하게 되었다고 충분히 그렇게 생각할 수 있지 않겠는가.

사실 이같은 구도에 준하여 많은 글들이 쏟아져 나오게 되었다. 1777년, 예수회의 쾨르두(Coeurdoux) 신부가 쓴 「인도인들의 풍속과 관습」이라는 제목의 방대한 원고가 한 좋은 예라 하겠다. 쾨르두 신부가 이 저술의 저자로 판명된 것은 실비아 뮈르(Sylvia Murr)의 현명한 판단이 있었기 때문이다. 여기서 우리는 이 저술 속의 한 대목을 통해 18세기 말 인도에 관해 가장 해박하였던 유럽인들 사이에서 불교의 역사가 어떻게 이해되고 있었는지, 또 어떤 식으로 흔히 오해되고 있었는지 살펴보도록 하자. "비록 브라만교도들이 인도에 아주 오래전부터 있었던 것으로 생각되기는 하지만, 나는 그들이 인도에 우상 숭배를 전파시킨 최초의 사람들이라고는 생각하지 않는다. 그들 이전에 다른 종교 집단이 있었던 것으로 생각되는데, 이 종파의 추종자들은 브라만교도들과 동일한 기원에서 유래하고 같은 언어를 사용하고 있었음에도 불구하고 브라만교도들과는 아주 다른 면모를 보이고 있었다. 이 종파의 추종자들은 다름 아닌 부드〔Boud: 붓다의 다른 이름〕 신봉자들이다. 이 종파는 타타르〔투르키스탄을 중심으로 널리 아시아의 유목지대를 가리키는 옛 지명〕 오지에서부터 남으로는 인도 최남단의 코모린 곶까지, 북으로는 티베트 전역에까지 펴져 있었다. 그 후 동쪽으로 건너간 이 종파는 시암 왕국, 라오스 왕국, 캄보디아 왕국과 페구〔미얀마 남부〕에 전파되었으며 또 그 밖의 다른 많은 나라에도 전파되었던 것으로 보인다. 이같은 전파는 아주 먼 과거에 있었던 일인 까닭에 나는 여기서 중국은 제외시키고자 한다. 중국의 역사를 보면, 이 우상 숭배가 시암 왕국을 거쳐 중국에 전파된 것은 단지 예수 탄생 전후의 일이다. 이 '부두' 의 종교는 티베트와 시암 왕국 그리고 그 밖의 다른 많은 나라에서뿐만 아니라 인도의 몇몇 지방과 특히 스리랑카 섬에서 아직까지 온전한 상태로 존속하고 있다. 하지만 이 종교는 갠지스강 이남의 인도에서는 브라만교에 의해 거의 소멸당하게 되었다."

이렇듯 불교가 아시아의 여러 지역으로 확산된 데 대해서는 정확한 인식이 있었다고 하겠지만, 시대상으로 브라만의 종교 사상 및 의식과 불교의 관계는 거꾸로 인식되고 있다. 불교가 브라만교에 선행한다는 생각은 상당히 오랜 기간 탄력을 받고 있었는데, 18세기의 저술 곳곳에서 나타나고 있는 이 생각은 19세기에 들어서도 한동안 유지되어 왔었다. 앞서 살펴보았듯이, 1799년 캘커타에서 〈아시아 연구〉지를 통해 발표된 뒤 1803년부터 1810년 사이에 주로 런던, 파리, 본에서 읽혔던 이 미얀마 종교에 관한 부캐넌의 연구는, 통설로 전해지고 있는 것처럼 브라만교도들이 힌두스탄 지역으로 진출하면서 당시 그곳의 지배 종교였던 '붓다 교단'의 종교를 채택하였으리라는 생각에 그 바탕을 두고 있는 것이다. 그러기에 부캐넌은 이러한 개종으로 말미암아 이미 일관성이 결여되어 있던 신앙이 더욱 변질되기에 이르렀다는 견해를 피력하고 있다. "붓다의 추종자들이 신봉하고 있던 전설과 사상은 무익하고 가소로운 것이었음에도 브라만교도들에 의해 대부분 채택되었으며, 그로 인해 그 모든 결점들이 더욱 흉측스럽게 심화되었다."

하지만 19세기로 접어들면서 여러 가지 의혹들이 고개를 들기 시작하였다. 물론 더욱 확고한 논지를 통해 문제를 해결할 수 있는 여건이 갖추어졌던 것은 아니지만 브라만교와 불교의 연대기상의 위치에 대한 의문이 제기되기 시작하였다. 1805년 프랑스 제정 시대의 황실 도서관에서 동양 문헌에 대한 관리 책임을 맡고 있던 랑그레는 라봄(Labaume)이 프랑스어로 옮긴 〈아시아 연구〉 제1권 및 제2권에 대한 주석 작업에 착수했는데, 이 프랑스어 번역본은 특히 과학적 정확성을 기하기 위해 큐비에〔Cubier: 박물학자로 동물분류표를 완성〕와 라마르크〔Lamarck: 진화론의 선구자〕도 참여한 것이었다. 랑그레의 주석은 비록 그가 인도 원래의 종교로 불교를 제시하는 쪽의 이론을 따르기는 하였지만 상당히 신중한 태도를 보여주고 있다. "붓다 종교의 역사와 티베트의 역사는 우리에게 거의 알려져 있지 않은 까닭에, 이 승려 집단의 성립기는 브라만교보다 앞선 것으로 생각되기는 하지만 그 성립 시기를 확정하기는 불가능할 것으로 보인다." 이렇듯 불교가 인도 원래의 종교라는 기존 견해가 유지되고 있기는 하지만 그 타당성에 대해서는 의문이 제기되고 있다. 전에는 자명한 것으로 받아들여지던 것이 이제는 문제로 떠오르게 되었다. 1801년만 하더라도 주엥빌(Joinville)의 눈에 불교 신앙의 기괴함은 그 원시성의 증거처럼 비치고 있었다. "창조되지 않았음에도 존재하는 세계가 있다고 생각하거나 영혼은 소멸한다고 생각하는 것은 단지 유아 상태의 사회에서만 있을 수 있는 일이다. 사회의 발달과 더불어 이러한 생각들은 사라져야 마땅할 것이다. 하물며, 세계 창조와 영혼 불멸을 기본적인 신앙의 토대로 삼고 있는 나라에서 이러한 생각들이 기존의 지배 종교와 대립한다는 것은 있을 수 없는 일이다." 반면에 1817년 티틀레르(Tytler)는 그의 「사바 불교의 기원과 신조에 관한 조사」라는 글에서 불교의 고대성을 입증해 주는 것은 그 도덕적 단순성이라는 견해를 표명하고 있다. "우리가 불교에서 찾아낼 수 있는 단순성, 그리고 이 체계 전반에 스며 있는 그 진정으로 이타적인 인류애의 신조와 자애의 신조는 브라만교의 복잡한 구조와 비교해 볼 때 아무런 장식도 없는 놀라운 체계의 근원성을 명료히 증명해 보이고 있다."

불교가 인도 종교의 원류라는 주장은 더 이상 하나의 논점에 그칠 수 있는 것도 아니고, 또 아무런 문제가 없는 명백한 것도 아니었다. 이 주장은 이제 그 타당성이 입증되어야 하는 하나의 가설에 불과하게 되었다. 1827년 2월 3일, 헨리 토머스 콜브루크(Henri Thomas Colebrooke)는 왕립 아시아학회에서 자이나교와 불교 교단에 관한 논문을 발표하게 되는데, 이 글에서 그는 철학적이며 종교적인 이 두 교리가 브라만교에서 이탈한 것이며 또 베다 교리에서 파생된 일종의 이단이라는 것을 증명해 보이고 있다. 산스크리트어 문헌을 기조로 하여 발표된 유럽 최초의 전문적 논문이기도 한 콜브루크의 이 꼼꼼한 작업은 불교가 브라만교와 동일한 문화적 바탕 위에 있는 것이라는 주장을 별 거리낌 없이 개진하고 있다. "자이나교도들과 불교도들은 원래 힌두교도들이었던 것으로 생각된다." 하지만 콜부르크 자신이 그의 논문에서 곧바로 주지시키고 있듯이, 그의 연구는 단지 불교도들에 대한 브라만교도들의 비판에 근거를 두고 있을 뿐, 그로서는 직접적인 연구 대상으로 삼을 수 없었던 불교 문헌들에 근거를 두고 있는 것은 아니다. 그러기에 브라만교도들 특히 베단타 학파〔바다라야나를 개조로 하며 베다 성전을 상세히 연구〕가 제기하는 '고소'의 상세한 내역은 피고인들에 대한 비교적 적확한 생각을 갖게는 하지만 결국은 향후 참고 대상으로 주어질 수 있는 검찰측 자료에 불과한 것이라 하겠다.*

요컨대, 학자들의 견해에 분명한 변화가 생기기 시작했던 시점은 1830년대 초라고 할 수 있을 것이다. 이에 대한 증거 자료로 우리는 이 문제를 중점적으로 다루고 있는 슐레겔의 논고(1832) 외의 다른 것은 필요치 않을 것이다. 그는 자신이 프랑스어로 기술한 『아시아 언어의 연구에 관한 고찰』이라는 제목의 한 소책자에서, 인도 연구가 급진전함에 따라 생겨난

* 헨리 토머스 콜브루크가 1827년 2월 왕립 아시아학회에서 발표한 「자이나교도들에 관한 고찰」이라는 제목의 이 논문은 그가 1824년부터 1827년까지 이 학회에서 발표했던 다섯 편의 논문 가운데 하나이다. 상키야 철학, 니야야 철학, 베단타 철학, 미맘사 철학, 그리고 불교도 및 자이나교도에 관한 이 다섯 편의 논문은 인도의 사유 체계를 개괄적으로 제시하는 최초의 전공 논문이기도 하다. 헤겔 역시 그 철학적 중요성을 인정한 이 논문들은 1837년 런던에서 『인도의 종교와 철학에 대한 논고』라는 제목의 두 권의 책으로 출간되었다.

다소 편향적인 여러 학파들의 면모를 아주 신랄하게 묘사하고 있다. 그에 의하면, 이 학파들 가운데는 "많은 호응을 얻고 있는 한 학파가 있는데, 그들은 다름 아닌 '붓다 마니아' 이다." 슐레겔은 '붓다 마니아' 라는 표현 속에, 오직 붓다만을 연호하면서 붓다의 고대성은 절대적인 것이라는 신화에 여전히 집착하고 또 명백히 밝혀진 사실에도 불구하고 브라만교가 불교보다 뒤늦게 생긴 종교라고 계속 주장하는 그런 학자들을 한데 묶고 있다. "그들은 불교의 고대성이 브라만교의 그것보다 더 깊은 것임을 주장하고 있다. 그들에 의하면, 예전에 불교는 인도에서 일반화된 종교였으며 또 브라만교도들은 근래 생겨난 침입자들이자 찬탈자들이라는 것이다. 그렇다면 유대인들은 이슬람의 변절자들이며 또 랍비들은 코란을 모세의 율법으로 대체하였다고 말해도 타당하지 않겠는가. 불교도들마저도 어느 정도 확실시되는 연대기를 알고 있는 마당에 이같은 우선권을 주장하지는 않고 있으며, 또한 불교도들이 브라만교의 교리와 의식에서 차용한 것들은 명백히 밝혀지고 있다. 더욱이 불교도들은 브라만교의 신들을 권좌에서 끌어내리려고도 하지 않았다. 그들은 단지 그들의 선지자들을 가장 높은 자리에 올려놓고자 했을 따름이다. 콜브루크가 사뭇 겸손하게 이론의 여지가 없는 논지들을 통해 붓다 마니아들을 반박하고자 하는 것도 소용없는 일인 것 같다. 그들은 토론에 임하려 들기보다는 항상 공격적으로 나오고 있다. 그들의 가설이 피상적인 관찰자들에게 어느 정도 그럴듯하게 비칠 수 있었던 것은 바로 인도에서 불교는 실제로 수세기에 걸쳐 전파되었기 때문이다. 몇몇 지방에서는 불교가 브라만교를 완전히 잠식했던 것으로 보인다. 그 결과 브라만교는 비교적 가까운 과거에 불교도들을 몰아낸 후에야 비로소 그 권위를 복원할 수 있었던 것이다. 따라서 이러한 지방에는 여전히 불교 유적들이 많이 남아 있는데, 이 유적들은 불교의 성직자들이 그들의 출신상의 특권을 포기한 대가로 종교심 어린 증여들을 통해 큰 부를 얻었음을 입증해 주는 것이다. 하지만 붓다 마니아들은 그 어떤 것도 브라만교에 속하는 것으로 보려 하지 않는다. 가부좌를 하고 있는 조상(彫像)이라면 그들의 눈에는 틀림없는 붓다로 비치고 있다. 나는 붓다 마니아들에게 불교 사원과 브라만교 사원을 구별짓는 각각의 특징에 관한 어스킨(Erskine)의 훌륭한 연구서를 읽어보라고 권하고 싶다."

따라서 바로 역사성의 측면에서 첫 번째 전환이 이루어지고 있었다고 말할 수 있을 것이다. 그리고 이러한 전환은 돌이킬 수 없는 것이었다. 여기서 역사성이라는 용어는 두 가지 의미로 이해될 수 있다. 불교에 대한 인식상의 이같은 변화는 사실 양면적인 것이다.

하나는, 브라만교와 불교의 연대기상의 순서가 인식되었다는 점이다. 불교는 그 역사가 보다 일천한 것으로, 아무튼 이차적인 것으로 드러나게 되었다. 불교는 더 이상 대홍수 이전부터 유래하는 것도, 상고 시대부터 유래하는 것도, 기원적인 것도 아니었다. 브라만교 이후 출현한 불교는 하나의 이단, 하나의 개혁, 하나의 항변처럼 인식되게 되었다. 이렇듯 불교는 낭만주의적 색채의 매력과 환상을 자아내는 힘의 측면에서 상실한 것을 사실의 측면에서 얻게 되었던 것이다. 특히 불교는 서구 세계와도 가까운 것으로 비치게 되었다. 왜냐하면 서구 세계는 어떤 의미에서는 불교처럼 뒤늦게 도래한 세계가 아니었던가. 이러한 서구 세계로서는 기억 밖의 저 머나먼 계시들이 형성하고 있는 그 부동의 배경 위로 윤곽을 드러내며 역사의 지평으로 들어서는 그러한 붓다와도, 기존의 질서로 물려받은 신앙에서 일찌감치 빠져나와 있는 듯한 그러한 붓다와도 스스로를 동일시하는 것이 가능하게 되었던 것이다. 그 결과, 체제로부터의 붓다의 이탈은 서구 정신의 표상으로 제시될 수 있는 소크라테스나 예수 또는 루터의 그것을 상기시켜 주는 것이기도 하였다.

또 하나는, 이렇듯 얻어진 역사성은 연대기상의 정확성을 기하려는 노력과도 불가분한 것으로서, 곧 붓다가 일정한 장소와 시대에 실존하였던 한 인물로서, 즉 그 구체적인 생애를 탐구해야 하는 한 인물로서 향후 고찰되었음을 의미한다. 앞서 오즈레의 소책자를 언급하는 가운데 살펴보았듯이, 이러한 역사성에 대한 요구는 붓다가 살았던 시대적 배경에 대한 정확한 지식을 필요로 하게 되었으며, 붓다의 사상과 교리에 대한 체계적 정립을 필요로 하게 되었고, 또 붓다의 가르침을 담고 있거나 그에 대한 주석가들의 해석을 담고 있는 불서들의 번역을 필요로 하게 되었다. 그리고 이러한 역사성에 대한 접근과 병행하여 붓다를 국지화하려는 의지가, 즉 붓다를 한 문화권 속에, 한 정신적 · 사회적 · 언어적 지평 속에 설정하려는 의지가 표출되었던 것이다. 이 점은 곧 두 번째 전환이 시작되었음을 시사해 주는 대목이기도 하다. 다시 말해, 불교는 인도라는 지역에 속하는 것임을, 불교는 그 이단성과 범아시아적 성격에도 불구하고 인도 문명에 바탕을 두는 것임을 인식하게 되었다는 점이다. 하지만 당시 유럽인들에게는, 인도를 지칭하는 근대 영어 어휘 속에서 찾아볼 수 있는 인도인(Indian)이라는 범주(지리적으로 인도 영토에 존재하는 실체. 다만, 이를테면 '이슬람' 처럼, 지리적 기원을 다른 곳에 두고 있는 것까지 포함된다)와 힌두(Hindu)라는 범주(힌두교의 신화 · 종교의례 · 역사와 연관된 제반 요소), 그리고 프랑스어로는 번역이 불가능한 표현인 '인도적인 것(Indic)' 이라는 범주(인도 영토에서는 더 이상 찾아볼 수 없는 것이나 힌두교와는 분리된 것이라 할지라도 본질적으로 인도 문화를 바탕으로 하여 생성된 것) 사이의 미묘한 구별이 없었던 것이다. 따라서 1830년 전후의 시점에서는 불교가 '인도적인 것(Indic)' 의 범주에서 고찰되었다고 말할 수는 없을 것이다. 하지만 앞으로의 고찰은 바로 이 방향으로 나아간다.

붓다는 둘인가 하나인가?

변화가 일어나고 있음을 말해주는 징후들 가운데 붓다 2인설은 그 중에서 특히 주목할 만한 것이다. 원시적인 우상과는 별도로 실존했던 한 역사적 인물이 부각되기 시작하였으나, 그렇다고 원시적인 우상이 이 역사적 인물에 의해 완전히 축출당한 것은 아니었다. 1820년대까지도, 황도상의 원초적인 머큐리 궁, 즉 — 주해가들이 명시하고 있는 것처럼 그 효시의 인물과 '혼동해서는 안 되는' — 고대의 붓다, 그리고 역사적으로 연대 파악이 가능한 한 인간으로서 근래에 들어 밝혀진 붓다, 이 두 붓다는 공존하고 있었다. 이 가설은 1762년 앙트완느 오귀스탱 지오르지의 저술 『티베트어 입문』에서 처음으로 등장하는데, 그 후 윌리엄 존스의 논고에서 더욱 깊게 다루어지고 또 이 논고를 통해 퍼져 나가게 되었다. 1788년 1월에 집필된 이 논고는 힌두교의 연대기에 관한 연구로서 2년 후 〈아시아 연구〉 제2권을 통해 발표된다. 그런데 논지를 전개하면서 존스에게 제기되었던 주된 어려움은 붓다에 대한 브라만교도들의 말 속에는 모순이 담겨 있다는 점이었다. 브라만교도들은 붓다에게 적대적이었으나 한편으로는 붓다를 비슈누의 화신처럼 보고 있었던 것이다. "브라만교도들은 붓다에 대해 말할 때면 관용을 모르는 정신에서 나오는 악의에 찬 발언들을 항상 쏟아내고 있다. 그 중에서도 가장 정통론을 추종하는 자들은 붓다를 비슈누의 화신처럼 생각하고 있다. 이 점은 극복해 내기 힘든 모순이라 할 것이다. 이 난제의 매듭을 잘라버리지 않는 이상은 그러할 것이다. 그리고 이 매듭을 잘라버리고자 하면 우리는 지오르지처럼 두 명의 붓다가 있었다는 가정 아래, 인도에 그토록 혼란을 가져온 후, 서기 5세기에 중국으로 전해진 이 새로운 종교의 창시자는 시대상으로 보다 가까운 과거의 붓다였다고 생각해야 할 것이다."

한편, 당시에 간행되었던 동양학 연구물들에 대해 지속적인 관심을 보인 벤자멩 콩스탕은 1827년 그의 저술 「종교에 대하여」에서 자신의 생각을 아주 상세히 피력하고 있다. 거기서 그는 불교에 대한 당시의 당혹감이 어떤 것이었는지를, 또 '두 명의 붓다'에 대한 일설이 문제의 돌파구를 마련해 주는 것처럼 비치게 된 이유가 어디에 있었는지를 명료하게 지적하고 있다.

"붓다의 신원과 생존 시기에 대한 학자들의 의견은 분분하다. 일부에서는 그에 대한 신앙을 브라만에 대한 신앙 속에서 생겨난 하나의 탈선이나 개혁처럼 생각하거나 아니면 하나의 이단처럼 생각하고 있다. 따라서 이들에게 붓다는 브라만보다 후대의 인물로 여겨지고 있다. 하지만 한편에서는 이와 상반된 견해를 보이고 있다. 그들은 붓다를 고대의 우상신 바우트(Baouth)와 혼동하고 있는데, 바우트는 아직까지도 곳곳에 형체가 일정치 않은 조상이나 폐허로 변한 사원들을 남기고 있다. 그들이 추정하는 바로는, 브라만교보다 앞서 출현했던 이 종교는 브라만교도들에 의해 대체되고 금지된 뒤 인도의 몇몇 부족 사이에서 유지되면서 티베트, 스리랑카,

타타르, 일본, 중국 등지로 도피하였다고 한다.

이 문제는 규명하기가 매우 어렵다. 왜냐하면, 한편으로 바우트에 대한 신앙은 브라만교보다 시대상으로 앞선 것으로 보이기 때문이다. 이 신앙에 관계된 뭇 전통이나 외관상으로 드러나는 조상들의 조야한 모습은 이 신앙이 물신 숭배였음을 말해주고 있다. 그런데 한편으로, 카스트 제도의 폐지를 줄곧 염두에 두고 있던 붓다는 분명 브라만보다 시대상으로 나중의 인물이었다. 그렇다면, 카스트 제도가 어떤 반대에도 부딪히지 않았거나 아니면 아예 존재하지조차 않았던 것은 아닐까. 붓다가 카스트 제도를 공격했다면, 이는 카스트 제도가 기성 체제로 자리잡은 이후의 일일 것이다. 이를테면 현대 철학자들이 기존 제도들을 공격하였듯이 말이다.

두 명의 붓다를 인정하는 경우라면 이 난제는 해소될 것이다. 이 경우 첫 번째 붓다는 고대의 우상신 바우트와 동일한 인물일 것이며, 두 번째 붓다는 인도에서 분파를 형성한 뒤 중국으로 들어가 붓다에서 '포〔浮屠〕'라는 이름으로 불리게 된 그 종교의 창시자일 것이다. 그렇다면 두 번째 붓다와 바우트 사이에는 어떠한 공통점도 없는 셈이다. (……)"

하지만 기억 밖의 저 먼 과거로부터 전해진 이 바우트는 머지않아 더 이상 붓다와 경쟁 관계에 놓이지 않게 되었다. 1830년 이후 붓다 2인설은 차츰 퇴색되어 갔다. 아마도 이 가설은 그 후로도 한동안은 유지되었을 것이다. 그리고 이 가설이 종식된 시점은 학술적인 간행물과 대중용 저술 중 어디에 기준을 두는가에 따라 어느 정도 달라질 것이다. 동양학자들의 경우는 1870년대로 들어서면서부터 단 한 명의 붓다만을 인정하고 있으나, 상당수의 백과사전에서는 그 후로도 10여 년 동안 붓다는 흔히 두 가지 항목으로 — 머큐리의 날인 수요일을 뜻하는 이름의 원초적 우상이나 원시 세계의 상징으로, 그리고 전통적 위계질서를 타파하도록 설파하였던 브라만교의 개혁자이자 역사적 실제 인물인 고타마 붓다로 — 나뉘어 소개되었다.

언어 해독

한 가지 분명한 것은 바로 언어 해독과 불서 번역을 통해 불교 세계가 유럽인들에게 부각되기에 이르렀다는 점이다. 그런데 이 점에서도 불교는 브라만교와는 전혀 다른 발견의 조건을 요구하고 있었다. 브라만교의 기본 문헌에 접근하는 데는 산스크리트어 해독만으로도 가능하였다. 물론 산스크리트어를 해독하기까지는 많은 시간이 필요했을 것이며, 또한 해독 능력을 갖추게 된 경우라 할지라도 고전 산스크리트어의 표현 양식과는 상이한 오래전의 표현 양식을 보여주는 베다의 언어야말로 학자들에게 많은 어려움을 안겨주었을 것이다. 그렇기는 하지만 어떤 언어적 통일성, 문화적 통일성, 그리고 굳이 말하자면 '정신적 공간' 의 통일성이 곧바로 학자들의 눈에 감지되었다. 반면 불교의 경우는 이와 전혀 다른 상황에 놓여 있었던바, 불교 세계를 형성하는 언어적 · 문화적 다양성 속에서 유럽인들은 오랫동안 제자리를 찾지 못하고 있었다.

돌파구는 중국학 분야에서 마련되고 있었다. 프랑스 학자 장 피에르 아벨-레뮈자의 체계적인 노력에 힘입어 거듭난 중국학은 불교에 대한 연구가 정립되어 가는 과정에서 그 기틀을 마련해 주고 있다. 아벨-레뮈자는 1815년부터 붓다를 묘사하는 형용어들에 대한 연구에 착수하면서 만주어 분야를 개척하고 불교의 고승과 라마승들의 연대기를 추적하였을 뿐만 아니라 또 붓다는 흑인이 아니었음을 주지시키면서 중국 문헌에 기초하여 불교도들의 '우주'에 대한 탐구까지 자신의 연구 영역을 넓혀갔던 인물이다. 헤겔은 파리에서 있었던 〈학술통신〉지 모임에서 그를 만난 적이 있고, 또 그의 연구물은 쇼펜하우어에게 주의 깊은 관심의 대상이 되고 있었다.

이 염세주의 철학자에게 관심의 대상이 되고 있던 또 다른 연구물은 러시아 학자 이삭 야콥 슈미트(Issac Jacob Schmidt)의 저술이었다. 슈미트는 몽골어 문헌에 기초하여 대승불교의 전승에 관한 몇몇 단편적인 지식들을 소개한 최초의 서구 학자 가운데 한 사람이다. 그의 문헌 해석은 때로는 무질서한 양상을 보이기도 했지만, 이를 통해 그는 불교와 가지론 사이에 어떤 상응 관계가 있을 수도 있음을 시사하고 있다. 그리고 프라주나-바라미타〔Prajnâparamita, 반야바라밀다〕에 관한 최초의 저술이 발표되었던 것도 1836년 슈미트에 의해서였다. 몽골어 문헌은 슈미트 외에도 율리우스 폰 클라프로트에 의해 해독이 시도되었는데, 클라프로트는 이를 바탕으로 「몽골어 문헌을 통해 본 붓다의 생애」라는 논고를 발표하기도 하였다. 이렇듯 문헌을 통해 붓다를 이해하려는 첫 시도는 가장 나중에서부터 시작되고 있다. 교리의 실제 변천 과정을 나중에서부터 거슬러 올라가면서 시기적으로 가장 늦은 학파나 문헌들이 그것들을 낳은 것들보다도 먼저 연구되었던 것이다. 사실 몽골어 문헌들 대부분은 14세기 때 완성된 티베트어 문헌들의 번역이었으며, 또한 한역불전은 인도의 문헌들보다 시대적으로 훨씬 나중의 것이었다. 그리고 크소마 드 케레스에 의해 알려지기 시작한 티베트어 문헌 『탄주르』〔論疏, 전131권〕와 『칸주르』〔經律,

전75권〕 역시 인도에서 찾아낸 자료들에 비해 시대적으로 나중의 것이었다. 따라서 불전 자체에 대한 독서가 채 행해지기도 전에 주석서부터 읽혔던 것이다. 논리학파들의 이름이 알려지게 되고 또 그들의 논리에 대한 몇몇 단편적인 지식이 갖추어짐으로써 복잡하고 기나긴 역사의 시발점이 명료히 파악되기도 전에 그 역사의 도착 지점부터 알려지게 되었던 것이다.

중국어 자료나 몽골어 자료처럼 이미 예로부터 알려져 있던 분야에 대한 새로운 탐문과 병행하여, 불교 세계의 전 지역으로 들어갈 수 있는 그런 열쇠 같은 역할을 하였던 한 작업이 시도되었다. 이 작업은 다름 아닌 새로운 언어들에 대한 해독이었다. 이 새로운 도전에 뛰어들었던 학자들은 열정과 재능을 갖춘 소장 학자들이었다. 외젠 뷔르누프가 팔리어 문자를 해독하는 데 성공했을 당시 그는 채 스물 다섯도 되지 않은 나이였다. 뷔르누프가 1826년 덴마크의 크리스티안 라센과 함께 공동으로 발표한 『팔리어 시론』은 발견에 필요한 필수 도구를 마침내 손에 넣은 그 순간이 어떤 것인지를 절감케 하는 말로, 또 불교가 여전히 미지의 것으로 남아 있음을 여실히 알고 있는 가운데서도 머지않아 불교는 더 이상 미지의 것으로 남게 되지 않으리라고 예견해 볼 수 있는 그 순간이 어떤 것인지를 절감케 하는 말로 시작되고 있다.

"갠지스강 이남의 반도부에서 말해지고 있거나 아니면 적어도 유지되고 있는 고유어들 가운데, 팔리어 혹은 발리어는 여러 측면에서 가장 특이한 언어들 가운데 하나이다. 유럽인들에게 거의 알려져 있지 않은 이 언어는 모든 새로운 연구 분야가 그러하듯이 연구의 의의를 제공해 주고 있다. 더욱이 이 언어가 우리에게 널리 알려져 있는 산스크리트어와 아주 밀접한 관계에 있다는 점과 또 한편으로는 여러 나라에서 높은 위상을 누리고 있다는 점을 고려한다면, 오늘날 유럽인들의 호기심을 불러일으키고 있는 아시아에 대한 연구들 가운데서 이 언어가 조만간 중요한 분야로 자리잡게 되리라고 기대해 볼 수 있을 것이다. 각각의 통용어가 크게 다른 국가들 사이에서도 모두 하나같이 팔리어를 신성한 언어로 인식하고 있다. 강력하고 거대한 버마 제국에서부터 시암 왕국과 아마도 참파에 이르기까지, 팔리어는 종교와 예지의 언어로서 공경의 대상이 되고 있다. 나아가 철학자들의 눈에 이 언어는 아라칸 지방의 우둔하고 미개한 고산족에서부터 보다 문명화된 시암 땅의 주민에 이르기까지 이처럼 다양한 문명의 여러 민족들을 일종의 통일성 속으로 끌어들여 결속시키는 강력한 연대 작용을 하는 것으로 비치고 있다. 이 결속의 끈은 바로 이 모든 민족들에게 공통된 신인 붓다의 종교이다. 치타공〔방글라데시 남동부의 주〕에서부터 중국에 이르기까지 붓다에 대한 신앙은 그 신분제도와 사원 및 일련의 철학사상을 통해 유일한 지배 종교로 뿌리내리고 있다. 예전의 민속 신앙들은 이 종교에 의해 완전히 소멸되고 만 까닭에 이제는 그 흔적조차 찾아보기 힘들다.

일부 지역을 제외한 동아시아 전역에서 이 종교를 받아들여 오늘날까지도 그대로 유지하고 있는 것을 보면 아마도 이 종교는 그 본래의 성격 자체가 아시아인들의 정신적 요구에 부응하는 것인 듯하다. 따라서 이 종교의 통역자 역할을 하고 있는 팔리어의 도움을 빌린다면 일찍이 없던 새로운 관점에서 이 종교에 대한 연구도 가능할 것이다. (……) 아직까지 우리의 눈에 불교의 실체를 가리고 있는 어둠의 장막이 팔리어 해독을 통해 상당 부분 걷히게 되리라고 기대하는 것도 무리는 아닐 것이다. 사실 우리는 이 신앙이 반도부에서 그 발상지인 인도에 가까우면 가까울수록 다른 이질적 요소로부터 그 본래의 모습을 지켜내었으리라고 생각해 볼 수 있을 것이다."

고요한 아침

이러한 초기의 연구들로 미루어 볼 때, 불교와 무(無)의 연관성에 관한 하나의 단정도 가능할 것이다. 즉, 불교는 무의 문제와 아무런 연관성이 없다는 것이 바로 그것이다. 증거 자료들에 대한 이해가 갖춰지고 문헌 해독이 가능한 경우라면 열반을 존재의 소멸과 혼동하지는 않을 것이다. 이 점은 동양학 연구를 통한 발견이 시작된 시기의 주요 학자들이 제시하는 논지이기도 하다. 부캐넌은 이 점에서 일찍부터 단정적인 견해를 보이고 있다. 열반은 존재의 소멸과는 무관하며 이러한 시각에 따른 번역과 주석은 적절치 않은 것임을 그는 잘라 말하고 있다. "내 친구도 그러하지만 일반적으로 선교사들이 이 문제를 다루는 글에서 사용하고 있는 '존재의 소멸(Anéantissement)' 이라는 단어는 전혀 적절치 않은 것이다. 산스크리트어의 니르바나(nirvâna)에 해당하면서 팔리어 닙바나(nibbâna)의 어원이기도 한 '니반(Nieban)' 이라는 용어는 인간 고유의 모든 불행이 면해진 상태를 의미하지, 결코 존재의 소멸을 의미하지는 않는다."

캘커타 학파에서 산스크리트어에 대한 가장 전문적인 지식을 지니고 있던 학자들 가운데 한 명으로 앞서 소개된 적이 있는 헨리 토머스 콜브루크는 1827년 발표한 불교도들에 관한 그의 논문에서 이 점을 극구 강조하고 있다. 그는 목샤(moksha, 해탈)를 윤회가 아닌 어떤 지복의 상태로 제시하면서 불교도들이 선호하는 단어는 다름 아닌 열반, 즉 '깊은 고요함' 임을 밝히고 있다. "현재 우리가 검토하고 있는 의미로 미루어 볼 때 이 단어가 지니는 개념은 단 한 점의 동요도 없는 상태 바로 그것이다. 이 상태는 정온하고 순수한 행복 그 자체이거나 황홀경의 상태 그 자체이다." 콜브루크의 계속된 주장에 의하면, "불교도들은 그들의 성인들이 영원한 안식의 상태에 있다고 생각하지만 이 안식의 상태를 개체성의 단절과 연관된 것으로는 보지 않는다. 불교도들이 성인들의 열반을 통해 이해하는 것은 존재의 소멸이 아니라 어떤 중단 없는 단 한 점의 동요도 없는 상태이다." 또한, 1828년 브라이언 휴튼 호지슨이 네팔에서 보낸 첫 번째 논고 역시 동일한 시각에서 이 문제를 다루고 있다. 〈아시아 연구〉 제16권에 기고된 이 논고에서 그는 불교도들이 존재에 대한 부정이나 소멸을 신봉하는 자들이 아님을 말하고 있다. "불교도들은 순야타(Sunyata, 空)를 말하고 있는데, 이 모호한 말을 나는 소멸〔영어 원문 annihilation〕이나 무〔영어 원문 nothingness〕의 의미로 이해하기보다는 니르브리트〔Nirvritti, 열반〕 상태에서 자신들의 물질적 힘과 기력이 한없이 약해지는 것을 의미하는 말로 이해한다."

하지만 머지않아 깊은 고요함이자 중단 없는 단 한 점의 동요도 없는 상태, 이 정온의 열반은 물러나고 대신 삶이 영원히 사라져버리는 어떤 깊이 모를 심연이 들어서게 되었다. 불교에서 말하는 공(空)은 인류에게 가장 귀중한 것을 결국에는 위협하게 될 어떤 보편적이며 근원적인 공황 상태처럼 여겨지게 되었다. 물론 그러한 시대 상황을 맞이하기 전까지 발표된 불교에 대한 초기의 기술들을 보면, 동양학자들 사이에서 무의 문제는 부정되고 있었다. 이 연구물들은 비록 한편으로는 불교 교리의 모호함과 비일관성 그리고 심지어는 그 명백한 모순성을 지적하고 있기는 하지만, 반면 당혹감을 자아내는 이 종교의 궁극의 목표가 존재의 소멸에 있지 않다는 것도 애써 지적하였던 것이다. 그렇다면 무슨 이유에서 동양학자들은 이 점을 분명히 명시해 둘 필요가 있다고 생각하였을까? 또 많은 연구자들이 이 점을 굳이 강조하고자 했던 이유는 무엇일까? 처음에는 원시 세계의 특징 없는 한 우상처럼 여겨졌다가 아시아에 도덕을 창시한 선구적 철학자처럼 간주되었던 붓다에게 또 다른 얼굴이 있기라도 했던 것인가? 아마도 붓다의 생애를 죽음에 대한 갈망과 한데 묶는 어떤 근거 없는 말들이 떠돌고 있었으리라는 추정도 가능할 것 같다. 아마도 벌써 어디선가는 불교가 무의 숭배라고 쑥덕거리지 않았겠는가. 그렇지 않다면 초기의 '불교학자' 들이 굳이 이 점을 부정하고 나설 필요가 어디 있었겠는가. 그렇다면 이같은 공론은 어디서 또 누구의 입에서 비롯한 것인가? 그리고 어떤 식으로 이같은 공론이 지속될 수 있었던 것인가?

4

불교도들의 무

드디어 헤겔이 등장한다. 헤겔의 등장과 함께 1820년대 말에 무의 숭배에 대한 신화가 자리잡게 되었다. 이같은 관점을 헤겔은 어디서 찾아낸 것일까? 철학자가 이러한 생각을 통해 부여한 의미는 무엇인가?

불교도들이 모든 것의 원리로, 모든 것의 궁극의 목표이자
궁극의 귀결로 삼고 있는 무는 순수 존재와 동일한 관념이다.

— 헤겔, 『엔치클로페디』 제87절(1827년판)

헤겔에게 동양학의 진전은 초미의 관심사였다. 그는 페르시아어, 산스크리트어 그리고 중국어 분야와 관계된 학술 연구물들의 간행 상황을 줄곧 파악하고 있었다. 예술에 관해서든 종교에 관해서든 아니면 세계사에 관해서든, 동양에 관계된 그의 강의들은 자신이 직접 조사한 이러한 자료들에 바탕을 두고 있었다.* 헤겔은 자신의 체계의 전개 속으로 끌어들이

기 위해 자료의 내용을 때로는 심하게 수정하기도 했던 것으로 보인다. 하지만 그의 정보는 대체로 매우 정확한 것이었다. 불교에 관해서도 헤겔은 1827년 시점에서, 붓다가 적어도 인도에서만큼은 한 역사적 인물이라는 것을 분명히 파악하고 있었다. 그리고 헤겔은 불교가 인도에서 기원하여 인도 밖으로도 전파되었다는 사실을 모르지는 않았으며, 또 붓다 신봉자들은 회교도들이나 기독교도들보다 그 수가 많으리라는 사실 역시 알고 있었다.

그렇지만 헤겔은 이제 막 태동한 불교 연구를 통해 얻어진 주요 지식들에 대해 익히 알고 있었음에도 불구하고, '불교도들의 무' 에 문제의 주안점을 두고 있었다. 사실 그의 눈에 무는 교리상으로나 의식상으로 불교도들의 주요 특징처럼 여겨졌던 것이다. 헤겔은 철학적 상상의 공간 속에 붓다와 무의 관계를 끌어들였던바, 그러한 연계성은 그 후 수십 년 동안 지속되었다. 이렇듯 헤겔에 의해 불교와 허무주의를 융합시키고자 하는 다양한 시도들이 마침내 지속적으로 고개를 들게 되었으며, 또 추정에 의거한 붓다의 교리와 사멸이라는 논제 사이에 일종의 필연적 연계성이 설정되기에 이르렀다. 그렇다면 이 연계성은 어떤 과정을 통해 설정되었던 것인가? 또 헤겔은 당시의 문헌학자들이 제공한 ― 비록 불충분하기는 하지만 그래도 실증적인 ― 여러 사료상의 근거들을 간과해버린 과정에서 어떤 식으로 무의 숭배라는 이 주장이 돌출하게 된 첫 계기를 마련해주었던 것인가?

---

* 미셸 윌랭(Michel Hulin)은 그의 저술 『헤겔과 동양』(파리, Vrin, 1979)에서 헤겔이 의거하는 동양학 관련 문헌들을 상세히 제시하고 있다.

당시까지만 해도 이러한 질문이 제기된 적은 없었던 것 같다. 아마도 그것은 불교에 관한 헤겔의 글이 그가 브라만교나 '꽃의 종교'〔식물을 숭배하는 자연종교 단계〕에 대해 분석한 글들보다 여전히 덜 알려져 있었기 때문인 듯하다. 헤겔 연구자들이 특히 주목하고 있는 점은 바로 헤겔의 체계 속에 주어지고 있는 불교의 위치가 일정하지 않다는 사실이다. 헤겔은 1822~1823년의 역사철학 강의에서 처음으로 불교 문제를 다루었다. 이 첫 번째 해석에서 헤겔은 불교의 원류를 인도에 두는 시각으로 접근하고 있다. 그런데 1824~1825년의 같은 강의에서는 '몽골의 원리'〔살아 있는 인간을 부처라고 보는 관점〕가 논제로 제기되면서부터 헤겔은 불교를 라마교〔티베트 불교의 통칭〕로 제시하면서 '몽골의 원리'에 귀착시키고 있다. 그렇지만 이 논제는 단명으로 그쳤다. 1830~1831년의 강의부터는 더 이상 이 논제가 거론되지 않았던 것이다. 이같은 변동은 강의록의 편찬 작업에 어려움을 초래하였다. 1840년, 이 문제를 두고 1824~1825년의 강의안이 헤겔의 아들에 의해 채택됨으로써, 편집 책임자인 게오르크 라손(Georg Lasson) 역시 이 강의안을 따르고 있다. 하지만 라손은 한편으로 「불교에 관한 보유(補遺)」를 1822~1823년의 강의안에 따라 원래대로 다시 수록하고 있다.

입 속의 발가락

이와 마찬가지로 『종교철학 강의』에서도 불교에 주어진 위치는 일정하지 않다. 그리고 전체적으로 분석의 내용에서도 별로 다를 게 없다. 그런데 1824년과 1827년의 강의에서는 불교가 인도의 종교보다 선행하는 '자연종교' 처럼 제시되고 있는 반면, 1831년의 강의에서는 불교가 '본질적 존재의 종교' 처럼 고찰되면서 제3의 '실체적 종교' 로서 브라만교의 다음에 놓이고 있다. 따라서 우리는 이를 통해 주제상의 어떤 진정한 가변성보다는 헤겔의 체계 속에서 불교의 위치가 가변적이었음을 확인할 수 있을 것이다. 헤겔의 여러 강의안들은 무의 문제를 다루는 데 있어서는 비교적 논제상의 연속성을 보이지만, 이 연속성을 저해하는 몇몇 흥미로운 언급들이 없는 것은 아니다. 이를테면, "발가락 하나가 입 속으로 들어갈 수 있게끔 양팔과 양발을 겹쳐 놓는" 이 "명상의 자세"가 헤겔의 눈에는 정신의 내부에서 상당한 진전이 있음을 보여주는, 곧 붓다의 모습을 단적으로 보여주는 것으로 비치고 있다. 헤겔에게 이 자세는 "자기로의 회귀, 자기 흡인"을 더할 나위없이 잘 보여주는 모습처럼 생각되었던 것이다.

이제 헤겔의 여러 해석들의 중심으로 들어가 보도록 하자. 헤겔에 의하면, 불교는 "인간이 자신을 무화시켜야 하는" 종교이다. 이 명제는 주요 준거 가운데 하나인 『종교철학 강의』 1827년판에 실려 있다. 헤겔에 의하면, 불교도들의 생각과 행동을 규정하는 기본 틀은 바로 "모든 것은 무에서 나와 무로 돌아간다"는 그들의 신념이다. 헤겔은 이렇듯 자신이 상정하는 불교도들의 원칙에 준하여 그들의 종교 활동 자체를 '아무것도 없는 상태' 로의 회귀로, 즉 불교도들의 눈에 유일하고 궁극적인 실재를 이루고 있는 것으로 비치는 그 근원적인 불변의 상태로의 회귀로 고찰하고 있다. 따라서 불교도들의 정신적 수행은 체계적인 자기 파괴, 의식의 삭제, 그리고 나아가 생각의 소멸을 지향하고 있다는 것이다. 헤겔에 의하면, 무화는 불교의 가장 항구적인 동인이며 또 궁극의 목표이다. 이 완전한 파괴에 이르는 길을 다름 아닌 일련의 부정과 거부, 즉 탈주관화와 탈개인화를 위한 일련의 시도들이다. 이렇듯 자기 파괴를 위한 다양한 시도들을 통해 의식은 그 자체의 반성성〔헤겔은 칸트나 피히테 등의 철학을, 인식 · 사고 · 판단을 행하는 오성의 반성성에 입각하는 것으로 이해하고 반성철학이라 일컫는다〕을 지워버리는 데 목적이 있다는 것이다. 따라서 무화는 결국 영혼의 화해처럼 이해될 수 있는 것이다. 그러기에 헤겔이 '니르바나' 라고 표현하는 것에 도달하기 위해서는, "인간은 끊임없이 아무것도 바라지 않고, 아무것도 갈망하지 않고, 아무것도 하지 않는 데 전념해야 한다. 인간은 정념이 없는 상태로, 성향이 없는 상태로, 활동이 없는 상태로 있어야 한다. (……) 성품(聖品)이란 바로 인간이 이러한 무화 속에서, 이러한 침묵 속에서 신, 무, 절대와 하나로 맺어지는 데 있는 것이다. 궁극의 목표 즉 행복은 육체와 정신의 모든 움직임이 멈춘 데 있는 것이다. (……) 인간은 자신을 무화시켜야 한다. 자기 존재 속에서 인간은 자신을 부정적으로 대해야 하며, 외부가 아닌 바로 자신에 맞서서 자신을 지켜야 한다."

앞서 살펴보았듯이, 헤겔이 참고할 수 있었던 당시의 자료들 가운데서 그에게 불교의 목표가 사멸에 있음을 말해주는 것은 분명 아무것도 없었을 것이다. 헤겔이 면밀하고도 신중하게 검토했을 연구들 가운데 그 어떤 것도 불교식 해방, 즉 당시 관심의 대상이 되기 시작했던 열반이 한낱 무일 뿐임을 알려주지는 않고 있다. 그러기에 우리도 다음과 같은 의문을 제기해 볼 수 있을 것이다. 말하자면, 헤겔에게 혹시 그 밖의 다른 자료들이 있었던 것은 아닌지, 만일 그게 사실이라면 무슨 이유로 헤겔은 당시 동양학자들의 연구물보다 그 자료들에 의거하려고 했던 것인지 하는 것이다. 헤겔은 부캐넌과 레뮈자, 터너〔Turner: 18~19세기 영국의 동양학자〕와 콜브루크 등의 저작을 숙독하고 있었다. 그가 불교의 허무주의에 대한 주장을 그들의 글 속에서 발견했던 것은 아니다. 헤겔이 알고 있었던 당시의 연구 결과들은 그가 분석의 중심으로 삼고자 했던 논지를 오히려 명백히 반박하는 것이었다. 그렇다면, 불교와 사멸의 연관성은 어떤 과정을 통해 헤겔의 시각 속에 자리잡게 된 것일까?

기만적인 스승

불교와 존재의 소멸의 연관성은 헤겔이 살펴본 몇몇 자료들 속에서 이미 시사되고 있었다. 이 자료들은 케케묵었다고 해도 무방한 것들로서 어쨌든 동양문헌학이 자리잡기 이전의 것들이다. 이를테면 드 기뉴는 그의 저술『훈족, 터키족, 몽골족, 그 밖의 서역의 타타르 족에 관한 통사』(1756~1758)에서 이렇게 말하고 있다.

"오로지 자신을 탐구하는 데 모든 것을 바치는, 사멸을 지향하는 종교에 귀의하고자 자신의 아버지와 어머니, 모든 가족을 버리는 자를 두고 사마네 인이라 부른다." 사마네 인이라는 이 이름은 일반적으로 고대 그리스의 학설 주해에서는, 특히 알렉산드리아의 클레멘스의 저작에서는 불교도를 지칭하는 것으로 여겨졌다. 그러기에 드 기뉴는 불교 신봉자들이 추구하는 것은 곧 자기 파괴라는 견해를 피력하고 있다. "이 위대한 신에 대한 명상에 늘 사로잡혀 있는 사마네 인들은 자신을 사멸시키는 것을 유일한 목표로 삼고 있는바, 이는 바로 이 위대한 신에게 자신을 합류시키기 위한 것이며 또 모든 것을 무로부터 비롯되게 하면서도 그 자체는 전혀 물질이 아닌 신성의 품 안에서 자신을 무화시키기 위한 것이다. 사마네 인들이 말하는 공허와 무의 의미는 바로 이런 것이다."

이러한 드 기뉴의 견해에는 모호한 일면이 있음을 알 수 있다. 그는 '포' 의 종교가 그리스도의 종교와 동일한 것이리라는 견지에서, 자신의 견지와는 양립할 수 없는 허무주의나 무신론이 불교에 담겨 있다고는 보지 않기 때문이다. 드 기뉴는 붓다의 전설적인 생애에 관한 이야기를 끝맺으면서 오직 무만이 근원적인 것이면서 동시에 궁극적인 것이라는 이 최종적 단언을 전하고, 그것이 붓다가 한 마지막 말이라고 소개하고 있다. 이 논지는 불교의 원리를 규정짓는 것으로서 헤겔에게 다시 나타나고 있으나, 드 기뉴는 이 논지와는 거리를 두고 있다. 그는 붓다의 마지막 생애를 다음과 같이 소개하고 있다. "붓다는 자신이 아끼는 제자들에게 이런 말을 남긴 채 일흔 아홉의 나이로 사망하였다. 그가 제자들에게 가르쳤던 모든 것은 단지 우화에 불과할 따름이라고, 또 비유적이며 은유적인 표현들을 통해 그들에게 진실을 감추고 있었다고. 하지만 그가 진실로 지니고 있던 생각은 바로 공과 무 외의 또 다른 원리가 있을 수 없으며 모든 것은 공과 무에서 기원하여 공과 무로 돌아간다는 생각이었다. 앞으로도 살펴보겠지만, 공과 무 같은 표현들은 문자 그대로 이해되어서도 또 그 엄밀한 의미로 이해되어서도 안 될 것이다." 이렇듯 드 기뉴는 붓다의 말로 주어지고 있는 이 단어들의 의미를 완화시키면서 붓다의 가르침을 기독교와 결부시킬 수 있는 여지를 마련하고 있다. 따라서 그는 회의주의나 무신론이라는 이유로 붓다를 배척하려는 경향과는 대립하고 있다. 사실 1687년 예수회 신부들에 의해 붓다의 마지막 생애에 관한 이 전설적인 이야기가 전해진 이래 18세기 초 수십 년 동안 붓다를 배척하는 이러한 이유들이 견지되고 있었다. 굳이 명시할 필요조차 없겠지만, 무에 대한 폭로를 전하는 이 마지막 장면에 관한 일화는 물론 전거가 의심스러운 것이다. 이 일화는 우리에게 알려져 있는 붓다 생애의 어떤 기간과도 부합하지 않을 뿐만 아니라 또 전설적인 그의 생애만큼이나 전설적인 것에 불과하다.

하지만 이 전설적인 생애의 마지막 장면은 상당한 반향을 불러일으켰다. 이 일화는 거의 그대로 반복해서 등장하는데, 그 예로 1725년 루이 모레리〔Louis Moreri: 프랑스의 역사가〕의 『역사대사전』에 실린 '페(Fê)' * 항목을 들 수 있을 것이다. "일흔 아홉의 나이로 죽음이 가까워짐을 느낀 그는 제자들에게 이런 말을 들려주었다고 한다. 세상에서 설파하며 보낸 지난 40년 동안 그들에게 진실을 말해주지 않았다는 것을, 또 비유와 은유 속에 진실을 숨기고 있었다는 것을, 하지만 이제 그들에게 진실을 말해줄 시간이 되었다는 것을. 그리고 그는 사람들이 추구해야 할 것이나 희망을 품을 만한 것은 아무것도 없으며 무와 공만이 모든 것의 근원적 원리라고 말하였다는 것이다. 그의 이러한 방법은 자신의 가르침이 제자들에 의해 둘로 갈라지는 원인이 되기도 하였는데, 하나는 외부용 교리로서 밖으로 나가 대중에게 설파하고 가르쳐야 하는 교리였으며, 또 하나는 내부용 교리로서 세속인들에게는 밝히지 않으면서 오로지 문하생들에게만 들려주는 것이었다." 따라서 붓다는 이중의 진실을 지닌 스승이라는 것이다. 즉, 하나의 진실은 우매한 대중과 추종자들을 위한 것이었고, 또 하나의 진실은 진정한 입문자들을 위한 것이었던 셈이다. 또한 이러한 스승은 기만적이라는 것이다. 왜냐하면 그는 스스로도 그 오류와 거짓됨을 시인하고 있

* 별칭은 포(Fo) 또는 포에(Foê)로, 중국의 우상신을 말한다.

던 교리를 줄곧 가르쳐 왔기 때문이라는 것이다. 나아가 이러한 스승은 스스로 정도를 이탈한 인물이었으니, 그 이유는 바로 그가 임종의 순간에 이르러서야 비로소 자기 주위와 제자들에게 마지막 말로 오래전부터 그들을 속여 왔음을 실토했기 때문이라는 것이다. 이렇듯 붓다는 제자들에게 오직 기존의 진리들만을, 즉 선과 악은 실질적으로 구별되는 것이며 또 선행과 악행은 각기 저승에서 그에 상응하는 상벌을 받게 된다는 등의 관습적인 진리들만을 가르쳤을 따름이라는 것이다. 모레리의 『역사대사전』은 이른바 '내부용 교리'에 담겨 있는 궁극의 진리에 대해서도 계속해서 다음과 같은 견해를 싣고 있다. "궁극의 진리는 어떤 공허한 상태와 어떤 실질적인 무의 상태를 모든 것의 시작이자 끝으로 제시하는 데 있다. 불교도들에 의하면, 우리의 먼 선조들은 이 공허한 상태로부터 나와서 사후에 다시 그곳으로 돌아갔다고 하며, 모든 사람들 역시 그들과 마찬가지로 죽음을 통해 이 원리 속으로 흡수된다고 한다. 그리고 우리들은 모든 요소 및 모든 창조물들과 마찬가지로 이 공허한 상태에 귀속된다고 한다. 따라서 각각의 개별적 존재가 어떤 형상을 지니든 혹은 어떤 성질을 지니든 혹은 어떤 외적인 모습으로 나타나든, 이를테면 물이 눈의 형태로 있든 비의 형태로 있든 얼음의 형태로 있든 관계없이 어떤 형태의 물이든 항상 본질적으로 물인 것과 마찬가지로, 모든 개별적 존재 속에는 오직 단 하나의 동일한 실체만이 있을 따름이라고 한다."

이 항목은 계몽주의 시대의 유물론적 일원론처럼 오늘날의 독자에게는 대승불교의 학승들에 의해 수용된 통상의 진리와 궁극의 진리 간의 구별을 떠올리게 할 수도 있을 것이다. 하지만 붓다의 마지막 가르침을 둘러싼 이 일화는 거듭 반복되는 과정에서 점차 그 의미가 바뀌어 갔다. 즉, 이같은 교묘한 방법은 어떤 뻔뻔한 기만책 그 이상의 것으로서 선동적이며 음흉한 무신론의 표시처럼 여겨지게 되었던 것이다. 또한 이로 인해 붓다를 표방하는 여러 종파로의 분열이 일어나게 되었다는 주장이 제기되기도 하였다. 바니에(Banier) 신부는 그의 저술 『세계 민족들의 종교의식의 역사』(파리, 1741)에서 다음과 같이 기술하고 있다. "죽음에 임박하였음을 안 '포〔浮屠〕' 는 불경함의 극치로서 그의 추종자들에게 무신론을 고취시키고자 하였다. 그는 이제껏 자신이 수수께끼 같은 말로 일관하였음을 밝히고서는 덧붙이기를, 만물의 근원적 원리를 무 이외에서 찾으려 들며 스스로를 현혹시키는 일이 없도록 하라고 당부하였다. 모든 것은 무로부터 나왔으니 또한 무로 돌아가야 한다는 것이며, 또 무는 바로 우리의 희망을 삼키는 심연이라는 것이다. (……) 이렇듯 '포' 는 스스로 자기 생각을 철회함으로써 그의 추종자들이 두 갈래로 양분되는 원인을 제공하였으니, 한쪽은 그가 살아 생전에 가르쳤던 것 즉 우상 숭배를 엄격하게 따랐고, 또 한쪽은 스승의 마지막 말을 신조로 받아들여 무신론을 천명하고 나섰다."

그런데 헤겔의 글은 이러한 자료들을 반영하고 있다. 무에 대한 불교의 핵심 명제 즉 무는 존재하는 모든 것의 '시작이자 끝' 이라는 이 명제, 그리고 이 무를 어떤 순수 관념의 실체와도 일치시킬 수 있는 가능성, 나아가 규정되지 않은 사물의 원리 속으로 자신을 융해시킴에 따라 비롯하는 것인 무화를 성품과 동일시하는 불교의 관점, 이 모든 것들이 사실 우여곡절 끝에 다시금 헤겔의 눈에 띄게 된 것은 그로지에(Grosier) 신부의 저술 『중국에 대한 개괄적 기술』에 의해서이다. 여기서 이 저술 속의 한 문단을 그대로 인용하고자 한다. 이 문단 속의 여러 대목은 용어 하나 바뀌지 않고 헤겔의 글에서 다시 나타나고 있다. "불교 승려들이 이른바 그들의 신에 대해 전하고 있는 말들을 종합하면 다음과 같다. 이 신은 일흔 아홉의 나이가 되자 자신의 기력이 쇠약해져 감을 알고는 자신을 두르고 있는 가식적인 신성에도 불구하고 그 역시 다른 모든 인간들처럼 자연에 조공을 바칠 수밖에 없음을 알게 되었다고 한다. 그는 제자들을 떠나기에 앞서 그들에게 자기 교리의 숨은 깊이와 비밀을 모두 밝히고자 하였다. 그는 제자들을 불러놓고 이제까지 자신은 우화를 통하지 않고서는 어떤 말도 할 수 없다는 생각을 줄곧 해 왔다고 토로하였다. 또한 그는 지난 40년 동안 비유적이며 은유적인 표현들로 그들에게 진실을 가리고 있었다고 알려주었다. 하지만 이제 곧 그들의 눈앞에서 사라지게 될 것이니, 그는 자신이 진실로 품고 있던 생각들을 제자들에게 알려주면서 마침내 자신의 지혜의 비밀을 밝히고자 하였다. 그리하여 그는 제자들에게 말하기를, '공과 무 이외에 만물의 원리는 없음을 알도록 하여라. 모든 것은 무에서 나오며, 모든 것은 무로 돌아가야 한다. 그곳은 바로 우리의 모든 희망의 귀착지이다' 라고 하였다." *

이렇듯 헤겔은 당시 최신의 동양학 연구물들에 의거하기보다는 불교에 대한, 즉 무의 숭배에 대한 종래의 해석에서 비롯한 시각에 의거하고 있다. 그로지에 신부는 초기 예수회 신부들과 그 후 루이 모레리나 바니에

---

* 헤겔의 종교철학 강의와 같은 시기에, 즉 1828년부터 1830년 사이에 파리에서 재출간된 그로지에 신부의 이 저술의 본 제목은 다음과 같다. 『중국에 대하여. 북경에 상주하였던 선교단의 회고록에 입각하여 그로지에 신부가 쓴 이 제국에 대한 개괄적 기술』 (1777~1785).

신부 등이 이미 지적한 내용들을 자기 나름으로 수용하여 불교도들의 무를 특징짓고 있는데, 그로지에 신부가 『중국에 대하여』에서 사용한 다음의 용어들은 훗날 헤겔의 글에서도 다시 나타나고 있다.

"이 교리에 의하면, 무는 존재하는 모든 것의 시작이자 끝이다. 우리의 먼 선조들은 무로부터 유래하였으며 또 사후에 무로 돌아갔다. 존재하는 모든 것은 단지 형상과 성질에서 서로 다를 따름이다. 동상 제작자는 동일한 금속으로 인물상이나 사자상이나 그 밖의 동물상을 제작할 수 있는 것이다. 하지만 제작을 마친 상이한 조각들을 녹이게 되면 이내 각각의 형상과 성질은 소멸되면서 단 하나의 동일한 실체만을 형성하게 될 것이다. 모든 생물과 무생물은 이와 같은 것이다. 이 모든 것들은 비록 형태상으로나 성질상으로 차이가 있다고 하더라도 하나의 동일한 원리 즉 무로부터 유래한 하나의 동일한 것일 따름이다.

이 보편적 원리는 결코 변질되지 않는 것으로서 지극히 순수한 것이며, 지극히 정묘한 것이며, 또 지극히 단순한 것이다. 이 보편적 원리는 정태적 상태로 영속할 뿐 효능도 권능도 지능도 지니고 있지 않은 것이다. 더욱이 그 본질은 바로 행동과 지능과 욕망의 영역이 아니라는 데 있는 것이다. 행복이란 끊임없는 성찰과 지속적인 극기를 통해 스스로 이 원리와 닮아가려는 노력의 산물이며, 또 행복에 가 닿기 위해서는 아무것도 행하지 않고 아무것도 바라지 않고 아무것도 느끼지 않는 상태로 자신을 만들어 나가야 한다.

이 행복한 무감동의 상태에 도달하는 순간, 악행도 덕행도, 상도 벌도, 신의 섭리도 불멸성도 더 이상 영혼에 문제가 되지 않는다. 성품이란 곧 존재하는 것을 중단하는 데 있는 것이며 무와 하나가 되는 데 있는 것이다. 돌이나 나무 등치의 본연의 성질에 더욱 가까이 다가선 인간일수록 더욱 완벽한 인간인 것이다. 그러기에 영혼의 힘과 행복은 무감동과 부동의 상태 속에 있는 것이고, 육체의 모든 욕망과 움직임이 중지된 상태 속에 있는 것이며, 영혼과 정신의 모든 능력이 중단되고 사멸된 상태 속에 있는 것이다. 이러한 완벽함의 경지에 이른 순간, 인간은 더 이상의 영고성쇠도, 더 이상의 미래도, 두려워해야 할 더 이상의 윤회도 없게 되는 것이다. 왜냐하면 이러한 인간은 이미 존재하는 것을 멈춘 상태에서 완벽하게 '포' 신과 흡사한 상태로 되어 있기 때문이다."

이 글의 몇몇 대목은 헤겔의 분석에서도 각기 별개의 분석 대상처럼 다시금 거론되고 있다. 즉, 불교도들의 무는 모든 것의 시작과 끝이라는 측면에서, 또 한편으로는 모든 것을 구성하는 원천 즉 순수하고 단순하고 정묘한 실체라는 측면에서(이 글에서 인간과 동물을 구성하는 보편적 질료처럼 제시되고 있는 '금속'에 관한 언급마저도 헤겔의 글에 다시 등장한다), 그리고 마지막으로는 성품의 경지와도 같은 무감동의 상태, 즉 욕망의 멈춤과 주체의 종말이라는 측면에서 다시금 거론되고 있다. 이같은 여러 형태의 무는 모두 헤겔의 1827년 『종교철학 강의』에 수록되어 있다. 그렇다면 헤겔이 '최신' 자료들이 제공한 정보를 취하기보다는 '낡은' 자료들이 암시하고 있는 해석을 택했던 이유는 어디에 있는가? 이 질문에 대한 답변은 철학의 영역에서 찾아질 수 있을 따름이다. 형식상으로는 거의 다를 바 없는 제언이 동일한 의미를 갖지 않게 되는 이유를 이해하는 데 있어 여기서 우리가 길잡이로 삼아야 하는 것은 바로 헤겔의 『논리학』에 보이는 변화, 즉 존재와 무의 대립관계에 대한 그의 생각의 변화이다.

순수 존재, 아무것도 없는 상태

실제로 헤겔은 『종교철학 강의』에서 이처럼 무에 대해 거론하면서 불교를 '영혼의 불멸성이 그 진정한 정의 속에서' 시작되는 계기처럼 소개하고 있다. 따라서 이 '본질적 존재의 종교'는 파괴적인 것이 아니다. 이 종교는 또 한편으로 사유 주체로서의 인간이 변화와는 무관한 자신의 내면성을 의식하게 되는 계기를 마련해 주고 있는 것이다. 이렇듯 헤겔의 눈에 신은 순수하고 무한하고 유일한 존재의 형태로 불교 속에서 주어지고 있는 것으로 여겨지고 있다. 그렇다면 상이한 이같은 관점들은 어떻게 연계될 수 있는 것인가? 존재의 소멸과 영혼의 불멸성이, 그리고 무의 숭배와 무한한 존재가 어떻게 함께 견지될 수 있는 것인가? 자기와 존재의 사멸을 – 단지 착각 속에서만 무로부터 벗어날 뿐 결국 무에 합류하기 마련인 자기 자신과 존재의 사멸을 – 어떻게 영혼의 불멸성, 불변의 내면성, 나아가 신에 대한 사유 체계의 정립 등과 결부지을 수 있는 것인가? 이러한 대립적 양상은 헤겔의 글을 대하는 독자라면 누구나 이미 주목했을 것이다. 하지만 이러한 대립적 양상은 언뜻 그렇게 보이는 것일 따름이다. 존재 논리학의 두 번째 단계는 실제로 순수 존재와 무의 등가 관계를 그 특징으로 하고 있다. 이 점은 헤겔이 『엔치클로페디』 제87절에서 확인하고 있는 것이기도 하다. "이 순수 존재는 순수 관념이다. 따라서 이 순수 존재는 절대적으로 부정적인 것, 다시 말해 만일 우리가 그것을 직접적으로 받아들인다면 그것은 바로 무일 따름이다."*

* 본서에서 헤겔의 『엔치클로페디』(1830)의 인용은 모리스 드 강디약(Morice de Gandil-

이러한 외견상의 대립적 양상은 헤겔의 관점에서는 이렇듯 해소되고 있다. 불교는 '본질적 존재의 종교'로서 실체의 단순성과 직접성을 통한 실체의 무한성에 대한 의식인 것이다. 그리고 한편으로는 순수 존재와 무를 사변적으로 구별지어 줄 수 있는 것은 아무것도 없는 까닭에 불교는 곧 '무의 숭배' 처럼 고찰될 수도 있는 것이다. 따라서 무는 절대적인 것이며 또 무의 절대성은 규정지어질 수 없다는 점에 비추어 볼 때, 불교는 무로 시작해서 무로 끝나는 것으로 고찰될 수 있을 것이다. 또한 불교는 영혼의 불멸성에 대한 중요한 사유체계일 뿐만 아니라 가장 기본적인 사유체계라는 데 그 특징이 있다고 할 것이다. 왜냐하면 절대의 영역을 순수 관념의 영역으로 제시하는 이러한 생각은 곧 인간의 정신적 내면성의 도래를 예고하는 것이기 때문이다.

따라서 헤겔에게 무는, 다시 말해 헤겔이 불교도들에게서 보고 있는 무는 존재와 절대적으로 상반된 것의 의미로 이해되어서는 안 될 것이다. 여기서 무는 존재의 규정되지 않은 상태를 뜻하고 있다. 무, 그것은 곧 절대이다. 여기서 절대는 총괄적인 것의 의미로, 순수 관념의 의미로, 규정지을 수 없는 것의 의미로 이해되고 있다. 그래서 불교는 무신론이 아니다. 불교는 신을 순수 무한성의 차원에서, 어떤 구체적인 규정을 벗어난 영역의 차원에서 고찰하고 있는 것이다. 그런데 이는 곧 궁극적으로 무로 귀착되는 것이다. 그러기에 이같은 등가 관계는 뭔가 당혹감을 자아내는 측면을 내포하는바, 이 점은 헤겔로서도 충분히 의식하고 있는 것이라 하겠다. 그는 『종교철학 강의』에서 이렇게 말하고 있다. "인간이 신을 무의 관점

lac)의 프랑스어 번역본에 의거하고 있다(Gallimard, 파리, 1970).

에서 생각한다는 것은 처음에는 당연히 놀라운 것으로 비칠 수밖에 없을 것이다. 이같은 생각은 더할 나위없이 기이한 것으로 보이기 마련이다. 하지만 이같은 생각을 보다 면밀히 고찰해 보면 그것이 무엇을 의미하는지 알 수 있을 것이다. 즉, 신은 규정된 그 어떤 것도 아님을, 신은 규정되지 않은 것 그 자체임을 의미하고 있을 따름이다. 어떠한 구체적인 규정도 신에게 부합할 수 없는 것이다. 신은 무한이다. (……) 우리는 신에 대해 말한다. '우리는 신에 대해 아무것도 인식할 수 없으며 아무것도 알 수 없으며 아무런 생각도 할 수 없다' 고. 이 말은 바로 우리에게 신은 곧 무일 따름임을 말하기 위한 완화된 표현이다."

헤겔은 붓다가 그의 제자들을 무의 냉소적인 위협 아래 그리고 불안감을 자아내는 공허의 징조 아래 남겨두고 떠났다는 종래의 일화를 수용하고 있으나 이 일화의 의미를 완전히 바꿔놓고 있다. 헤겔은 무의 숭배를 새로운 시각으로 접근하고 있다. 그에게 무의 숭배는 부정신학(否定神學)의 고행론적 규율처럼, 혹은 자유로운 내면성으로 향하는 정신적 여행의 한 계기로 여겨지며, 아직은 불분명하고 어렴풋한 형태이기는 하지만 영혼의 불멸성이 태동하는 한 형태처럼 여겨지고 있다. 이러한 무의 숭배는 신의 숭배의 또 다른 이름이다. 따라서 헤겔이 붓다의 제자들에게서 보고 있는 소멸의 의지는 어떠한 무신론적 요소도 담고 있지 않은 것이다. 절대 속에 자신을 융해시키기 위해 자신을 아무것도 아닌 것으로 환원시킨다는 것은 어떤 의미에서는 현대의 허무주의가 보여주는 파괴적인 형태보다는 라인 지방에서 태동했던 중세의 신비주의자들의 행보와 더욱 가까운 것으로 보인다.

따라서 헤겔의 특이성은 '불교도들의 무' 를 문제로 삼는 과정에서 이미 케케묵은 것이 되어버린 자료들을, 그것도 동양의 종교에 대체로 적대적인 자료들을 주된 근거로 삼고 있다는 점이며, 또 종래의 정보들에 대해 새로운 의미를 부여함으로써 기존의 준거를 바꿔놓고 있다는 점이다. 만일 우리가 이 새로운 의미를 묻지 않거나 또는 헤겔의 문장들을 그 배경과 무관하게 고찰한다면, 헤겔의 문장들은 우리에게 다음과 같이 말하고 있는 것처럼 들리게 될 것이다. 즉, 불교는 파괴적이며 무신론적이고 인간도 신도 부정하는 신앙이라고. 사실 이 말은 헤겔의 몇몇 계승자들 사이에서 표명된 것이기도 하다. 하지만 헤겔은 이 말을 하지 않았다. 따라서 헤겔은 붓다에 적대적인 두 부류의 발언 사이에, 즉 예수회 선교사들이 제공한 자료에 의거하고 있는 발언과 동양학 연구 결과에 따라 쏟아져 나온 발언 사이에 걸려 있는 듯한 모습으로 여겨지고 있다. 가파른 능선 위에서 헤겔의 발언은 온갖 오해에 노출되어 있는 것이다.

경멸에서 인정으로

이것은 분명하게 해둘 필요가 있었던 점이다. 왜냐하면 인도의 종교사상을 보는 헤겔의 시각은 한결같이 적대적이라는 게 일반적인 생각으로 자리잡고 있기 때문이다. 하지만 사실은 그렇지 않다. 물론 상당수의 그의 발언들은 단정적인 것처럼 들릴 소지를 안고 있기도 하다. 그리고 그의 글 곳곳에서 헤겔은 요가 수행자가 지향하는 궁극의 목표처럼, 자신이 소개하고 있는 그 "얼빠진 상태" 에 대한 강한 반감을 드러내 보이고 있기도 하다. 헤겔은 서슴지 않고 인도는 "뒤틀린 상상" 과 "혼잡한 정신" 과 "광기에서 비롯한 행복"을 여실히 보여주고 있다고 말하고 있다. 헤겔에 의하면, 이 나라에서는 "아이들이 부모를 공경할 줄 모른다"는 것이다. 이 기괴한 사회는 말 그대로 혼돈의 와중에 빠져 있으며, 거기에서는 "어떠한 도덕성이나 인간의 존엄성"도 찾아볼 수 없다. 더욱이 사람들은 서로를 신뢰할 줄 모르니, "술책과 잔꾀는 인도인들의 근본적인 특성이며, 기만과 도둑질과 살인은 그곳의 풍습으로 자리잡고 있다."* 이러한 발언들은 아무런 맥락 없이 던져진 것도 아니며 아주 이따금 나온 것도 아니다. 사실 그대로 묵과될 수 없는 것들이다. 또한 내용 면에서도 무의미한 것이 아니고, 아무런 이유 없이 나타났다가 흔적도 없이 사라지는 그런 이상한 '과거의 편견'으로 분류하기도 어려운 발언들이다. 이러한 문장들은 사실 우리를 무척이나 난처하게 만든다.

헤겔이 동쪽의 인도 즉 갠지스강과 인더스강의 인도와, 서쪽의 인도 즉 아마존강과 미시시피강의 인도를 구별하지 않은 것은 아니다. 두 인도에는 물론 인도인들, 당시 독일어로 인디어(Indier)가 살고 있다. 그런데 현대 독일어에서는 인도의 인도인(Indisch)과 아메리카의 인디언(Indianisch)이 구별되지만, 헤겔의 언어에서는 양쪽이 구별되어 있지 않다. 헤겔의 눈에는 몇 가지 주된 공통점이 두 인도 사이에, 동과 서의 신구 인도 사이에 있는 것으로 비쳤던 것이다. 즉, 자연상태에 가까워서 정신이 아직 내면성이나 객관성이나 보편성을 인식하지 못한다는 것이며, 또 이러한 정신은 역사의 장 바깥에 머물면서 개념이나 윤리성에 접근할 수 없는 어떤 마비

---

* 헤겔의 이 모든 표현들은 그의 『역사철학 강의』 속의 인도 관련 언급에서 찾아볼 수 있다.

상태에 있다는 것이다. 그러기에 아시아의 인도든 대서양 저편의 인도든 그 미숙한 의존상태 때문에 유럽에 의해 정복당할 수밖에 없다는 것이다.

그렇지만 이로 미루어 헤겔의 사유에 근본적으로 일종의 '타국인 혐오증' 이 자리잡고 있다고 결론짓는 것은 잘못이다. 어떤 특정한 분석이 보여주는 가장 명백한 일면을 가지고, 그리고 대개의 경우 가장 지나친 일면을 가지고 사유의 흐름 전체를 폄하할 수도 있겠지만, 헤겔의 경우에는 그러한 면이 확실치 않은 것 같다. 헤겔에게는 그리스야말로, 아니 그리스만이 '소양을 갖춘 유럽인, 특히 우리 독일인' 의 마음의 '고향' 으로 여겨지고 있지만, 한편으로는 헤겔의 '인도 혐오증' 이나 '아시아 혐오증' 에 대한 세간의 인식을 상당히 완화시킬 수도 있는 여러 요소들이 있는 것 또한 사실이다. 바람직한 것은, 헤겔이 인도와 인도의 종교사상에 대해 강한 적대감을 품고 있었다는 따위의 널리 유포된 생각을 버리는 일일 것이다. 객관정신의 철학자는 낭만주의자들의 확신이나 열광에 동조하지 않았다. 그는 직접적이거나 간접적인 여러 형태로 낭만주의자들과 논쟁을 벌였었다. 따라서 우리에게 바람직한 것은, 19세기 초에 많은 독일인들의 정신을 사로잡았던 '인도 열풍' 의 여러 현상에 대한 헤겔의 이성적인 비판의 입장을 염두에 두면서 인도와 그리스에 대한 헤겔의 평가들을 다시금 읽어보는 것이라 하겠다. 이같은 유보의 또 다른 근거로, 동양학 연구에 의한 초기의 발견들 속에는 진정 철학적인 것으로 평가될 수 있는 산스크리트 문헌들이 전혀 포함되지 않았다는 사실을 들 수 있을 것이다. 1784년 1월 15일, 캘커타에서 윌리엄 존스의 주관하에 벵골 왕립 아시아학회가 창립되고 〈아시아 연구〉라는 학회지가 창간되면서부터, 그때까지는 어떤 수수께끼나 우화의 주제 정도로 여겨지던 산스크리트어가 마침내 하나의 연구 대상으로 자리잡게 되었다. 그로부터 산스크리트 문헌들의 해독을 기조로 한 인도 문명의 다양한 양상들에 대한 분석이 시도되었다. 산스크리트 문헌들은 불완전하게 요약되기보다는 전반적인 번역 작업이 추진되었다. 1785년 찰스 윌킨스〔Charles Wilkins: 영국의 동양학자〕가 바가바드 기타의 영어 번역본을 발표한 것을 필두로, 곧이어 윌리엄 존스의 번역물들이, 그 중에서도 중요한 것들만 언급하자면 『마누법전』, 『샤쿤탈라』, 『히토파데사』 등이 발표되었던 것이다.

그 후로 영어 번역본을 다시 독일어로 옮기는 작업이 꾸준히 지속되었다. 그리고 머지않아 독일 산스크리트어 학자들, 특히 프리드리히와 빌헬름이라는 두 슐레겔 형제에 의한 작업들이 발표되었다. 이런 초기의 출판물들은 헤르더에서 셸링, 괴테에서 훔볼트, 나아가 횔덜린에서 괴레스〔Görres: 독일의 작가, 신문기자〕에 이르기까지 열렬한 관심을 불러일으켰다. 하지만 우리는 이러한 출판물들이 40년 이상 지속되었음에도 불구하고 어떤 논증이나 반론의 글들을 전혀 찾아볼 수 없었다는 사실에 주목해야 할 것이다. 오직 그 자체의 논리적 일관성에 따라 이성적으로 독자를 설득시키려는 그런 체계적인 논고는 전혀 찾아볼 수 없었다. 바야흐로 유럽은 인도에 접근할 수 있는 어느 정도 확실한 방도들을 갖기 시작했지만, 그 어떤 것도 브라만교의 여러 학파에서 채택되던 산스크리트 경전으로 인도해 줄 수 있는 것은 아니었으며, 또한 경전에 대한 변증법적 해설 체계로 인도해 줄 수 있는 것도 아니었다.

1790년경부터 1820년경에 이르기까지 근 30년 동안 인도에는 엄연히 '철학' 이 존재하고 있다고 생각되었고 또 그러한 생각이 때로는 확인되고 있었음에도 불구하고, '어떤 의미에서 또 어느 정도까지' 철학인지를 묻는 질문이 타당하고도 명료하게 제기될 수 있도록 하는 그런 유형의 저술들은 찾아볼 수 없었다. 헤르더에서 프리드리히 슐레겔에 이르기까지, 인도가 순수 사유의 탄생지일 것이라는 그런 인도에 대한 꿈과 또 산스크리트어는 생각과 표상이 아직 분리되기 전의 완전한 언어일 것이라는 그런 산스크리트어에 대한 꿈은 단지 그 근거를 신비주의적 시편〔『바가바드 기타』〕이나 몇 편의 서사시〔『라마야나』〕, 한 편의 시극〔칼리다사의 『샤쿤탈라』〕, 그리고 부분적으로 전해지는 우주적 창세신화〔『마누법전』〕와 우화집〔『히토파데사』〕에 두고 있을 따름이었다. 오늘날 우리들의 그것과도 비견될 수 있는 어떤 사유의 '기법' 이, 이를테면 니야야 학파〔가우타마를 개조로 하며, 논증 중심의 『니야야-수트라』를 근본경전으로 하는 학파〕의 논리적 분석이나 『브라마-수트라』의 사변 체계에서 살펴볼 수 있는 사유의 '기법' 이 인도에서 나타나고 있었다는 것은 바로 합리성이 적용되고 있었음을 말해주는 것이지만, 그들은 그런 점을 모르고 있었던 것이다.

1820년대로 접어들면서 이같은 상황에 변화가 일어나기 시작하였다. 더불어 헤겔 역시 종래의 시각을 수정하게 되었다. 1823년부터 1827년에 걸쳐 브라만 교리 체계에 대한 헨리 토머스 콜브루크의 연구가 발표됨에 따라 마침내 유럽은 인도의 철학 체계를 발견하게 되었던 것이다. 콜브루크가 다르샤나〔인식작용을 가리킴〕 철학 체계에 관해서뿐만 아니라 불교도들과 자이나교도들의 이른바 '비정통파 교리들' 에 관해서 쓴 다섯 편의 연구 논문은 유럽인들에게 처음으로 신뢰할 수 있는 근거들을 제공해준 것이기도 하였다.* 이 치밀한 논문들은 원전과 '판디트' 라 불리는 브라만교 고승들로부터 직접 들은 구술을 바탕으로 한 성과물이었다. 이 논문들의 출판은 유럽에서 인도가 철학적 측면에서 인식되어 온 과정으로 볼 때 중요한 역사적 전환점을 이룬다. 콜브루크 이전에 유럽에서 이른바 '인도 철학' 이라는 이름으로 불렸던 것은 사실 시가나 신비주의적 문학 작품에서 자의적으로 추출해 낸 것들을 근거로 재구성한 것에 지나지 않았다. 이같은 상황이 완전히 바뀌게 된 것은 브라만교의 여러 종파들이 내세우는 명제나 주요 논지에 관한 몇몇 지표들이 확실하게 설정되면서부터였다. 그 후로 종파들간의 차이점뿐만 아니라 대립적인 양상까지도 식별해 내는 것이 가능하게 되었다. 어렴풋한 지표들을 토대로 하여 신화적 형상들을 빚어내고자 했던 시대는 지나가게 된 것이다. 이제부터 요구되는 작업은 무엇보다도 인내를 필요로 하였으니, 그것은 작업 대상으로 주어진 것이 바로 다루기 힘든 어떤 일관된 개념적 재료였기 때문이다. 연구자들은 이 생소하기만 한 사상들이 어떤 체계성을 지니고 있는지를 물어야 했고, 그 특정한 정립 양식들을 포착해 내야 했으며, 또 서구 역사에서 '철학' 이라는 이름으로 불리는 것과 이 사상들간의 편차와 일치를 가늠해야 했다. 콜브루크의 작업은 바로 이런 과제들이 있음을 알려주는 것이었으며, 또 처음으로 이 과제들을 수용하는 것이기도 하였다.

이 점에서 헤겔은 오류를 범하지 않았다. 인도 문제와 관련해서 헤겔이 철학의 입장에서 기울인 감시 노력에 대해서는 흔히들 간과해버리는 경향이 있었던 것으로 보인다. 인도에 관한 것이라면 경멸의 눈으로 바라보

* 콜브루크의 이 다섯 편의 논문은 앞서 제3장에서 이미 언급된 바 있다. '조건' 혹은 '증명' 의 의미를 지니는 다르샤나 철학 체계는 전통적으로 모두 여섯 갈래의 철학으로 구성된 인도의 정통 철학 체계이다. 본서에서 거론되고 있는 상키야 철학, 니야야 철학, 베단타 철학 등이 여기에 속한다. — 옮긴이

았던 헤겔이 베를린에서 교편 생활을 하던 최후 시기, 즉 1827년에서 1831년 사이에 인도에 대한 종래의 입장을 바꾸게 된 계기는 다름 아닌 콜브루크의 논문들이었다. 그것을 읽고 난 헤겔은 그의 『철학사 강의』에서 조금도 주저하지 않고 이렇게 말하고 있다. 요컨대, '실질적인 인도 철학 체계'를 거론할 수 있다는 것을! 이렇듯 헤겔은 인도의 철학 체계를 인정하게 되었던 것이다. 헤겔의 강의록, 그 중에서도 특히 『철학사 강의』는 본인의 집필 여부가 자주 논란이 되는 점에 비추어 어떤 논거로 삼기에는 상당한 주의가 필요하다는 지적도 있을 수 있다. 그러나 베를린 시대의 논문집인『베를린 저작집』에도 인도 문제에 대한 헤겔의 해석이 여러 군데에서 표명되고 있다는 점을 유념해야 할 것이다. 이를테면 헤겔은 인도의 사변적 사상은 콜브루크가 발표한 내용만으로도 "철학이라 불리는 데 전혀 손색이 없는 것"이라고 기술하고 있다. 인도에 대한 헤겔의 부정적이고 배타적인 견해만을 읽어 온 경우라면 이 점은 당혹감을 자아내기에 충분할 것이다.

이렇듯 전혀 예기치 않은 결론이 도출되고 있다. 19세기의 많은 사상가들이 붓다의 허무주의를 발견했다는 생각을 갖게 되면서부터 그들의 눈에 인도는 매력을 잃게 되었던 것과는 달리, 헤겔은 말년으로 접어들면서 그들과는 다른 길로 나아가고 있다. 그는 진정한 철학 체계들이 인도에 존재하고 있음을 인정하면서 동시에 불교가 지향하는 순수 관념의 길을 기술하고 있다. 왜냐하면 헤겔은 불교의 한정없는 정적주의〔靜寂主義: 키에티즘. 기독교 신비사상의 한 형태로, 신에 대한 사랑과 영혼의 정적을 실현하고자 한다〕을 이유로 붓다와 그 신봉자들을 배격하지는 않기 때문이다. 헤겔은 그들 신앙의 비일관적이거나 부조리한 측면을 문제시하기보다는 오히려 "인간은 자신을 무화시켜야 한다"라는 핵심 명제의 의미를 불교에서는 인간은 신이 되려고 노력해야 한다는 뜻으로 이해하고 있다. 아마도 헤겔에게 이 명제가 제시하는 길은 절대에 대한 지나치게 일반적이고 비규정적인 생각이 빚어낸 어떤 현혹적인 길처럼 비쳤을 것이다. 또한 그에게 이 순수 관념은 아무것도 없는 상태를 의미하는 정도로 여겨졌을 것이다. 하지만 이러한 무의 숭배는 신으로 향하는 길로서 제시되고 있다. 다만 이러한 제시는 오류일 뿐 어떤 악의의 표현은 아니다. 헤겔이 서구 철학 속에 불교를 무의 숭배로 자리매김하면서 불교에 어떤 파괴적이고 위협적인 교리의 특징들을 부여하였던 것은 아니다. 헤겔이 불교에서 어떤 물리쳐야 할 적의 화신을 보았던 것은 아니다. 발가락을 입에 넣고 있는 붓다는 다만 정신이 거쳐야 하는 하나의 길 잃은 모습일 따름이다.

제2부

위협

(1832~1863)

1832년. 외젠 뷔르누프가 콜레주 드 프랑스의 교수로 부임한다. 그와 더불어, 여러 동양학 연구 분야에서 나온 기존 자료들을 한데 모으는 작업이 진행되면서 불교 전반에 대한 과학적 연구가 시작된다.

1863년. 무의 숭배를 둘러싼 논쟁이 프랑스, 영국, 독일에서 정점에 달한다.

5

무에 대한 두려움

공포 분위기가 처음으로 확산된 곳은 파리였다. 콜레주 드 프랑스에서 외젠 뷔르누프와 더불어 불교 연구는 과학의 시대로 들어서고 있었다. 하지만 가톨릭 진영이나 심령론자들은 이 사멸의 교리에서 유럽을 위협하는 '악의 원천'을 보았던 것이다.

불행하게도, 시대는 불교의 바탕을 이루는 교리들이
우리들 사이에서 기이할 정도로 호응을 얻고 있다.
— 쥘 바르텔르미 생 틸레르, 『붓다와 그 종교』

섬세한 이목구비, 조금 길게 늘어뜨린 뻣뻣한 머리, 창백한 얼굴빛에 무척 강렬한 눈빛을 지닌 아직은 젊은 삼십대의 한 인물을 머리속에 그려보자. 그는 "금세기로 접어들면서부터 고대의 것이든 현대의 것이든 관계없이 인도의 언어와 철학과 종교에 관한 여러 질문들을 불러일으키며 날로 고조되어 가는 관심"에 대해 말하고 있다. 그는 이 언어에 대한 교육을 담당하게 될 것이며, 또 베다 경전 속의 산스크리트어에서부터 이와는 전혀 다른 불교 문헌 속의 산스크리트어에 이르기까지 이 언어의 다양한 형태들을 완전히 습득하게 될 것이다. 1832년 파리의 콜레주 드 프랑스에서는 서른 한 살의 한 천재가 레오나르 드 쉐지〔Léonard de Chézy: 프랑스의 동양학자〕의 후임으로 당시 유럽에서 처음으로 개설된 산스크리트어 강좌를 맡게 되었던바, 그의 이름은 외젠 뷔르누프였다. 그는 훌륭한 정신을 배출하는 데 인색하지 않았던 한 세기가 배출해 낸 가장 훌륭한 정신 가운데 하나였다. 단 몇 년 사이에 그는 가히 예외적인 작업 능력을 발휘하여 여러 과제들을 완수해 가는 가운데 불교 전반에 관한 과학적 연구의 토대를 마련한다. 1826년, 그는 크리스티안 라센과 함께 팔리어 해독 작업에 착수한다. 이 작업은 테라바딘 경전의 해독을 가능케 해준 것으로서 불교를 이해하는 데 가장 중요한 방도를 마련한 것이었다. 이후 이 박학한 인물은 1836년에 브라이언 휴튼 호지슨이 네팔에서 그에게 보낸 산스크리트어 수사본들을 접하게 된다. 그 결과 그는 다른 연구자들이 이미 이루어 놓은 여러 줄기들, 즉 슈미트의 몽골어 문헌 연구, 레뮈자의 한문 문헌 연구, 호지슨의 네팔 불교 연구, 크소마 드 케레스의 티베트 분야 연구에 힘입은 줄기들을 인도라는 공동의 원류와 연계시키게 된다.

1844년, 『인도불교사 입문』이라는 소박한 제목으로 발표된 뷔르누프의 이 대저는 붓다의 가르침에 대한 최초의 엄밀한 연구물로서 붓다 재세시대의 가르침을 그대로 재구성하는 일마저도 가능케 하는 것이었다. 뷔르누프의 사망 후, 쥘 몰〔Jules Mohl: 프랑스의 동양학자〕은 〈아시아 회보〉에서 "그것은 어지럽게 얽혀 있는 불교 교리들의 난맥 위에 쏟아지는 빛줄기로, 이 혼돈에 질서를 가져다주고 있다"고 평하고 있다. 불교 연구의 기틀을 다진 이 연구서를 접한 독자들 중에는 특히 셸링도 포함되어 있었다. 프랑스 철학 및 독일 철학에 관한 빅토르 쿠쟁의 저술에 부친 자신의 서문에서 셸링은 이렇게 지적하고 있다. "정치적 갈등의 어조와 뭇 양태들이 문학에까지 흘러드는 것은 참으로 유감스러운 일이다. 하지만 이같은 상황이라 할지라도 프랑스에서 일고 있는 진정한 과학적 정신을 파괴시킬 수는 없을 것이다. 온갖 격변의 와중에서도 프랑스에서는 가장 심도 있고 가장 견고한 연구들이 항상 그 위상을 유지하고 있으며, 또 철학과는 무관한 분야임에도 철학적 탐구를 위해서는 중요한 한 분야에서 그 실례를 보건대, 이를테면 외젠 뷔르누프 같은 인물들이 여전히 등장하고 있다."* 뷔르누프의 저술 가운데 가장 중요한 이것은 그 후로도 독일에서는 쇼펜하우어뿐만 아니라 바그너, 니체에 의해서도 연구 대상이 되었고, 프랑스에서는 빅토르 쿠쟁과 쥘 바르텔르미 생 틸레르뿐만 아니라 이후 텐느, 르낭에 이르기까지 영향을 미쳤다. 뷔르누프에 힘입어 프랑스는 불교 연구가 하나의 연구 분야로 자리잡게 되는 결정적 시기에 불교 연구를 선도하는 위치에 서게 되었으며, 또한 동양학자들에게 파리는 연구와 정보, 나아가 출판의 중심지로서도 자리잡게 되었던 것이다.

콜레주 드 프랑스로 다시 돌아가 보자. 외젠 뷔르누프에게 1830년대 초반은 각별한 시기였던 것으로 보인다. 1829년부터 1833년까지 그는 에콜 노르말 쉬페리외르 고등 사범학교에서 일반문법 · 비교문법 강의를 맡게

* 빌헬름 셸링(Wilhelm Schelling), 「쿠쟁의 철학과 프랑스 철학 및 독일 철학의 현황에 대한 평가」, 1834년 5월.

되는데, 이 강의에는 그와는 옛 동기생이었으며 머지않아 아리스토텔레스에 대한 새로운 번역을 내놓게 될 쥘 바르텔르미 생 틸레르도 참석한다. 1801년생인 뷔르누프는 당시 갓 서른 살에 불과하였는데, 그의 집안에서 문법은 가업과도 같은 것이었다. 외젠의 아버지 장 루이는 콜레주 드 프랑스의 교수를 지낸 인물로서 로마 역사가 타키투스의 번역자이자 또한 당시 권위를 얻고 있던 라틴어 문법서와 그리스어 문법서의 저자이기도 하였다. 그의 아들 외젠은 어릴 적부터 모두가 주목하는 천재적 재능을 보였던바, 서른의 나이에 벌써 놀라운 업적을 남기고 있었다. 루이 르 그랑 고등학교와 에콜 데 샤르트 국립고문서 학교, 그리고 문학과 법학 학사를 거친 그는 이내 권위서로 자리잡게 되는 두 권의 저서를 발표하는데, 하나는 1826년 출간된 『팔리어 시론』이고 또 하나는 1829년 출간된 『벤디다드 사데』〔조로아스터교 성전인 『아베스타』의 일부〕의 기념비적 판본의 제1권이다.* 이러한 작업이 가능했던 것은 그가 팔리어와 산스크리트어 전문가였을 뿐만 아니라 당시 유럽에서 가장 뛰어난 젠드어〔조로아스터교 교전의 주해에 사용된 언어. 현재는 아베스타어라고 함〕 전문가이기도 했기 때문이다. 1831년 그는 동양 언어 분야에서의 연구 공로를 인정받아 볼네상〔1822년 창설된 국제적인 언어학 관련 상〕을 수상하고, 또 파리 아시아학회의 운영에도 참여하게 된다. 그리고 이듬해 1832년에는 금석학·문학 아카데미〔아카데미 프랑세즈의 한 부문〕의 회원으로 선출되고, 콜레주 드 프랑스의 교수로도 선출된다.

* 『벤디다드 사데. 조로아스터의 한 경전, 왕립도서관에 소장되어 있는 젠드어 문헌에 기초한 석판 인쇄』(파리, 1829). 그 후 이 출간은 외젠 뷔르누프의 자비로 1842년까지 계속되면서 그 결실로 전10권의 판본을 남기고 있다.

신중한 무

뷔르누프의 저술에서는 특유의 박람강기만이 아니라 그의 분석이 보여주는 책임성과 정직성이 드러난다. 『인도불교사 입문』이 동양학의 역사에서 하나의 전환점을 이룬다는 점은 아마도 의문의 여지가 없을 것이다. 그리고 한편으로 이 저술이 '무의 숭배'라는 이 상상의 불교가 생겨난 데서도 일대 전기를 이룬 점 역시 아마도 의문의 여지가 없을 것이다. 왜냐하면, 연구자로서의 그의 엄격함과 방법상의 신중함에도 불구하고 뷔르누프는 그 자신의 지대한 권위로 인해 불교를 허무주의적 괴물로 둔갑시키려 드는 자들의 입장을 강화시켜 주는 결과를 초래하였기 때문이다. 뷔르누프의 기술에 따르면, 붓다는 법을 가르친 후 "열반으로, 즉 예로부터 전해오는 교리에 의하면 마침내 육신과 영혼이 파괴된다고 하는 완전한 사멸의 상태로 들어섰다"는 것이다. 이러한 발언은 실로 단정적인 것이라 아니할 수 없다. 뷔르누프에게 불교의 열반은 곧 완전한 소멸을 의미하는 것이었다. 사실 동양에 적대적인 자들, 그리고 기독교 세계와 신의 실체성 및 영혼의 불멸성을 옹호하는 자들에게 이 발언은 자신들을 보증해 주는 권위처럼 들렸으며, 따라서 그들은 기회 있을 때마다 이같은 권위를 앞세우는 일을 잊지 않았던 것이다.

하지만 뷔르누프가 극도로 신중을 기하고 있음은 그의 글을 통해 쉽게 확인할 수 있다. 그가 열반에 대한 이른바 '소멸론적' 해석에 치우쳐 있음이 분명해 보이지만, 한편으로 그는 결론을 내리는 과정에서 그의 의구심을 드러내는 여러 표현들을 사용하고 있다. 여기에서는 그러한 표현들을 강조하면서 그의 『인도불교사 입문』 중의 한 대목을 인용하고자 한다. 이 대목은 자주 인용되지만, 대개의 경우 그 표현상의 조심성은 간과된 채 인용되고 있다.

"**네팔의 문헌들처럼 아직까지 불완전한 상태로 알려져 있을 따름인 문헌들을 통해서는 실로 파악하기 어려운 사상들을 명확하게 그리고 정언적으로 기술하려 드는 데는 위험이 따르겠지만, 그럼에도** 나는 석가모니가 종교적 삶으로 들어서면서 그 출발점을 상키야 철학〔브라만교의 한 학파〕의 무신론적 교리가 그에게 제시한 기존의 뭇 원칙들에 두고 있지 **않았을까 생각한다**. 이 기존의 종교적 원칙들은 존재론상으로는 신의 부재, 그리고 인간 영혼의 복수성과 영원성을 말하는 것이었으며 또 자연의 차원에서는 어떤 영원한 자연이 실재하고 있음을 말하는 것이었던바, 이 영원한 자연은 여러 가지 특성들을 지니고 있어 스스로 변화하는 것일 뿐만 아니라 또 인간의 영혼이 세계를 두루 거치면서 편력하는 동안 취하게 되는 여러 형태들의 제반 요소를 담고 있는 것이라고 한다. 석가모니는 이러한 교리로부터 신은 존재하지 않는다는 사상을 받아들였을 뿐만 아니라 또 인간의 영혼은 여럿이라는 설과 윤회설 그리고 열반 혹은 해탈에 대한 설을 받아들였던 것인데, 열반에 대한 설은 브라만교의 모든 종파에 일반적인 것이기도 하였다. 하지만 석가모니가 말하는 열반이 **무엇을 의미하는지 알기란 오늘날의 우리들로서는 쉽지 않은 일이다**. 왜냐하면 석가모니는 어디에서도 이 의미를 규정짓고 있지 않기 때문이다. 하지만 석가모니가 신을 언급한 적이 없다는 점으로 미루어 볼 때, 그에게 열반은 정통 브라만교도들의 생각처럼 개인의 영혼을 어떤 보편적 신에게 흡수시키는 것을 의미할 수도 있을 것이다. 또한 석가모니는 물질에 대해 언급한 적이 없는 까닭에, 그가 말하는 열반은 인간의 영혼이 자연의 요소들 속으로 와해되는 것을 의미하지는 않을 것이다. 의문의 여지없이 가장 고대의 것으로 판명된 기념물들 속에 이미 등장하는 공(空)이라는 말은 나에게 석가모니는 사유의 원동력이 소멸되는 데서 지복의 경지를 보지 **않았을까 하는 생각을 부추기고 있다**. 자주 되풀이되는 한 가지 비유로 미루어 **가정해 볼 수 있듯이**, 석가모니는 지복의 경지를 마치 꺼져가는 등잔 불빛의 소멸처럼 생각하고 있었다."

이 글이 제시하고 있는 몇 가지 해석 요소들은 그보다 15년 후 파리에서 옥스퍼드로 그리고 본에서 마드리드로 확산되었던 한 논쟁에서 다시 등장하고 있다. 이른바 '무의 숭배'에 대한 주장이 떠오르게 된 주요 계기 가운데 하나인 이 논쟁에서 이러한 해석 요소들은 과장되고 단언적인 의미로 사용되고 있다. 열반에 대한 외젠 뷔르누프의 해석은 바로 이같은 허구가 동양학의 인식 체계에 자리잡게 되는 하나의 근거를 확보해 주었던 것이다. 붓다에 관한 뷔르누프의 명시적인 발언, 즉 "붓다는 사유의 원동력이 소멸되는 데서 지복의 경지를 보고 있었다"는 이 대목은 아무것도 없는 상태를 설파하는 한 종교에서 어떤 악마의 환영을 보고자 하는 자들에게는 학술적인 보증을 서 주는 것이었다. 사실 이 점에서 뷔르누프의 분석은 그 박학함에도 불구하고 여전히 첫 걸음을 내딛는 정도에 불과한 것이었다. 비록 결론짓는 방식이 신중하고 과학적이며 억제된 것이기는 하지만 실제로 뷔르누프는 붓다의 허무주의를 결론으로 도출하고 있다. 그의 결론이 신학교의 그늘 속에서, 또 여러 토론 공간과 잡지들의 술렁임 속에서 이미 준비되고 있던 저주에 가까운 비난이나 모독, 비방과는 거리가 먼 것이었음은 사실이다. 하지만 뷔르누프의 해석이 불교를 무의 숭배 쪽으로 끌어가고 있는 점 역시 의문의 여지가 없다. 그렇지만 그의 해석은 무의 숭배에 대해 아직은 온건한 입장을 보여주는 것이라 하겠다. 왜냐하면 무의 숭배에 대한 또 다른 입장들이 대두하게 되니까 말이다.

모욕의 대상이 되어버린 무

외젠 뷔르누프가 팔리어의 남방불교 경전이나, 네팔에서 도래한 『반야바라밀다』론의 데바나가리 문자〔산스크리트어나 힌두어의 문자〕에 정신을 빼앗기고 있는 동안, 도서관 밖에서는 사뭇 격앙된 분위기가 고조되고 있었다. 아직 그다지 알려지지 않았던 불교가 한순간에 어떤 위협으로 여겨지게 된 것이다. 정복당하기를 거부하면서 그 촉수를 뻗치는 악의 원동력, 불교는 바로 그것이었다. 유럽인들의 눈에 아시아는 어떤 흉측한 고대의 짐승이나 야만적인 우상 숭배가 숨어드는 마지막 피신처처럼 보였던 것이며, 또 어떤 악령이 온갖 추악한 짓을 자행하는 최후의 소굴처럼 보였던 것이다. 아시아에 대한 이러한 묘사는 조금도 과장된 것이 아니다. 1842년, 가톨릭 설교가 오자남(Ozanam)이 그의 불교 관련 논고에서 무슨 말을 하고 있었는지 한번 보도록 하자. "1억 7천만에 달하는 사람들 위에 군림하는 한 종교가 이 세계에 존재하고 있다. 가톨릭이 아닌 이 종교는 다섯 개의 제국과 네 개의 왕국, 그 밖의 수많은 지방에서 신봉되고 있고, 볼가강 유역에서 남중국해에 이르기까지 퍼져 있으며, 또 동양의 가장 외딴 지역들에까지 파고들어 진을 치고 있다. 유럽에서 추방당한 이래 점차 서아시아와 북아프리카, 아메리카 연안 지방에서도 추방당하다 보니 야만적인 부족들이나 이름도 없는 민족들을 여기저기 찾아다니며 피신처를 구할 수밖에 없게 된 우상 숭배가 마지막 결전을 위해 그곳에서 마지막 힘을 모으고 있는 것 같다. (……) 3백년 이상 전부터 이 종교는 기독교 포교를 위한 모든 노력을 수포로 돌리고 있다. 성 프란시스코 하비에르의 기적도, 에도〔지금의 일본 도쿄〕의 순교자들이 흘린 피도, 북경에서 활동한 선교사들의 예지도, 수백명의 설교자의 목소리도, 보편적 교회〔가톨릭과 프로테스탄트로 분열하기 전의 교회〕의 서원도 모두 오래전부터 뿌리박힌 이 종교의 전제적 지배에 단지 약간의 동요만을 일으켰을 따름이다. 이 종교는 극단적 형벌과 위협적 수단을 동원하여 최후의 발악을 하고 있다. 일본의 항구들을 보면 입구에 예수의 수난을 보여주는 십자가를 놓아두고 상인들이 그것을 밟고 지나가도록 하고 있는데 이것은 바로 이 종교의 짓이며, 통킹〔베트남 북부지방〕과 중국의 여러 도시에서 박해를 명하는 칙령들을 선포하고 있는 것도 이 종교이고, 3년 사이에 우리들 세계의 출신인 세 명의 주교와 스무 명 이상의 신부들을 처형한 것도 이 종교이며, 또 매일처럼 이제 갓 개종한 교도들을 쇠사슬로 묶어 철창으로 끌고가는 것도 이 종교이다. 이 종교는 불교라는 이름으로 불리고 있다."

오자남의 눈에 불교는 이렇듯 야만적이고 잔인한 것으로 비치고 있을 뿐만 아니라 심지어 "네로, 코모두스, 엘라가발루스의 그 모든 광란"을 능가할 정도로 퇴폐적이고 방탕하기까지 한 것으로 비쳤던 것이다. 그렇다면 오자남의 눈에 불교의 비종교적 파행은 어떤 양상으로 드러났는가? 그것은 마른 배설물 덩어리를 떼어내 만든 일종의 부적 같은 물건이었으니, "불결한 달라이 라마의 유골이 왕들의 목을 장식하고 있다"라고 그는 기술하고 있다. 또한 그것은 한 여자가 여러 남편을 두고 있다는 점이었으니, 특히 이 티베트의 풍습은 오자남에게 불교의 전형적인 파행으로 보였던 것이다. "실제로 여러 지역들 중에서 불교가 가장 깊이 뿌리내리고 있는 곳의 풍습을 보면 지상의 사회에서 가장 수치스러운 문란함이라 할 수 있는 일처다부제가 자리잡고 있는데, 그것은 인간의 모든 감정이 도덕의 마지막 피신처에서 한 조각도 남김없이 완전히 소멸되고 말았기 때문일 것이며 또 여인들의 마음속에 한 조각의 부끄러움도 남아 있지 않기 때문일 것이다. 기독교의 예지가 얼굴을 가릴 수밖에 없는 부도덕한 폐습들은 다른 시대에도 다른 하늘 아래에도 줄곧 있어 왔다. 하지만 이같이 추잡스러운 폐습을 법의 보호 아래 지키고 있는 것은 오직 불교밖에 없다." 그렇다면 이처럼 심각한 무질서를 가져온 비밀스런 이유는 무엇이며, 또 이처럼 추악한 갖가지 양상의 혼란이 빚어지게 된 숨은 동기는 무엇인가? 물론 이 모든 것의 원인은 언제나 무에 있었던 것이다. 다시 말해 이 위험한 신자들은 광신적이며 비정상적이고 음험한 무의 숭배에 젖어 있었던 것이다. "세속과는 동떨어진 사원 속에서 늙은 승려들이 젊은 라마승들을 비밀스런 그들의 교리에 입문시킬 때" 과연 이 늙은 승려들이 무슨 말을 했을지 오자남은 상상하고 있다. 그러면서 오자남은 이렇게 덧붙인다. "한 제자가 완벽해지기 위해서는 무엇을 해야 하는가? 먼저 사지를 잃어버린 사람과 같아지도록 해야 한다. 또한 생각하고 있지 않은 듯 생각해야 하며 사멸의 가르침과 자신을 일치시켜야 한다." 그렇다면 지복이란 무엇인가? "그것은 인격의 멈춤을 통해 영원한 무기력의 상태에 이르는 것이다." 그렇다면 궁극적으로는 어찌되는 것인가? "모든 속성, 모든 행위, 모든 형태를 하나씩 차례로 파괴해 나가면 마침내 공허한 공간 속에 단 한 가지만 남게 되니, 그것은 곧 영면의 상태(열반)이다. 그런데 속성이 없는 것은 규정될 수 없는 것이니, 영면의 상태는 무라고 말해도 무방할 것이다. 현자들은 그들의 모든 생각이 소실되는 이 궁극의 시점의 의미를 두고 양분되어 있으며, 또 무(無)를 이해하는 네 가지 방식과 열여덟 가지의 공(空)을 구분짓고 있다."

평온함이 감도는 붓다의 얼굴 아래 감춰져 있는 것은 바로 사탄이라는 것을 오자남은 명료히 시사하고 있다. 이 설교가에 따르면, 동양 종교의 가르침은 범신론의 근본적인 오류를 이어받고 있을 따름이다. 동양의 교리는 "시대와 장소를 초월한, 모든 이교의 정수"로서 "그릇된 전통"을 이어가고 있는 것이다. 그러기에 동양의 교리는 "이미 태초부터 신의 충고에 줄곧 반기를 들어온 한 의도" 속에 응축되어 있는 것이다. 오자남에게는 여러 시대의 다양성이나 여러 신화들간의 명백한 차이점은 조금도 고려의 대상이 아니었다. "공격은 많았지만 오직 하나의 전쟁만이 있었을 뿐이다. 예로부터 적(악마)은 항상 똑같은 적이다." 따라서 오자남은 인도에서든 테베〔고대 이집트의 도시〕의 신비에서든, 알렉산드리아 학파에서든 그노시스파의 경우에서든, 요하네스 스코투스 에리우게나〔9세기의 대표적 신학자. 범신론적 경향으로 이단 선고를 받았음〕의 사상에서든 스피노자의 사상에서든 단지 하나의 동일한 사상만이 있을 따름임을 말하고 있다. "이 동일한 사상은 독일의 형이상학 체계에 힘입어 재등장하였다. 그러고 나서 이 사상은 한동안 학문이나 예술 및 풍습을 뒤덮을 태세였으나 유럽 사회에 아직 남아 있는 양식과 도덕성에 의해 제재를 당했다. 하지만 이 사상이 오늘날 종교상으로 가장 큰 위협이 되고 있음을 여러 호소력 있는 목소리들이 알려주고 있다."

이러한 악마적인 무는 분명 과장된 것일 테고, 또 당시에도 지나친 가정처럼 여겨졌을 것이다. 그러나 이처럼 극단적인 시각이 하나의 예외적 현상이었던 것은 결코 아니다. 기독교 호교론자 쪽에서는 거의 주기적이다시피 불교의 부조리를 들추어내어 비판 대상으로 삼으면서 이 '무의 광신교'가 향후 유럽에 미치게 될 위협에 대해 경각심을 불러일으키고자 했다. 오자남이 단적으로 보여주듯이, 가톨릭 저술가들의 글은 유달리 격렬한 어조를 띠고 있다. 그런데 오자남이 이 '부조리하고 모순된 종교 체계'의 해악성을 질타했던 유일한 인물이었던 것은 아니다. 사실 이 표현은 1843년 파리 외방선교회 소속 비강데(Bigandet) 신부가 버마인들의 신앙을 겨우 접하기 시작한 상태에서 사용했던 말이기도 하다. 비강데 신부가 〈기독교철학 연보〉에 기고했던 글을 예로 들어보자. "머리도 다리도 없는 몸통, 불교는 바로 그런 것이다. 불교에는 원리가 없으며 제1원인〔신을 가리킴〕도 없다. 또한 불교에는 목표가 없다. 왜냐하면 불교는 인간의 궁극의 목표에 대해 명료하고 확실한 어떤 관념도 제시하지 못하고 있기 때문이다. 불교는 인간을 이런저런 삶들이 윤회하는 거의 무한적인 원 속에 집어넣고 빙글빙글 돌게 한 다음 이 실재하는 원 밖으로 끌어내어 공 속으로, 즉 끝없는 심연 속으로 내던지니, 인간은 공 속으로 사라지고 공 속으로 소실되고 공 속으로 소멸한다." 왜냐하면 여기서도 한결같이 열반은 완전한 소멸을 의미하기 때문이며, 또 불교는 "각자 자기 존재의 파괴를 통해 완전한 자기 포기에 이르는 종교"이기 때문이다.

가톨릭 관계자들은 불교의 해악성과 그 영향력의 범위 그리고 오랜 과거로 거슬러 올라가는 그 파괴의 역사를 '마침내 알게 됨'에 따라, 무의 숭배가 양식과 교회에 도전하고 있는 곳, 즉 황색의 동양에 복음을 전해야 하는 새로운 필요성을 절감하게 되었다. 루뱅 가톨릭대학 교수였던 펠릭스 네브〔Félix Nève: 동양학자, 문헌학자〕는 1846년 발표한 「불교 연구 현황 및 연구 적용 현황」이라는 제목의 논고에서 그 필요성을 다음과 같이 역설하고 있다. "아시아 민족들을 일약 노예의 위치에서 친구와 형제의 위치로 올려놓을 그 위대하고 관대한 구원은 어디로부터 올 것인가?" 이 논고의 목적은 선교사들이 최신의 동양학 관련 저술들을 연구하여 성직자에게 유용한 새로운 정보들을 찾아보도록 종용하는 데 있었다. 그러기에 펠릭스 네브는 다시 이렇게 말하고 있다. "뷔르누프의 책은 우리 선교사들에게 여러 면에서 도움이 될 수 있을 것인바, 이를테면 예전에 불교가 정립될 당시의 불교 정신을 아는 데도 그러하고 또 당대의 불교 추종자들이 범하던 정신적 탈선의 깊이를 가늠하는 데도 그러하다." 이렇듯 학자들에 의한 불교의 발견은 새로운 포교활동의 필요성을 고취시키는 한편 영혼의 정복에 필요한 무기들을, 그것도 날카롭게 다듬어진 새로운 무기들을 제공함으로써 포교활동이 다시금 본궤도에 오르는 계기를 마련해 주었던 것이다. 그런데 이 논고의 저자는 여기서 멈추지 않고 한 걸음 더 나아가고 있다. 그는 1820년부터 1846년 사이에 이루어진 불교 관계 주요 연구들을 자신의 논고 전반에 걸쳐 상기시킨 후, 그리고 1844년 뷔르누프가 발표한 그 대저의 결정적 중요성에 대해 거듭 강조한 후, 이처럼 새로운 지식들이 꽃을 피우고 있다는 것은 곧 완수해야 할 어떤 임무를 알려주는 신의 신호와도 같은 것이라는 해석을 아무 거리낌없이 내리고 있다. "동양의 갱생은 분명 신의 뜻에 속한 것으로 보인다." 이처럼 문헌학자들이 불교에 대한 지식을 알려주면 알려줄수록 불교 신봉자들을 개종시켜야 하는 필요성은 더더욱 기독교인의 의무처럼 여겨지게 되었다. 이 논고의 결론 부분은 그 점을 더할 나위없이 분명히 하고 있다. "최근 2세기 사이에 대부분의 아시아 땅에서 다시금 기독교 신앙을 허용하지 않고 있던 신이 기독교 신앙의 주요 문들을 하나씩 열어주고 있다. 신이 열어주는 문은 어느 누구도 닫아버릴 수 없는 것이다. 오늘날의 모든 예시가 신의 사도들을 부르고 있다. 이상주의적 망상의 굴레와 우상 숭배 같은 미신에 얽매인 민족들에게 더욱 완전한 새로운 해방을 가져다주라고. 신은 지난 여러 세기 동안 자신의 교회에 유산을 물려주었으니, 이제 신은 불교도 민족들로 구성된 방대한 집단을 그 유산의 새로운 일부분으로서 가리키고 있는 것 같다."

여기서 중요한 것은 가정에 의한 이른바 신의 뜻이 선포되고 있다는 점도 아니며, 또 동양의 민족들을 개종시켜야 하는 각별한 사명이 분석, 제시되고 있다는 점도 아니다. 중요한 것은 이같은 선교활동의 새로운 움직임이 불교의 허무주의가 야기한 두려움에 의거하고 있다는 사실이다. 펠릭스 네브 역시 불교도들의 특성으로 허무주의를 꼽고 있다. "그들은 절대적 공허 속으로 자신을 완전히 사멸시킴에 따라 실현되는 모든 개체성의 소멸을 마치 구원의 교리처럼 가르치고 있다." 여기서도 우리는 길 잃은 정신, 무를 향해 올리는 혼미한 기도, 돌아올 수 없는 허공 속으로의 투신 등 이미 살펴본 요소들이 다시 등장하고 있음을 알 수 있다. "모든 것이 변화하고 있음을 보면서도 스스로 믿지 못하는 이같은 길 잃은 정신에 있어 영원이라는 시간은 공포스러운 것이다. 이같은 정신은 스스로 생각하는 갖가지 윤회의 삶 너머로 나아가려고 하면서 무를 찾는다. 그리고 이같은 정신은 스스로 열반이라는 이상적인 말로 규정짓고 있는 이 소멸의 취기에 휩싸여 단숨에 깊은 심연으로 자신을 내던진다."

펠릭스 네브의 경우 '무의 숭배'는 다른 차원의 문제들과도 결부되어 있다. 이 핵심 논제와 밀접히 연관되어 있는 그의 지적들은 인종 문제로 향하고 있다. 사실 그는 '불교 세계'를 오래전부터 오류가 성장하고 강화된 세계로 규정짓고 있다. "지상의 다른 곳에서는 그 수명이 짧기만 했던 오류들이 불교 세계에서는 땅속 깊이 뿌리내리고 있는 것으로 보이며, 또 상당수의 세대를 거치는 동안 여러 인종들의 모든 활동을 송두리째 흡수해버린 것으로 보인다." 원래의 모습 그대로 유지되는 예로부터의 끈질긴 오류는 바로 지역적이면서 동시에 인종적인 것이다. 여기서 그의 논지를 들어보도록 하자. "불교의 교리는 보편적인 것이기는커녕, 또 인류애에 부응하는 것이기는커녕, 아시아의 서역 민족들에게조차 맞지 않는 것이다. 불교의 철학적 정적주의로는 활동적 성향을 지닌 이 행동하는 민족들을 진정시킬 수 없었을 것이다. 갠지스 강과 히말라야 산맥 너머에서 부동의 상태로 앉아 있는 인종들의 그 태평한 성향과 천성을, 호메로스의 그리스에서부터 그 역사가 시작되는 유럽 정착민들의 그 자연스럽고 열정적인 활동과 비교해 보기를. 그렇다면 그 결과는 무엇이겠는가? 관조적 우상 숭배가 아시아 오지에서 수백만의 사람들을 사로잡을 수 있었는지는 몰라도 유럽 민족들의 남성적 기질이나 논리적 정신과는 이미 기독교 이전 시대에서부터 부합할 수 없는 것이었으리라는 점은 더 이상 의심할 여지가 없지 않겠는가? 불교는 자연이 그어놓은 어떤 경계선을, 그리고 특히 민족정기가 그어놓은 어떤 경계선을 넘어설 수 없었던 것이다." 따라서 불교 민족들의 개종은 단순히 기독교의 팽창만을 의미했던 것이 아니다. 오류에 대한 진실의 승리, 부동성에 대한 활동성의 승리, 여성적이며 모순적인 연약한 천성에 대한 남성적이며 논리적인 강한 천성의 승리, 파괴에 대한 건설의 승리, 아시아에 대한 유럽의 승리, 불교 민족들의 개종은 바로 이 모든 것을 의미하고 있었다. 펠릭스 네브는 특히 파괴에 대한 건설의 승리 그리고 아시아에 대한 유럽의 승리, 이 두 가지 승리에 대해 아주 분명한 어조로 말하고 있다. "유럽 사회는 사실상 전세계의 주인이 되었으며 세계 전역에서 일어나는 일을 중재하는 심판이 되었다. 유럽 사회는 그 산업과 해군력에 힘입어 사실상 세계 도처에 자리하고 있으며, 나아가 세계 도처에 자리하고 있어야 할 필요까지 있다. 그토록 엄청난 수의 불교도들을 온갖 끔찍한 불행과 오래전부터 겪고 있는 실로 고통스런 처지 속에 그대로 방치해버린다는 것은 유럽 사회 스스로도 비겁한 태도라고 생각하지 않겠는가? 이 사람들을 단지 속국 사람들이나 노예들로만 보면서 그들에게 행정상의 선처를 베푸는 것만으로 족하다고 생각하는 것은 유럽 사회 스스로도 비인도적인 처사라고 소리 높여 말해야 하지 않겠는가? 그렇다면 그들을 개종시키고자 하는 생각은 상업적 관심이나 행정적 관심 그 이상의 것이 되어야 할 것이다. 유럽은 인간의 정신이 부여받은 모든 재능들을 부정하면서 파괴만을 찾는 영혼들을 유럽의 편으로 끌어들여야 할 것이다."

민족과 인종이라는 이 두 가지 문제를 동시에 꺼내들었던 십자군적 요소들은 머지않아 또 다른 맥락에서 다시금 부각된다. 그것은 방황하는 수많은 영혼들을, 그런 방황이 자기 탓만이 아닌 그 영혼들을, 인간의 영혼이라고 하기에는 아직 부족한 그 영혼들을 강력한 무의 유혹으로부터 벗어나게 하려는 꿈이었다. 그런데 여기서 벌써 불교의 무에 대한 접근은 과학적인 관찰에 따른 차분한 접근과는 사뭇 그 양상이 다르다. 뷔르누프의 차분한 태도는 기독교 호교론적 열정에 의해, 심지어는 폭력적인 선교 태도에 의해 바뀌고 있다. 무의 숭배는 단순히 호기심이나 당혹감을 자아내는 과학적 관찰의 대상이 아니었다. 무의 숭배는 이제 위협적인 것으로,

그것도 가장 위협적인 적으로 비치게 되었다. 그것은 예로부터 알려진, 언제나 똑같은 바로 그 적이었던 것이다. 이 적은 시대를 가리지 않고 등장하는 악의 새로운 화신이었으며, 또 끝없는 전투를 새로이 예고하는 것이었다. 이렇듯 사탄이 돌아오고 있었다. 새로운 옷차림을 한 누런 피부의 사탄이 돌아오고 있었던 것이다.

개탄스러운 무

여기까지의 서술에서 우리는 무엇을 알 수 있었는가? 그것은 먼저 동양학자들 사이에 하나의 새로운 인식체계가 형성되었다는 사실, 헤겔에 의한 철학적 해석의 전사(前史), 그리고 불교의 발견으로 야기된 두려움이 프랑스의 가톨릭 호교론자들 사이에서 처음에 불러일으킨 반응이었다. 그렇다면 이 시기에 프랑스에서는 어떤 일이 철학의 영역에서 일어나고 있었던 것인가? 1825년에서 1850년에 걸쳐 프랑스의 철학계에서 중심적 위치에 있던 인물은 빅토르 쿠쟁이었다. 앞서 언급했듯이, 불교를 지칭하기 위해 '무의 숭배' 라는 표현을 만들어 낸 인물이 바로 빅토르 쿠쟁이다. 특히, 이 사람은 불교의 발견이 인도를 '철학의 땅' 으로 보는 시각에 어떤 영향을 미쳤는지를 단적으로 보여주는 예이기도 하다. 이 점을 이해하기 위해서는 불교 교리를 보는 쿠쟁의 시각이 어떤 변화를 거쳤는지를 간략하게나마 주요 단계별로 살펴볼 필요가 있을 것이다.

"동양에 철학이 있었다고 생각하십니까, 아니면 없었다고 생각하십니까?" 1828년 4월 24일, 빅토르 쿠쟁에게 던져진 이 질문은 그를 난처하게 만들었다. 왜냐하면 그는, "철학은 인간정신의 어떤 특별하고 확고한, 불변의 필요성"이라는 점에 비추어 볼 때 동양 세계에도 철학은 있기 마련이라고 말해왔기 때문이다.* 그렇지만 한편으로는 이집트, 페르시아, 중국뿐만 아니라 인도의 경우에도 철학은 여전히 불분명한 상태로, '감싸여 있는 상태로', 그리고 하나의 독립된 영역으로 자리잡기에는 지나칠 정도로 종교적 요소에 종속된 상태로 있는 것처럼 비치고 있었다. 당시까지도 쿠쟁은 인도 문명을 연대기와 역사가 결여된 문명으로, 또 헤겔에게서 빌려온 것처럼 보이는 그의 표현에 의하면, '진정한 도덕관념'이 결여된 문명으로 생각하고 있었다. 그러기에 인도의 철학은 하나의 진정한 철학이라고 할 수 없는 것이었다. "인도의 모든 철학은 나에게는 그저 인도의 종교서들을 다소 자유롭게 해석하고 있는 것으로밖에 보이지 않는다. (……) 그것은 철학의 시작일 뿐이다." 그것은 아직 철학으로서의 자유로운 형태를 갖추지 못한 것이었다. 이 자유로운 형태는 "세계가 앞으로 한 걸음을 내딛으면서" 부동의 상태에서 역동의 단계로, 전제주의에서 자유로, 즉 동양에서 그리스로 옮겨갈 때 비로소 시작되는 것이다. 이렇듯 쿠쟁은 종래의 생각을 답습하는 데 그치고 있었다.

하지만 해가 바뀌면서부터 쿠쟁은 전혀 다른 답변을 들려주고 있다. "우리는 인도의 철학사가 말 그대로 철학사 전반에 대한 요약이라고 말할 수 있을 것이다. (……) 인도 철학은 모든 철학 체계들이 거기에서 조우할 정도로 방대한 것이며 또 그 자체가 하나의 철학적 세계를 이룰 정도로 방대한 것이다." 이렇듯 단 몇 달 사이에 동양 전반에 관계된 수사가 사라지

* 빅토르 쿠쟁, 『철학 강의: 철학사 입문』, 파리, 1828.

고 대신 브라만교의 다양한 사변 체계에 초점을 맞춘 분석들이 대두하고 있다. 이러한 분석들을 통해 브라만교의 사변 체계들 가운데 대부분은 향후 베다 경전의 계시와는 독립된 것들로 간주되기에 이르렀다. 여기서 쿠쟁은 인도의 정신세계가 합리적으로 전개된 상호 대립적 체계들을 생성해 냈으며 또 이러한 가운데 신앙에 예속되지 않았다는 점을 근거로 이 정신세계가 철학적인 것으로 평가받아 마땅하리라는 견해를 피력하고 있다. 비슷한 시기에 헤겔의 경우가 그러했듯이, 쿠쟁의 경우 역시 해가 바뀌면서 인도에 대한 시각이 완전히 바뀌고 있다. 그런데 그 계기가 되었던 것은 두 경우 모두 헨리 토머스 콜브루크의 연구물이었다. 그로부터 30년 이상 지난 시점에서 쿠쟁은 그의 또 다른 저술 『상고 시대부터 19세기까지의 철학사』를 발표한다. 1863년 출판되어 10여 차례 쇄를 거듭한 이 저술은 그의 1829년도 저술 『철학사 강의』에 실린 인도 철학에 관한 강의들을 약간 수정하여 다시 수록하고 있다. 그러면서 당시 쿠쟁은 이 새로운 저술의 결론으로 다음과 같이 말하고 있다. "의심할 여지없이 인도에는 신화와는 다른 어떤 철학이 엄연히 존재한다는 것을 이제 여러분들도 충분히 납득했을 것입니다. 그리고 앞으로 이 철학을 일반적인 철학사의 테두리 속에 포함시키지 않는다는 것은 있을 수 없는 일이라는 점 역시 충분히 납득했을 줄 압니다."

빅토르 쿠쟁은 프랑스에서 처음으로 철학교육을 법제화시킨 인물이자 철학교육 교과를 정립시킨 인물이며, 오늘날의 국가교육제도의 전신인 교육제도를 창립한 인물이다. 또한 그는 산스크리트어 분야 중에서 여러 사변적 교리들은 그리스인들의 그것 못지않게 철학자들의 주의를 요하는 것임을 처음으로 공언하였던, 대학에 소속된 철학자이기도 했다. 사실 그가 당시에 이 사변적 교리들의 중요성을 인정하고 나섰던 유일한 철학자였던 것은 결코 아니다. 하지만 그는 프랑스의 대학에서 이루어진 철학의 역사에서, 진정한 철학적 문헌들이 인도에 있다는 확신 속에서 이 문헌들을 해석하고 나아가 알려야 할 필요성을 절감한 사상가들 가운데 시기적으로도 최초의 인물이었을 뿐만 아니라 정치적으로도 가장 강력한 영향력을 행사하면서 또 태도상으로도 가장 일관성을 견지하였던 인물이다.* 그럼에도 불구하고, 인도에 대한 그의 시각은 당시 불교의 목표처럼 제시되었던 이른바 소멸론의 영향 아래 점차 바뀌어 갔던 것이다. 그 스스로 처음에 품었던 긍정적인 시각을 버렸던 것은 아니다. 하지만 그런 시각을 견지하면서도 한편으로는 "불교의 바탕을 이루는 개탄스러운 관념"에는 강한 거부감을 갖게 되었던 것이다. 바로 이러한 측면에서 쿠쟁의 경우가 우리에게 시사해 주는 것이 있다. 즉, 뒤늦게 등장한 허무주의자 붓다의 출현으로 인해 야기된 위기는 이렇듯 철학자들이 산스크리트어 분야에서 등을 돌린 상황에서는 그 심각성이 결코 과소평가될 수 없는 것이었으리라는 점에 우리는 주목해야 할 것이다.

사실 쿠쟁은 1829년에 다음과 같이 명시한 적이 있다. "불교 서적들 가운데 어떤 것도 번역되어 있지 않다. 콜브루크는 산스크리트어 또는 프라크리트어〔산스크리트어를 모체로 해서 그것과 병용된 고대·중세 인도의 일상어〕 방언이나 팔리어 방언으로 전해 내려올 수도 있는 원전들 가운데

* 덧붙이자면, 빅토르 쿠쟁은 1840년 수립된 티에르 내각에서 교육청 장관을 역임했던 인물로, 비단 정치적으로 현대 프랑스의 철학교육의 근간을 마련하는 데 기여했을 뿐만 아니라 처음으로 철학사라는 연구 분야를 개척하였다. 그는 또 헤겔 철학을 프랑스에 처음 소개한 철학자이기도 하다. — 옮긴이

자신이 직접 접해볼 수 있었던 것은 아무것도 없었다." 쿠쟁이 불교 서적에 대해 지니고 있던 지식은 미미한 것이었지만, 그럼에도 그는 다음과 같은 생각을 들려주고 있다. "불교도들의 종파가 철학사에서 배제되어서는 안 될 것이다. 왜냐하면 마치 의도적으로 붙여진 것처럼 보이는 신화와 나란히 합리적이면서도 실로 인간적인 방식들에 기초하는 하나의 규칙적인 형이상학 체계가 자리하고 있기 때문이다." 따라서 우리는 이 당시까지만 해도 훗날의 부정적 시각을 예고하는 것은 아무것도 없었음을 알 수 있을 것이다. 더욱이 이 시기에 빅토르 쿠쟁은 중국학자 장 피에르 아벨-레뮈자의 양식과 충고를 따라 불교를 엄격한 검토 대상으로 삼아야 하는 뭇 체계들과는 분리시켜야 한다는 생각까지 하고 있었다. "건전한 비평이 우리에게 충고해 주고 있는 것은 어떤 특정한 기원을 지닌 개념들의 사용을 자제하라는 점이며, 또 어떤 사상을 왜곡하는 데 더 관심을 쏟는 부류가 작성한 보고를 통해서만 알고 있는 사상에 대해서는 어떠한 단정적 발언도 삼가야 한다는 점이다."

이렇듯 1829년 당시까지만 해도 불교는 아직 확실한 지식을 근거로 거론할 만한 분야로 정립된 것은 아니었다. 그럼에도 불구하고 쿠쟁의 눈에 이제 정신의 역사는 당연히 진정한 철학의 범주에 들어가야 할 인도적 특성의 일면을 포함하는 것으로 비치고 있었다. 쿠쟁의 이같은 포괄적인 시각이 자체의 정당성을 확보할 수 있었던 것은 바로 그가 콜브루크가 제시하는 뭇 체계들 속에서 주기적인 철학의 역사를 심리학적 측면에서 설명해 주는 철학의 네 가지 전형 즉 감각론, 관념론, 회의론, 신비주의를 분간해 냈기 때문이다. 따라서 쿠쟁은 단언하고 있다. 인도에 철학은 존재한다고. 그리고 그 이유로, 그리스 사상과 고전주의 시대 그리고 계몽주의 철학을 이해하는 데 이미 그에게 도움을 주었던 몇 가지 설명양식을 그가 인도에서 다시 찾아내었다는 사실이다. 따라서 인도의 뭇 체계들을 포괄하면서 철학사 속으로 포함시킬 수 있는 방안은 절충주의였다. 더욱이 이러한 작업은 절충주의의 몫이기도 하였다. 왜냐하면 절충주의의 대두와 더불어 이 역사는 어떤 의미에서 마감되고 있기 때문이다. 실제로 절충주의는 인간 정신의 본연에 대한 어떤 완전하고 균형잡힌 이해에 그 토대를 두고 있다. 따라서 절충주의는 이 네 가지 전형적인 체계가 역사 속에서 구현되는 양상 전반에 대한 고찰을 가능케 하는 것이다. 절충주의는 어떤 사상을 대할 때마다 그 사상의 진실된 측면을 고려한다. 절충주의의 입장에서 보면 오류는 단 하나의 어떤 일방적인 진실에 대한 믿음에서 생겨나는 것이다. 그러기에 고찰 대상으로 삼는 철학이 그리스 철학인지 아니면 '이교도' 의 철학인지 하는 점은 절충주의로서는 그다지 중요하지 않았던 것으로 보인다.

사실 쿠쟁은 모호한 입장을 보이고 있다. 그는 인도를 '철학의 땅' 으로 인정하는 재평가 작업을 시도하고 있지만 한편으로는 거의 단도직입적으로 별다른 성찰도 없이 인도의 뭇 체계들을 그리스의 그것과 동일시하고 있다. 물론 첫 번째 측면, 즉 인도에 대한 이같은 재평가는 여러 철학자들에게 인도의 사변적 교리들을 철학적 준거의 틀로 삼을 수 있는 가능성을 열어주는 것이었으며 또 이 교리들에 대한 연구가 갖는 철학적 타당성을 크게 부각시키는 것이었다. 이 점에서 쿠쟁의 중요성은 이 교리들에 대한 쿠쟁 개인의 사상적 정립에서 찾을 수 있는 것이 아니다. 쿠쟁 개인적으로는 이 문제에 대해 그다지 사상적 견고함을 보여주지 못하고 있다. 그의 중요성은 바로 인도가 철학의 땅임을 선언한 그의 결정에서 찾을 수 있는 것이다. 적어도 표면상으로는 쿠쟁이 이같은 결정을 번복한 적은 없었다. 비록 그가 이 문제들을 두고 더 이상 탐구다운 탐구를 하지는 않았다고 하더라도, 그가 『철학사 강의』에서 했던 말들은 그 후의 개정판에서도 그대로 유지되고 있으며 1870년대까지도 되풀이되고 있다. 이같은 선택은 자체의 특수성을 지니고 있다. 그리고 쿠쟁의 선택을 독일 낭만주의자들의 선택과 혼동해서도 안 될 것이다. 독일 낭만주의자들이 자신들에게는 여전히 거의 미지의 땅으로 남아 있던 인도에서 찾고자 했던 것은 서구의 그것과도 비교될 수 있는 철학체계들 상의 연계구조보다는 자신들의 정치적 · 미적 추구에 부합하는 어떤 새로운 신화적 요소들이었다. 그러기에 쿠쟁의 글은 간혹 이상한 내용을 담고 있음에도 불구하고 산스크리트어 분야에 서구의 철학 못지않게 다양성을 지닌, 연구 가치가 높은 철학이 있음을 확언하고 있다는 점에서 의의를 지닌다고 할 수 있을 것이다. 쿠쟁이 콜브루크의 연구물을 통해 이해했던 것은, 종래의 원초적 단일성에 관한 신화가 마침내 붕괴되면서 철학에 새로운 탐구의 장을 열어주고 있다는 바로 그 사실이었다.

그런데 쿠쟁에 의한 인도의 철학적 재평가가 긍정적인 측면만 지니고 있었던 것은 아니다. 사실 쿠쟁은 인도 사상에 철학적 연구 대상으로서의 위상을 부여할 목적에서 자신에 대한 비판적 시각이나 신중함은 떨쳐버린 채 아무런 여과장치도 없이 인도 사상을 서구의 전통적인 기준에 그대로 통합시켜버리고 있다. 이같은 원칙상의 통합은 산스크리트어 교리서들 속에서 이타성의 특수한 형태들을 구성하는 모든 것들, 즉 여러 고유한 의미와 개념과 일관성의 형식 등을 지워버리는 경솔함을 보여주고 있다. 인도의 사상적 체계들을 철학의 장에 포함시키고 싶은 심정에서 쿠쟁이 전제로 내세웠던 것은 바로 서구 역사의 모든 범주와 모든 주요 관심사는 반드시 그리고 그 모습 그대로 인도의 체계들 속에서 다시 나타날 수밖에 없다는 점이었다. 언어의 다양성이 만들어내는 비옥한 차이들에는 실로 둔감했던 쿠쟁으로서는 철학이 철학의 면모를 유지하면서도 친숙한 것과는 또 다른 것일 수 있다는 점을 생각할 수 있는 여지가 없었던 것으로 보인다. 이러한 측면에서 볼 때 인도에 대한 그의 재평가는 마치 인도를 유럽에 귀화시키는 것과도 하등 다를 바 없는 것 같다. 쿠쟁은 서구인들이 알고 있는 철학사와는 또 다른 철학사가 실재하리라고는 생각하지 못했던 것이며, 또 이 철학사에는 여러 다른 대상들과 목표들과 개념들이 담겨 있을 수 있음을 생각하지 못했던 것이다. 그에게 이러한 생각을 가로막았던 것은 인간 정신의 단일성에 그 토대를 두면서 심리학적 해석에 치우친 그 자신의 보편주의였다. 지나치게 성급하고 총괄적인 시각에서 모든 것을 동일시하는 데 연연했던 나머지 이렇듯 쿠쟁은 여러 형태의 사변을 담고 있는 산스크리트어 문헌에 대한 철학적 탐구가 지향해야 하는 것, 즉 서구의 정체성에 대한 반문, 바로 이 목표를 그 자신도 놓치고 있을 뿐만 아니라 다른 사람들까지도 이 방향으로 유도하고 있다. 물론 서구의 정체성을 문제삼는 작업이 실행될 수 있기 위해서는, 또 이 작업이 어떤 의의를 지닐 수 있기 위해서는 여러 정신적 행동양식들 사이에 충분한 접근이 이루어져야 할 것이다. 이를테면, 서로가 합리성을 적용하는 데 일관성을 지녀야 할 것이며, 또 문제의 요점을 보는 시각과 언어상의 체계성에서 충분한 접근이 이루어져야 할 것이다. 하지만 또한 이 작업이 실질적으로 가능하기 위해서는 이러한 접근성이 완전한 유사성으로 바뀌어서도 안 될 것이다.

친인도 성향의 쿠쟁의 입장에 동조하였던 쥘 바르텔르미 생 틸레르는 철학적 내용을 담고 있는 산스크리트어 문헌들을 자신의 연구 과제로 삼게 된다. 쿠쟁의 추천으로 콜레주 드 프랑스의 그리스 철학 강좌를 맡게 된 그는 인도 관계 분야에서 어찌 보면 쿠쟁의 대변자이기도 했다. 학창시절 외젠 뷔르누프와 함께 산스크리트어를 공부한 적이 있던 이 그리스 전문가는 1839년 〈학술통신〉지가 주관한 모임에서 한 편의 논고를 발표한다. 「니야야 학파의 산스크리트 철학에 관한 논고」라는 제목의 글에서 그는 인도 논리학의 추론법과 아리스토텔레스의 삼단논법식 추론법 간의 비교를 시도하고 있다. 그 후 그는 상키야 철학에 관계된 새로운 연구에 착수하고 뒤이어 여러 저술들을 발표하게 되는데, 그 중 『붓다와 그 종교』라는 바뀐 제목으로 재출간되기도 하였던 저술 『불교에 대하여』는 그의 대표적 저술이라 할 것이다. 그는 어느 누구보다도 쿠쟁을 열렬히 추종한 인물이었던바, 문헌 연구에 대한 쿠쟁의 지침을 엄격히 준수하고 있다. 하지만 그는 이 지침에 입각하여 인도 문헌들과 그리스 자료 간의 동일성을 찾아내려는 작업에서 이내 여러 난관에 봉착하게 된다. 니야야 철학과 상키야 철학의 경전들을 끈기 있게 해독하는 과정에서 그가 확인할 수 있었던 것이라고는 오직 경전들을 그리스 철학과 구분짓는 차이점들뿐이었던 것이다. 그 결과 그는 쿠쟁의 오류가 드러나지 않도록 하는 데 유의하면서 유일한 결론으로 그 경전들 속에는 철학이 없다는 주장을 내세우고 있다. 이렇듯 그 역시도 또 다른 철학에 대한 질문을 제기하지 않았던 것이다. 1839년 당시 바르텔르미 생 틸레르는 두 가지 확신, 즉 철학의 땅으로서의 인도가 실재한다는 확신, 그리고 이러한 인도는 서구의 철학 세계 즉 그리스인의 그것과 동일하다는 확신을 연구의 출발점으로 삼고 있었다. 하지만 동일성의 부재가 연구 결과로 밝혀짐에 따라 그는 스승 사후에 인도에 대한 스승의 철학적 재평가를 부정하고 말았다. 1887년, 그는 「영국령 인도, 그 현재와 미래」라는 제목의 글에서 "인도의 예지는 (……) 시적 · 종교적 영혼의 산물일 따름이다"라고 기술하고 있다. 그런데 이처럼 막을 열었다가 닫아버리는 식의 접근은 철학이 인도학에서 등을 돌리게 된 여러 이유들 가운데 하나이며, 또 국가교육제도가 인도학이라는 학문 분야가 있는지조차 모르게 된 여러 이유들 가운데 하나이다. 사실 이로 인해 인도의 여러 사상체계들을 서구의 시각 속으로 끌어들이려 했던 쿠쟁의 작업은 그대로 묵과되었던 것이며, 인도와 그리스 사이에 어떤 거리를 설정하려는 노력도 부재하게 되었던 것이고, 또 이 '미개한 땅'의 의문점들을 철학에 통합시키려 했던 시도가 전혀 의문시되지도 않았던 것이다. 따라서 인도에 대한 재평가가 인도에 대한 무관심으로, 나아가 인도에 대한 경멸로 바뀌어 갔던 것은 필연적 결과라 할 것이다.

상황이 이처럼 완전히 바뀌게 된 데는 불교에서 그 원인을 찾을 수 있을 것이다. 쿠쟁은 그토록 자신을 순식간에 사로잡았던 이 철학의 땅에서 전혀 예기치 않은 불분명한 종교를 발견하면서부터 인도에 대한 자신의 생각에 대해서도 의혹을 갖게 되었던 것이다. 바르텔르미 생 틸레르로부터 뷔르누프의 연구를 접하게 된 쿠쟁은 "불교의 바탕을 이루는 그 개탄스러운 사멸에 대한 사상"을 감지한다. 그로부터 차츰 철학적 관심보다는 섬뜩한 기분이 앞서게 되고, 동일시하려는 시각이나 신중한 태도는 사라지고 대신 극도로 부정적인 반응이나 배타적인 태도가 들어서게 된다. 또한 그때부터 인도 역시 허무주의의 얼굴을 하게 되었던 것이다. 더욱이 쿠쟁이 불교에 반대하는 자신의 입장을 공식석상에서 처음으로 표명하게 되었던 것도 진정한 철학적 이유에서가 아니었다. 1847년 인문 · 사회과학 아카데미에서 뷔르누프의 연구 성과에 대한 바르텔르미 생 틸레르의 보고가 있고 난 후, 쿠쟁은 기독교 옹호자로서의 자기 입장을 표명하고 나선다. "일부에서 주장하고 있는 소위 기독교와 불교의 유사점은 나로서는 수용할 수 없는 것입니다. 기독교의 교리와 불교의 교리는 서로간에 닮은 점이라고는 조금도 없을 뿐만 아니라 오히려 극단적인 대립 관계에 있는 것입니다. 기독교의 교리와 어긋나는 무언가가 세계에 있다면, 그것은 바로 불교의 바탕을 이루는 그 개탄스러운 사멸에 대한 사상일 것입니다." 쿠쟁은 이렇듯 불교가 종교의 궁극적 목표와 구원의 길을 존재의 소멸에 두고 있다는 생각에서 이처럼 해로운 종교로부터 기독교를 보호해야 한다는 입장을 보이고 있다. 그리고 이러한 쿠쟁의 입장은 바르텔르미 생 틸레르에게 직접적인 영향을 끼쳤던 것이다.

쿠쟁은 열반을 사유의 원동력의 소멸을 의미하는 것으로 단정짓는 가운데 뷔르누프가 보여주었던 신중함을 떨쳐버리고 있다. 쿠쟁은 그의 저술 『상고 시대부터 19세기까지의 철학사』에 실려 있는 「불교에 관한 부록」(1863)에서 뷔르누프를 인용한 뒤 "이것이야말로 불교의 열반이 의미하는 바이다"라고 단언하고 있다. 그런데 이 부록의 글은 그가 이미 1829년에 발표했던 『철학사 강의』의 내용에 약간의 수정을 가한 것에 불과하다. 이 글은 쿠쟁이 갖고 있던 종전의 생각들이 불교로 인해 어떠한 혼란을 겪게 되었는지를 여실히 말해주고 있다 할 것이다.

어느 부정적인 종교

쿠쟁에 의하면, 불교는 "본질적으로 하나의 철학이다." 불교 철학을 브라만교의 상키야 철학에서 유래한 것으로 보는 시각에서는 쿠쟁은 뷔르누프를 따르고 있다. 더욱이 브라만교의 상키야 철학은 쿠쟁이 항상 하나의 감각론처럼 간주하고 있던 것이기도 하다. 이렇듯 쿠쟁은 처음에는 불교 철학을 도처에서 찾아볼 수 있는 인간 정신의 원초적 태도인 감각론적 태도의 극단적인 파생물, 즉 무신론적이며 허무주의적인 파생물로서 특징짓고 있었다. 하지만 두 가지의 기이한 관점이 맞물리면서부터 불교는 엄연히 실재하고는 있지만 실재해서는 안 되는 어떤 미심쩍은 실체처럼 간주되기 시작하였다. 하나는, 인간 정신의 자연스런 행보는 종교에서 철학으로 옮겨가는 것이며 또 신앙에서 벗어나면서 이성의 자율성을 확보해 감으로써 진전되는 것인 데 반해 오히려 이 철학은 하나의 종교가 되어버렸다는 점이다. 그리고 또 하나는, 하나의 종교로 변질되고 만 이 철학은 존재에 대한 경배보다는 '무의 숭배'를 지향하는 까닭에 종교의 본연과도 어긋나는 종교라는 점이다. 무의 숭배는 생각조차 할 수 없는 것임에도 엄연히 실재하고 있는 것이었다. 수억의 인류가 식을 줄 모르는 열정 속에서 그토록 오래전부터 오로지 자신의 사멸만을 갈망하고 있었다는 인식이 프랑스의 심령론〔영혼의 구제를 추구하는 가톨릭 신앙〕자들 사이에 자리잡으면서부터 그들은 그러한 인식에 입각하여, 일어나서는 안 되는 끔찍한 현상에 주목하였던 것이다. 그런데 그것이 일어나서는 안 되는 현상이었던 것은 바로 쿠쟁과 그 추종자들의 시각에서 볼 때 인간 정신이 무를 갈망한다는 것은 있을 수 없는 일이었기 때문이다. 이러한 갈망은 마치 정사각형의 원처럼 모순된 것이 아닌가. 욕망은 결코 그 자체의 소멸을 지향할 수 없는 것이다. 그러기에 이같은 불가능성은 사멸에 대한 갈망이 어떤 식으로든 표출될 수 없게 하는 것이 아닌가. 그럼에도 불구하고 사멸에 대한 갈망은 불교에서 여실히 확인되고 있는 것이다. 붓다의 종교는 그토록 오래전부터 지속적으로 그리고 대규모로 사멸을 추구해 오고 있다. 이 종교는 여러 세기를 거치는 동안 여러 민족들을 매료시키지 않았던가. 논리적으로 보면 지상의 모든 현실에서 사라져야 할 종교가 아시아 전역에 퍼져 있으며 또 조금도 부식됨이 없이 영속하고 있지 않은가. 그것은 분명 어떤 악몽의 형상과도 같은 것이었다.

이 유령의 개입으로 말미암아 인도에 대한 최초의 철학적 재평가 작업의 근간이 흔들리게 되었다. 불교는 더 이상 분류 대상이나 연구 대상으로 고려할 수 있는 것이 아니었으며, 또 이 "본질적으로 하나의 철학"인 것을 역사 속에 자리매김하는 문제 역시 더 이상 고려할 여지조차 없었다. 마침내 모든 것은 불교를 비하하는 쪽으로 기울면서 불교는 "하나의 서글픈 철학"에 불과한 것이 되었다. 나아가 쿠쟁은 붓다가 무신론으로 인해 허무주의로 흐르게 된 것이라는 주장도 서슴지 않고 있다. 상키야 철학 교리들에 의해 "신이 제거되고 만 이상 붓다의 정신 속에는 오로지 완전한 사멸만이 유일하게 진정하고 실질적인 해방의 길로 남게 되었다"는 것이다. 그런데 만일 붓다가 이토록 무신론자이고 유물론자이며 허무주의자라면, 얼마든지 붓다를 아주 단순하게 어떠한 종교적 세계와도 무관한 것으로 취급해버릴 수 있지 않겠는가. 하지만 이와는 달리 쿠쟁에게는 불교를 무의 숭배로 보는 시각과 더불어 하나의 부정적인 종교로 보는 시각이 대두하고 있다. 부정적인 종교는 일반적으로 종교로서 갖추어야 하는 모든 요소들, 즉 성직자, 종교 의식, 일체의 교리서, 종말론 등을 갖추고 있기는 하지만 이 모든 종교적 요소들의 의미를 뒤바꿔 놓고 있는 것이다. 다시 말해서, 부정적인 종교는 존재를 경배하기보다는 무를 숭배하며, 영원을 추구하기보다는 소멸을 염원하는 종교이다. 이렇듯 종교적 요소는 있지만, 종교는 사라지고 없다. 불교는 반종교이다.

그렇다면 불교의 성공은 어디에 근거를 두고 있었던 것인가? 어떻게 불교는 그토록 많은 수의 인류에게 '무에 대한 본능적 공포'를 극복할 수 있게 하였던 것인가? 쿠쟁은 이 질문들에 대한 답변을 사회적 · 정치적 차원에서 찾고 있다. 이같은 숭배가 엄연히 실재하고 있다는 이 사실은 "인류가 처해 있던 헤어날 수 없는 불행의 깊이에 의해 설명될 수 있을 따름이다"라고 쿠쟁은 말하고 있다. 그에 따르면, 이 불행은 단순히 인간의 조건에 따른 공통된 고뇌만을 가리키는 것이 아니라 경제적 빈곤, 사회적 차별, 피지배자의 고통을 포괄하고 있는 것이다. "석가모니는 특히 인도 사회의 하층계급에게, 말하자면 삶의 불행을 더욱 뼈저리게 느끼고 있었던 까닭에 행여 누가 자신에게 끔찍스럽기는 하지만 효험있는 치유책을 제안하기라도 한다면 아주 기꺼이 그 치유책을 받아들였을 그런 사람들에게 자신의 생각을 설파하였던 것이다. 굳이 말하자면, 불교의 민주주의적 성격은 바로 거기서 기인하는 것이다." 그렇다면 무와 민주주의 사이에는 무슨 관계가 있는 것인가? 또 이 부정적인 종교와 빈곤층의 반란 사이에는 무슨 관계가 있는 것인가? 무의 숭배가 단순히 어떤 반종교적인 것만은 아니었다. 무의 숭배는 곧 세계에 대한 항거이자 질서에 대한 위협이었다.

쿠쟁이 이러한 논지의 글을 집필했던 것은 1863년의 일이다. 이 무렵은 노동운동이 조직화되고 있던 시기이기도 하다. 파리코뮌과도 그리 멀지 않은 시기이다. 물론 계급투쟁도 점차 첨예화되어 가고 있던 시기이다. 그러기에 이 「인도에 관한 부록」을 단지 인도 특히 지난날의 인도와 저 먼 과거에 있었던 갈등에 대해서만 말하는 글처럼 간주해버릴 수는 없을 것이다. 아마도 무의 숭배는 누구도 미처 알지 못한 채 20세기에 대해 미리 말해주고 있는 것이 아닐까 하는 가정도 가능할 것이다. 쿠쟁은 이렇게 결론짓고 있다. "이렇듯 철학상의 투쟁은 정치적 · 사회적 투쟁으로 바뀌어 갔으며, 말살의 전쟁을 야기했던 이 투쟁에서 패배한 자들은 고국을 떠나야만 했다."

6

프랑크푸르트와 티베트

쇼펜하우어는 예순 여덟의 나이에 불상 하나를 구입하여 거기에 금박을 입힌다. 철학 활동이 끝나갈 무렵에서야 그는 불교와 염세주의와 존재에 대한 부정을 하나로 연계짓는다.

이제 우리 앞에는 오직 무만이 남아 있을 따름이다.
— 쇼펜하우어, 『의지와 표상으로서의 세계』

쇼펜하우어는 불교도로 여겨지고 있었다. 이 프랑크푸르트의 철학자는 동시대의 사람들과는 달리 붓다의 종교에 대해 말할 때면 상찬의 표현들을 사용하고 있다. 그는 이 종교의 '탁월성'을 강조하면서 불교는 '완벽한 것'이라고 기술하고 있다. 이 염세주의 사상가에 의하면, 불교도들의 세계관은 '그 어떤 세계관보다 높이' 평가받아야 하는 것으로서 뭇 정신세계들 사이에 상상 차원의 경합이라도 벌어진다면 분명 '일등'을 차지할 수 있을 것이라고 생각했다. 한마디로 쇼펜하우어는 불교에 대한 긍정적인 평가를 내리는 데 조금도 인색하지 않았던 것이다. 그렇지만 이러한 평가들이 쇼펜하우어가 불교도들의 신앙을 그들과 함께 나누고 있었음을 의미하는 것은 아니며, 또 그가 그들과 같은 신자였음을 의미하는 것은 더더욱 아니다. 그의 발언은 가담자로서가 아닌 공공연한 동조자로서의 발언이다. 물론 자신이 논제로 삼고자 했던 문제들 가운데 일부가 스스로 불교의 바탕을 이루는 것으로 여기고 있던 뭇 종교적 태도들, 이를테면 자기 포기, 연민, 삶의 의지에 대한 부정, 그리고 무의 선택 등에 그대로 투영되어 있다는 생각이 쇼펜하우어에게 없었던 것은 아니다. 하지만 그가 이러한 생각을 갖게 되었던 것은 나중의 일이며 또 이미 예견된 일이었다.

왜냐하면 쇼펜하우어에게 삶은 그 자체가 본질적으로 고통에 다름 아닌 것이었기 때문이다. 또 그의 눈에 삶의 의지에 대한 부정 그 자체는 곧 의지가 행할 수 있는 최선의 행위처럼 비쳤기 때문이다. 따라서 의지가 소멸된 시점에서 남게 되는 유일한 것은, 또 의지가 소멸된 상태에서 생각할 수 있는 유일한 것은 바로 생각하기가 불가능한 무일 따름이라는 것이다. 하지만 쇼펜하우어는 당시의 일반적인 시각과는 달리 무를 공포의 대상으로 보기를 거부하고 있다. 오히려 그는 무를 진정한 철학의 귀결점으로, 요컨대 자신의 철학의 귀결점으로 고찰하고 있다. 이러한 그의 관점은 『의지와 표상으로서의 세계』 끝부분에서 여실히 드러나고 있다. "스스로 무 속 깊숙이 빠져드는 것, 이것은 이제 지혜가 우리에게 들려주는 마지막 말일 것이다." 이렇듯 부정 그 자체를 자신의 철학의 귀결점으로 삼으면서 존재하는 것 자체를 불행으로 여기고 또 존재하지 않는 편이 오히려 나은 상황이라고 여긴 그런 철학자에게 붓다에 대한 예찬은 실로 당연한 것이기도 하였다. 하지만 이로 인해 기독교 세계와 사회질서 옹호자들의 눈에 무신론적이며 허무주의적이고 또 기존 체계를 전복시킬 위험성이 있는 것으로 비쳤던 한 교리를 배격하는 것만으로는 충분치 않게 되었다. 왜냐하면 무신론자이며 허무주의자인데다 선동적이기까지 한 철학자가 붓다를 마치 조상처럼 혹은 선구자처럼 내세우고 있었기 때문이다.

19세기 중반에는 쇼펜하우어에게 하나의 전기가 마련되었다. 이제 더 이상 불교는 머나먼 아시아 오지에서 발견된, 어떤 있을 수 없는 기이함과도 같은 그런 무의 숭배가 아니었다. 이제 더 이상 불교는 그 부조리함과 유해한 영향을 폭로하기만 하면 되는 단순한 타자의 종교가 아니었다. 무에 대한 의지는 칸트 이후 서구의 심장부에서 마치 다가올 시대를 위한 지혜의 마지막 말처럼 표방되고 있었다. 그러기에 무의 숭배를 배척했던 자들로서도 이제부터는 무의 숭배를 19세기 유럽인들의 정신 속에서 찾아내어 타파해야 했던 것이다. 개종의 대상이었던 저 먼 곳의 민족들에 뒤이어 근절시키지 않으면 안 될 내부의 적이 벌써 대두하고 있었던 것이다. 한편으로는 무의 의미 역시 예전과 같은 것이 아니었다. 무의 새로운 의미는 무를 순수 존재와 등가 관계로 보았던 헤겔의 그것과도 판이한 것이며, 무를 신과 모든 초월적 세계의 부재를 가리키는 것으로 보았던 가톨릭 설교가들의 그것과도 판이한 것이었다. 무는 이제 삶 그 자체를 공격하는 것이라는 의미를 지니고 있었다. 삶은 소멸되어야 하는 것이고, 삶을 연장하려는 욕망 또한 사라져야 하는 것이며, 의지 그 자체마저도 부정되어야 하는 것이다. 따라서 무의 숭배는 단순히 어떤 그릇된 신앙심이나 공허에 대한 일종의 역설적인 경배만을 가리키는 것이 아니었다. 쇼펜하우어의 영향으로 이제 무의 숭배는 바로 사멸이 지고의 행위임을 의미하는 것이었다. 이렇듯 부정적인 용어들을 통해 어떤 부정적인 지고의 가치가 부각되면서부터 이같은 무화의 움직임은 서구 내부에서 나타나고 있었다.

여기서 한 가지 중요한 사실을 지적해 두자. 즉, 이러한 허무주의는 실제로 불교와는 전적으로 무관한 것이며, 또 오늘날의 우리에게는 단지 일련의 오해에 따른 것으로밖에는 보이지 않는다는 점이다. 하지만 19세기 후반만 해도 쇼펜하우어와 이러한 붓다를 동일선상에서 보는 시각이 일반화되어 있었고, 또 갈수록 힘을 얻고 있었다. 1850년대로 접어들면서부터 유럽인들에게는 염세주의와 허무주의가 불교와 연관성이 있는 것으로 여겨졌으며, 또 이 연관성은 유럽인들의 생각 속에 오랫동안 고착되어 있었다. 사실 1860년 쇼펜하우어의 사망과 더불어 그의 저술이 이례적으로 널리 읽히면서 이 연관성 역시 점차 기정사실처럼 받아들여지게 되었다. 하지만 쇼펜하우어가 불교와 자신의 사상 사이에 이같은 '일치점'을 발견해 낸 것도, 그리고 자신의 저술과 삶 속에서 이같은 일치점을 하나의 기이한 개인적 문제로 돌리고 있는 것도 그의 생애 말년의 일일 뿐이다.

황금빛의 불상

"내 나이 예순 아홉이오만, 이럴 수가! 내 모습이 석판화에서 보는 것만큼이나 늙어 보이오." 이는 쇼펜하우어가 그의 학설을 가장 열심히 보급한 인물들 가운데 한 명으로서 그 자신의 '사도 중의 사도'이자 그의 사후 유언장 집행인이었던 율리우스 프라우엔슈타트〔Julius Frauenstädt: 독일의 철학자〕에게 보낸 편지에서 한 말이다. 1856년 4월 7일자 편지에서 그는 또 '프러시아 정부의 비밀임무를 맡고 있던 인물'이 그의 부탁으로 파리로부터 '크기는 30센티미터 정도로 밑받침이 있고, 또 검은 옻칠로 덮여 있는 청동 불상'을 들여오게 된 경위를 밝히고 있다. "이 불상은 확실한 진품이며 또한 제작 기법도 정통적인 것이오. 내 생각에는 이미 오래전에 티베트의 유서 깊은 주조소에서 제작된 것 같소. 나는 이 불상을 응접실 구석의 탁자 위에 둘 생각이오. 그러면 방문객들은 그 자리가 어떤 곳인지를 이내 알게 될 것이오. 그렇지 않아도 대개의 경우 방문객들은 큰 소매 장식이 달린 복장을 하고서 벌써 경외감에 휩싸인 상태에서 발을 들여놓고 있으니, 이제 그들은 자신들이 성스러운 곳에 있다는 것을 알게 되지 않겠소. 작센하우젠의 칼브 목사도 올지 모르겠소. 교회의 설교단에서 오늘날 불교가 기독교의 땅에까지 들어오고 있다고 침 튀기며 말하던 그 작자 말이오." 쇼펜하우어에게 이 불상이 전해지게 된 경위에 대해 잠시 주목해 보자. 이 일이 있기 몇 주 전, 쇼펜하우어는 프라우엔슈타트에게 자신은 조만간 또 한 가지 선물을 받게 될 것임을 알려주고 있다. "정부의 비밀임무를 맡고 있는 크뤼거라는 프러시아 사람이 다음번 인사이동 후에는 칸트가 직접 주석을 단 것이 확실한 『실천이성 비판』을 나에게 선물하겠다는 실로 신성한 약속을 한 적이 있소." 칸트의 원래 텍스트를 구하려는 생각이 쇼펜하우어에게는 일종의 강박관념처럼 자리잡고 있었음은 주지의 사실이다. 또 그가 『순수이성 비판』 제2판이 내용상의 삭제와 정정을 거치면서 왜곡되었다는 생각에서 초판본을 재인쇄할 것을 한동안 주장했던 것도 사실이다. 그런데 이 대목에서 한 가지 이상한 점은, '확실한 진품'으로 추정되는 티베트제 불상과, 칸트의 자필본이 나란히 언급되고 있다는 사실이다. 당시 쇼펜하우어가 이 불상의 진품 여부와 정통성 여부를 판단할 수 있는 별다른 식견을 갖추고 있었던 것으로는 보이지 않을 뿐만 아니라 또 '티베트의 유서 깊은 주조소'는 단지 그의 상상 속에서만 존재하는 것이라는 점에 비추어 볼 때, 이 불상은 분명 그의 환상이 빚어낸 산물이라고 할 수 있을 것이다. 다만 이러한 환상 속에 잠재하는 생각이 있었으니, 그것은 종교의 비의에 입문한 사람만이 알 수 있는 어떤 비밀에 대한 생각, 즉 어떤 비교(秘敎)에 참여하고 있다는 생각으로서 방문객들이나, 더 일반적으로는 기독교의 질서에 대한 도발과 연결지어져 있는 것처럼 보인다.

쇼펜하우어는 이 불상에 크게 만족하였던 것 같다. 그로부터 한 달 후, 그는 칼 그림(Carl Grimm)에게 보낸 편지에서 이렇게 말하고 있다. "전번에 말한 적이 있는 그 분이 나를 위해 파리에서 작은 불상 하나를 찾아냈습니다. 이 불상은 청동으로 되어 있는데 아시아에서 온 아주 오래된 진품임이 틀림없습니다. 또 높이가 30센티미터 정도로, 필시 티베트의 유서 깊은 주조소에서 제작된 것 같아요. 이제 이 불상은 예전에 걸치고 있던 검은 옷을 벗어버리고서 내 방의 탁자 위에서 황금빛을 발하고 있지요. 사실 나는 오래전부터 이 욕망을 품어왔습니다. 이 불상은 종법에 관한 모든 말을 암묵적으로 들려주고 있습니다. 이 불상은 여기에 놓여 있습니다. 가정에서 종교예식을 올릴 수 있도록 말이지요." 가정에서 올리는 종교예식에 대해, 그 예식의 공간은 응접실이 아니라 방안이라는 것에 대해, 또 그 예식의 대상은 자신이 그토록 갖고 싶어했던 그 황금빛을 발하는 불상이라는 것에 대해 쇼펜하우어는 프라우엔슈타트에게 보낸 그 해 6월 6일자 편지에서는 마치 그 불상이 어린아이 같은 말들을 고취시키는 것이라도 하듯, 불상이 안겨준 작은 기쁨에 대해 다시금 언급하고 있다. "내 불상은 금빛으로 활기를 띠게 될 것이며 탁자 위에서 찬연히 빛나게 될 것입니다. 〈타임〉지에 의하면 얼마 전 버마 사람들은 사원의 탑 하나를 완전히 금으로 입혔다고 합니다. 나도 그들에게 뒤지고 싶지 않습니다. 어느 부유한 영국인이 또 다른 불상을 소장하고 있다고 들었습니다. 나는 순례자처럼 그 불상을 보러가서 수트라를 낭독해 주기도 했지요. 그 불상은 내 것과는 달리 사람의 키만큼 되었으나 청동이 아닌 지점토로 제작된 것이었습니다. 또 완전히 금빛으로 도금된 것이기는 하지만 아마 중국에서 온 복제품인 것 같았습니다. 내 불상과 모든 부분에서 흡사했지만 내 불상만큼 마음에 들지는 않았지요. 내 불상은 티베트에서 온 진품 아닙니까! 그 불상은 내 것에 비해 그저 코가 좀 납작하고 사지가 좀 더 섬세한 비례를 이루고 있다는 차이밖에 없지만 그래도 중국에서 온 것이 아닙니까! 내 불상은 팔이 좀 더 가냘프고 긴 편이지만 그 점을 빼면 그것과 완전한 닮은꼴입니다. 두 불상 모두 똑같이 입가에 그 유명하고 정통적인 온화한 미소를 머금고 있고요. 자세나 의상, 머리 모양, 연화 무늬도 모두 똑같습니다. 칼브 목사가 한번 와서 보았으면 싶군요. 도대체 뭐라고 할지!" 이 불상에 관한 언급은 쇼펜하우어가 프라우엔슈타트에게 보낸 7월 7일자 편지를 마지막으로 끝나고 있다. "금빛으로 새로 도금한 불상이 탁자 위에서 그 빛을 발하면서 당신에게 축복을 내리고 있습니다." 이 말을 마지막으로 프라우엔슈타트에게는 더 이상 불상을 거론하지 않으나, 반면 이 불상을 구입해 준 에두아르트 크뤼거(Eduard Crüger)에게 보낸 1856년 11월 29일자 편지에서 쇼펜하우어는 이 물건을 다시금 언급하고 있다. "붓다가 탁자 위에서 당신에게 몸짓을 보내며 축복을 내리고 있습니다. 왜냐하면 당신은 불경

한 자들의 손에 넘어가 백년 이상 유폐되어 있던 이 붓다를 구해내어 경배와 금빛 도금이 기다리는 이곳으로 보냈으니까 말입니다." 1857년 3월, 쇼펜하우어는 또 이같은 축복을 그의 충실한 측근인 아담 폰 도스(Adam von Doss)와 젊은 날의 친구 크리스티안 칼 유시아스 번센〔Christian Karl Josias Bunsen: 프러시아의 외교관, 학자〕에게 전하고 있다. "그렇지만 그대들은 여전히 신의 인간이 아닌가. 하지만 나는 말일세, 내 경우는 그다지 좋은 편이 아니라네. 내 방안 구석의 탁자 위에는 금빛으로 곱게 단장한 물건이, 티베트에서 온 우상이 앉아 있으니 말일세!"

이 일화에는 아마도 몇 가지의 단서가 얽혀 있는 것 같다. 쇼펜하우어는 비교적 일찍부터 붓다에 대한 긍정적인 시각을 갖기 시작했던 것으로 보인다. 열다섯 살이 되던 1803년 5월 11일자의 여행 일기에서 그는 암스테르담의 한 도자기 가게에서 작은 도제(陶製) 불상들을 만난 일을 적어놓고 있다. "불상들은 기분이 좋지 않은 상태에서 쳐다보더라도 웃음을 짓게 할 만큼 다정한 미소를 띠고 있었다." 쇼펜하우어는 또 붓다에 대한 자신의 입장을 공적으로 표명하기 전부터 이미 붓다에게서 자신의 모습을 찾고 있었던 것으로 보인다. 1832년에 집필되어 그의 사후에 「콜레라의 책」이라는 제목으로 발표된 글에서 그는 이렇게 말하고 있다. "열일곱 살이 되던 해 대학교육을 받지도 않은 상태에서 나는 삶에 대한 고뇌에 사로잡혀 있었다. 그것은 젊은 시절 붓다가 질병과 노쇠와 〔탄생의〕 고뇌와 죽음을 알게 되었을 때의 그것과도 같은 것이었다." 이로 미루어 볼 때, 쇼펜하우어의 응접실로 그리고 방안에까지 티베트 불상이 들어앉게 된 것은 어쨌든 이같은 일련의 긍정적인 시각과도 궤를 같이하는 것이었으며, 또 그가 자신의 철학적 저술들을 재출간하는 과정에서 — 특히 1850년대

들어 — 여러 수정 보완 작업을 하였다는 사실과도 무관하지 않은 것으로 보인다. 이러한 작업들은 불교에 우호적인 쇼펜하우어의 입장이 한층 강화되고 있었음을 말해준다.

일치의 표방

19세기 중반의 유럽에서 자신과 붓다와의 친근성을 내세운 사람은 아마도 쇼펜하우어밖에 없었다고 할 수 있을 것이다. 쇼펜하우어가 '깨달은 자'의 자비나 고뇌에 대한 이해, 고행을 통한 초탈에 경의를 표하고 있던 이 무렵에 불교는 가톨릭 성직자들에게 반감의 대상이 되고 있었으며 심령론자들에게는 두려움의 대상이 되고 있었다. 이러한 상황을 비아냥거리기라도 하듯, 쇼펜하우어는 석가모니의 교리와 자신의 학설이 동일한 맥락에 있을 뿐만 아니라 심지어 유사성까지 지니고 있음을 스스로 인정하고 있었다. 하지만 이러한 쇼펜하우어의 태도는 기실 석가모니의 교리를 자신의 학설 속으로 흡수하려 했던 것과도 같은 것이었으며, 더욱이 이 같은 흡수 노력은 뒤늦게 시도된 것이었을 뿐만 아니라 억지같은 측면을 지니고 있었다.

따라서 불교가 쇼펜하우어에게 아무런 영향도 끼치지 않았다는 것은 분명한 것 같다. 우리는 쇼펜하우어가 스펜스 하디〔Spence Hardy: 메소디스트파 선교사로서 실론에 파견됨〕의 『불교 개설』(1853)에 관해 1856년 폰 도스에게 보낸 편지에서 이 점을 확인할 수 있을 것이다. "나의 『의지와 표상으로서의 세계』는 1814부터 1818년에 걸쳐 쓴 것이오. 당시만 해도 나는 이 모든 것에 대해 전혀 모르고 있었고 또 무언가를 알 수 있는 상황에 있지도 않았소." 그리고 『의지와 표상으로서의 세계』의 1859년판에 실려 있는 「부록」 제17장에는 이 편지의 뒷부분이 거의 그대로 실려 있다. "나의 철학적 사유가 불교의 모든 영향으로부터 분명 자유로운 것이었던 만큼, 이같은 일치는 나에게 더욱 더 기분 좋은 일이 아닐 수 없소." 이렇듯 쇼펜하우어의 말에 의하면, 불교 사상의 축과 그 자신의 사상의 축은 어떤 만남처럼 서로 일치하며, 또 쇼펜하우어는 불교를 발견해 가는 과정에서 이같은 일치가 어느 정도까지 이루어지는지를 알 수 있게 되었으며, 그럼으로써 이같은 일치는 놀라운 것으로 여겨지게 되었다는 것이다. 여기서 쇼펜하우어의 진솔함의 여부에 의문을 제기할 필요는 없을 것이다. 왜냐하면 그의 저술과 사유가 결정적인 형태를 갖추게 된 시기, 즉 1814년부터 1818년 사이의 유럽은 불교에 대한 체계적인 지식을 아직 갖추지 못한 상태였기 때문이다.

쇼펜하우어는 동양학 분야에서 불교의 발견이 진전되는 과정을 줄곧 주시하고 있었던 것 같다. 아르투어 휘브셔(Arthur Hübscher)는 쇼펜하우어가 소장하고 있던 도서들의 목록을 정리하는 가운데 이 철학자가 동양학 연구물들에 달아 놓은 메모들을 조사한 적이 있다. 이 조사 결과에 의하면, 쇼펜하우어는 말년으로 갈수록 더욱 더 불교에 관계된 언급을 많이 한 것으로 나타나 있다. 『의지와 표상으로서의 세계』의 「부록」(1844)에서부터 「소품과 유보집」(1851) 그리고 「자연에서의 의지에 대하여」의 제2판(1854)을 거쳐 『의지와 표상으로서의 세계』의 최종판(1895)에 반영되어 있는 여러 가필 사항들에 이르기까지 쇼펜하우어가 불교에 준거하는 회수는 더욱 빈번해지고 있다.* 하지만 이것은 철학자에 의한 불교의 흡수를 의미하는 것일 뿐, 철학적 진리를 어찌 보면 그보다 하위개념인 예전의 신화에 합치시킴을 의미하는 것은 아니다. 쇼펜하우어가 불교에 대해 줄곧 긍정적인 시각을 고수해 왔던 것은 사실이지만, 불교에 대한 그의 긍정적인 언급들은 하나같이 동일한 원칙을 시사해 주고 있을 따름이다. 즉, 사유상으로 준거의 통일성을 마련해 주는 것은 철학적 진리이지 종교적 혹은 신화적 직관이 아니다. 그는 누차 이 원칙을 표명하고 있다. 이를테면, "이 종교는 그 내적 탁월성과 진실성으로 미루어 볼 때 모든 종교 가운데 최상의 종교처럼 간주되어야 할 것이다." "모든 민족 가운데 가장 고결하고 가장 전통 있는 민족의 이 고대의 교리가 철학적 진리에는 완전히 다가서지 못했던 것처럼, 신화는 소수의 특출한 정신만이 가 닿을 수 있는 진리인 철학적 진리에 결코 가 닿은 적이 없으며 또 앞으로도 결코 가 닿을 수 없을 것이다." 또는 "만일 내가 나의 철학이 이루어 놓은 결과물에서 진리의 척도를 보고자 한다면, 나는 불교가 그 어떤 종교보다도 위에 있는 것으로 생각해야 할 것이다."

그렇지만 쇼펜하우어가 이렇듯 불교 교리의 중요성에 대해 자주 언급한 것과는 대조적으로 그의 저술에서 불교 교리를 분명한 준거로 제시한 대목들은 그다지 자세한 내용을 다루고 있지 않다. 그가 정확한 자료들을 풍부하게 갖추고 있었던 것에 비해 그의 발언들은 일반적인 내용에 그치고 있다. 그는 대개의 경우, 브라만교와 불교를 동일한 내용의 발언에서

* 「자연에서의 의지에 대하여」 속의 '중국학' 관련 부분은 서지학적 고찰로 끝나는데, 거기서 쇼펜하우어는 불교에 관계된 여러 연구물들에 대한 자신의 견해를 피력하고 있다.

함께 언급하고 있으며 또 때로는 거기에 '진정한 기독교'를 덧붙이는 경우도 있다. 그런데 쇼펜하우어에게 브라만교와 불교와 '진정한 기독교' 사이의 공통점은 다음의 몇 가지 측면으로 요약된다. 다시 말해, 삶의 의지에 대한 금욕주의적 부정, 온갖 형태의 삶에 대한 보편적 연민, 그리고 – 오로지 쇼펜하우어 자신의 철학을 통해서만 사유 가능한 것인 – 하나의 공통된 직관에 대한 신화적인 표현 즉 개체성의 극복에 대한 신화적인 표현이 바로 그것이다.

쇼펜하우어의 글에서 불교가 일련의 관계를 구성하는 요소처럼 고찰되고 있는 대목들을 고려하지 않는다면 우리는 쇼펜하우어가 불교 고유의 특징으로 제시하는 점들을 세 가지 측면으로 간추려 살펴볼 수 있을 것이다. 첫째, 윤회설에서 불교의 교리는 "가장 오묘하고 또 진리에 가장 가까운 표현"을 정립하였다는 점이다. 왜냐하면 불교의 교리는 개체성이 윤회하지 않는 윤회 사상을 정립하였기 때문이다. 둘째, 해탈의 길을 제시하는 데서도 불교는 오직 부정적인 제시 방식에만 의거하고 있다는 점이다. 왜냐하면 열반에 대한 생각은 생각에서 벗어나는 것을 생각 속에서 찾으려 함으로써 오류를 범할 수밖에 없기 때문이다. 그리고 마지막으로, 불교의 교리는 무신론적 신비주의를, 보다 적절히 말하자면 신을 사유의 준거로 삼지 않으면서 삶의 의지에 대한 금욕주의적 부정에 그 기반을 두는 영혼성의 형태를 정립시켰다는 점이다. "일신교는 불교와는 무관한 것이다."

이 '무신론적 종교'는 쇼펜하우어의 눈에 하나의 '부정적'인 구원의 길로 비치고 있다. 여기서 '부정적'이라는 표현은 형용할 수 없는 불가지의 존재로서의 신을 말하는 부정신학의 경우와도 같은 의미를 지닌다. 불교의 경우에도 열반은 '피안의 세계'로서 또는 '해탈의 경지'로서 언어

너머의 영역이다. 따라서 우리가 '열반은 아무것도 없는 상태, 곧 무이다' 라고 말하는 것은 실은 우리가 다음과 같은 말을 하고 있는 것에 불과하다. 즉, 우리는 열반에 대해 아무것도 말할 수 없다고. 쇼펜하우어의 관점에서 불교도들의 무는 어떤 '본질적인' 무가 아니다. 열반이 무로 귀착되는 것은 단지 '우리의 입장에서' 그러한 것일 따름이며, 또 우리는 환상에 빠지지 않고서는 열반에 대해 그 어떤 것도 말할 수 없다는 이유 때문이다. "니르바나를 무로 규정하는 것은 단지 윤회(samsara) 경전 속에는 니르바나의 정의나 체계를 구성하는 단 하나의 요소도 담겨 있지 않음을 말하는 것일 뿐이다." 이렇듯 무라는 용어는 그 어떤 것도 존재하지 않는 절대적인 공백 상태를 가리키는 것이 아니다. 무의 의미는 결코 걷어낼 수 없는 어떤 무지의 표시로서, 또 우리의 말이 안고 있는 결코 넘어설 수 없는 어떤 한계의 표시로서 이해되어야 하는 것이다. 이 용어는 단지 형용 가능한 것의 극단을 가리킬 따름이다.

최후의 말

'무' 는 쇼펜하우어의 모든 사상을 담고 있는 책이자 쇼펜하우어가 중요성을 부여한 유일한 책이기도 한 자신의 『의지와 표상으로서의 세계』의 마지막에 나오는 말이다. 모든 의미에서 그것은 최후의 말이다. 왜냐하면, 이 프랑크푸르트의 철학자에게 세계의 '최후의 말' 은 — 즉, 의지가 스스로를 확인하고 또 스스로를 부정하는 과정의 끝에 가 닿게 되는 세계의 귀결점은 — 세계의 종식이며 세계의 완전한 소멸이라고 할 수 있기 때문이다. 이러한 관점에서 볼 때 쇼펜하우어는 무를 어떤 잠재하는 긍정적 귀결처럼, 또 성품이 도달하게 되는 절대처럼 간주하고 있었으며, 또한 이 점은 쇼펜하우어를 그 시대의 다른 사람들과 구별짓는 요소이기도 했다. 더욱이 우리는 이같은 차이점을 통해 당시 쇼펜하우어의 독자들이 무에 대한 그의 생각을 충격적으로 받아들인 이유를 이해할 수도 있을 것이다. '절대적 무' 는 분명 말로 표현할 수 없는 것이다. '절대적 무' 는 분명 생각의 대상이 될 수도 없는 것이다. 우리가 무에 대해 가지고 있는 생각은 항상 그 어떤 것과 관계되어 있다. 우리는 상대적 소멸을 무라고 생각할 따름이다. 절대적 무에 대한 생각을 품는다는 것은 우리에게 불가능한 일이다. 하지만 우리는 우리가 궁극적으로 지향할 수 있는 그 밖의 또 다른 것은 없다고 얼마든지 생각해 볼 수 있을 것이다. 쇼펜하우어의 책의 마지막 부분은 이 책이 걸어온 과정의 귀결로서 바로 이같은 궁극의 결과에 이르고 있다. "결과적으로 우리는 우리의 학설이 초래한 뭇 파장들로부터 벗어날 수 없을 것이다. 의지가 부정되고 희생당하게 되면 그와 동시에 모든 현상 또한 소멸되어야 한다. 마찬가지로, 세계를 객체성의 측면에서 단계별로 형성하고 있던, 목표도 귀결점도 없는 충동과 변천 역시 소멸되어야 한다. 요컨대, 단계를 이루며 연속선상에 있는 이 다양한 형태들은 소멸되어야 하는 것이다. 그리고 의지와 동시에 일체의 의지의 현상 역시 소멸되어야 한다. 마지막으로, 현상의 일반적인 형태들 즉 시간과 공간은 소멸되어야 한다. 따라서 생각의 근본적 형태이자 지고한 형태인 주체와 객체는 소멸되어야 한다. 더 이상의 의지도, 더 이상의 생각도, 더 이상의 세계도 없어야 하는 것이다. 이제 우리 앞에는 무 외에는 없다."

그런데 이 섬뜩한 무의 수렁 앞에 놓이게 될 때면 우리의 내면에서는 뭔가 이를 거부하면서 공포에 떠는 것이 있기 마련인즉, 그것은 다름 아닌 소멸되기를 거부하는 삶의 의지가 아니겠는가. 쇼펜하우어는 이 점을 강조하면서, 한편으로는 이에 대한 처방책으로 제시되었던 것은 빈약하기 짝이 없는 것이었음을 말하고 있다. 이를테면, 성인들의 삶과 행동을 곰곰이 되새겨 본다든지 혹은 불행과 고통을 야기할 따름인 삶에 대한 애착을 초탈한 자들에 대해 역사와 예술이 우리에게 가르쳐 주는 것을 사색한다든지 하는 것 정도가 최선의 위안책으로 주어지지 않았던가. 바로 이같은 관점에서 쇼펜하우어는 당시 미학의 지지를 업고 있던 이러한 영적인 명상에 대해 다음과 같이 말하고 있다. "아이들이 어둠을 두려워하듯 우리에게 두려움의 대상인 이 무가 불러일으키는 암울한 느낌을 해소하는 데 이러한 영적인 명상보다 더 좋은 방책은 없다." 그리고 쇼펜하우어는 이 문장에 이어서 나오는 그의 책의 마지막 부분에서 불교도들에 대한 언급을 두 차례 하고 있는데, 거기서 그는 불교도들에 대해 전혀 다른 두 가지 시각을 보여주고 있다. 그에 의하면, 예술 작품과 신비주의자들의 모범적인 생애를 되새겨 보는 그러한 명상을 통해 무의 공포를 해소하려 드는 편이 "힌두교도들처럼 브라만 속으로의 환원이나 불교도들의 열반(nirvâna)과 같은 공허한 신화나 말을 빌려 자신의 두려움을 기만하려 드는 것보다 낫다"는 것이다.

여기서 쇼펜하우어는 'nirvâna'라 표기하고 있다. 앙드레 라랑드〔André Lalande: 19~20세기 프랑스의 철학자〕의 『철학용어 사전』에 의하면, 이것은 '쇼펜하우어에 의해 대중화된 산스크리트어 용어'이다. 그런데 쇼펜하우어는 자신의 저술을 결론짓는 단계에서 이 용어를 아무런 의미가 없는 말처럼 규정하고 있다. 이 용어는 공허한 말들 가운데 하나로 분류되고 있는 것이다. 여기서 우리가 염두에 두어야 할 점이 있다. 즉, 이 문장은 1819년 발표된 『의지와 표상으로서의 세계』의 초판본에 실려 있다는 사실이다. 당시 대중에게 갓 알려지기 시작했던 이 용어는 해탈 상태의 평온함, 완전한 평온함을 떠올리는 의미로 이해되고 있었던 것이다. 그럼에도 쇼펜하우어는 이 초판본의 문장을 1844년판과 1859년판에도 그대로 다시 수록하고 있다. 아마도 그 이유는, 앞서 살펴보았듯이 쇼펜하우어가 신화를 폄하하고 있었다는 사실을 통해 설명될 수 있을 것이다. 철학과의 일치점을 보이는 신화라 할지라도, 또 경배의 대상이 될 수도 있는 신화라 할지라도 결코 철학에 미치지는 못한다는 게 쇼펜하우어의 생각이었다. 바로 그 까닭에 그는 자신의 철학을 결론짓는 단계에서 이 용어가 시사해 줄 수도 있는 몇 가지 의미 즉 실제적인 축복, 무 앞에서의 도피, 신화와 신비주의로의 귀의 등의 의미를 배제하고 있다. 따라서 이 책의 마지막 문구들은 다음의 의미로 이해될 수 있을 것이다. 즉, 철학자인 우리는, 공허한 말에 속아 넘어가지 않는 우리는, 환상에 사로잡히지 않는 우리는, 불교도들이 아닌 우리는, "우리는 과감하게 끝까지 생각을 밀고 나간다. 아직 의지의 활력이 다하지 않은 자들에게 의지의 완전한 소멸 이후 남게 되는 것은 바로 실질적인 무밖에 없다. 하지만 이와 반대로, 의지를 버린 자들에게는 우리의 이 세계가, 모든 항성과 모든 은하계가 실재하고 있는 이 세계야말로 무인 것이다." 이 글은 이렇게 끝맺고 있다. 그리고 이러한 글의 결말은 어떤 의미에서는 세계의 종말이라 할 수 있을 것이다.

그렇지만 우리가 주목해야 할 또 하나의 짧은 글이 남아 있다. 『의지와 표상으로서의 세계』의 제2판(1844)부터는 이 궁극의 무를 애써 명시하려는 문구가 나타나고 있다. "무는 바로 불교도들이 말하는 프라주나-파라미타〔반야바라밀다〕로서 모든 인식 너머의 단계이며 주체와 객체가 더 이상 존재하지 않는 단계이다." 이렇듯 쇼펜하우어는 다시금 불교도들에게 준거하고 있다. 그런데 이번에는 그들을 긍정적인 측면에서 고찰하고 있다. 이제 그는 이 용어 '니르바나'를 배제하기보다는 자신의 관점을 '완벽한 예지의 단계'에, 즉 주체와 객체 간의 구별이 사라지는 단계에 맞추고 있다.* 그리고 쇼펜하우어는 이 마지막 기술을 끝맺으면서 몽골 문헌 전문가 야콥 슈미트(Jacob Schmidt)의 『마하야나와 프라주나-파라미타에 관하여』를 언급하고 있다. 이 저술은 유럽에 대승불교의 사상적 분위기를 비교적 정확히 소개한 최초의 저술 가운데 하나였다. 그렇다면 여기서 쇼펜하우어는 어떤 점을 중시하고 있는 것인가? 쇼펜하우어가 불교의 두 요소간의 대립을, 더욱 정확히 말하자면 불교의 두 단계 – 즉, 한편으로 공허한 축복으로서의 열반의 단계, 또 한편으로 개체화의 원리를 초월한 단계로서 소멸된 의지 너머로 열리는 순수 인식의 단계 – 간의 대립을 문제삼고자 했던 것으로는 보이지 않는다. 『의지와 표상으로서의 세계』의 제39절에 이미 암시되고 있는 것처럼, 그는 어디까지나 의지와 개체화 너머에서 시작되는 '어떤 영원한 순수 인식의 주체'의 세계에 역점을 두고 있을 따름이다. "우리 자신의 무에 대한 환상에 대항하여, 이 있을 수 없는 거짓에 대항하여, 우리의 내면에서는 자율적인 의식이 깨어나면서 우리에게 이 모든 세계는 단지 우리의 표상 속에만 존재할 따름임을 알려주고 있다. 이 모든 세계는 단지 영원한 순수 인식의 주체의 변화된 모습

---

* 기 뷔고(Guy Bugault)는 그의 저술 『대승의 관점에서 본 프라주나 혹은 예지 개념』에서 산스크리트 용어 프라주나를 예지의 의미로 번역하는 데 대해 그 적절성 여부를 문제로 삼고 있다(인도문명 연구소 출판부, 파리, 1968).

들이다. 이 모든 세계는 바로 우리가 개체성을 잊어버리는 순간 자신의 내면에서 느끼게 되는 것일 뿐이다. 요컨대, 모든 세계와 모든 시대의 필수불가결한 지반을 형성하는 것은 바로 우리 자신의 내면에 자리하고 있다." 이같은 사상은 베단타 철학자들의 사상과도 유사성을 보이고 있다. 하지만 분명한 것은, 쇼펜하우어의 이같은 사상은 대부분의 불교 종파에서 제시하는 불교 사상과는 전혀 무관한 것이라는 점이다. 그런데 브라만교와 불교의 대립 관계는 쇼펜하우어의 관심사가 아니었다. 또한 그는 줄곧 불교를 하나의 통일체처럼 보고 있었던 까닭에 불교 내부에서 발생할 수도 있는 긴장 관계에 대해서도 관심을 보이지 않았다. 하지만 불교 내부에서의 차이점들은 쇼펜하우어가 붓다와 자신과의 정신적 연대성을 내세우던 무렵에 이미 동양학자들에 의해 지적되고 있었다. 인도에 대한 쇼펜하우어의 관심은 역사상의 항쟁과 갈등보다는 바탕의 통일성에 쏠려 있었던 것으로 보인다. 바로 그 까닭에 철학자로서 그는 말년에 이르기까지 붓다 못지않게 베다 경전도 사유의 준거로 삼았던 것이다. 다만 후세 사람들에게는 불교도로서 그리고 허무주의자로서의 쇼펜하우어의 이미지만 기억되고 있을 뿐이다. 하지만 이같은 평판은 제법 이른 시기부터 퍼져 있었다.

얼어붙은 숨결

1859년, 쇼펜하우어를 방문한 폴 샬르멜-라쿠르〔Paul Challemel-Lacour: 19세기 프랑스의 정치가. 나폴레옹 3세의 쿠데타에 반대하여 추방됨〕는 그로부터 얼마 지나지 않아 쓴 글에서, "나는 그날 저녁의 만남을 결코 잊지 못할 것" 이라고 적고 있다. 40년이 지난 후에야 출간된 이 저술에서 그는 이렇게 술회하고 있다.* "그가 했던 말들이 떠오를 때마다 마치 무의 문으로부터 얼어붙은 숨결이 흘러나오기라도 하듯 어떤 전율이, 내가 익히 알고 있는 그 전율이 머리부터 발끝까지 내 온몸을 타고 흐른다." 그날 저녁 '독일의 철학자' 는 검은 스패니엘 개의 머리를 쓰다듬으면서 도대체 그에게 무슨 말을 하였던 것인가? 사랑은 현혹적인 환상일 뿐이라고 말했던 것인가, 아니면 연민은 그 무엇으로도 보상받지 못하는 고통의 바다에 겨우 몇 줄기 빛을 뿌리고 있을 따름이라고 말했던 것인가. 샬르멜-라쿠르는 그날 저녁의 만남을 전하는 또 다른 글에서 이렇게 기술하고 있다. "온통 불교 일색이다. 이러한 생각들은 인도의 모든 시대에 걸쳐 꽃피었던 절망에 찬 교리들의 발현과도 같은 것이다. 붓다는 구원의 길로서 자발적인 사멸을 권장하였다. 이것은 쇼펜하우어가 인류의 모든 노력이 지향해야 하는 성과처럼 제안하고 있는 것이기도 하다." 1870년 〈양(兩)세계 평론〉지에 실린 이 글에 「현대 독일의 불교도」라는 제목이 붙여질 수 있었던 것도 바로 이러한 이유에서이다.

1862년, 알렉상드르 푸셰 드 카레유〔Alxeandre Foucher de Careil: 프랑스의 문학가〕는 프랑크푸르트의 철학자에 관계된 프랑스 최초의 저술인 『헤겔과 쇼펜하우어』를 발표한다. 저자는 쇼펜하우어와 붓다의 연관성을 조명하는 가운데, "이 극단적인 염세주의에 대해 그 원조를 찾아주어야

* 폴 샬르멜-라쿠르, 『한 염세주의자에 대한 고찰』, 1862. 나중에 「독일에 있는 어느 현대 불교도」라는 제목의 논고가 추가된 이 저술은 〈프랑스어로 된 철학서 총서〉에 포함되어 재출간되었다(Fayard, 1993).

했던 쇼펜하우어는 붓다를 택하였다"고 말하고, 붓다의 교리가 '동양의 허무주의'를 이루고 있다고 단정하고 있다. 저자는 이렇듯 쇼펜하우어가 허무주의적 교리를 채택하거나 수용했다는 사실이 단지 쇼펜하우어 한 개인만의 이탈을 의미하는 것은 아님을 역설하고 있다. 그가 보기에 이러한 불교의 독일 전래는 그동안 독일에서 펼쳐진 철학적 사변의 노력이 실패로 돌아갔음을 의미하는 것이기도 하였다. "그동안의 모든 작업이 헛수고로 끝나고 있는 것을 보면, 그 모든 체계들이 걷잡을 수 없이 붕괴되고 있는 것을 보면, 또한 그토록 독보적인 정신적 노력이 궁극에는 포〔浮屠〕의 허무주의로, 다시 말해 뭐라고 언표할 수 없을 정도로 불분명하고 부정적인 면들로만 이루어진 오류로 귀결되고 있는 것을 보면 이렇게 묻지 않을 수 없을 것이다. 거의 전세계적으로 으레 철학의 진정한 조국이라는 이름으로 떠올리게 되는 독일은 오히려 철학의 무덤이 아닐까 하고 말이다. 모든 관념을 극단으로 몰아가버리는 민족, 아무리 터무니없는 것이라 할지라도 더 이상 개의치 않고 온갖 착오를 저지르고 있는 민족의 철학적인 자질에 대해 이제 우리는 종래의 통념과는 달리 실로 의문을 제기하지 않을 수 없다." 그렇다면 이러한 견해는 우리에게 무엇을 시사해 주는 것인가? 우리는 이러한 물음을 제기해 볼 수도 있을 것이다. 즉, 파리에서는 불교의 무에 대한 공포가 허무주의로서의 불교에 물들어 타락일로에 있는 독일에 대한 공포로 서서히 바뀌기 시작했던 것은 아닌가 하고 말이다.

그런데 푸세 드 카레유의 견해는 한층 복잡한 양상을 띠고 있다. 그의 눈에 독일에서의 동양 르네상스는 허무주의와 유대인들의 반기독교적 영향력, 나아가 인종적 우월성과 칸트의 합리주의가 한데 뒤섞인 수상쩍은 혼합물을 빚어내고 있었던 것으로 비치고 있다. 물론 우리로서는 이런 식으로 연관을 짓는 데 대해 실로 의아해하지 않을 수 없을 것이다. 하지만 외교관 출신의 이 저자는 이같은 연관에 대해 상세히 기술하고 있다. 여기서 그 가운데 한 대목을 읽어보는 것도 그의 논지를 이해하는 데 도움이 될 것이다. 특히 이 대목은 앞서 언급했던 몇몇 인물들을 1860년대 초반의 시각에서 새로이 조명하고 있기도 하다. "라인강 저편 학자들의 서재에서 서서히 움트고 있던 동양 르네상스는 슐레겔 형제를 묵인해 줄 수 없었던 괴테가 있었음에도 불구하고 본궤도에 들어서게 되었다. 프랑스는 뷔르누프에 의해 이 산스크리트어에 입문하기는 했지만 바르텔르미 생 틸레르를 내세워 동양의 허무주의에 대항하였던 반면, 독일은 인도에서 고대 지혜의 후예와 철학 · 종교의 르네상스를 찾아내고 있다고 생각하였다. 독일의 대학들에게 인도는 제2의 고향으로 자리잡게 되었다. 오늘날 베를린은 캘커타 못지않은 연구 중심지가 되고 있다. 번창일로에 있는 인도학 학파가 베를린에서 아주 빠른 속도록 형성되고 있는데, 이 학파는 기독교를 팔레스타인을 거쳐오는 과정에서 변질된 인도의 산물로 보고 있다." 계속해서 푸세 드 카레유는 자신이 베를린에 체류하는 동안 의식하게 된 사실도 주지시키고 있다. 독일인들의 정신적 삶에 미치는 동양학의 영향이 날로 증대되고 있음을 역설하면서 그는 이렇게 덧붙이고 있다.

"문헌학자들이 철학자들을 끌어내리고 그들의 지위를 차지해버린 것 같았다. 학교를 개설하여 운영중이었던 붓다는 입문한 학생들과 교리문답 수강생들을 두고 있었다. 나는 교리문답 수강생의 신분으로 받아들여졌다. 매일 저녁 산스크리트어와 셈족 언어 연구자들은 알브레히트 베버(Albrecht Weber)나 쿤(Kuhn) 같은 산스크리트어 학자의 차 테이블에 둘러앉아 열반이나 선정에 관한 토론에 참여하였다." 산스크리트어 학자나

셈어 연구자들, 그렇다면 이들은 도대체 무엇을 함께하고 있었던 것인가? 이에 대한 언급은 일단 미루어 두자. 어쨌든 저자는 흔히 다루어진 논제를 두고 자기 주장을 계속하고 있다. 그런데, '독일인은 유럽의 인도인들이다' 라는 이 논제를 저자는 여기서 붓다와 연관짓는 예외적인 방식으로 새롭게 다루고 있다.* "독일인을 한 껍질 벗기면 고대의 붓다의 추종자가 다시 모습을 드러낸다. 독일인들은 사뭇 진지하게 윤회설과 전생을 믿고 있다. 그리고 공동의 요람 속에 갠지스 강 기슭의 독일인들과 슈프레 강 기슭의 인도인들이 같이 들어 있었기라도 하듯, 독일인들은 이 요원한 친족성에 근거하여 프랑스 지식층에서 엿보이는 특권 계층의 오만함을 연상시키는 그런 주장들을 내세우고 있다. 독일인들이 오로지 자기네만이 그 유일한 직계 후손이라고 자처하는 인도-게르만족은 독일인들에 의하면 높은 사변력과 위대한 예술이나 시를 대변한다고 한다. 모든 것을 누가 봐도 지나치리만치 극단으로 몰고가는 이 인종에 대해, 사유를 무에 이르기까지 공허한 것으로 만들어버리는 이 인종에 대해, 어떠한 정신적 거리낌도 없는 이 인종에 대해, 아무리 터무니없는 것이라 할지라도 전혀 개의치 않는 이 인종에 대해 조금만 알아도 그들이 그들 자신과 그리고 범신론을 신봉하는 그들의 형제인 인도인들에 대해 얼마나 뻐기는지를 알 수 있을 것이다. 독일인들은 칸트와 붓다의 융합 속에서 세계의 진보를 약속하는 그 맹아를 보고 있다."

---

* '독일인은 유럽의 인도인들이다' 라는 이 논제는 이미 다양한 형태로 프랑스의 여러 작가들, 이를테면 벤자맹 콩스탕, 마담 드 스탈, 에드가 키네, 빅토르 자크몽 등에 의해 표명된 것이기도 하다. 독일에서 인도-게르만주의와 아리안 신화에 관계된 상투적 주장이 되어버린 이 논제는 19세기 후반에 접어들면서 쇼펜하우어 사상의 영향과 염세주의의 물결 속에 프랑스에서 다시금 확산된다.

이같은 관점은 쇼펜하우어와는 아주 무관한 것일 수도 있겠지만 꼭 그렇지만도 않은 것 같다. 물론 쇼펜하우어가 세계의 진보를 믿고 있었던 것도 아니고 또 인종차별주의자였던 것도 아니다. 오히려 그는 어느 면에서는 진정한 세계 시민주의 사상가라고 할 수 있을 것이며, 독일인이라기보다는 유럽인이라고 할 수 있을 것이다. 그리고 인도에 대한 그의 애정으로 인해 그가 인도-게르만주의의 폐단에 빠진 적도 없었던 것 같다. 그는 「소품과 유보집」에서 이렇게 말하고 있다. "무엇보다도 내게 반감을 불러일으키는 것은 '인도-게르만 어' 라는 표현이다. 이는 베다 경전의 언어를 앞서 언급한 나태한 자들끼리 말하는 조잡한 은어와 같이 한 바구니에 담는 것이다." 그렇지만 쇼펜하우어는 신의 창조를 거론할 때면, 세계를 긍정적인 시선으로 바라보는 신을 거론할 때면, 낙관주의를 거론할 때면, 그리고 '합리주의적 유대교' 를 거론할 때면 이내 '유대인들의 악취' 를 거론하고 있다. 게다가 그는 종종 예언자가 되기도 하는데, 이를테면 불교의 재생이 유럽의 순화를 예고할 뿐만 아니라 아리안족과 그들의 근원적 신앙 사이의 해후를 예고하고 있음을 말하고 있다. "따라서 우리는 유럽이 모든 유대교의 신화로부터 순화될 그날이 오리라고 기대할 수 있을 것이다. 아마도 우리는 야훼의 언어를 잇는 아시아 기원의 민족들이 조국의 신성한 종교들을 회복하게 될 시대에 다가서고 있는지도 모른다. 왜냐하면, 이 민족들은 오랜 방황 끝에 조국의 신성한 종교들을 떠받들 만큼 다시 성숙해졌기 때문이다." 물론 우리는 회고적인 읽기를 경계해야 할 것이다. 쇼펜하우어는 이 용어들을 후대의 반유대주의자들과 같은 의미나 같은 의도에서 사용하고 있는 것도 아니다. 하지만 쇼펜하우어의 뒤를 이은 반유대주의자들은 이 용어들의 의미와 의도를 잘못 생각할 수도 있었던 것이다.

7

인종차별의 신화

고비노는 불교도들의 실체를 파악해 냈다고 생각한다. 불교도들은 아리안족의 브라만 계층이 예전에 확립시켜 놓은 카스트 신분을 전복시키려 했던 하등 인간들이었다. 하지만 그들의 반란은 실패하였다. 프리드리히 슐레겔의 언어이론과 고비노 사이에는 어떤 연관성이 있는 것인가?

인도에서 브라만교는 아주 왜곡된 것일망정 백인종 혈통의 정당한 우월성을 대변하고 있었다. 반면에 불교도들은 하층계급의 항거의 목소리를 들려주고 있었다.

— 아르튀르 드 고비노, 『인종불평등론』

아르튀르 드 고비노(Arthur de Gobineau: 1816~1882. 프랑스의 외교관 · 작가)는 열반에 대해서는 그다지 언급하고 있지 않지만 무에 대해서는 많은 것을 들려주고 있다. 열반에 대한 그의 이해는 이 용어를 사멸과

동의어로 보는 통상적인 견해를 따르고 있을 뿐이다. 외젠 뷔르누프의 저술 『인도불교사 입문』은 그에게 꾸준한 관심의 대상이었다. 그리고 인도학 분야에서 당시의 주요 지식들을 총망라한 크리스티안 라센의 저술들 역시 고비노가 탐독하였던 책들 가운데 하나로 자리잡게 되었다.* 그런데 이러한 연구서들로부터 고비노가 끌어낸 결론은 단정적이고 피상적이며 또 지극히 통상적인 것이었다. "열반은 완전하고 영원한 무이다"라는 결론과 함께 그는 불교야말로 "부정의 깊은 수렁에 이르기까지" 브라만교를 밀고나간 것이라고 주장하고 있다.

고비노는 그의 모든 저술에 걸쳐, 특히 1853년의 『인종불평등론』에서 줄곧 다음과 같은 견해를 되풀이하고 있다. 인류는 무로 귀결되기 마련이다. 인류는 절멸의 위기로 치닫고 있으며, 역사는 얼어붙은 무언의 공허를 향해 굴러가고 있다. 조만간 더 이상 아무것도 존재하지 않게 될 것이다. 이러한 절멸은 인종간 혼합에 그 원인이 있는 것이다. 왜냐하면 인종간 혼합은 결국 근원적 순수성의 상실, 이종교배에 따른 퇴화, 연속적인 퇴화로 말미암은 소멸을 초래하기 때문이다.

그렇다면 불교도들이 염원하는 무와 인류가 향하고 있는 무, 이 둘 사이에는 어떤 관계라도 있다는 것인가? 고비노에게 불교는 무의 숭배일 뿐이다. 하지만 그가 무의 숭배에 부여하는 의미는 우리가 지금까지 살펴본 의미들과는 확연히 다른 것이다. 고비노는 불교에서 말하는 사멸을 사회적 · 인종적 충돌의 관점에서 고찰하고 있다. 고비노의 눈에 불교도들이

---

* 크리스티안 라센의 『고대인도 연구』(1847~1861, 전4권)는 19세기의 인도학 분야에서 가장 중요한 저술 가운데 하나로 평가받고 있다.

염원하는 사멸은 단지 브라만 체제의 카스트 해체에 그치는 것이 아니라 위계적 사회구조 자체의 해체까지 포괄하는 것으로 비치고 있다. 고비노에게 불교는 사회적 측면에서의 무의 위협일 뿐만 아니라 인종적 측면에서의 무의 위협으로 비쳤던 것이다.

고비노는 현대의 인종주의의 원조격이기는 하지만 통상적인 인종주의와는 조금 다른 면모를 보이고 있다. 물론 고비노는 인종간의 근본적인 생물학적 이질성은 부인할 수 없는 것임을 주장하고 있다. 또한 그가 인류의 단일성을 주장하는 유니테리언 교도들을 줄곧 공격 대상으로 삼았던 것도 사실이다. 그가 인종주의자임을 말해주는 주된 면모를 제시하는 것은 별로 어렵지 않다. 먼저 그가 '동물학적' 측면에서 인종들을 분류하고 있다는 사실을 들 수 있다. 유형상으로 가장 동떨어진 인종간에는 단지 '형태상의 희미한 유사성' 만이 있을 따름임을 내세우고 있는 그는 더욱 단정적으로 '인간이라는 것은 존재하지 않는다' 는 주장 아래 오직 '흑인종' 과 '황인종' 과 '백인종' 이 존재할 뿐이라고 말하고 있다. 물론 고비노의 이러한 열거 순서는 하등에서 고등으로의 상향식 위계를 말하고 있는 것이다. 이렇듯 그는 인종간의 생물학적 차이에 의거하여 인종간의 차등성을 주장하고 있다.

인종적 · 언어적 차등성

고비노에 의하면 인종간의 차등성은 다섯 가지 면에서 나타나고 있다. 첫째는 심미적인 면에서의 차등성이다. "모든 인간 그룹 가운데 유럽의 민족들과 그 자손에 속하는 그룹이 가장 아름다운 외모를 지니고 있다." 둘째는 육체적인 힘과 지구력 면에서의 차등성이다. "흑인들은 근력마저도 떨어진다. (……) 아메리카의 야만인이나 오스트레일리아 원주민은 백인종에 비하면 육체적 피곤을 견디어 내는 힘이 한없이 부족하다." 그에 의하면 육체적인 힘과 지구력은 구분되어야 하는 것이다. 왜냐하면 지구력은 기간이 고려되어야 하는 것이며 또 통계상으로 고려되어야 하는 것이기 때문이다. "만일 힘의 기준으로 완력만을 따진다면, 아둔한 흑인 종족이나 정신이 박약한 뉴질랜드 원주민, 인도인 선원, 말레이족 사이에서도 개별적으로는 영국 하층민에 못지않은 완력을 지닌 자들을 찾아볼 수 있을 것이다. 하지만 민족 전체의 차원에서 한 민족이 굽히지 않고 감당해 온 노동의 총량을 기준으로 삼아 각 민족을 평가한다면 최고의 영예는 백인종인 우리 유럽 민족의 몫일 것이다." 셋째는 지적인 면에서의 차등성이다. 사고력은 피의 질과 관련이 있다. 흑인종의 피는 결코 백인종의 사고를 품을 수 없을 것이다. 왜냐하면 근본적으로 백인종의 사고에 거부감을 갖기 때문이다. "흑인들을 문명화시킬 수 있으리라는 기대는 유럽인들로서도 더 이상 갖지 말아야 할 것이라는 점에 비추어 볼 때, 유럽인들은 흑백 혼혈인들에게 자신들의 다양한 능력의 일부밖에 전해줄 수 없다는 점에 비추어 볼 때, 또 흑백 혼혈인이 다시금 백인의 피와 맺어진다 하더라도 혼혈 문화보다 한 단계 더 향상된, 즉 백인종의 사고에 한 걸음 더 가까이 다가간 무언가를 완전히 이해할 수 있는 능력을 갖춘 개체들을 탄생시키지는 못하는 점에 비추어 볼 때, 인종간의 지능상의 차등성은 엄연히 존재한다는 주장도 가능할 것이다." 넷째는 언어적인 차등성이다. "앞서 살펴본 이 모든 사실들로 미루어 보면, 한 인종의 지적 자질과 그 인종 고유의 타고난 모태 언어 사이에는 근원적이며 완전한 일치가 보인다는 것은 분명한 듯하다. 또한 분명한 것은, 뭇 인종들과 마찬가지로 뭇 언어들 사이에서도 결과적으로 가치나 영향력 면에서 차등성이 엄연히 존재할 뿐만 아니라 형식상으로나 내용상으로도 서로 다르다는 점이고, 언어상의 변화도 인종상의 변화와 마찬가지로 다른 고유어들과 섞이는 과정에서 이루어진다는 점이며, 인종의 혈통이 그러하듯이 언어의 질적 우수성 역시 이질적 요소들이 지나치게 섞여듦에 따라 해체되고 사라지게 된다는 점이고, 또한 상층계급의 언어라 할지라도 그 언어를 사용할 자격이 없는 부류에 의해 사용되게 되면 결국은 훼손당하고 쇠퇴할 수밖에 없다는 점이다." 마지막으로 다섯째는 정치적 · 역사적인 면에서의 차등성이다. 아리안족은 지배와 창조를 위해 태어난 인종이다. 아리안족은 지적 · 문화적으로 우월하기 때문에 지배력과 창조력을 자연스럽게 갖추고 있다. 세계의 역사에서 문명이라는 이름에 걸맞은 문명은 모두 하나같이 아리안족의 작품이며 또 아리안족의 표식을 지니고 있다는 것이다. 이 점은 고비노의 저술의 주요 논지이기도 하다.

그런데 만일 이 정도로 그친다면 고비노 역시 그다지 크게 문제시될 바 없을 것이다. 물론 이러한 논지가 일부에서 한동안 타당성을 지닌 것으로 수용될 수 있었다는 점에 우리는 의아해하지 않을 수 없다. 그리고 이러한 논지가 타당성을 지닐 수 없는 것으로 밝혀지게 되는 과정에 대해서도 우리는 살펴보아야 할 것이다. 실제로 고비노를 인종차별적인 언설의 원형처럼 간주해도 무방할 것이다. 그렇지만 고비노의 논지를 금세기의 재앙을 초래한 일체의 인종차별적인 언설 속에 포함시킬 수는 없을 것이다. 왜냐하면 인종간의 차등성에 대한 그의 주장은 철저하리만큼 염세주의적인 그의 역사관과도 보조를 같이하고 있기 때문이다. 사실 고비노의 역사관은 돌이킬 수 없는 인류의 퇴락을 예언하고 있다. 그리고 이같은 시각의 저변에는 전반적인 인류의 퇴화에 대한 생각이, 치유책이 없는 인류의 퇴화에 대한 생각이 자리잡고 있다. 고비노는 인류의 역사가 쇠퇴 일로에서 필연적으로 획일화와 멸망으로 향해가고 있다고 보고 있다. 그러기에 그의 눈에는 인종의 현재의 상태보다는 과거의 상태와 미래의 소멸이 더욱 중요한 문제로 비치고 있는 것이다. 이를테면, 현재 백인종이라고 불리는 인종은 단지 이름만 백인종일 뿐 실은 하나의 '거대한 혼혈집단' 에 불과하다는 것이다. 따라서 "백인종은 더 이상 지상에서 찾아볼 수 없는 것이다." 아리안족은 유럽에서든 인도에서든 이미 퇴화해버린 상태이다. 온갖 종류의 잡교와 이종교배로 인해 인류는 '여러 피가 섞인 잡종의 민족들' 로 변해버린 상태이다. 아리안족 역시 여느 인종과 다를 바 없이 그 명맥이 거의 끊긴 상태이다. 아리안족의 피는 희석되고 말았으며, 문명을 일으킬 수 있었던 그들의 힘 또한 와해되고 말았다. 그 결과 오늘날 남아 있는 것이라고는 단지 인류의 종말을 예고하는 극도의 혼란, '인종적 무질서가 빚어내는 섬뜩한 광경' 일 따름이다.

이렇듯 고비노는 인종을 하나의 지적인 구성체처럼, 또는 역사가 필연적으로 인류의 소멸로 향할 수밖에 없는 이유를 설명해 주는 과거의 파생물처럼 고찰하고 있다. 인종은 이를테면 연역적인 방식으로 재구성된 원래의 유형에 불과한 것이다. 그러기에 한편으로는 역사적으로 쇠퇴일로에 있기 마련인 인종은 그 종말로 향하게 되고 또 그에 따라 궁극적으로 역사의 운동과 나아가 모든 형태의 인류가 종식된다는 것이다. 하지만 또 한편으로는 오늘날 우리가 처해 있는 이 시점에서는, 즉 '무한정 지속되어 온 일련의 혼합' 이 종결되는 시점에서는 더 이상 서로 다른 인종들이 존재하지 않듯이 인종간의 차등성 또한 해소된 상태라는 것이다. 다시 말해, 오늘날 우리는 "체력에서든, 외모의 아름다움에서든, 지적인 능력에서든 이렇듯 모든 측면에서 열등성이 그 마지막 단계에 이르는 시점에 처해 있다. 거의 무의 상태라고도 말할 수 있을 것이다. (……) 조만간 인간은 모두들 서로를 닮게 될 것이다. 모두들 키도 외모도 습성도 비슷하게 될 것이다. 모두들 똑같은 정도의 육체적 힘을 지니게 될 것이며 능력상으로도 별반 차이가 없을 것이다. 또 모두의 본능 또한 거의 한 방향으로 쏠리게 될 것이다. 그리고 이러한 일반적 수준은 용납할 수 없을 정도로 저급하기 짝이없는 것임은 분명할 것이다."

무의 상태로 향하는 이같은 변천은 '돌이킬 수 없는 것' 이라는 점을 고비노는 줄곧 상기시키고 있다. 우리의 시대는 인류가 '마지막 숨' 을 거두고 있는 시대이다. "탐욕스런 운명의 손길이 이미 우리에게 와 닿아 있음을 알려주기라도 하듯 뭔가 알 수 없는 공포가 우리를 사로잡고 있다." 종말이 가까워지고 있다. 이 완전한 종말을 맞이하기에 앞서 향후 6천년에서 8천년 정도는 획일적이고 무기력하고 정신이 마비된 상태의 기나긴 단말마의 시기가 계속될 것이다. "말을 잃어버린 세계는 우리 없이도 그 무감각한 궤도를 공간 속에 그려나가기를 계속할 것이다."

패배를 통한 구제

이렇듯 『인종불평등론』은 인류의 종말에 대한 성찰처럼, 그리고 차등성의 종식에 대한 성찰처럼 읽혀야 하는 저술이다. 역사는 그 전과정에서 역사의 종말을 가져오게 될, 인종간의 유사 상태로 향해 나아가고 있다. 원초적인 질서에서부터 현재의 무질서한 상태를 거쳐 미래의 무의 상태로 나아가는 이 역사의 행보는 고비노의 사상의 핵심을 이룬다. 사실 인종에 관한 고비노의 논지는 이 틀 속에서 정립된 것이며 또 이 틀을 정당화하기 위한 것이다. 따라서 우리들로서도 고비노의 염세주의적 역사관에 대한 이해에 초점을 두어야 할 것이다. 고비노에 의하면, 역사의 퇴보는 돌이킬 수 없는 흐름이다. 이미 변질되어버린 원래의 순수성을 회복시키려는 어떠한 시도도 성공할 수 없는 것이다. 여기서 아리안족 신화는 과거와의 관계 속에서 이렇듯 종말로 향하는 인류의 행보를 설명하는 데 이용되고 있다. 아리안족 신화가 인류의 종말을 차단시켜 줄 수 있는 장치인 것은 아니다. 이처럼 고비노의 논지는 생물학적 인종주의와 역사의 종말에 관한 비관론적 시각의 연계를 보여주고 있다. 언뜻 기이한 방식처럼 보이기도 하는 이 연계 방식은 고비노의 논지를 대하는 데 있어 주의를 요하는 것으로, 통상적으로 인종주의라 불리는 것과는 부합하지 않는 것이다. 우리는 그의 논지 속에 모종의 행동 계획이 담겨 있는 것으로는 볼 수 없을 것이다. 그의 논지의 중심축을 이루는 철저한 염세주의에 입각한다면, 우리는 고비노에게서 최소한의 인종주의적 정치이념도, 최소한의 선동적인 행동주의 노선도 끌어낼 수 없을 것이다. 어떠한 선별적 우생학도, 인종적 차별과 배척과 말살을 표방하는 어떠한 행동주의도 그의 역사관에 바탕을 둘 수는 없는 것이다. 따라서 고비노의 이같은 고찰 방식으로 미루어 볼 때, 우리는 흔히 상호 결합되어 있는 것으로 여기는 인종주의의 두 가지 요소 즉 생물학적 불평등주의와 인종 중심적 정치 이념을 분리시켜야 할 것이다. 왜냐하면 고비노는 다음과 같은 물음들을 낳고 있기 때문이다. 정치적 이념이 결여된 인종주의자는 과연 어떻게 규정지을 수 있는 것인가? 비관론적 인종주의자는 과연 어떻게 규정되어야 하는 것인가? 이런 부류의 인종주의자를 인종차별주의자로 규정지을 수 있는 것인가?

사실 고비노의 염세주의적 세계관은 그를 적극적인 인종차별주의자로 낙인찍는 것을 가로막는 요소처럼 작용하기도 한다. 그의 염세주의적 세계관을 고려한다면, 우리는 그에 대한 일반적인 평가가 타당성을 지니는지에 대해 의문을 갖지 않을 수 없을 것이다. 그렇지만 한편으로 그의 저술 『인종불평등론』의 제3권 제3장에 실려 있는 논고에도 주목해야 할 것이다. 「불교와 그 쇠퇴 — 오늘날의 인도」라는 제목의 이 논고는 고비노를 평가하는 데 새로운 요소로 작용하고 있다. 고비노에게 불교는 전무후무한 역사의 한 특례처럼 비치고 있다. 불교는 하층민들과 혼혈인들의 반란이었던 것이며, 아리안족 사회에서 인간 찌꺼기를 형성하고 있던 그 모든 자들의 반란이었던 것이다. 그런데 이 저항은 장기적으로는 결국 카스트의 정점을 이루는 계급의 순수한 피에 의해 완전히 타도되었다는 것이다. 고비노의 눈에 인도에서의 불교의 출현은 비천한 피가 발효되기라도 하듯 원한에 사로잡힌 하층민들의 소요를 여실히 말해주는 것으로 비치고 있다. 인도에서 불교가 몇 세기 동안 영향력을 키우면서 지속된 사실을 그는 이미 도처에서 확인한 바 있는 하나의 퇴화 현상처럼 보고 있다. 그러기에 그는 역으로, 인도 땅에서 불교와 그 추종자들이 완전히 자취를 감추게 된 사실을, 즉 최후의 승리가 브라만교로 돌아오게 된 사실을, 따라서 특권 계층의 영속성과 '백인 혈통의 당연한 지배권' 이 구제받게 된 사실을 일반화된 쇠퇴의 한 예외적인 경우로 보고 있다. 불교는 자연의 원리대로 형성된 사회의 불변적 질서에 대항하여 그토록 오랫동안 소요와 봉기를 조장하였지만, 그럼에도 불구하고 인도에서 이 '가망 없는 인간들' 에 대해 아리안족 브라만 계급이 승리하게 되었다는 사실은 바로 순수성을 지키려는 혈통의 완강한 힘을 입증해 주는 것이며 또 최상의 혈통은 여전히 건재함을 입증해 주는 것이라 하겠다. 따라서 불교의 패배에는 전적으로 퇴보만 있는 것이 아님을 시사하고 있는 것이다. 요컨대, 고비노는 불교의 패배라는 사실을 통해 자신의 논지를 전개하는 데 있어 하나의 전환점을 마련하고 있다.

이제 이 전환의 요소들과 그 의미를 살펴보도록 하자. 고비노는 불교의 반사회적 성격을 논지의 출발점으로 삼고 있다. 불교는 인도 사회의 위계조직을 문란시켰다는 관점에서 고비노는 붓다를 이른바 평등주의자로, 또 붓다의 제자들을 이른바 분배주의자로 다루고 있다. "체제 전복을 기도했던 이 스승은 진정한 스승들을 적대시했던 모든 이들을 선동하였다. 그가 끌어모은 입문자들 대부분은 하층민 출신이었다." 또한 고비노는 어떻게 붓다가 브라만 체제의 근간을 이루는 사상을 역으로 브라만 체제에 적용시킴으로써 기존 질서를 와해시키려 했던가를 기술하고 있다. "붓다가 하층계급 사람들에게 제시했던 주요 논거 가운데 하나는 그들 역시 전생에서는 가장 높은 계층에 속해 있었으니 그의 말에 귀를 기울이는 것만으로도 전생의 위치로 돌아가 마땅하다는 것이었다." 이렇듯 불교는 약자들의 보복심에 호소하였던바, 그러기에 곧바로 대중의 호응을 얻을 수 있었다는 것이다. "약자들에게 자신의 말을 받아들이는 것만으로도 그들은 이 세상의 비천한 신분에서 벗어나리라고 내세우면서 오직 인간의 정신적 가치만을 고려할 뿐이라고 주장하였던 그의 교리는, 사회적 위상을 자연적으로 얻을 수 없었던 모든 이들과 또 사회적 위상을 자연적으로 얻고자 하지 않았던 모든 이들에게 실로 유혹적인 것이 아닐 수 없었다." 이 정치적이며 종교적인 교리는 정신적 평등의 이름으로 그리고 오로지 이성만이 존엄한 것이라는 주장 아래 '천민들' 로 하여금 자신들을 아리안족과 대등한 위치로 끌어올리도록 부추기고 있다는 것이다. 이렇듯 불교에 대한 고비노의 해석은 당시의 사회적 충돌을 보는 그의 시각이 반영된 것이기도 하다. 백작 신분으로서 스스로를 사회적 충돌의 희생물이라고 여기고 있던 고비노는 이성의 미명 아래 불교도 하층민들에 의해 능멸당한 고대의 브라만 계급에게서 자신과 같은 운명의 귀족 형제들을 보았던 것이다. 고대의 브라만 계급도 유럽의 귀족 계급과 마찬가지로 자신들의 선천적인 우월성이 부당하게 훼손당하는 것을 지켜보아야 했던 것이다. 하지만 여기에는 큰 차이점이 있었다. 브라만 계급이 결국에는 승리를 쟁취하게 됨으로써 불교도 '천민들' 은 그들이 한때 부당하게 찬탈하여 걸치고 있던 위용을 상실하게 되지 않았던가. 모든 것은 이렇듯 시간이 흐름에 따라 원래의 모습을 되찾게 되었다. 평등주의자들에 대한 자연적 위계질서의 이같은 승리는 고비노에게는 오랜 역사의 흐름 끝에 찾아온 '경이로움' 그 자체였던 것이다. "거의 2천년 혹은 그 이상에 걸친 원정 끝에 마침내 이같은 승리를 이루어 낸 한 종파의 힘과 인내와 수완에 대해 무슨 말이 필요하겠는가? 사실 나로서는 역사상 이처럼 경이로운 일은 어디서도 본 적이 없다."

고비노에서 나치즘으로

『인종불평등론』의 저자에게 브라만 체제의 승리는 인종적 색채를 띠는 것이었다. 불교는 백색이 아니다. 불교의 흑색은 단지 정신적 차원에 국한되지 않는다. 실제로 불교는 인도의 사원을 "온갖 불상과 온갖 보살들, 그리고 검은색 계층을 파고들수록 그 비옥함도 더해가는 그런 종류의 상상이 낳은 산물들로 가득 채우고 있다." 오랫동안 인도에서 하층의 '가망 없는 모든 인간들'을 상대로 유지되어 왔던 불교는 결국 그 인종적 열등성으로 인해 인도에서 쫓겨나게 되었다. 그리고 "오늘날 불교에 의해 자신들의 의식이 조종당하고 있는 엄청난 수의 사람들은 중국과 그 주변 국가들의 천민층에 속하는 사람들이다." 그리고 브라만 체제가 오랜 기간 존속할 수 있었던 원동력은, 또 브라만 체제가 최후의 승리를 거둘 수 있었던 원동력은 더욱 잘 보존된 우월한 혈통에서 찾아볼 수 있는 것이다. "아리안 혈통의 우수성은 또한 그 적들에 비해 훨씬 순수하다는 데 있었다. 주로 하층계급 출신이었던 적들은 분리의 법칙이 지니는 종교적 가치를 부정하면서 분리의 법칙을 엄격히 준수하지 않았던 탓에 인종적 측면에서 현저한 열등성을 보여주었다. 인도에서 브라만교는 비록 변질된 것일망정 백인종 혈통의 정당한 지배권을 대변하고 있었다. 반면에 불교도들은 하층계급의 저항의 목소리를 들려주고 있었다." 아리안 혈통은 오랜 기간 변질되어 왔음에도 불구하고 예상치 않은 승리를 거둘 수 있는 정도의 수준은 유지해 왔다는 것이 고비노의 주장이다. 이 '아리안 혈통의 우월성'에 대한 고비노의 언급은 사실 고비노가 누차 표명한 바 있는 그의 염세주의를 정면으로 반박하는 것이기도 하다. '비록 변질된 것일망정 백인종 혈통' 은 아직까지는 승리를 쟁취하는 데 아무런 지장이 없다. 불교의 패배는 승리에 대한 기대가 헛된 것이 아님을 시사해 주면서 또 자연은 아직 건재함을, 그리고 복구 가능한 것임을 시사해 주고 있는 것이다. 브라만 계급을 통해 인도에서 드러난 "아리안족의 본바탕은 일찍이 이 민족이 겪은 험난한 시련 속에서도 굳건히 그 조직을 유지할 만큼 강력한 것이었으며, 또 오늘날에도 여전히 그 강력함을 유지하고 있다." 따라서 고비노가 말하고 있는 돌이킬 수 없는 퇴보는 그다지 타당성이 없는 것으로 보인다. 고비노는 불교에 대한 이같은 해석에 의해 자기 논지의 대부분을 스스로 반박하는 결과를 초래하고 있다.

그런데 불교도들에 대한 아리안 혈통의 브라만 계급의 승리라는 이러한 역사 해석으로 인해 고비노의 '소극적' 인종주의는 훗날 나치의 인종차별 정책이 그의 사상을 표방할 수 있는 여지를 마련해 준 것 같다. 만일 고비노를 단순히 종말론적 역사관의 작가로, 또는 백인종은 이미 오래전에 절멸해버린 까닭에 단지 관념적으로 역사의 태동기에서나 찾아볼 수 있을 뿐이라는 주장을 되풀이했던 작가로 간주한다면, 어떻게 그러한 그가 1920~1930년대의 국수주의적 언설 속에서 필수적인 준거들 가운데 하나가 될 수 있었는지 우리로서는 실로 의아해하지 않을 수 없을 것이다.

이 점을 이해하기 위해서는 독일에서 고비노의 사상이 받아들여진 과정부터 먼저 살펴보아야 할 것이다. 그가 처음부터 프랑스인 저술가로 독일에 알려졌던 것은 아니다. 처음에는 독일의 사상가로 알려지게 되었던 바, 여기서 우리는 특히 고비노와 바그너의 친분 관계, 그리고 그의 저술을 알릴 목적으로 1894년 스트라스부르에서 고비노협회가 설립된 사실에 주목해야 할 것이다. 이 협회를 주도했던 인물은 쇼펜하우어에 관한 글을 내기도 했고 또 최초의 바그너 찬미자 가운데 한 사람이었던 루트비히 셰만〔Ludwig Schemann: 독일의 역사가, 인류학자〕이었다. 독일인들을 위해 고비노 백작의 작품들을 번역, 출판하는 데 전념했던 그는 한편으로는 프랑스의 인종주의 이론가 바셰 드 라푸주(Vacher de Lapouge)와도 꾸준히 서한을 주고받은 인물이기도 하다. 그런데 고비노가 독일에서 대중성을 얻는 데 결정적으로 기여했던 것은 바이로이트의 바그너협회 사람들이었다. 그들은 특히 고비노의 글에서 국왕과 신민 간의 결합에 대한 다분히 신비주의적인 이미지를 빌려왔던 것이다. 이렇듯 고비노 사후에 그의 저술이 어떠한 곤욕을 치르게 되었는지에 대해서는 더욱 상세한 기술이 있어야 할 것이다. 그리고 우리로서는 그에 따른 결과가 무엇이었는지에 대해서도 보다 면밀하게 검토해야 할 것이다. 사실 이 점만으로는 고비노의 도식('어제는 아리안족, 내일은 인류의 종말')이 한 세기도 지나지 않아 또 다른 도식('오늘은 유대인의 종말, 내일은 아리안의 제국')을 파생시키게 되었는지를 이해하기에는 충분치 않은 것 같다. 만일 이러한 역사적 배경에 비추어 고비노의 논지전개 방식의 특징을 살피고자 한다면 다음의 두 가지 측면에 주목해야 할 것이다. 하나는, 당시까지는 언어의 차원에 국한되어 있던 문제가 고비노에 의해 생물학적 관점에서 다루어지고 있다는 점이다. 프리드리히 슐레겔의 경우에는 '언어상의 이종교배'를 통해 점차 파생되어 온 유럽 언어들의 모태 언어로 산스크리트어가 제시되고 있는 반면, 고비노의 경우에는 '점차적인 퇴보'를 통해 출현한 훗날의 백인종들의 어머니격인 인종으로서 아리안족이 제시되고 있는 것이다. 또 하나는, 고비노는 독일 낭만주의자들의 역사관과는 단절된 역사관을 보이고 있다는 점이다. 근원으로의 회귀를 통해 현대 세계를 쇄신함으로써 변질된 원래의 완벽함이 어느 정도 복구될 수 있으리라 기대했던 이들과는 달리, 고비노는 인류의 역사를 완벽함에서 종말로 향해가는 하강일로에 있는 것으로 제시하고 있다.

이러한 면을 고려한다면, 고비노가 나치와 그 아류들에게 어떤 방식으로 이용될 수 있었는지를 더욱 분명히 알 수 있을 것이다. 극단적으로 도식화시켜 말하자면, 그들은 고비노의 사상에서 아리안족 신화에 대한 생물학적 해석만을 취하여 그것을 '인도-게르만주의'와 결합시켰던 것이다. 이같은 이념의 저변에는 어떤 요원한 과거가 보다 나은 미래를 보장해주고 있다는 사상이 자리잡고 있다. 하지만 바로 이 점에서 독일 낭만주의자들보다는 쇼펜하우어에 더 가까운 면모를 지니는 고비노는 이같은 사상과는 분명한 단절을 보이고 있었다.

분열을 모르는 여명의 땅

보다 구체적인 문제 접근을 위해 여기서 다시 19세기 초의 상황으로 돌아가 보자. 서구에 불교가 알려지기 전까지 인도가 일부 독일 낭만주의자들 사이에서 불러일으켰던 들뜬 기대감의 의미를 다시금 살펴보자는 말이다. 그들은 역사에 의해 손상되지 않은 인도에서, 근원을 흐리게 하거나 변질시키는 어떠한 과학적 · 정신적 · 기술적 · 정치적 변혁의 물결에도 휩쓸리지 않은 인도에서 서구의 가장 근원적인 원천과 나아가 서구의 미래를 향한 원동력을 찾아낼 수 있기를 기대하였다. 그들에게 인도는 새로운 생명력이 늘 비축되어 있는 곳으로 여겨졌다. 이렇듯 마침내 인류의 요람이 알려지게 됨에 따라 독일 낭만주의자들은 고대 그리스의 완벽함보다 더 근본적이고 포괄적이며 또한 시대상으로도 앞선 어떤 완벽함에 가닿을 수 있으리라는 생각에 젖어 있었다. 서구의 미래를 위한 역사의 잠재력은 시원에서부터 솟아오른 이 거대한 여명에 담겨 있는 것처럼 생각되었다. 따라서 산스크리트어의 습득은 당시까지만 해도 좀처럼 들어설 수조차 없었던, 요컨대 어둠 속에 남아 있었던 새로운 영역으로 서구의 지식이 확장되는 것만을 의미하지는 않았다. 또한 그들은 새로운 연구의 가능성을 제시하거나 열어나가는 것만으로 그치지도 않았다. 지난날의 허구가 무너진 자리에 여러 학문 분야들이 점진적으로 형성되어 갔던 것과 병행하여 또 한편으로는 고대 그리스에 대한 인문주의자들의 연구로 태동했던 르네상스에 필적할 만한 색다른 성격의 새로운 르네상스에 대한 신화가 자리잡게 되었다. 유럽이 그 뿌리인 그리스와 재회함으로써 중세의 막이 내리고 고전주의 시대와 근대의 서막이 열리면서 이론적으로나 미학적으로나 사회적으로 수많은 변화가 생겨나게 된 것과 마찬가지로, 동양을 통한 제2의 르네상스 역시 깊숙이 묻혀 있던 그 생동력 넘치는 정신과의 재회를 가능케 하면서 나아가 근대를 종결짓는 어떤 원초적인 물결의 회귀를 약속하는 것이었다. 제2의 르네상스는 그리스의 사상가들이나 신들보다 앞서 있었던 과거를 찾아나서는 것이었으며, 또 그토록 옛것이 되어버린 정신의 본모습과 대면하도록 하는 것이었다. 따라서 이 르네상스는 예전의 르네상스보다도 더욱 근본적인 변화를 가져오리라고 생각되었던 것이다.

이 고대의 낙원은, 현존하는 낙원이면서 또한 장차 도래할 낙원인 이 고대의 낙원은 다름 아닌 화합의 낙원이었다. 낭만주의자들이 꿈꾸던 인도는 갈등과 분열과 대립으로 점철된 서구의 역사와는 달리 그 모든 것과 무관한 땅이었다. 이 융화의 에덴 동산은 신과 자연이 침묵의 실재 속에 새겨놓은 표식들을 해독하지 못한 탓에 인위적인 규칙을 수립하지 않을 수 없었었던 그러한 역사와는 무관한 곳이었다. 서구인들이 겪은 분열 상태나 적대 관계가 무엇인지조차 모르는 세계, 낭만주의자들에게 인도는 바로 그러한 세계였다. 그러기에 분열을 모르는 이 여명의 땅은 그들에게 신과 세계가 구분되지 않는 곳으로 여겨졌고, 또 그곳에서는 개념과 직관, 학문과 시, 철학과 종교, 사유와 표현, 주체와 객체, 집단적인 것과 개체적인 것이 구별되지 않는 것처럼 비쳤던 것이다.

이같은 원초적 완벽함이 시야에 들어오면서부터 어떤 예고된 새로운 미래가 열리는 듯하였다. 산스크리트어의 습득이 시작된 것과 같은 시기에 출현한 낭만주의의 첫 주자들은 물리학, 화학, 천문학 등의 자연과학이 철학의 통제로부터 해방되는 것을 목격하였다. 또한 그들은 기독교가 쇠락의 길로 접어드는 것을, 신정을 표방한 왕정이 교수대에서 그 종말을 고하는 것을, 공화정이 단두대를 자주 활용하는 것을, 역사가 나폴레옹의 전쟁을 분만하는 것을, 공장의 수가 급증하는 것을, 과거의 유럽 이외의 문명들이 발굴되는 것을, 그리고 철학이 그 한계를 더듬어 가면서 이성의 효력이 미치는 범위를 테두리지어 가는 것을 목격했던 것이다. 인도라는 그 신화적 지평은 그렇듯 한 세계의 탄생에 따르는 혼돈을 상쇄시켜 주는 것이었다. 그들의 눈에 온전한 상태로 남아 있는 어떤 부동의 실체처럼 비쳤던 인도는 어떤 반근대적인 별천지와도 같은 것이었다. 그들의 눈에 비친 인도는 서구의 역사가 인위적이고 기계적인 방식으로 분리시키고, 대립시키고, 소외시키고, 와해시키고, 나아가 궁극적으로는 소멸시켜버린 그 모든 것들이 어떤 조화롭고 역동적인 일체를 이루면서 새롭게 거듭나야 하는 어떤 원초적인 화합을 지향하는 곳이었다.

프리드리히 슐레겔의 저술 『인도인들의 언어와 지혜』(1808)는 이러한 논제들을 여실히 반영하고 있다. 그의 논지는 앞서 살펴본 원시 세계에 관한 그것과 동일한 맥락에 있는 것처럼 보일 수도 있다. 이 저술은 서두에서 인도를 보는 시각을 다음과 같이 밝히고 있다. "고대의 우리 벗들이 인도라는 나라에서 기대했던 것은 그토록 오랫동안 어둠에 묻혀 있던 원시 세계의 역사를 밝혀줄 수 있는 빛줄기였다." 그렇지만 슐레겔의 논지전개 방식은 원시 세계에 대한 기존의 접근에서는 찾아볼 수 없는 전혀 새로운 구도를 따르고 있다. 우선 그는 원시 세계를 양분하는 구도를 취하고 있다. 즉, 한쪽은 고귀하고 생명력 넘치는 풍요로운 곳이고, 다른 한쪽은 기계적이고 인위적이며 척박한 곳이다. 전자는 인도와 그리스가 자리하는 곳이며 또 조만간 독일이 자리하게 될 곳인 반면에, 후자는 중국과 아라비아, 멕시코가 자리하는 곳이며 또 향후 어느 정도의 유예기간이 지나게 되면 유대 땅이 위치하게 될 곳이다. 이렇듯 슐레겔은 원시 세계를 보편적 등가 체계로 보는 시각, 즉 모든 원시의 요소들을 서로간에 차이가 없는 것들로, 서로간에 잠재적인 상관관계를 이루는 단일한 것들로 보는 기존의 시각에서 벗어나 있다. 이러한 슐레겔의 논지는 윌리엄 존스의 그것을 반박하는 것이자 또한 모든 인류에게 공통된 하나의 원천이 있으리라는 생각을 반박하는 것이기도 하다. 슐레겔에게 인류의 요람은 하나가 아니라 여럿이었던 것이다. 그리고 이 요람들의 가치가 모두 똑같은 것은 아니었다.

강한 언어, 약한 언어

이러한 차등성은 언어를 통해 입증되고 있다. 사실 슐레겔은 언어학적 분류 기준에서 출발하여 이렇듯 원시 세계를 분할하고 있고, 나아가 신화와 문학의 영역뿐만 아니라 궁극적으로는 인종의 영역에서도 차등화된 분류를 시도하고 있다. 그런데 그의 언어 분류 방식은 다소 생소한 것이었다. 언어학의 역사에서 슐레겔은 굴절어와 교착어를 구분하는 언어 이론을 처음으로 제시한 것으로 평가받고 있다. 산스크리트어와 그리스어 같은 굴절어는 어간의 내적 변형을 통해 단어들이 만들어지는 언어이다. 하나의 동일한 어근에서부터 여러 형태의 내적 변화를 통해 새로운 단어들이 생성될 수 있는 언어인 것이다. 반면에 중국어와 아랍어 같은 교착어는 주로 접두사와 접미사를 덧붙이는 방식으로 단어들이 만들어지는 언어이다. 그런데 이같은 지적만으로는 사실 그런 언어학적 대립이 문제시될 하등의 이유가 없는 것처럼 보인다. 이러한 대립이 궁극적으로 무슨 결과를 낳는지, 또 무슨 별다른 낭만주의 고유의 요소를 지니는 것인지, 나아가 어떻게 독일의 역사에서 그토록 오랜 기간 옹호될 수 있었는지 우리로서는 사뭇 의아해하지 않을 수 없는 것이다.

그렇지만 이 모든 점에 대해 슐레겔은 분명한 답을 들려주고 있다. 인도어와 그리스어 그리고 '본래적으로 고귀한 언어' 인 독일어는 '어떤 생동적인 조직의 내적 힘' 을 품고 있는 언어이다. 이 고귀한 계열의 언어들은 '지속적으로, 힘차고 조화롭게' 그 '생명의 싹' 을 돋우며 '풍요로운 씨' 를 키워나간다. 더욱이 상호 친화적이며 연관성을 지니는 이 언어들은 '근원적인 의미들' 을, 말하자면 '자연적이거나 원초적인' 의미들을 내포하고 있는 언어들이다. 이 의미들은 곧 사물의 진정한 이름들과도 같은 것으로서, 사물 그 자체가 의미하는 것이라 할 수 있다. 아마도 슐레겔의 이러한 견해는 이해하기가 그리 쉽지는 않을 것이다. 하지만 우리는 이러한 견해를 통해 그의 언어관, 나아가 언어와 세계의 관계를 보는 그의 시각을 살펴볼 수 있을 것이다.

그렇다면 여기서 슐레겔은 무엇을 말하고자 하는 것인가? 슐레겔은 본원적으로 존재하는 의미가 있음을 말하고 있다. 본원적인 의미는 우리들의 인위적인 구성이나 일시적인 약속과는 독립된 것일 뿐만 아니라 또 우리가 이러한 의미를 설정하는 방식들과도 무관한 것이다. 그러기에 우리가 이 '근원적 의미들'을 자연에서 읽어내든, 역사의 여명기에 인간이 신에 대해 가졌던 생각 속에서 찾아내든, 우리의 지각보다 훨씬 섬세한 지각 즉 감각이 뜻하는 바를 즉각적으로 포착해 내는 직관을 통해서만 가 닿을 수 있는 것으로 생각하든, 아니면 아무런 이유도 없이 불현듯 솟아올라 어떤 원초적이고 절대적인 자명함처럼 와 닿는 것으로 생각하든, 사실 이 본원적인 의미를 대하는 우리의 모든 시각들은 그다지 중요하지 않다. 이러한 시각들은 슐레겔의 언어관의 핵심에는 가 닿지 못하는 것들이다. 이 언어관의 특징적인 요지는 이러하다. 즉, 의미는 인간의 차원을 떠나서도 가능한 것이고, 의미가 형성되는 데 반드시 사회와 역사의 개입이 필요한 것은 아니며, 또 의미는 의미를 부여할 수 없는 어떤 침묵의 세계 위에 짜인 상징체계로서 그 위상을 지니기는 하지만 몇몇 특별한 경우에는 그 불안정한 위상에서 탈피하기도 하는 것이다. 그러기에 언젠가, 어디선가, 누군가에게, 신-자연은 인간의 언어가 아닌 신-자연의 언어로 말했을 수도 있지 않았겠는가. 요컨대, 인간 사이의 약속이 있기 전에, 말과 사물이 구별되기 전에, 소리와 의미가 구분되기 전에, 생각과 실재 사이에 거리가 생기기 전에 사물들은 그 존재 자체의 언어로 말해졌을 것이며 또 그럼으로써 말과 존재 사이에 생겨날 수도 있는 간극을 사전에 없애버렸으리라는 것이다.

이러한 언어관은 사실 그다지 새로울 게 없는 것이었다. 이미 플라톤의 대화편 속에서 크라틸로스와 헤르모게네스가 기호가 인위적인 것인가 아니면 자연적인 것인가 하는 문제를 놓고 토론을 펼치고 있기 때문이다. 또한 낙원에서의 아담의 언어에 관한 오랜 논쟁에서도 바로 이러한 문제들이 줄곧 관건이 되고 있기 때문이다. 아마도 종교 사상 가운데 어떤 형태로든 근원적인 언어를 제시하려 들지 않은 사상은 찾아볼 수 없을 것이다. 아주 오랜 역사를 지닌 이 도식에서 슐레겔이 수정을 가하고 있는 점은 다름 아닌 어족 단위의 분류이며 또 각 어족의 운명이다. 이를테면 '생명의 싹' 은 — 근원적이며 자연적인 의미들은, 즉 사고와 감정이 분리되지 않은 신화나 시나 작품들을 무한정 생성해 낼 수 있는 일종의 의미와 실체간의 유기적 조직은 — 산스크리트어와 그리스어와 독일어의 원리 속에서 돋아나고 있을 뿐이라는 것이다.

원숭이와 인간의 유사성

또 한편으로 슐레겔은 훗날 인도-유럽어 또는 인도-게르만어로 불리게 되는 이 어족에 속하지 않는 언어들을 내적 생동력이 결핍된 언어처럼 간주하고 있다. 이 언어들은 자의적이며 기계적인 것인 까닭에 제반 요소들을 내부적으로 성장시키기보다는 외부적으로 조합하는 데 그치고 있다. 세계 그 자체가 언어 속으로 들어와 자기를 표현하기보다는, 그러한 언어들은 마치 세계의 표면에 붙어 있는 것에 불과한 것들이다. 이 언어들은 삶에 대해 말하고 있지만, 그 속에는 삶의 말이 없다. 그러기에 이 언어들은 길을 잃고, 또 그 전개과정에서도 아무런 내적 규칙을 갖추지 않은 탓에 기이한 결과들을 낳고 있다. 이같은 언어들은 성장할수록 점차 조화를 잃어가기만 할 따름이다. 사실 '단순한 감각의 외침에 불과한 이 약한 언어들' 은 무질서와 추한 양상을 그 대가로 치르면서 성장할 뿐이다.

이렇듯 슐레겔에 의하면, 만일 힘과 지성과 아름다움을 한데 갖추고 있는 이 근원적이며 생동적인 언어의 도움이 없었더라면 다른 언어들은 성장할 수도 없었을 뿐만 아니라 그것들이 어떻게 되었을지도 모를 일이라는 것이다. "그 기원이 한층 빈약하고 조야한 것임을 말해주는 흔적들을 안고 있는 다른 언어들이 만일 근원적으로 아름다운 이 언어들에 섞여듦으로써 구제받지 못했더라면 과연 어떤 상태에 놓이게 되었을지는 우리로서는 상상하기조차 힘든 것 같다." 그런데 여기서 슐레겔은 이러한 언어 문제를 인종 문제와 연관짓고 있다. 그의 논지를 빌리자면, 인간이 "사물의 자연적인 의미를 찾아낼 수 있을 정도로 확실한 눈길과, 또 모든 소리의 근원적인 표현을 포착해 낼 수 있을 정도로 섬세한 감정을" 갖추게 된 그때부터는 그저 두 가지 방향만이 인간에게 주어지게 되었다. 한편으로 "고귀한 어족에 속하는 인간의 경우라면 그 언어의 지성이 밝히는 빛 속에서 비록 방황하고 단순한 삶이기는 하지만 행복한 삶을 영위했던" 반면, 그렇지 않은 경우 "인간은 짐승들의 우둔함과도 흡사한 상태에 머물러 있었다."

원초적이며 근원적이고 진정한 언어를 표현했던 종족들은 이곳저곳을 편력하는 가운데서도 그들의 유산을 온전한 상태로 보전할 수 있었다. 왜냐하면 "고귀한 모든 언어들은, 즉 하나의 유기체처럼 태어나고 형성된 언어들은 그 특징이 확실한 안정성에 있기 때문이다." 이 언어들은 '강제적인 혼교'을 통해 예속시킬 수 없는 언어들일 뿐만 아니라 오히려 '선천적으로 허약한 언어들'을 훨씬 쉽게 장악할 수 있는 지배력을 지닌 언어들이다. 슐레겔은 이러한 관점에서 언어의 모태격인 인도어와 아주 가까운 독일어가 거의 모든 언어 속에 자리하게 된 이유를 설명하고 있다. "지리상으로나 언어구조상으로 독일어와는 거리가 먼 언어일지라도 독일어에서 유래하는 어근을 다소나마 내포하고 있지 않은 언어는 찾아볼 수 없을 것이다. 이 점은 바로 게르만 종족이 역사적으로 줄곧 여러 민족간의 만남의 장소이자 민족 이동의 무대였던 아시아의 북부 및 서부 지역을 경유하거나 그곳에 정주했었다는 사실로 설명될 수 있을 것이다."

그렇지만 슐레겔에게서 인도-게르만족(아리안족)의 언어학적 우월성에 대한 관점이 생물학적 우월성에 대한 관점으로, 즉 본래의 의미에서의 인종주의로 바뀌게 되었다고는 생각할 수 없을 것이다. 슐레겔은 전혀 인종주의자가 아니었던 것으로 보인다. 그가 허약한 언어들에 대한 고귀한 언어들의 우월성을 제시하고 또 그에 따른 뭇 결과들을 제시하는 과정에서 자기 논지의 근거로 육체적 · 지적 · 정신적 위계를 설정하고자 했던 것으로는 보이지 않는다. 앞서 살펴보았듯이, 슐레겔이 제시한 언어학적 모델을 인종주의적 이론을 정립할 목적에서 생물학적 측면에서 이용하려 했던 인물은 다름 아닌 고비노이다. 다시 말하면, 고비노는 언어에 대한 슐레겔의 논지를 인종에 대한 논지로 옮겨놓고 있다고 하겠다. 다만 우리는 여기서 한 가지 사실에 주목해야 할 것이다. 슐레겔은 일찍이 1808년의 저술 『인도인들의 언어와 지혜』에서부터 이미 불교에 대한 당시의 무관심과는 대조적으로 아직 제대로 알려지지도 않은 불교에 대해 어떤 증오심을 표명하고 있다는 점이다. 이러한 사실은, 언어를 근원적으로 또 자연적으로 고귀함과 조화를 갖춘 생동적이고 능산적인 언어 조직과 또 한편으로는 단지 혼란과 무질서만을 야기할 따름인 기계적이고 척박한 조합장치로서의 언어로 분류하는 그의 이분법적 제시와도 무관하지 않을 것이다. 슐레겔은 불교를 범신론의 전형으로 보고 있다. "범신론의 정신은 불교도들의 교리 속에서 여실히 드러난다. (……) 그런데 이 교리는 무한에 대한 부정적이고 추상적인 관념을 통해, 따라서 결과적으로 무한에 대한 그릇된 관념을 통해 존재와 무에 대한 어떤 모호한 무관심 속으로 절로 흘러드는 끔찍한 교리이다." 이렇듯 우리는 산스크리트어 분야의 열렬한 옹호자였으며 정신이나 시의 영역에서의 인도의 위대함을 열렬히 옹호했던 프리드리히 슐레겔의 입을 통해 표명된 불교에 대한 평가에 주목해야 할 것이다. 왜냐하면 불교에 대한 그의 평가는 그 후 20여 년이 지난 시점에서의 헤겔의 불교에 대한 평가를 이미 예고해 주는 것이기 때문이다. "무한에 대한 부정적이고 추상적인 관념 앞에서 모든 것이 파괴되고 사라지는 순간 이런 관념 역시 소멸되기 마련일 것이다. 다시 말해 그 순간 이 관념은 무에 대한 관념으로 바뀌게 될 터인즉, 무에 대한 관념은 본래 실체가 결여된 공허한 관념에 불과한 것이었다."

이렇듯 인도는 불교에 의해 메마른 땅으로 바뀌기 시작했던 것이다. "동양의 철학에서 범신론만큼 인간 정신을 낮은 단계로 끌어내린 것은 없다. 범신론은 더욱이 유물론보다도 더 도덕에 해로운 사상 체계로서 상상력을 해치는 면에서 유물론보다도 낮은 단계의 것이다." 슐레겔은 그 원초적 여명이 동양의 모든 철학 가운데 가장 젊은 사상이면서 또한 가장 낮은 단계의 사상인 이 범신론에 의해 점차 어둠으로 바뀌어 간 것으로 보고 있다. 그리고 이 범신론은 동양을 떠나 서양으로 유입되었다는 견해를 피력하고 있다. "오로지 범신론만이 순수오성 체계이며, 바로 그 까닭에 범신론은 동양의 철학으로부터 서양의 철학으로 이미 옮겨가고 있었다." 나아가 슐레겔은 척박하고 부정적이며 합리주의적인 불교로 인해 인도에서 사회적 소요가 야기되었음을 강조하고 있다. 인도가 물론 외부인들에 의해 정복당하기도 하였고 또 여러 왕조들이 바뀌는 역사의 굴곡을 겪은 것은 사실이지만 근대적 의미에서의 혁명이나 제도상의 변혁은 인도에서 찾아볼 수 없다는 논지를 전개하면서 그는 이렇게 덧붙이고 있다. "하지만 이 점에서 오직 불교도들만은 예외라 할 것이다. 불교도들이 배척당하고 추방당했던 것은 그들의 교리 때문이 아니라 그들이 세습적인 신분제도를 공격했기 때문이었다."

그리고 "불교 추종자들이 주장하는 개혁은 기존 제도에 대한 격렬한 공격이었던 까닭에 전쟁은 불가피한 것이었다." 하지만 우리로서는 이 종파에 대한 전쟁이 불교도들의 학살로 이어졌으리라고는 결코 단언할 수 없을 것이다. 그러기에 만일 이와 유사한 역사적 상황을 염두에 둔다면, 슐레겔이 결론처럼 제시하는 다음의 말이 우리의 귀에 기이하게 들리는 것도 어쩌면 당연한 일일 것이다. "붓다의 종교는 교리상의 측면에서뿐만 아니라 외부 조직상의 측면에서도 그리스도의 종교와 놀라울 정도의 유사성을 보이고 있다. 하지만 이 유사성은 착각일 따름이다. (……) 이 유사성은 원숭이와 인간의 유사성이다."

8

인류의 종말

무는 불교도들이 지향하는 궁극의 목표인가? 이 물음에 한편에서는 그렇다고 대답하면서 이것은 곧 불교도들의 오류라는 주장과 함께 이에 대한 강한 거부감을 표명하지만, 또 한편에서는 이에 반박하여 누구도 무를 염원할 수는 없는 것이라는 주장을 내세운다. 이렇듯 유럽에서 논쟁은 확산된다.

우리는 이제껏 자신이 속한 인종을 통해서만
인간 정신을 관찰해 왔을 따름이다.
— 쥘 바르텔르미 생 틸레르, 『불교의 열반』(파리, 1862)

여기 가히 선집에 실릴 만한 문장이 있다. 이 글에 실로 모든 것이 응축되어 있다. 이 글이 어떠한 글인지는 그 자체가 말해준다. 나열된 일련의 역설들을 하나씩 차례로 들어보기만 해도 우리는 이 글이 어떠한 글인지 알 수 있을 것이다. 아마도 이 글은 한때 유럽에서 불교를 허무주의의 괴물로 만들었던 일체의 논지, 즉 '무의 숭배' 라는 논지가 그 정점에 가 닿은 글들 가운데 하나일 것이다.

"무를, 혹은 달리 말하자면 낙원은 낙원이되 인간이 말라빠진 해골 상태로 있게 되는 그러한 낙원을 삶의 지고한 목표로 제시하는 교리, 연속되는 삶의 소멸을 완벽함의 극치라고 천명하는 교리, 인간을 창조의 가장 높은 기점처럼 제시하는 교리, 후대에 와서야 비로소 어떤 지고한 존재에 대한 관념이 등장하는 교리, 이 교리는 너무나도 놀라운 현상이어서 우리의 정신으로는 어떻게 이런 교리가 가능할 수 있는 것인지 실로 의아해하지 않을 수 없다. 그렇지만 이같은 교리가 엄연히 실재하고 있다. 더욱이 이러한 역설을 보완하기라도 하듯, 이 교리는 이제껏 그 유례를 찾아볼 수 없는 가장 비관론적인 것임에도 불구하고 역설적으로 그 어떤 교리보다도 여러 인종들에게 놀랍기 그지없는 독실한 믿음을 고취시켜 왔다. 이 허무주의의 교회는 오늘날까지도 아무런 특기할 만한 분열도 없이 동양의 흔들리지 않는 종교 조직으로 남아 있다. 이는 인간 정신의 역사에서도 유례가 없는 사실이다. 이렇듯 운명이라는 점에서도 특이한 불교는 그 철학과 가르침, 개조(開祖)에 관한 전설, 그리고 경전들의 문체에서는 더욱 특이하다. 스콜라풍의 가장 추상적인 형식주의에다가 가장 터무니없는 상상이 빚어낸 꿈들까지 함께 내포하고 있는 이 종교는 신도 없고 또 별다른 숭배의식도 없는 종교에서 출발하여 어떤 기괴한 신화 이야기로 귀착되고 있다. 처음에는 가장 철학적이었던 종교가, 현대의 몇몇 학자들의 주장에 의하면 궁극의 지혜의 말을 담고 있다고까지 하는 종교가 가장 조야한 민간신앙으로 전락해버렸다. 우리의 모든 본능과도 모순되는 불교는 자연이 그 비밀스런 깊이를 잠깐씩 드러내 보이는 흉측한 기형들처럼 뭔가 알 수 없는 병적인 유혹의 분위기를 풍기고 있다."

1851년, 이렇게 시작되는 젊은 에르네스트 르낭(Ernest Renan)의 논고를 받아본 〈양 세계 평론〉지의 주간 뷜로즈(Bulloz)는 경악하지 않을 수 없었다.* 불교도들이 존재한다는 사실 자체가 그에게는 의심스러웠다. 이런 부류의 인간들이 과연 있을 수 있는 것인지 묻지 않을 수 없었을 것이다. 무의 숭배가 행해지고 있다는 사실은 인간의 단일성을 반문하는 것처럼 여겨졌을 것이다. 그만큼 불교의 여러 특징들은 흔히들 정상이라 생각하는 것과는 상치되는 것들이었다. 이 문제에 대해서는 세 가지의 해결책이 있었다. 하나는 불교도들이 존재하고 있다는 사실 자체를 부인하는 것이었고, 또 하나는 이 사실을 인정하면서 불교도들을 인간으로 취급하지 않는 것이었으며, 마지막으로는 인간의 자연에 대한 정의 자체를 재고하는 것이었다. 또 다른 가능성을 살펴보고자 했던 이들은 극소수에 불과하였다. 이를테면, 이 공허의 추종자들에 대해 갖고 있는 부정적인 인식에 문제를 제기하거나 또 다른 시각으로 불교의 교리와 종교의식을 고찰한다든지, 혹은 이해하려고 끈질기게 노력한다든지, 아니면 아예 이해하는 것 자체를 포기한다든지 말이다. 하지만 르낭은 이런 경우에 속하지 않았다. 오히려 그는 붓다의 추종자들을 비정상적인 부류로 몰고가면서 허무주의에 편입시켰던 것이다. "붓다는 인도의 무신론자 그리스도이다. (……) 그의 교리는 허무주의의 복음이다. (……) 이같은 허무주의는 용납할 수 없

* 에르네스트 르낭, 「불교에 관한 일차적 연구」, 1884. 『새로운 종교사 연구』에 재수록된 이 논고는 최근에 다시 출간되었다(Gallimard, 1992).

는 것이다. 왜냐하면 우리가 보기에 존재한다는 것은 좋은 것이기 때문이다. 하지만 인도인들에게 존재한다는 것은 악 그 자체이다. 그들에게 지고의 행복은 영면의 상태, 즉 존재하지 않는 것이다."

이렇듯 르낭이 보는 식의 허무주의적 인도에서는 오직 자기 자신과 모든 신앙을 파괴함으로써 지고의 행복에 가 닿을 수 있을 뿐이었다. "존재하는 것은 아무것도 없다고 말하는 경지에, 자기 자신의 고유성을 포기하는 경지에, 아무것도, 심지어 영면의 상태마저도 추구하지 않는 경지에, 모든 것이, 심지어 붓다의 법마저도 헛된 것임을 알게 되는 경지에 마침내 도달한 자야말로 바로 붓다이다." 르낭은 허무주의와 회의론, 유물론이 불교의 근간을 이루는 것으로 보고 있다. 그러기에 한편으로 그는 그럼에도 불구하고 불교가 보여주는 정신적 높이에 대해 사뭇 놀라움을 금치 못하고 있다. 하지만 그 역시도 불교의 정치적 의미에 역점을 두고 있다. "우리가 석가의 이름과 연관지어 말하고 있는 혁명은 (……) 평등성을 추구하는 혁명이었다. (……) 따라서 불교에 대항하는 브라만 계급의 논박은 신학적 차원이나 철학적 차원의 것이 아니라 모두 정치적 차원의 것이다. (……) 불교가 축출당하든지 아니면 구제도의 사회가 와해되든지 하는 양자택일의 기로에서 특권 계층의 저항은 물리칠 수 없을 정도로 강력한 것이었다."

그런데 르낭의 논지를 빌리자면, 힘의 대결에서 구제도의 사회가 일단 승리를 거두게 되면서부터 기이하게도 모든 것이 뒤바뀌게 되었다는 것이다. 이를테면, 최악의 것으로부터 최선의 것이 비롯되고 또 공포심이 평온함으로 바뀌듯이 말이다. 부정의 대상이었던 불교는 이제 긍정적인 현실로 바뀌고 있다. 불교의 모순적인 허무주의는 단지 일시적인 모순이었을 뿐 궁극적으로는 비옥한 사상인 것이다. 이렇듯 르낭은 모순성과 악의성을 이유로 붓다를 배척하려 들기보다는 붓다의 교리가 그 결과와 전제에서 얼마나 다른 것이었는가를 확인하고 있다. "모든 도덕에 대한 부정으로부터 헌신적인 정신의 극치라 할 수 있는 것이 비롯되었던 것이며, 또 무신론으로부터 어떤 형용할 수 없는 자애로움과 온화함으로 가득 찬 하나의 전설이 비롯되었고, 또 허무주의로부터 포근하고 행복한 삶을 누리는 작은 낙원들이 생겨나게 되었다." 그렇다면 한 교리의 결과가 그 전제와 이토록 다르다는 것은 참으로 이상한 경우가 아니겠는가. 하지만 역사가의 입장에서 르낭은 그 이유는 이해하지 못한 채 이토록 이상한 사실을 기술하는 것만으로 그치고 있다. 어떻게 하나의 교리가 이처럼 극과 극을 오갈 수 있는 것인가? 또 가장 적은 규모의 집단이 가장 큰 규모의 집단으로 바뀌게 된 비결은 어디에 있는 것인가? 르낭은 그 이유를 수수께끼 같은 자연환경의 문제에서, 그리고 묘연한 인종의 문제에서 찾고 있다. 문화적 감염이 어떤 경로로 이루어지는지는 규명하기 어려운바, 르낭은 이렇게 말하고 있다. "불교를 널리 수용한 인종들을 보면 하나같이 불교와는 거리가 먼 부류였던 것 같다."

이를테면 중국인들이 그 실례라 할 것이다. 르낭의 표현을 빌리자면 "형이상학도 없고, 신화도 없고, 또 거의 시도 모르는 이 인종"이 단적으로 말해서 인도가 낳은 가장 기괴한 것에 열광하였던 것이다. "인간에게 무를 궁극의 목표로 제시하는 이 기이한 종교가, 존재하는 데서 오는 악몽을 떨쳐버림으로써 마침내 생각과 욕망의 유무 자체가 없는 상태에 이르는 순간을 완벽함의 정점으로 제시하는 이 기이한 종교가, 인도 정신의 산물이건만 인도로서도 내부 안정을 도모하기 위해서는 외부로 추방시켜야 했을 만큼 지나친 것이었던 이 인도 정신의 극단적인 산물이 수많은 중국인들에게 뜨거운 신비주의의 열기를 불러일으켰던 것이다." 이렇듯 사실을 어떤 식으로든 관찰할 수는 있을 것이다. 하지만 그 이유를 이해하는 데는 아무래도 어려움이 따르기 마련이다. 그러기에 르낭은 단지 인간성에 대한 정의 자체가 재고되어야 한다고 주장하는 것만으로 이 문제를 결론짓고 있다. "극단적으로 대립적인 인종적 특성들간의 이 만남은 사상가에게는 인간성이 무엇인지에 대해, 또 인간성이 미칠 수 있는 범위와 그 다양한 조합 방식에 대해 색다른 시각을 열어주고 있다." 그런데 이 '색다른 시각'에 대한 더 이상의 언급은 르낭의 논고에서 찾아볼 수 없다. 다만 확실한 것은, 불교와 그 허무주의, 그리고 역설적으로 그 허무주의가 이루어 낸 성공은 인간성에 관하여, 나아가 인류의 단일성에 대한 물음을 야기했다는 점이다. 무의 숭배는 그 기이함으로 인해 이제껏 인간성에 부여해왔던 단일성에 대한 의심을 불러일으켰던 것이다. 이렇듯 이제껏 의심의 여지가 없는 것으로 여겨졌던 보편적인 인간성이 기이한 불교로 인해 문제로 부각되기 시작하였던 것이다.

이 문제에서 쥘 바르텔르미 생 틸레르는 르낭보다도 더 극단적인 자세를 보이고 있다. 그는 1860년 파리에서 출간된 저술 『붓다와 그 종교』에서 아주 분명하게 인류의 단일성에 의문을 보이고 있다. "하나의 종교가 확실히 보여주고 있듯이 이처럼 이상하고 참담한 현상에 직면해 있는 우리로서는 이들 민족의 두뇌가 과연 우리의 두뇌처럼 만들어져 있는지 묻지 않을 수 없으며, 더욱이 삶을 부정의 대상으로 받아들이면서 신을 숭배하기보다는 무를 숭배하는 그런 환경에서도 인간성이 과연 우리가 내면에서 느끼는 그것과 같을 수 있는지 또한 묻지 않을 수 없을 것이다."

유감스런 예의

1862년 바르텔르미 생 틸레르는 또 다시 동일한 논지를 주장하고 나선다. 그의 연구 결과에 의거하여 빅토르 쿠쟁이 불교는 무의 숭배라는 견해를 피력한 지도 15년이 지난 시점에서, 또 외젠 뷔르누프가 사망한 지도 10년이 지난 시점에서, 그리고 그의 『붓다와 그 종교』가 이전에 발표된 동일한 주제의 다른 논고들과 마찬가지로 비판의 대상이 된 지도 2년이 지난 시점에서 여전히 그는 학술원의 동료 회원들 앞에서 자신의 입장이 바뀌지 않았음을 밝히고 있다. "외젠 뷔르누프 이후로 불교의 열반에 대해 내가 제시했던 해석이 상당한 반론을 불러일으키기는 했지만, 나는 이 점에 대해 그다지 놀라워하지 않습니다. 무에 대한 믿음이 인류의 4분의 1 내지 3분의 1에 달하는 인구가 오늘날에도 여전히 조금씩 그 형태를 달리하면서 추종하는 종교로 되었다는 점은 실로 놀라운 사실이라 할 것입니다. 그만큼 이 사실은 처음에는 전혀 예기치 못한 것으로 여겨지면서 이내 부정적인 반응을 불러일으킬 수밖에 없었던 것입니다. 무를 숭배한다는 것은 우리로서는 아무래도 이해하기 힘든 일일 것입니다. (……) 나는 나의 이 논지에 가해진 여러 반론들을 깊이 검토해 보았고 또 오랜 성찰의 시간도 가져보았지만 나의 입장은 바뀌지 않았습니다. 나는 내가 오류를 범했다고는 생각하지 않아요."

1805년 파리에서 태어나 재무부 관리의 길로 들어섰던 쥘 바르텔르미 생 틸레르의 생애가 바뀌게 된 것은 그가 1826년부터 기고자로 참여하기 시작한 〈르 글로브〉지를 통해 이루어진 빅토르 쿠쟁과의 만남에 의해서다. 그의 긴 생애는 왕정하에서 반대파 인물로 있다가 그 후 콜레주 드 프랑스를 거쳐 마침내 집권파의 인물이 되는 경로를 밟고 있다. 그는 1838년 쿠쟁의 영향력에 힘입어 콜레주 드 프랑스의 그리스 · 라틴 철학 강좌의 교수로 선출된다. 1848년 제2공화정의 임시정부 각료를 역임하기도 했던 그는 1851년 제2제정이 시작되면서부터 다시금 반대 세력으로 남아 있다가 1870년 제3공화정의 티에르(Thiers) 정부가 출범함에 따라 새로이 각료로 등용되면서 1880년 쥘 페리(Jules Ferry) 정부의 외무장관직을 역임한다. 이러한 그의 생애에서 특기할 만한 점은 무엇보다도 빅토르 쿠쟁에 대한 그의 변함없는 추종심이라 할 것이다. 1867년 칸에서 쿠쟁의 마지막 순간을 지켜보았던 그는 죽어서까지 쿠쟁의 곁을 지키고자 파리의 페르 라셰즈 공동묘지에 있는 쿠쟁의 무덤 곁에 자신의 무덤도 마련한다. 이러한 바르텔르미 생 틸레르의 모습에서 조르주 피코(Georges Picot)는 '이 시대에 길을 잃고 헤매는 한 고대의 영혼'을 보고 있다.

하지만 그에 대해 쇼펜하우어는 '지조 없고 가증스러운 몽매주의자'라는 전혀 다른 견해를 내놓고 있다. 1857년, 이 프랑크푸르트의 철학자는 자신의 충실한 '사도' 아담 폰 도스에게 보낸 편지에서 이러한 견해와 함께 그가 이미 『자연에서의 의지에 대하여』의 서문에서 바르텔르미 생 틸레르를 비판한 적이 있다는 사실도 상기시켜 주고 있다. 실제로 쇼펜하우어는 그 서문에서 생 틸레르가 칸트에 대해 '가장 적절치 않은 표현들'을 사용하였다는 이유로 그를 비판하고 있다. "프랑스인이든 독일인이든, 이 분들에게는 철학이 신부 노릇 하는 데 정신적 밑천을 대주기 위한 것이 아니라는 점을 확실히 이해시켜 주어야 할 것이다." 그런데 쇼펜하우어가 이 편지에서 새삼스럽게 생 틸레르를 비판하고 있는 것은 그가 1856년 발간된 장-바티스트-프랑수아 오브리(Jean-Baptiste-François Obry)의 저술

『인도의 열반』을 접한 직후였기 때문이다. 불교와 그 '무에 대한 광신' 에 관한 생 틸레르의 논지를 비판하는 이 저술에 대해 쇼펜하우어는 그 편지에서 이렇게 평하고 있다. "이 글은 생 틸레르를 겨냥하고 있는 것으로 보이지만 프랑스식의 그 유감스런 예의로 인해 논조가 너무도 잔잔한 것이라고 아니할 수 없네."

그렇지만 이 프랑스식의 유감스런 예의를 바르텔르미 생 틸레르가 붓다에 대해 갖췄다고는 결코 말할 수 없을 것이다. 그가 붓다에게서 어떤 진정한 정신적 위대함이나 심지어는 어떤 성품까지도 찾아내고 있는 것은 사실이다. 하지만 그는 다른 어떤 저자보다도 붓다를 폄하하는 갖가지 형용어들을 사용하는 데 주저하지 않고 있다. 그 중 몇 가지를 들어보도록 하자. 붓다의 교리는 '개탄스러울 정도로 모순적' 이다. 이 교리 체계는 '서글픈 원칙들' 에 입각하고 있는 것으로서 '끔찍한 오류들' 로 가득 차 있고, '음산한 의미' 가 배어 있으며, '정신적 자살' 로 인도하는 '가증스러운' 체계이다. 한마디로 불교는 '가장 혐오스러운' 종교이다. 그 '유해한 교리들' 에 대해서는 단호한 조치가 필요하니, '어떤 총체적인 배척만이 공정한 조치라 할 것이다.' 그런데 여기서 불교가 배척의 대상이 되고 있는 주된 요인은 바로 불교가 '허무주의의 종교' 라는 데 있다.

바르텔르미 생 틸레르의 논지의 축을 이루고 있는 것은 열반에 대한 그의 해석이다. 그의 해석은 뷔르누프의 그것을 더욱 확대하고 있는 데 불과하지만 풍자조의 한층 과격한 논조를 띠고 있다. 그렇지만 학술원에서 발표된 논고들을 통해 이 문제에 대한 논쟁의 핵심을 살펴본다면, 그 주된 주장은 몇 마디의 말로 요약될 수도 있다. 열반에 대한 그의 해석을 함축적으로 제시해 주고 있는 확신에 찬 말을 들어보도록 하자. "붓다에게 무는 유일한 피신처이자 유일하게 실재하는 것이다. 왜냐하면 무로부터 되돌아오기란 불가능하기 때문이다. 일단 열반 속에 안치된 영혼은 더 이상 두려워할 것도 더 이상 기대할 것도 없다. (……) 불교의 모든 경전의 진정한 의미는 바로 이 점에 있다는 것을 나는 확신하고 있다. 열반에 대해 이와는 다른 의미를 들려주는 단 한 줄의 글도 경전에서 찾아내기는 실로 어려울 것이다. 거기에서 열반은 언제나 영원한 해탈의 의미로, 또 인간의 원동력이 되고 있는 모든 것의 소멸을 통해 모든 고통뿐만 아니라 모든 새로운 탄생의 가능성까지도 여지없이 종식된다는 의미로 주어지고 있을 따름이다."

이렇듯 바르텔르미 생 틸레르의 눈에 불교도들은 오로지 허무주의자들로만 비치고 있다. 사실 그는 이 주장을 만일 쇼펜하우어가 여태 생존해 있었더라면 그의 폐부에 가 닿았을 말로 거듭 피력하고 있다. 쇼펜하우어가 몽매주의자로 취급한 적이 있는 이 주석가는 요컨대 『의지와 표상으로서의 세계』 마지막 부분에서 나타나는 바로 그 관점에서 불교도들을 공격하고 있다. "불교도들은 무를 믿음의 대상으로 삼는 데 대해 조금도 거리끼지 않았던 까닭에, 형이상학을 다루는 그들의 책들 가운데 가장 유명하고 가장 완벽한 것을 보더라도 그것은 단지 장황한 허무주의의 이론에 불과한 것이다. 내가 여기서 『반야바라밀다』에 대해 말하고자 한다는 것은 누구나 쉽게 짐작할 수 있을 것이다. 『반야바라밀다』는 기원전 1세기 훨씬 이전에 성립된 것으로서 분명 불교 철학의 지고한 표현이라 할 것이다. 겸허함이 다소 결여된 그 제목이 시사해 주듯이 이 책은 지혜의 완벽함과 초월적인 지혜의 결정판처럼 주어지고 있다. 그렇지만 이 책은 여러 경전들이나 타타가타(여래)의 말 속에 흩어져 있는 싹들을 키워 놓은 것에 불과하다. 그러기에 우리는 이렇게 묻지 않을 수 없다. 『반야바라밀다』는 인간의 얇을 한층 높은 단계로 끌어 올리고 또 유일한 참다움에 가 닿도록 하기 위해 그러면 무엇을 가르치고 있는가? 인식의 객체 및 주체에 대한 부정, 이것이 그 가르침이다." 따라서 결론은, "불교의 형이상학 전반에 걸쳐 허무주의의 교리 이외의 것은 전혀 찾아볼 수 없다."

원칙상의 문제

1862년 그날 바르텔르미 생 틸레르가 학술원에서 발표한 논고로 인해 야기된 논쟁의 내용은 사실 그 후 줄곧 대동소이하게 전개되었던 열반에 대한 논쟁 전반을 아주 함축적으로 보여주는 것이기도 하다. 생 틸레르의 발표에 뒤이은 토론 과정에서 철학자 아돌프 프랑크(Adolphe Franck)는 생 틸레르의 주장에 반론을 제기하고 있다. 그런데 그는 이 반론의 근거로, 자기 파괴는 인간으로서는 지속적으로 염원할 수도 없는 것이며 또 모두에게 공통적인 염원이 될 수도 없다는 점을 제시하고 있다. "나로서는 3억에 달하는 사람들이 앞으로 올 자신들의 사멸에 대한 기대 속에서 살아가고 있으며 또 이 종교 이외의 다른 종교는 모르고 있다는 점에 대해 전혀 수긍할 수 없습니다. 어떠한 민족이나 인종도 이처럼 끔찍한 상황으로 스스로를 몰아 넣을 수는 없는 일입니다. 만일 그렇지 않다면 인류에 속하는 여러 갈래의 인종이 있게 되는 것이 아니라 능력과 지성과 본성이 각기 상이한 여러 종류의 인류가 있게 될 것입니다." 이같은 반론에 아돌프 가르니에〔Adolphe Garnier: 심리학자〕는 한술 더 뜨고 있다. "인간성은 본능적으로 무에 대한 심한 거부감을 지니고 있습니다." 아마 이 정도의 발언만으로도 우리는 무엇이 문제시되고 있었는지 파악할 수 있을 것이다. 더욱이 이 논쟁은 문헌 연구나 출처 비교 또는 개념 비평에 전혀 의거하지 않고 있다는 사실에 우리는 주목해야 할 것이다. 뷔르누프나 필립 에두아르 푸코〔Philippe Eduard Foucaux: 프랑스 최초의 티베트 학자〕 등에 의해 번역된 불교 경전들이 있었음에도 불구하고 이 논쟁은 경전 해석 그 자체는 직접적으로 문제시하고 있지 않다는 점에서 특이한 양상을 보여준다. 오히려 이 논쟁의 두 가지 주된 논제를 보면, 하나는 무가 갈망의 대상이 될 수 있다는 선험적인 전제이며 또 하나는 인간성의 단일성에 관한 전제이다. 반론이 제기되는 과정을 살펴보면, 열반과 무를 동일시하는 논지에 반대하는 쪽에서는 매번 이 경우에서처럼 반론의 근거로 일단 다음의 두 가지 사항간의 근본적인 모순을 내세우고 있다. 즉, 한편으로는 세계의 어느 종교를 막론하고 신봉자라면 어떤 형태로든 갖고 있기 마련인 보편적인 갈망, 이를테면 해탈과 구원과 한없는 축복과 평온한 행복에 대한 갈망이 있는 것이며, 또 한편으로는 회귀할 수 없는 사라짐에 대한 두려움, 그리고 결코 갈망의 대상이 될 수 없는 자기 파괴에 대한 공포가 있다는 것이다. 다시 말해, 인간은 항상 무언가를 갈망할 뿐 아무것도 없는 상태 그 자체를 갈망할 수는 없다는 것이다. 이렇듯 이 반대 논지에 의하면, 인간은 항상 어떤 존재 형태를 추구할 뿐 모든 형태와 모든 존재의 부재를 추구할 수는 없는 것이다. 따라서 인간의 갈망과 무 사이에는 근본적인 모순이 있기 마련이다. 무를 갈망하는 것은 '나는 존재하지 않음'을 생각하는 것과 마찬가지로 있을 수 없는 일이다.

이 논지의 옹호자들은 이렇듯 한 가지 원칙상의 불가능성을 제시하고 있다. 그리고 이 원칙상의 불가능성은 인간의 갈망이 본연적으로 지니고 있는 특성과 관계된 것이다. 그 결과, 불교도들이 — 어떤 영원한 심연 속으로 자신이 사라져버리는 것을 지고한 이상으로 삼고 있는 '무의 숭배'를 영속시키는 가운데 — 이같은 일반적인 기준에서 벗어나고 있음을 주장하는 쪽이라 할지라도 그들 역시 인간성에 대해 되묻지 않을 수 없게 되었던 것이다. 인간의 갈망이 지니는 그 본연의 성격과 상치되는 이 '무의 숭배'를 인정하는 경우 논리적 궁지에 처할 수밖에 없었던 것이다. 그렇다면 불교도들은 인간이 아니란 말인가, 아니면 인류는 모두 동일한 것이 아니라 서로간에 약간의 유사성을 지니고 있을 뿐인 여러 상이한 부류들로 나뉘어 있다는 말인가. 특히 장-바티스트-프랑수아 오브리가 그의 첫 번째 논고 『인도의 열반』에서 제기하는 이 반론에 직면하여 바르텔르미 생 틸레르는 무의 숭배를 부인하는 편보다는 차라리 인류의 균일성을 희생시키는 편을 택하고 있다. 사실 그는, "무의 숭배 그리고 무의 추구라는 측면에서 볼 때 불교는 인간 정신이 지니는 그 본연의 성격과 분명 상치되는 것이라는 반론에 처음에는 적이 당황했지만 향후에도 계속 제기될 여지를 안고 있는 이런 식의 반론에 그다지 중요성을 부여하고 싶지 않다"는 생각을 밝히고 있다. 바로 이러한 논쟁의 단계에서 무의 숭배에 대한 새로운 해석이 대두하였던 것이다. 즉, 무의 숭배는 있을 수 없는 것이라는 반론을 제기했던 쪽에서 새로이 제시한 견해에 의하면, 불교라는 이른바 허무주의를 어떤 특수한 형태의 신학으로 보는 것이 더욱 타당한 접근이라는 것이었다. 이 새로운 시각에 대해 생 틸레르는 다음과 같은 반응을 보이고 있다.

"그렇다면 불교는 우리가 생각하고 있는 것과는 다르지 않겠는가. 또 그렇다면 불교는 인간 정신의 불변의 법칙에서 벗어나고 있는 것도 아니지 않겠는가. 다만 불교는 우리와는 다르게 신을 이해하고 있을 따름이지 않은가. 어쨌든 결과적으로 불교는 항상 신에 의거하고 있는 것이 아닌가. 그렇다면 불교의 그 기이한 문구들 아래 감춰져 있는 것은 무가 아니라 신이란 말인가."

생 틸레르에게 반론을 제기했던 대표적인 인물 가운데 한 사람이었던 장-바티스트-프랑수아 오브리는 이 새로운 시각을 지지하고 있다. 쿠쟁의 제자이자 친구였던 생 틸레르에 대한 그의 첫 번째 공격은 쇼펜하우어가 높이 평가하기도 했던 그의 1856년 논고 『인도의 열반』에서 이미 나타나고 있다. 그런데 1863년, 아미엥 시의 학술원에서 열린 한 토론이 계기가 되어 그는 다시 이 문제를 제기하고 나선다. 여기서 그는 붓다와 그의 교리를 옹호하는 측면에서, 그리고 그 교리가 미치는 영향을 옹호하는 측면에서 열반에 대한 해석을 제시하고 있다. 지탄의 대상이 되어 왔던 불교의 그 '혐오스런 체계'는 이제 불교의 긍정적인 면모처럼 부각되고 있다. "불교는 인간 정신의 역사 속에서 중대하고 중요한 위치를 차지하고 있다. 불교가 40년 전부터 유럽의 학계에 더욱 잘 알려지기 시작한 이래로 높은 지위를 누리게 된 것은 분명 불교의 그 모호하고 미묘한 형이상학 때문이 아니며, 언뜻 아주 간단한 듯 보이지만 또한 아주 호화롭게 진행되는 종교 의식 때문만도 아니다. 이는 바로 불교 윤리의 순수함과 신성함과 숭고함 때문이며, 또 불교의 관용 정신과 온화함, 그리고 불교를 받아들인 야만적인 민족들에 끼친 불교의 유익한 영향 때문이다." 오브리는 인간의 마음을 가라앉히는 이 종교가 아시아의 발전에 핵심적인 역할을 하였음을 말하고 있다. 더욱이 이러한 불교의 역할은 단지 과거 시제로만 말할 수 있는 것이 아니다. 왜냐하면 오늘날에도 여전히 "붓다는 수많은 종족들을 꽃피우며 통치하고" 있기 때문이다. 이 계몽 군주는 프랑스 대혁명을 기억하고 있는 어떤 입헌 군주와도 무관하지 않은 것 같다. 오브리는 붓다가 사실 "민중의 지지를 받고 있었음"을 말하고 있다. 그의 주장에 의하면, 붓다는 자신이 소요를 불러일으키고 혁명을 선도하고 있음을 모르지는 않았다는 것이다. "왜냐하면, 자신들을 신 같은 인간으로 여기고 있던 그 오만하고 관용을 모르는 브라만 계급에 대항하여 모든 인간의 평등과 우애를 설파하는 것은 곧 가증스러운 계급 제도의 기반을 붕괴시키는 것이었기 때문이다." 불교의 패배를 강조하였던 고비노와는 반대로 오브리는 불교의 지배력을 부각시키고 있다. "붓다는 자신뿐만 아니라 그 제자들 그리고 그 제자들의 후계자들까지도 끊임없는 투쟁에 나서지 않으면 안 될 상황으로 끌어들였다. 하지만 이 투쟁에서 그들은 승리를 거두었으며, 그 결과 5세기와 7세기경 법현(法顯)과 현장(玄奘) 같은 중국인 순례자들이 인도 곳곳에서 승리자 불교도들을 목격할 수 있었던 것이다."

우리는 이같은 전반적인 논조만으로도 벌써 열반이 어떤 결정적인 파괴와는 무관한 것으로 제시되리라는 점을 쉽게 짐작해 볼 수 있다. 사실 오브리는 바르텔르미 생 틸레르마저도 인정하고 있는 '깊은 통찰력을 지닌 콜브루크'의 권위에 의거하고 있다. 오브리가 빌리고 있는 콜브루크의 견해에 의하면, "진정한 열반 즉 불교도들과 또 인도에서 불교도들을 계승한 자이나 교도들이 말하는 완전한 대열반은, 이 단어의 문자 그대로의 의미만을 고려하는 경우라면 영혼의 파괴라고 생각할 수도 있겠지만 실은 영혼의 파괴가 전혀 아니었다. 이는 다름 아닌 영혼의 적요한 상태, 영혼의 완벽한 초탈, 영혼의 끊임없는 부동요 상태, 영혼의 흔들리지 않는 정온한 상태, 달리 말하자면, 영혼이 물질적인 세계와의 관계로부터 완전히 해방됨으로써 영혼에 찾아드는 영면의 상태, 축복의 상태, 또는 황홀경의 상태를 뜻하였다." 따라서 불교는 무의 숭배가 아니다. 달리 말하자면, 이 무는 소멸이 아니라 단지 신을 명명하는 또 다른 방식인 것이다. 오브리가 보기에 바르텔르미 생 틸레르는 바로 이 점을 파악하지 못했던 것이다. "만일 한 걸음만 더 나아갔더라도 그는 불교의 기이한 문구들 아래 감춰져 있는 것이 무가 아니라 바로 절대적인 존재, 어떤 특수한 속성이나 규정된 속성도 없는 본질적이고 자율적인 존재, 즉 신이라는 것을 더욱 잘 이해할 수 있었을 것이다. 다만 여기서 신은 우리들의 방식과는 전혀 다른 방식으로, 즉 인도의 범신론자들에게는 전혀 이상할 것도 특이할 것도 없는 방식으로 이해된 신이다."

하지만 우리는 이 점에서 당시의 성찰이 사실 제자리에서 맴돌고 있을 뿐이라는 데 주목해야 할 것이다. 오브리가 1863년 아미엥 시의 학술원에서 규명하고 있는 것은 실은 헤겔이 1827년 베를린에서 이미 말했던 것일 따름이다. 요컨대, 논쟁은 어떤 갈래로 전개되든 늘 동일한 기로에 봉착하고 있는 것 같다. 즉, 한편으로는 갈망의 대상으로서의 존재와 갈망의 대상이 될 수 없는 것으로서의 무라는 이 양자간의 대립 관계로 나아가든지, 아니면 또 한편으로 존재와 무는 하나의 동일한 실재를 가리키는 두 이름일 따름이라는 측면에서 이 양자간의 등가 관계로 나아가든지 하는 것이 바로 그것이다. 이 점에서 사실 오브리는 어떤 획기적인 해석을 제시하지는 못하고 있다. 하지만 불교의 허무주의적 양상에 대한 설명에서만큼은 아주 참신한 시각을 보여주고 있다. 그의 새로운 주장에 의하면, 불교의 허무주의는 붓다로부터 비롯되는 것이 아니라 "붓다의 교리를 붓다마저도 인정할 수 없을 정도로 극단적인 결과로 몰고 갔던 인도의 광적인 회의론자들로부터 비롯된 것이다." 따라서 후대에 있었던 회의론자들의 공모에 따른 그 부정적인 결과와는 무관하게 붓다를 고찰해야 한다는 주장을 그는 피력하고 있다. 더욱이 이 회의론자들은 붓다의 교리를 왜곡시키고 또 그럼으로써 붓다를 폄하시키는 데 연연했다는 것이다. "불교가 학계의 평가에서 그 높은 위상을 잃게 된 것은 붓다 사후 6세기 혹은 7세기 정도 지난 시점에서 등장한 허무주의의 일파가 감히 붓다의 가르침을 보완한다는 구실로 가장 무모하고 가장 터무니 없는 회의론을 그의 가르침과 한데 섞어버렸기 때문이다."

그렇지만 이 새로운 주장이 무의 숭배에 대한 논쟁을 종식시켰던 것은 아니다. 여기서도 문제 전반의 차원에서 새로운 기로에 봉착하고 있다. 즉, 불교도들을 양분하든지, 아니면 인류를 양분하든지 말이다. 첫 번째 전제의 경우, 무의 숭배는 단지 후대에 어떤 '황당무계한 회의론' 일파에 의해 왜곡되었을 따름인 또 다른 이름의 신의 숭배인 것이다. 하지만 두 번째 전제의 경우, 무의 숭배는 분명 허무주의인바, 그렇다면 불교도들이 진정 인간인지를 당연히 묻지 않을 수 없다는 것이다. 바르텔르미 생 틸레르는 두 번째 입장을 표명하고 있다. "그렇다고 내가 3~4억에 달하는 그 많은 불교 인구로 구성된 인류의 커다란 한 부분을 인류의 구성 법칙 바깥에 위치짓고자 하는 것은 아니다." 하긴, 그토록 거대한 인구를 인류의 영역 밖으로 내쫓기는 어렵지 않겠는가. 또 그럴 수 있는 공간은 어디 있겠는가? 그렇다면 인류의 단일성을 다소나마 유지하면서 동시에 이 주민들이 서구인과는 다른 두뇌를 가지고 있음을 입증하기 위해서는 어떻게 해야 할 것인가? 그들이 우리와 같은 인간임에도 불구하고 우리와는 가장 내면적이고 가장 항구적이고 가장 근본적인 갈망에 이르기까지 다르다는 사실을 도대체 어떻게 이해할 수 있을 것인가? 바르텔르미 생 틸레르는 『불교의 열반』에서 이 문제에 대한 해결책을 이렇게 제시하고 있다. "우리는 우리 자신이 속해 있는 인종을 통해서만 이제껏 인간 정신을 관찰해 왔을 뿐이다. 물론 우리는 이러한 연구에서 우리가 속해 있는 이 인종에게 가장 중요한 위치를 부여해야 할 것이다. 그렇지만 이 인종만이 연구 대상으로 주어지는 것은 아니다. 중요성이 떨어진 열등한 다른 인종들이라 할지라도 관찰 대상으로 삼는 것이 당연하지 않겠는가?" 그렇다고 한들 '우월한 인종' 인 우리들로서는 아무 걱정할 바 없을 것이다. 우리가 다른 인종들을 연구한다고 해서 그로 인해 잃을 것은 아무것도 없을 테니 말이다. 다만 중요한 것은, 인간의 이성과 감성에 위배된 행위일망정 학문이라는 보편적 호기심에 이끌려 이 열등한 인종들을 반드시 연구해야 하는 경우라면 적어도 객관적 시각만큼은 지녀야 한다는 점이다. 생 틸레르는 『불교의 열반』에서 계속해서 이렇게 말하고 있다. "그렇다면 불교는 인류를 지배하는 법칙에서 벗어나 있는 것인가? 내 생각에 그건 아닌 것 같다. 다만 공정한 시각으로 연구한 결과, 불교는 우리가 이전에 알지 못했던 인간 정신의 한 단면을 보여주고 있다고 할 것이다. 그 단면은 거짓됨과 추함으로 인해 역겨움을 풍기면서 우리에게 놀라움과 고통을 안겨주기는 하지만 그래도 어쨌든 호기심만큼은 불러일으키는 것이다." 이렇듯 또 다시 인종이 문제시되고 있다. 생 틸레르에게는 삶에 탐닉하는 인종이 있는 반면 죽음에 탐닉하는 인종이 있는 것이다. "우리는 무에 대한 생각만으로도 온몸에 전율을 느낀다. 하지만 무에 대한 생각이 두려움을 불러일으키기는커녕 오히려 넋을 잃게 하는 정신들이 있다. 이 정신들은 삶을 혐오하는 까닭에 죽음을 사랑한다. 하지만 이와는 반대로 우리는 삶을 사랑하며 죽음을 혐오한다."

이러한 문제가 단지 프랑스에서만 제기되었던 것은 아니다. 외젠 뷔르누프의 제자였으며 옥스퍼드에서 산스크리트어를 가르치기도 했던 막스 뮐러〔Max Müller: 독일의 동양학자, 종교학자〕는 1867년 바르텔르미 생 틸레르의 저서에 대한 장문의 서평에서 이렇게 말하고 있다. "절반의 인류가 완전한 사멸을 갈망했으리라고 생각하는 것은 종이 다른 두 인류가 있다고 생각하는 것과도 거의 다를 바 없을 것이다." 그리고 1885년 마드리드에서도 바르텔르미 생 틸레르의 영향을 받은 가르시아 아유소〔Garcia Ayuso: 스페인의 동양학자〕의 「불교의 열반 — 몇몇 철학 체계와의 비교」라는 제목의 논고에서 이와 유사한 논지가 제시되고 있다. 가톨릭계 간행물 〈기독교학〉에 기고된 이 논고는 불교의 열반을 쇼펜하우어와 에두아르트 폰 하르트만(Eduard von Hartmann)의 철학 체계와의 관계 속에서 고찰하면서 다음과 같은 견해를 피력하고 있다. "석가의 윤리와 형이상학은 너무도 빈약한 것이고 그의 이론들은 너무도 무미건조하고 또 대체로 근거가 없는 것이어서, 그의 교리는 이미 퇴화된 민족들 사이에서나 확산될 수 있을 뿐이다." 그러면서 그는 인종의 퇴화를 염세주의나 무의 숭배와도 직접적으로 연관짓고 있다. "하르트만이나 쇼펜하우어의 체계와 마찬가지로 붓다의 체계 역시 가장 심화된 염세주의에 그 원천을 두고 있다. 이 철학자들은 그러한 염세주의로부터 사슬의 고리마냥 자신들의 원리를 끌어내고 있는데, 그 원리로부터 도출되는 것은 다름 아닌 무이다." 콜레주 드 프랑스의 교수 필립 에두아르 푸코가 자신의 저술 『종교사 일람』에서 이 논고를 비판하고 있듯이, "아유소는 불교를 무의 숭배로 규정짓는 데만 연연하는 것 같다." 이러한 비판이 제기된 것은 1885년의 일이다. 이 시점부터 무의 숭배는 상습적인 인식에서나 찾아볼 수 있는 것으로 바뀌어 갔던 것이다. 동양학 분야에서의 여러 연구들을 통해, 그리고 시대의 정신에 의해 불교는 상습적인 인식에서부터 벗어나게 되었던 것이다. 단지 시대에 뒤떨어진 주석자들만이 불교를 여전히 상습적인 인식 속에 가두어 두고 있었다. 바야흐로 무의 숭배는 그 쇠퇴기로 접어들기 시작하였다. 이제 이같은 변화가 있게 된 과정을 살펴보도록 하자.

제3부

쇠퇴

(1864~1893)

1864년. 학술 연구가 다각적으로 진척된다. 허무주의에 대한 주장도 그 명맥을 이어가기는 하지만 점차 약해진다.

1893년. 시카고에서 세계종교의회가 개최된다. 염세주의 문학과 병행하여 교회일치운동, 절충주의, 비교(秘教)주의의 시대에 대한 기대가 싹트기 시작한다. 불교를 두려움의 대상으로 보는 시각은 사라진다.

9

가공의 허약성

텐느는 불교에서 소멸에 대한 갈망과는 또 다른 것, 즉 감성의 역사에서의 한 획기적인 사건을 인지한다. 니체는 유럽에서의 새로운 불교의 탄생을 예고하면서 불교에 대해 선전포고를 한다.

새로운 불교의 가능성. 최대의 위험.

— 니체, 『힘에의 의지』

불교 관계 저술들 가운데 1860~1870년대 유럽에서 가장 널리 읽히고 가장 자주 언급된 것들 중의 하나는 독일에서 출간된 칼 프리드리히 쾨펜(Carl Friedrich Köpen)의 『붓다의 종교』이다. 포이어바흐의 제자로서 자유사상가였던 쾨펜은 헤겔로부터 어느 정도 물려받은 것이라 할 수 있는 역사관을 따르면서, 한편으로는 종교의 제도적 장치와 그 영향력에 대한 투쟁 노선을 지지했던 인물이다. 이 책에서 그는 불교에 대해 우호적인 입장을 보이는데, 이는 그가 인정한 불교의 다음과 같은 특징에 근거한 것이었다. 즉, 순수한 인간적 차원에서의 해방을 내걸고 있다는 점, 그리고 각자의 지리적 · 사회적 위치와는 무관한 인간 모두의 평등성을 제창하고 있다는 점이다. 쾨펜은 불교가 그 시발점이 된 '윤리 혁명' 에 대해 언급하고 있다. 뿐만 아니라 이 저술은 불교에 관한 그동안의 모든 지식을 총괄적으로 제시하려는 의도가 엿보인다. 두 권으로 이루어진 이 저술(1857년, 1859년 출간)은 그렇지만 새로운 정보들을 제시하지는 못하고 있다. 그 대부분의 내용은 기존의 동양학 연구물, 특히 1844년 출간된 외젠 뷔르누프의 대저 『인도불교사 입문』에서 빌려온 것들이다. 그렇지만 한 시대의 지식을 총괄적으로 보여주는 일종의 파노라마 같은 이 저술은 전반적으로 그 출전에 충실한 것으로서 이런 종류의 저술로는 성공작으로 평가받을 만한 것이다. 사실 저자는 30년 동안 출판된 기존 연구물들을 대부분 섭렵하였던 것으로 보이며, 또 이 자료들을 정리 요약하는 과정에서도 객관성을 잃지 않고 있다.

이 저술이 당시 상당한 호응을 얻을 수 있었던 것도 저자의 개인적 해설보다는 그 객관성 때문이었던 것 같다. 그런데 이 저술은 오늘날 빌헬름 할프파스(Wilhelm Halbfass)나 데 용(J. W. De Jong) 같은 석학들에 의해서조차 거론되지 않을 정도로 거의 잊혀진 상태이다. 하지만 1860년대의 독일에서 이 저술은 쇼펜하우어와 바그너 그리고 니체에 의해서도 그 중요성을 인정받을 만큼 권위서로 인정받고 있었다.

쇼펜하우어가 그의 '제자' 아담 폰 도스에게 보낸 1858년 3월 14일자 편지는 이 저술이 벌써부터 높이 평가받기 시작했음을 말해주고 있다. "쾨펜의 불교는 그가 심혈을 기울였음을 입증해 주고 있을 뿐만 아니라 그의 박학함을 보여주는 진정으로 함축적인 결정본이다. 그는 모든 것을 알고 있다." 그러기에 쇼펜하우어는 『자연에서의 의지에 대하여』 제3판(그가 1860년 집필 도중 사망한 탓에 그의 사후 1867년 프라우엔슈타트에 의해 출간)에서도 '중국학' 관련 부분에서 "불교에 대해 보다 깊은 지식을 얻고자 하는 이들"을 위한 권장도서 목록을 열거하는 가운데 이 쾨펜의 저술을 독자들에게 주지시키고 있다. 그는 독자들을 위한 26권의 권장도서 목록 가운데 맨 마지막에 이 저술을 소개하면서 아주 긍정적인 평가까지 곁들이고 있는데, 이러한 그의 평가는 객관성을 상실한 어떤 평론가로부터 나온 것이 아닌 만큼 거의 찬사에 가까운 것이라 하겠다. "불교에 대한 완벽한 개설, (……) 방대한 양의 독서를 거쳐 심혈을 기울여 쓴 이 진지하고 통찰력 있는 저술은 불교의 핵심을 담고 있다."

하지만 바그너는 이와 상반된 견해를 보이고 있다. 바그너에게 이 저술은 그가 뷔르누프의 연구서를 통해 지니고 있던 불교에 대한 생각과는 모든 점에서 상치되는 것이었다. 그는 『붓다의 종교』에 대한 강한 거부감을 마틸데 베젠동크(Mathilde Wesendonk)에게 보낸 1858년 10월 5일자 편지에서 그대로 표출하고 있다. 사실 이 무렵 바그너는 붓다를 주제로 한 오페라 〈승리자들〉을 무대에 올릴 계획을 갖고 있었다. 이 오페라는 결국 계획에 그치고 말았지만, 바그너가 쾨펜의 책에서 접한 붓다의 빈약하고 희화적이며 초췌한 모습은 그가 이 오페라를 통해 무대에 올리고자 했던 위대한 이미지의 붓다와는 전혀 상응하지 않은 것이었다. 그리고 니체의 경우, 그는 1870년 10월 25일 바젤의 도서관에서 이 책을 빌려간 것으로 기록되어 있는데, 불교에 관계된 그의 여러 발언들은 직접적으로 이 책에 의거하고 있다. 이 몇 가지 사실만으로도 우리는 쾨펜의 저술이 10년 넘게 상당수의 식자층에게 불교의 창구 역할을, 아니면 적어도 당시의 동양학 연구를 통해 알게 된 불교 관계 지식의 창구 역할을 해 왔음을 알 수 있을 것이다.

5~6천 편의 논고

1865년, 이폴리트 텐느(Hippolyte Taine)는 그의 저술 『신편 문학 · 역사 비평집』에 '불교'라는 제목의 쾨펜에 대한 논고를 담고 있다. 이 논고는 초판에서는 60여 쪽이 넘는 분량으로 서평의 형식을 취하고 있었다. 그런데 실제로는 대단히 자유로운 비평에 가까운 이 논고에서, 텐느는 불교에 대한 자기 나름의 해석을 시도하면서 한편으로는 대부분의 해석 요소들을 쾨펜의 저술에서 빌려오고 있지만 또 한편으로 몇몇 핵심 사항에서는 대체로 쾨펜과는 거리를 두고 있다. 그렇지만 이 논고의 서두에서부터 텐느는 쾨펜의 저술에 대해 이렇게 평가하고 있다. "이 책은 나무랄 데 없이 완벽한 한 편의 요약이다. 더욱이 이 책은 철학적 소재에 밝은 뛰어난 논리학자로서 능력과 과감성을 겸비하고 있는데도 전혀 현학적이지 않은 한 인물에 의해 풍부하고 명료한 문체로 씌어졌다." 또한 텐느는 여기에 그치지 않고 쾨펜이 이 요약 속에 망라하고 있으리라 추정되는 연구물들의 수를 너무 과다하게 제시하고 있다. 즉, "지난 20년 동안 축적된 500~600편의 모노그래프와 5~6천 편에 달하는 전문적 논고"라는 것이다. 그런데 사실 쾨펜은 고작 40여 편의 연구물들을 참조하고 있을 따름이다. 실제로 이 기간에 유럽에서 발표된 불교 관계의 문헌학적 연구물들을 집계해 보면 그 총수는 텐느가 제시한 숫자의 10분의 1 정도에 불과하다. 완전한 한 편의 저술로서의 '모노그래프'는 50~60편 정도이며, 또 잡지에 실린 논고들과 학회에서 발표된 보고문들을 총망라한 '전문적 논고'는 500~600편 정도이다. 이 숫자는 텐느가 제시한 숫자보다는 실제 연구 현황에 훨씬 더 가까운 것이다. 이같은 텐느의 과다한 산정은 1860년대에 지배적이었던 일반적인 분위기에 따른 것으로 보인다. 불교 관계 정보는 기하급수적으로 늘어났고, 또 그와 더불어 이 교리의 특이점들이 불러일으키는 당혹감을 가라앉히기 위해서라도 그에 대한 설명이 필요했던 것이다.

바로 이러한 목적에서 텐느는 쾨펜이 제공한 자료들을 이용하고 있다. 텐느의 논고는 그 구성이나 해석에서 쾨펜의 연구와는 상당한 거리를 보이는바, 쾨펜의 연구를 단순히 차용하고 있기보다는 재정립하고 있다고 하겠다. 텐느의 이 '보고서'는 네 가지 항목으로 구성되어 있으나, 사실 각 항목별 역할이 서로 뚜렷이 구별되지는 않는다. 제1부는 '기원'이라는 부제를 달고 있다. 그런데 이 부제가 시사하는 바와는 달리, 여기서 다루어지는 것은 엄밀한 의미에서의 불교의 태동이 아니라 아리안족의 도래에서부터 붓다의 출현에 이르는, 이를테면 인도의 변천사이다. 제2부는 '불교'라는 부제를 달고 있는데, 여기서 저자는 지적인 차원에서 해탈에 이르는 길과 연민의 감정을 대응시키면서 논지의 역점을 연민의 감정에 두고 있다. 제3부는 '사변'이라는 부제 아래, 불교의 주요 특징들을 불교가 철학적 체계로 정립되어 가는 과정을 통해 그리고 신화적 차원으로 이어져 가는 과정을 통해 살펴보고 있다. 그리고 마지막 제4부는 '실천'이라는 부제를 달고 있기는 하지만 불교의 제반 종교 예식을 다루고 있기보다는 불교가 아시아에 확산된 데 따른 사회적 · 문화적 영향을 고찰하고 있다.

하지만 이같은 구성상의 골격이 논고의 줄기를 제시해 주고 있는 것은 아니다. 사실 텐느는 논고 전반에 걸쳐 단 한 가지 문제만을 말하고 있을 뿐인데, 그것은 바로 허약성이다. 텐느는 이 문제를 여러 관점에서 고찰하면서 허약성을 불교의 가장 주된 특징으로 제시하고 있다. 그렇다면 허약성이라는 용어는 여기서 어떠한 의미를 지니고 있는 것인가? 물론 여기서 텐느가 불교의 본질을 고찰하는 가운데 불교의 '불충분함' 을 말하고 있는 것은 아니다. 이 경우 '불충분함' 은 이를테면 어떤 논리적으로 결핍된 구조에 의한 것일 수도 있을 테고, 또는 인간성에서 선천적인 것이라 할 수 있는 일종의 연약한 감수성에 의한 것일 수도 있을 것이다. 불교가 인간에게 선천적인 어떤 연약한 감수성을 단적으로 혹은 지나치게 표출하고 있음을 텐느가 말하고 있는 것은 아니다. 여기서 허약성을 규정짓고 있는 것은 곧 더 이상 '미력' 으로밖에 남아 있지 않은 꺾여버린 힘의 모습이다. 그러기에 허약성은 선천적인 것이 아니라 예전의 역동성을 잃어버린 어떤 꺼져가는 활력의 마지막 단계를 의미한다. 허약성은 어떤 전제가 아니라 쇠약해진 결과 그 자체인 것이다. 개인과 집단의 역량이 회복 불능의 상태가 될 정도로 점차 힘이 소모되는 과정의 귀결점, 이것이 곧 허약성의 의미이다. 우리는 바로 이 점에서 텐느 논고의 독창적인 면을 찾을 수 있을 것이다. 텐느의 이 글은 이같은 관점에서 불교의 발전과 그에 따른 결과를 설명하고자 한 첫 번째 논고이기도 하다.

불교를 역사의 시각에서 일종의 생물학적 · 사회학적 · 문화적 유형의 쇠락으로 보는 이같은 텐느의 해석은 아주 이색적이기는 하지만, 그렇다고 무의 숭배를 고려의 대상에서 완전히 배제시키고 있는 것은 아니다. 무의 숭배는 단지 핵심 문제로 제기되지 않고 있을 따름이다. 이 문제는 이 논고의 주된 줄기를 이루는 논제 즉 허약성의 문제에 의해 가려져 있을 뿐이다. 텐느의 논지에 의하면, 아리안족이 인도에 처음 정착하였을 당시에는 오로지 어떤 온전한 상태의 활력과 자생력을 갖춘 개인들만이 있었을 뿐 어떠한 허약성도 찾아볼 수 없었다는 것이다. 그는 허약성이 초기에 있었던 것이 아니라 단지 후대에 나타난 것이라며 그 이유를 다음과 같이 제시하고 있다. "가족마다 부권의 통솔을 받고 있었고, 부족마다 일종의 왕 또는 수장에 의해 통치되고 있었다. 계급제도도 성직자 집단도 찾아볼 수 없었다. 각 가정의 아버지는 가족 단위의 제사장 역할까지 맡고 있었다. 그리고 서구 인종에 속하는 민족들의 원래 풍습처럼, 그 풍습은 단순하고 자유롭고 또 건전한 것이었다. 신비주의적이며 병적인 어떠한 몽상도 거기서는 찾아볼 수 없었다. 남성적이고 명예로운 생각들, 그리고 힘과 영광과 승리와 전과를 신에게 기원하는 기도, 그 이외의 것은 찾아볼 수 없었다."

정복자의 성향을 지니고 있던 이 시원의 민족은 또한 '가장 섬세하고 가장 비옥한' 상상력까지 겸비하고 있었다. 텐느는 이 민족이 그들의 상상력을 발휘하여 자연의 힘과 신의 힘이 마치 서로를 비추는 두 개의 거울처럼 끊임없이 조응하는 힘의 관계를 갖가지 이야기와 신화를 통해 한없이 증폭시켰다고 말한다. "신에게 바치는 음료와 기도와 찬가 등 이 모든 종교 예식 절차는 경배의 대상이자 서원의 대상인 신의 힘, 또는 신적 존재를 드러내는 것으로 끝났다. 도처에 어떤 권능이 자리잡고 있었다. 아리안족에게 신은 어떤 개인적인 존재가 아니라 어떤 권능이었다." 그런데 텐느에 의하면, 아리안족의 그러한 상상력은 그들이 인도를 정복하면서부터 쇠약해지기 시작했다는 것이다. 본래 반유목민이었던 이 종족이 그들에게 맞지 않은 기후 속에서 정착 생활을 시작하게 됨에 따라 상상력 역시 이미 변질되고 약화되기 시작했다는 게 그의 논지이다. "그들은 당시 반도를 차지하고 있던 머리털이 곧고 검은 피부의 종족들을 정복해 가면서 점차 인더스강에서부터 갠지스강으로 나아갔다. 이 미개한 종족들은 피부병에 쉽게 걸리는 체질인데다가 뱀과 대기의 정령을 숭배하고 있었으며 또 더러운 짐승 무리처럼 취급당하고 있었다. 알라리크가 이끄는 고트족과 알보인이 이끄는 롬바르디아족, 클로비스가 이끄는 프랑크족의 침범이 있고 난 후의 상황과 마찬가지로 오랜 기간 전쟁이 계속되었으며, 새로운 민족들이 곳곳에 정착하게 되면서 마침내 일종의 중세 시대가 열렸다. 유목 생활은 끝나고 정착 생활이 시작되었다. 더불어 가부장적 제도가 무력에 바탕을 둔 왕정으로 대체되면서 계급상의 분화가 생겨나게 되었다."

텐느는 이렇듯 아리안족이 쇠퇴하게 된 경위를 보여주고 있다. 계급상의 분화로 말미암아 예전에는 없던 여러 계층들이 등장하게 되었고, 또 브라만 승족 계급과 크샤트리아 왕족 및 무사 계급 간의 충돌이 빚어지게 되었다. 이 전쟁에서 브라만 계급이 승리함에 따라 카스트로의 분화가 한층 심해졌고, 승족의 지배권은 더욱 강화되었다. 더욱이 기후 조건까지도 아리안족의 쇠퇴 요인으로 작용하였다. 아리안족은 자신들과 맞지 않은 기후 조건에서 특히 작열하는 태양에 그대로 노출되었던 까닭에 그 풍부했던 상상력도 마침내 망가지게 되었다. "뜨거운 열기로 가득 찬 하늘 아래 어느 온대 지방이나 한대 지방에서 온 외래 종족이 있다고 상상해 보자. 그들에게 육체적인 활동이란 활동은 모두 힘겹지 않을 수 없을 것이다. 그러면서 서서히 나태함과 쉬고 싶은 마음만이 습성처럼 자리잡게 될 것이다. 위장도 더 이상 많은 욕구를 느끼지 않게 될 것이며, 근육은 점차 물렁해질 것이고, 신경은 쉽게 흥분하게 될 것이며, 정신은 몽상과 사색만을 추구하게 될 것이다. 오늘날 탐방자들이 우리에게 들려주고 있는 그 기이한 민족은 이렇게 형성되었다 할 것이다. 그들은 극도로 민감한 여성적인 감수성과 놀라울 정도로 섬세한 지각을 지니고 있다. 또 그들의 정신은 마치 광기에 맞닿아 있기라도 하듯 모든 형태의 격렬함과 연약함과 과도함에 빠져들 소지를 다분히 안고 있다 보니 아주 조그만 충격에도 쉽게 전복되면서 환각이나 황홀경이나 최면과도 흡사한 상태로 빠져든다. 또한 그들의 머리 속은 마치 수많은 벌레들이 한 마리의 벌레를 짓이기고 있기라도 하듯 인간을 붙잡고 뒤트는 온갖 기괴한 몽상들로 우글거리고 있다. 인간이 사는 그 어떤 곳에서도 종교가 이런 식의 영향력을 행사한 적은 없다."

이제 신의 힘은 이렇듯 인간들을 오히려 그만큼 구속하는 힘으로 작용하게 된 것이다. 상호 조응하는 신과 자연 사이에서 예전에는 그토록 자유스럽게 왕래하던 인간들은 일체의 지침과 금기 사항에 의해 마침내 속박당하는 상태로 전락하게 되었던 것이다. 이제 인간은 자신들을 정화시키기 위한 온갖 고행과 고통을 강요하는 강압적인 체제에 짓눌리게 되었다. "이 광신도들에게 제물을 바치는 의식이나 신성한 기도는 어떤 단순한 기원이 아니라 구속적이며 지엄한 힘의 표현이다." 텐느는 탈수 현상과 근육 경직으로 인해 마침내 마비 상태와 혼절 상태에 이르는 일련의 양상들을 기술하고 있다. "이제 인간에게 자유로운 움직임은 더 이상 찾아볼 수 없다. 비성직자들의 전제보다도 더 구속적인 성직자들의 전제의 사슬은 인간의 모든 것을 졸라매고 있다."

이렇듯 텐느에 의하면, 인간이 만끽하던 삼라만상과 신들의 그 무한한 정취는 사라지고 대신 환멸과 절망만이 인간을 사로잡게 되었다는 것이다. 원초적인 모든 힘들이 마비되거나 정지되거나 전복된 상태에서 어떤 출구를 찾아낼 여력마저 남아 있지 않다는 것이다. "세계는 곧 하나의 부패물이었으며, 삶은 곧 그 자체가 하나의 악이었고, 땅덩어리는 곧 깊고 깊은 불행의 수렁이었다. 어떤 완전한 것, 행복은 단지 부동의 공허한 상태 속에서나 있는 것일 따름이며, 또한 각 존재의 지고한 행복은 자신의 기원인 부동의 브라마 신 속으로 새로이 잠겨 드는 데 있었다. 이같은 교리가 시사하는 것은, 또 이같은 교리가 유지시키고자 하는 것은 바로 치유책 없는 절망감이고, 삶에 대한 보편적인 환멸감이며, 또 각자 인격의 철저한 파괴이다." 이로부터 불교적 허약성이 대두하게 된 것이다.

텐느의 논지를 빌리자면, 이같은 불교 특유의 허약성을 브라만교의 마비된 힘과 구별지어 주는 것은 어떤 사상적 차이가 아니다. 그 차이는 당시까지만 해도 전혀 표출될 수 없었던 어떤 감성의 표현에서 비롯되는 것일 따름이다. 이 새로운 감성의 표현, 그것은 다름 아닌 연민이다. 연민은 타인의 고통에 대한 지각 그 자체이다. 자신의 논고 후반부에서 거듭 강조하고 있듯이, 텐느는 불교의 새로운 점과 불교가 널리 확산된 이유를 어떤 새로운 철학의 출현에서 보고 있는 것이 아니라 이렇듯 새로운 감성의 출현에서 보고 있다. 다만 그가 사용하는 논거들이 그의 이러한 논지를 떠받치는 데 과연 최선의 것들인지는 확실치 않은 것 같다. 실제로 그가 제시하고 있는 논거들을 보면 극히 진부한 것으로 여겨질 수도 있는 그런 방식을 따르고 있다. 이를테면, 군중은 논변을 통해 쟁취할 수 있는 것이 아니라 감정을 통해 쟁취할 수 있다는 것이다. 이러한 논거는 곧 불교가 두 갈래의 길을 따라 확산되어 갔음을 상정하는 것과도 하등 다를 바 없을 것이다. 즉, 하나는 독창적이기는 하지만 소수에 국한된 '철학적인 길' 이 그것이며, 또 하나는 감성과 연민을 통한 '매우 대중적인 길' 이 그것이다.

사실 텐느의 논고는 그 내적 논리로 인해 이 두 갈래의 길을 아예 확연히 구분짓고 있다. 즉, 불교는 감성의 역사에서 일어난 한 사건이지 철학의 역사에서 일어난 사건은 아니라는 것이다. 텐느가 철학적 차원에서 불교도들과 브라만 교도들에게 각기 부여하는 입장을 비교해 보면 거기서 양자간의 차이점을 찾아내기란 여간 어렵지 않은 것 같다. 더욱이 텐느가 그의 논고의 결론처럼 불교를 '아시아 역사에서의 중대한 사건' 으로 제시할 수 있을 정도로 그만큼 확실한 양자간의 차이점을 찾아내기란 더욱더 어려운 것 같다. 그러기에 텐느는 다음의 사상을 브라만 교도들의 사상처럼 제시하고 있다. "규정되지 않은 특수한 존재, 특성도 형태도 없는 존재, 브라마만이 유일한 존재이다. 각각의 창조물은 모두 하나같이 단지 브라마의 변신이거나 브라마의 변질에 불과한 것들이다. 그들은 이 교리의 연장선상에서 세계는 하나의 환영일 뿐이며 또 브라마 이외에 존재하는 것은 아무것도 없음을 말하고 있다. 또 그들의 말에 의하면, 예지란 사물의 헛됨을 아는 데 있으며, 또 현자는 명상을 통해 궁극적으로 자신의 개별적 실체에 대한 믿음을 떨쳐버리면서 공허한 존재 이외의 것은 아무것도 없음을 알게 된다고 한다."

따라서 텐느처럼 불교 고유의 어떤 '철학적인 길' 이 별도로 있다고 상정하는 경우라면 사실 브라만교를 특징짓는 이러한 자기 와해와 불교의 자기 소거에 대한 다음의 묘사 사이에 어떤 분명한 경계선을 긋는 것이 당연할 것이다. 하지만 이는 그다지 쉬운 일이 아닌 것 같다. "인간은 자기 자신의 헛됨을 의식하면서부터 고통에서 벗어난다. 왜냐하면 고통 역시 존재와 마찬가지로 한 줌의 연기에 불과한 것인즉, 존재와 함께 총체적인 소실 상태 속으로 사라지기 때문이다. 이렇듯 인간은 해방된 상태로 들어선다. 이제 어떠한 사건도 더 이상 그에게 영향을 주지 못한다. 이제 그는 자신의 근본이자 만물의 근본인 공에 대한 평온한 느낌 속에서 영면의 상태로 접어든다. 이렇듯 인간은 열반에 가 닿는다. 이러한 인간은 곧 붓다에 다름 아니다."

불교의 연민과 기독교의 사랑

이렇듯, 텐느는 존재론적 측면뿐만 아니라 구제론적 측면에서 브라만교와 불교 사이에서 찾아볼 수 있는 명백한 철학적 간극을 밝혀내지 못하고 있는 것 같다. 물론 텐느가 불교 사상의 독특한 측면을 전혀 찾아내지 못하고 있는 것은 아니다. 오히려 텐느는 뷔르누프와 쾨펜의 시각의 연장선상에서 불교의 특징들을 분명히 파악해 내고 있으며 또 수차례에 걸쳐 아주 정확한 표현으로 규명하고 있기까지 하다. 더욱이 그는 나중에 니체가 주목하게 되는 불교의 한 특징 즉 오직 현상만이 존재할 따름이라는 불교의 현상주의〔사물의 본질을 어떤 초월적 존재를 전제하지 않고 오직 인간이 지각할 수 있는 현상에 의해서만 이해하고자 하는 입장〕도 놓치지 않고 있다. 그는 불교의 현상주의를 간략하고 적절하게 요약하고 있다. "모든 존재는 합성된 것인즉 소멸되기 마련이며, (……) 소멸되기 마련인

바 견고함도 지반도 없는 하나의 단순한 허상, 다시 말해 생겨나고 사라지기를 되풀이하는 수면 위의 거품처럼 그리고 거울 속에 부유하는 모습과도 같이 사라져 가고 있는 중인 하나의 현상에 불과한 것이다." 또한 텐느는 불교 사상에서 드러나는 현상들간의 조건적 상관 관계가 형이상학적 인과 관계와는 분명 다른 것임을 정확히 인식하고 있다. "고정된 원인들을 제거해버린 이상 불교도들에게는 오직 일련의 유동적인 결과들만이 남아 있을 따름이다." 특히 그의 분석은 긍정과 부정 모두를 배제하는 불교의 사유 방식에 대한 기술에서 그 정확성을 여실히 보여준다. 불교 신비주의자는 자신의 명상의 결과로서 객체와 공간 그리고 의식마저도 점차 지워져 감에 따라 마침내 "아무것도 없음을 확인하게 된다. 그런데 이같은 긍정 역시 그 자체가 벌써 아무것도 아니지는 않은 까닭에 그는 이같은 긍정마저도 제거한다. 이 높이에서는 더 이상의 생각도, 더 이상의 생각에 대한 부정도 없다."

그런데 불교의 특징에 대한 텐느의 이러한 견해들은 그 중요성에도 불구하고 단지 산발적으로만 제시되고 있다. 텐느는 불교도들의 사상이 어떤 점에서 브라만 교도들의 사상과 근본적으로 차이나는지를 규명해 줄 수 있는 종합적인 설명 체계를 제시하지는 못하고 있다. 아마도 그 이유는 그의 분석 방식이 내적 논거로 인해 정신적 또는 사상적 변천 과정에 역점을 두지 못한 데 있는 것 같다. 사실 텐느는 정신적 또는 사상적 변천 과정에 역점을 두기보다는 이러한 변천의 저변에 흐르는 생물학적 · 기후적 · 사회적 동인에 역점을 두고 있다. 텐느가 궁극적으로 제시하고자 하는 것은 다름 아닌 그의 표현대로 '생태 심리적' 측면에서의 역사이다. 그러기에 이러한 유형의 역사를 기술하고자 했던 그에게 불교의 새로운 점은 단지 불교가 전례없는 어떤 감성의 표현을 담고 있으며 또 이 표현을 기반으로 한다는 점에 국한될 수밖에 없었던 것이다. 하지만 그는 이 감성의 특성에 주목하고 있다. 왜냐하면 이 감성은 모든 활력이 회복 불능의 상태로까지 마비되어버린 곳에서조차 새로운 유형의 활력을 만들어 낼 수 있는 것이기 때문이다. "모든 것이 무기력하고 공허한 상태에 놓여 있는 것 같은 때라고 할지라도, 인간의 가장 깊은 곳에서는 뭔지 모를 어떤 발효 작용을 통해서, 새로운 활력이 지난날의 꺼져버린 열정의 잔해 속에서 어떻게 솟아났는지 알 수 없는 전혀 예기치 않은 초목처럼 솟아나고 있다."

그렇지만 이 새로운 활력은 부정적인 활력이라고 불려야 하는 것이다. 왜냐하면 불교의 연민은 사실 엄밀한 의미에서의 그 어떤 행동력도 발휘하고 있지 않기 때문이다. 텐느의 논지에 의하면, 불교의 연민은 마비 상태에 빠진 예전의 활력을 새로이 동원하기보다는 오히려 예전의 활력이 정지되고 짓눌려 있는 바로 그러한 상태 속에서 자체의 가능성과 근거를 찾고 있다는 것이다. 따라서 불교적 허약성 그 자체가 역설적으로 활력이 되기 위해서는 무엇보다도 절망과 고통과 예속의 상태가 견지되어야만 하는 것이다. 활력의 부재를 극복하기 위해서는 활력의 부재를 그 한계까지 밀고나가야 하는 것이다. 물론 이러한 극복 과정이 폭력으로 횡행한다거나 혹은 자율적인 투쟁에 다시 나서는 것을 의미하지는 않는다. 이는 단지 타자가 자기 가까이에서 역시 아무런 힘 없이 고통스러워하고 있는 것을 감지하는 데 있을 뿐이다. 텐느는 이 점에서 바로 '생활태도와 도덕관념의 진정한 혁명'을 보고 있다. 그리고 이 혁명은 무력함을 인정하는 데서 태동하는 것이며 또 지속적으로 감당해야 하는 힘의 부재로부터 비롯되는 뭔가 알 수 없는 새롭기만 한 힘 속에서 태동하는 것이다. "극도의 고통과 출구 없는 수렁 속에서 남성적 열정의 활력과 강건함이 부서져버린 때일지라도, 섬세한 영혼과 신경 조직이 잦은 마찰로 인해 체념 상태로 빠져들면서 저항을 포기해버린 때일지라도, 눈물마저 너무나 흘린 나머지 메말라버린 때일지라도, 너무나 고통에 시달린 나머지 자신의 고통마저도 더 이상 생각하지 않는 그러한 인간의 창백한 입술 위로 슬프고 여린 미소가 덧없이 떠도는 그런 때일지라도, 또 자기 자신을 떨쳐버릴 정도로 완전히 이완된 상태로 인간이 잠겨 드는 그런 때일지라도 인간은 종종 자신의 마음 속에서 속삭이듯 들려오는 부드럽고 자애로운 작은 목소리를 듣게 되며, 더욱이 그럴 때면 더 이상 싸울 기력조차 없던 그의 두 팔은 마지막 힘을 모아 자기 곁에서 울고 있는 불행한 자들에게로 향한다. 마음을 녹이는 것은 바로 이 몸짓이다. 그러하니 이 몸짓은 곧 마음을 얻는 몸짓이요, 구원의 몸짓이다."

그런데 여기서 몇 가지 분석상의 어려움이 제기된다. 텐느의 분석은 그의 논지가 결국 모호함을 띠게 되는 몇 가지 장애 요소에 봉착하고 있다. 첫 번째 어려움은 불행과 고통을 함께 나누려는 불교의 연민이 과연 어떤 점에서 기독교에서도 찾아볼 수 있는 그와 유사한 감성과 구별되는가 하는 점이다. 이 문제에 대해 텐느는 두 가지 상반된 답변을 제시하고 있다. 하나는, 불교와 기독교는 그 바탕에서는 거의 다르지 않다는 것이다. 기독교의 사랑은 텐느의 표현처럼, 인도를 정복했던 사람들의 '서양의 형제들' 에게서 훨씬 후대에 등장한 것이기는 하지만 불교의 연민과 "흡사한 하나의 혁신이다. 둘 사이의 이러한 일치는 역사상 가장 위대한 사건이다." 물론 텐느가 기독교의 사랑과 불교의 연민을 동일선상에서만 보고 있는 것은 아니다. "기독교의 사랑은 인도에서 발견되는 감성에 비해 한층 온건하고 한층 건강한 면을 보이고 있다"는 그의 지적처럼, 그가 어느 정도의 차이에 주목하고 있는 것도 사실이다. 하지만 이러한 차이는 표면상의 것일 뿐, 바탕은 서로 동일한 것이다. 유럽에서든 인도에서든 "사랑이라는 이 위대한 감성은 (……) 인류의 발전에 중심 역할을 하고 있다. 이 위대한 감성은, 고통에 의해 제어되고 또 힘을 사용하다가 힘에 의해 정복당한 그런 짐승의 꼴이 되어버린 인간이 마침내 자연의 힘에 대한 숭배를 버리고 정신의 힘을 숭상하게 되는 전기를 마련해 줄 뿐만 아니라 또 계층이나 계급이나 특권에 대한 생각 너머로 인류의 우애에 대한 생각을 품게 만드는 전기를 마련해 주고 있다."

하지만 또 한편으로 텐느는 불교의 감성과 기독교의 감성을 대립 관계에서 고찰하고 있다. 그는 불교에 대해 말하는 가운데 이렇게 기술하고 있다. "이같은 사상을 품고자 한다면 우리는 우리의 모든 서구식 습관들을 완전히 뒤집어야 할 것이고, 무에 대한 우리의 생각을 두르고 있는 어두운 빛깔들을 모두 지워버려야 할 것이며, 또 파스칼이 그러했듯이 '영원히 불행에 시달릴 것인가 아니면 영원히 소멸할 것인가 하는 이 끔찍한 양자택일'이 제시하는 두 가지 가련함을 동일한 것으로 생각하지 말아야 할 것이다. 이는 강건하고 적극적인 민족들, 자신들이 품은 계획을 부단히 견지하면서 기후 조건이 좋으면 좋은 대로 또 나쁘면 나쁜 대로 끊임없이 스스로를 일으켜 세우고 또 멈출 줄 모르는 용기와 희망의 숨결에 실려 전진을 거듭하는 그런 민족들에게나 어울리는 것이다. 그런데 여기서 출발점으로 주어지고 있는 것은 변화의 시련에 견디지 못하는 사상, 즉 욕망은 모든 고통의 근원이며 또 삶은 곧 악이라는 바로 이 사상이다. 또 여기서 말하는 행복은 해방과 영면의 상태 그 자체이다. 아무런 동요도 아무런 느낌도 없이 한결같은 정온함 속에 영원히 머무는 것, 이 평온한 모습은 꿈 속에 빠져 있는 인간의 꿈결에서나 부유하는 그런 것이라 할 것이다." 이렇듯 텐느는 허약성에도 두 가지가 있음을 말하고 있다. 하나는 유럽인들의 강한 단계의 허약성이며, 또 하나는 아시아인들의 약한 단계의 허약성이다. 그리고 이 두 가지 단계의 허약성은 아리안족이 유럽과 인도에서 상이한 역사적 변천을 거쳐 온 것과 관계되리라는 것이다. 요컨대, 텐느는 불교와 기독교 간의 유사성과 상이성을 동시에 인정하는 그의 모순된 시각을 해결하지 못하고 있다.

더욱 어려운 문제는 이러한 불교의 허약성이 아시아에서의 인류 역사에 어떤 영향을 끼쳤는가 하는 문제이다. 불교의 허약성은 '어떤 새로운 활동의 힘' 으로 작용하였던 것인가 아니면 모든 활동의 완전한 마비 상태를 초래하였던 것인가? 파괴성을 지니고 있던 동력들이 이로 인해 건설적인 방향으로 다스려지게 되었던 것인가 아니면 이로 인해 모든 형태의 활동과 창조가 쇠퇴하게 되었으며 또 항거와 갈등의 여지뿐만 아니라 삶의 여지까지도 모두 소진되고 말았던 것인가? 텐느의 이 긴 논고는 그 마지막 부분에서 이러한 허약성의 양면성을 놓고 부심하는 그의 모습을 여실히 보여준다. 사실 그의 눈에 불교의 허약성은 힘에 의한 지배에 비해 폭력성의 측면에서 훨씬 순화되고 개선된 것이기는 하지만, 반면 그 강력함에서는 한층 퇴보한 것으로 비치고 있다. 바로 그 까닭에 텐느의 언어 역시 다루는 측면에 따라 찬미조의 표현과 경멸조의 표현을 오가고 있다. 한편으로 그에게 불교가 찬미의 대상이 되고 있는 것은 바로 불교가 폭력과 지배력의 사용을 중단시키고 또 힘에는 힘으로 맞서는 대응방식을 제지시킴으로써 처음으로 사회에 평화를 정착시켰다는 그 점 때문이다. 텐느는 불교가 야만성을 물리치고 이룩한 것들을 열거하고 있다. 이를테면, 제물을 바치는 의식을 중단시켰다든가, 사냥을 금지시켰다든가, 전쟁이 자취를 감추게 했다든가 하는 긍정적인 결과 외에도 불교의 허약성 즉 순화된 성격은 관용의 정신을 정착시키고 세계주의를 주창하며 또 가정을 보호하고 여성의 삶을 향상시키는 데 기여했다는 것이다.

하지만 텐느는 이같은 긍정적 측면의 이면도 들추어 내고 있다. 아무런 대가 없이 인간의 순화가 이루어지는 것은 아니다. "인간이 순화되는 것은 인간의 퇴조가 있기 때문이다." 따라서 퇴보된 상태로서의 허약성은 불교 정신이 스며든 사회를 위협하는 요소이기도 하다. 텐느는 여기서 동물을 대상으로 한 은유를 빌려 이렇듯 삶 그 자체가 매력을 잃어가고 또 활력과 투쟁력이 회복 불능의 상태로까지 상실되어 가는 모습을 묘사하고 있다. "양떼나 소떼가 되어버린 야생의 동물들을 상상해 보도록 하자. 이 동물들은 울 안에서 함께 우애롭게 살아갈 것이며 또 단조로운 발걸음을 내딛으며 목초지로 향할 것이다. 이 동물들이 서로간에 해를 끼치는 일은 분명 예전에 비해 훨씬 줄어들게 될 것이다. 하지만 그만큼 이 동물들은 열등한 존재로 전락할 것이다." 그렇다면 열등성은 어떤 양상으로 드러나는 것인가? 상상력은 메말라가고, 생각이나 글이 축 처지며, 굴종과 순응의 습관이 확산되어 가고, 복종과 맹신이 짝을 이루며 나란히 심화되어 간다. 또한 아이의 허약성과 노인의 허약성은 상관적인 것인즉, 불교도들의 교리서 속에는 "수많은 유치한 과장들과 단 한 순간만 들어도 그만 역겨움을 자아내는 단조롭고 케케묵은 허튼소리들이 함께 실려 있다." 텐느는 그의 논고를 끝맺으며 별 거리낌 없이 다음과 같이 말하고 있다. "인간을 마네킹으로 전락시키는" 불교는 곧 "정신의 둔화"이며 "지력의 쇠락" 이라고.

이렇듯 불교의 출현이라는 획기적인 사건은 양면성을 지니는 것이다. 불교는 인간의 거친 면모를 없애기는 하였지만, 동시에 인간의 능력을 축소시키고 인간의 창조력을 감퇴시켰다. 그러기에 텐느는 다음과 같이 결론짓고 있다. "만일 우리가 지난 25세기 동안 가장 광대한 대륙을 뒤덮고 있던 그 거대하고 혼잡한 물결 속에서 불교의 근본적인 특징을 찾아내어 규정짓는다면, 우리는 그 특징을 치료효과가 있으면서 동시에 몸을 쇠약하게 만드는 그런 외과 수술과도 비유할 수 있을 것이다. 자신에게조차 위협적일 정도로 힘이 센 종마와도 같은 인간이라는 동물은 사지에서 피를 흘리다 보니 차츰 쇠약해지고 순화되어 한층 온유해지기는 했지만 또한 그만큼 적극성도 줄어들었다. 더불어 그의 창조력도 줄어들었으며 파괴 또한 줄어들었다."

니체의 선택, 비극

1870년 니체는 쾨펜의 저술을 접하게 된다. 그리고 니체가 텐느에 대한 존경심을 숨긴 적은 없다. 아마도 니체는 불교에 관한 이 프랑스 철학자의 연구서에 대해서도 익히 알고 있었을 것이다. 동양학 분야, 그 중에서도 특히 브라만교와 불교에 관해 니체가 가지고 있던 정보나 지식은 그 자신이 내세우는 것만큼 방대하거나 정확한 것은 아니었던 것 같다. 니체로 인해 오늘날 '동양적' 또는 '탈유럽적', '초유럽적' 인 사유 방식이 가능해졌고 또 그 필요성이 인식되기는 했지만, 이 사유 방식에 대한 니체의 여러 발언들은 실제 자료에 대한 끈질긴 연구의 산물이기보다는 상상력의 산물이었던 것으로 보인다. 1876년 여름에 씌어진 그의 짤막한 글은 이 점을 분명히 보여준다. "나는 미래의 사상가들을 머리 속에 그려본다. 유럽과 아메리카의 이 그칠 줄 모르는 동요가 100여 세대 동안 전해 내려온 유산인 아시아의 관조와 결합되어 나타나게 될 그런 사상가들 말이다. 이같은 결합은 세계의 수수께끼를 푸는 실마리가 될 것이다. 그때를 위해 자유로운 관조의 정신들은 벌써 그들에게 주어진 임무가 있으니, 사람들간의 상호 침투를 저해하는 모든 장벽을 제거하는 일이 바로 그것이다."

유럽과 아시아의 결합, 이 꿈은 물론 그 유례없는 어떤 통찰력을 동양과 서양을 넘나들며 펼칠 수 있는 새로운 부류의 사상가들의 도래가 불가능한 것만은 아님을 말해주는 것이기는 하지만, 실은 하나의 탐구 계획처럼 주어지고 있기보다는 일종의 주술처럼 들린다. 그렇다고 이러한 상황이 놀랍거나 특수한 것은 전혀 아닐 것이다. 왜냐하면 동양과 서양을 결합시키고자 하는 꿈이 그에 대한 의욕을 표명하는 것 이상으로 나아가지는 않음은 주지의 사실이기 때문이다. 오히려 우리는 니체가 불교에 대해 이러한 융합의 꿈과는 상치된 반응을 보이고 있는 점에 주목해야 할 것이다. 니체는 불교에서 하나의 원천으로서의 가능성을 찾았던 것이 아니다. 그가 불교에서 보았던 것은 그 위험 요소, 즉 서구 문명으로서는 어떻게든 그 자체의 미래가 되지 않도록 노력해야 하는 그런 미래였던 것이다. 불교에 직면하여 니체는 장벽을 제거하기보다는 오히려 장벽을 세우고 있다. 이제 우리는 이 점을 규명하고 또 그 이유를 살펴보아야 할 것이다.

"비극은 우리를 불교로부터 구제해야 한다." 니체의 첫 번째 역작 『비극의 탄생』이 발표된 1871년에 그는 이렇게 말하고 있다.* 이 짤막한 글은 생각나는 대로 적어둔, 다음날이면 잊혀지고 말 그런 종류의 글이 아니다. 붓다에 대한 니체의 태도가 자신의 사유상의 변천과 그가 접한 독서물 그리고 뭇 상황에 따라 바뀌기도 했던 것은 사실이지만, 이러한 그의 선택은 줄곧 그의 태도를 결정하는 것이었다. 그렇다면 불교에 맞서 비극을 선택한 니체에게 비극을 통해 벗어나고자 했던 것은 무엇이었는가? 즉, 니체에게 불교는 무엇을 의미하였는가? 이 단상 속에서 니체는 불교를 우선 "활동 없는 평온함"이라는 표현으로 가리키고 있다. 따라서 불교보다는 비극을 선택한다는 것은 곧 무기력함보다는 활동성을 선택함을 의미할 것이다. 나아가 이는 곧 자신이 투쟁도 마다하지 않을 정도로 강하다는 것을, 오직 평온함만을 추구할 정도로 유약하지는 않다는 것을 자신에게 인식시키는 것이라 하겠다. 또한 이는 곧 힘을 마비시키는 평화보다는 전쟁을, 비폭력과 체념보다는 권력과 힘의 대결 그리고 정복자의 지배를 선택함을 의미할 것이다. 이 무렵 니체는 수차례에 걸쳐 "로마로 향할 것인가 아니면 인도로 향할 것인가"를 되묻고 있다. 이 물음은 물론 어떤 영구 불변의 이상적인 선택에 관한 것이 아니라 19세기 말의 유럽이 다시금 직면하게 된 상황을 반영하고 있다. "우리는 우리를 인도 쪽으로 아니면 그리스 쪽으로 향하게 하는 현상을 다시금 경험하고 있는 중이다."** 그리스와

---

* 니체의 이 짤막한 단상의 전체를 옮겨보면 다음과 같다. "우리가 그리스인들로부터 우선적으로 배워야 하는 것은 무엇인가? 그것은 우리의 철학으로 인해 우리가 활동 없는 평온함으로 흘러드는 것을, 또 우리의 음악이 광란의 외침으로 흘러드는 것을 막아야 하리라는 바로 그 점이 아니겠는가? 비극 속의 신화가 우리를 광란의 음악으로부터 구제해야 하듯이, 비극은 우리를 불교로부터 구제해야 한다." ― 옮긴이

** 이 단상은 니체가 『비극의 탄생』을 준비하는 과정에서 음악과 비극의 관계에 대한 자신의 생각을 다듬어 가는 가운데 씌어진 것으로 보인다. "그리스 세계, 삶의 유일한

인도, 이 둘 사이에서 어느 쪽을 택할 것인지의 문제는 이 무렵의 니체에게는 바그너와 쇼펜하우어 중 누구를 택할 것인지의 문제와도 같은 것이었다. 이렇듯 선택의 양편으로 두 종류의 등가 관계가 형성되고 있었다. 한편으로는 불교와 쇼펜하우어와 인도와 평화와 정적주의와 허약성이 그것이며, 다른 한편으로는 힘과 투쟁과 유럽과 바그너와 비극이 그것이다.

여기에 한 가지 요소를 더 추가하도록 하자. 왜냐하면 비극을 선택하는 것은 또한 고통을 택하는 것이기 때문이다. 붓다에게는 제거하고 해소시켜야 하는 부정의 대상으로 주어졌던 이 삶의 고통이 니체의 눈에는 오히려 자신의 내면 깊은 데에서 수용하고 추구하고 갈망해야 하는 대상으로 여겨지기 때문이다. 물론 이러한 고통이 고통 그 자체를 위한 것은 아니다. 또한 어떤 자기학대적인 태도가 이러한 니체의 선택의 계기가 되고 있는 것도 아니다. 니체의 선택은 고통에 대한 두려움을 극복하기 위함이고, 고통을 절대적 긍정의 대상인 삶의 일부로 인정하기 위함이며, 또 심지어 죽음으로부터도 자유로워질 수 있기 위함이다. "우리는 삶을 부정하는 목소리를 신뢰할 정도로 병이나 불행이나 늙음이나 죽음을 그렇게까지 심각하게는, 특히 불교도들처럼 그렇게까지 심각하게는 받아들이지 않는다."

가능성이자 가장 심오한 삶의 가능성. 우리는 우리를 인도 쪽으로 아니면 그리스 쪽으로 향하게 하는 현상을 다시금 경험하고 있는 중이다. 이 현상은 쇼펜하우어와 바그너 사이의 관계로도 나타나고 있다." — 옮긴이

두 개의 얼굴

니체의 이러한 선택은 불교에 대립적인 것이기는 하지만, 그렇다고 니체가 불교를 통째로 부정하면서 단지 불교에서 삶보다는 무를 선택하는 어떤 부정적인 허약성만을 보았던 것은 아니다. 사실 모든 것은 어느 방향에서 보는가 하는 시각의 문제일 따름이다. 예수는 "불교적 평화주의 운동이 순진하게 시작된 모습"을 보여주고 있다는 니체의 말처럼, 니체는 불교에서 평화의 구현을 보고 있다. 하지만 불교가 단지 불안에 떠는 소극적인 평화만을 구현하고 있는 것은 아니다. 니체의 눈에 불교는 또한 명철함을 구현하고 있는 것으로도 비치고 있다. 왜냐하면 불교는 정신적 가치의 초월성에 대한 환상의 덫에 빠지고 있지 않을 뿐만 아니라 또한 엄격한 심리학적 · 생리학적 관점에서 인간의 감성을 보고 있기 때문이다. 우리는 『반그리스도』에서 불교의 명철함에 대한 그의 예찬을 찾아볼 수 있을 것이다. "불교는 역사에 등장하는 유일한 실증주의적 종교이다. 불교는 (엄밀한 의미에서의 현상주의 그 자체인) 그 인식론에서조차 '죄에 대해 전쟁을 선포'하는 것이 아니라 실제 세계를 충분히 고려하면서 '고통에 대해 전쟁을 선포'하고 있다. 이미 불교는 도덕 관념의 자기 기만을 떨쳐버렸던 것이다. 이 점에서 불교는 기독교와 근본적인 차이를 보인다. 나의 언어로 말하자면, 불교는 선악의 너머에 있다."

이렇듯 니체는 불교가 초월성을 배제하고 있다는 점에서 불교의 우월성을 찾아내고 있다. 이 지극히 세속적이며 '무신론적인 종교'는 어떤 요원한 초월적 세계에서 해탈을 구하지 않는다. 해탈은 바로 이곳에서 그리고 지금 이 순간 얻어질 수 있는 지고한 가치인 것이다. "불교도들은 궁극의 목표로 정온함과 평화와 모든 욕망의 소멸을 추구하며, 또한 그들은 그 목표에 가 닿고 있다. 불교는 단지 완벽함을 열망하는 그런 종교가 아니다. 완벽함은 불교에서는 정상적인 경우이다." 니체는 불교를 금욕주의보다는 오히려 에피쿠로스의 지혜에 훨씬 더 가까운 어떤 부드러운 지혜처럼 묘사하고 있기도 하다. 다만 이 경우 니체는 불교 사원의 계율을 아무런 의무도 제재도 없는 일종의 철학자 모임의 규율로 변모시켜 놓고 있다. 그는 『반그리스도』에서 이런 말을 들려주고 있다. "기도든 고행이든 강요사항이 아니다. 승원 내에서조차 어떤 절대적인 계율도 어떤 종류의 구속도 찾아볼 수 없다. (더욱이 승원은 자유롭게 탈퇴할 수 있는 곳이다)."

사실 우리는 니체가 불교의 고행주의 규율들 가운데 몇 가지를 위생학자의 단순한 처방으로 변모시킬 정도로 '왜곡' 시키고 있다고 말할 수도 있을 것이다. 미셸 윌랭(Michel Hulin)의 지적처럼, "적어도 초기의 승려들이 따랐던 계율에 의하면, 그들은 생활을 숲속이나 나무 아래나 트인 공간에서 또는 화장터에서 해야만 했다. 그리고 이 계율은 그 자체가 곧 자유 속의 생활이 되었던 것이다." 이렇듯 고행주의 규율이 야외에서의 생활로 변모된 것이다. 그러기에 니체는 불교 공동체를 병리학적 측면에서 채식주의자들의 요양원이나 정신적 쇠약을 자연 요법으로 치료하는 병원 정도로 상상하고 있는 것 같다. 사실 니체는 정신의 쇠약을 소진 상태의 인도의 지배 계층에서 나타난 병리적 현상처럼 간주하고 있다. 니체의 견해에 의하면, 붓다가 만난 인간의 유형은 활력과 저항력이 거의 완전히 소진되어 허약해진 결과라는 것이다. 그리고 상태가 가장 양호한 인도인일지라도, 오랜 역사 끝에 마침내 힘이 쇠진한 이 세련된 민족의 극도의 탈진 상태에서는 예외일 수 없다는 것이다. 따라서 소화기관이든 두뇌든 그들의 신체 기관은 모두가 너무 쉽게 자극받고 흥분하는 성질을 갖고 있다는 것이다.

항상 예민하게 반응하는 이같은 심리적 · 신체적 감응성은 정신의 쇠약을 초래하기 마련이라는 견지에서 니체는 『반그리스도』에서 이렇게 말하고 있다. "붓다는 정신의 쇠약을 치유하고자 건강 요법을 동원하고 있다. 그는 그 치유책으로 야외에서의 생활, 옮겨다니는 생활, 모든 것에서 절제된 생활, 엄격한 식이요법, 그리고 음주상의 신중함, 담즙을 분비하고 피를 뜨겁게 하는 온갖 감정에 대한 주의, 자신과 타인에 대한 근심의 회피 등을 권장하고 있다. 그러면서 붓다는 마음을 가라앉히거나 즐겁게 하는 생각들을 부추기면서 또 타인과 소원해질 수 있는 방도들을 찾아내고 있다. 붓다는 자애심을, '자유로운 존재' 를 건강에 유익한 것으로 생각하고 있다." 니체는 불교에 대한 이같은 위생학적 시각으로 말미암아 결국 이상한 오해에 빠져들고 있다. 그 어떤 교리보다도 이기주의를 근본적으로 와해시키고자 노력했던 교리를 두고 니체는 오히려 이기주의를 강화하는 쪽으로 결론짓고 있다. "붓다의 교리에서 이기주의는 하나의 의무가 되고 있다. (……) 그리고 '너는, 어떻게 너는 고통에서 벗어날 것인가?' 하는 물음이 제반 정신 수칙을 규정짓고 또 한정짓고 있다."

그런데 만일 붓다가 어떤 목사나 의사처럼 단순히 건강요법 정도를 권장하는 것으로 비쳤다면 그의 교리에서 위협적인 요소는 찾아볼 수 없었을 것이다. 하지만 니체의 눈에 불교는 또 다른 얼굴을 드러내 보이고 있다. 그에게 불교는 가장 대표적인 허무주의의 얼굴 가운데 하나처럼, 그리고 기독교와 더불어 가장 강력한 '세계에 대한 부정' 처럼 비치고 있다. 사실 니체가 불교와 전략적 결연을 맺고 있는 것은 단지 기독교에 대한 그의 투쟁의 일환으로서밖에 이해될 수 없는 것이다. 그러기에 이 전략적 결연은 또한 전략적 대치를 내포하는 것이기도 하다. 때문에 니체는 불교를 "무에 대한 의지가 삶에 대한 의지를 압도하는" 두 개의 거대한 허무주의적 종교 가운데 하나로 간주하고 있다. 그는 『도덕의 계보』에서 "무를 향한, 열반을 향한 불교의 열망"을 주지시키면서 또 열반을 "동양의 무"로 제시하는 주석을 덧붙이고 있다.* 이렇듯 니체 역시 열반을 완전한 사멸로 받아들이면서 결국 불교를 무의 숭배로만 이해하고 있다 할 것이다. 다만 우리는 니체가 기독교 역시 무의 숭배로 보고 있다는 점에서 그의 특이한 시각을 찾아볼 수 있다. 불교와 기독교는 무의 숭배라는 점에서 같은 것이기는 하지만, 기독교에 대한 불교의 우월성은 곧 셈족에 대한 아리안족의 우월성을 반영하는 것이다. 그의 사후에 간행된 한 단상에서 니체는 이렇게 말하고 있다. 불교는 "지배 계층 사이에서 태동한 아리안족의 부정의 종교"인 반면, 기독교는 "피지배 계층에서 태동한 셈족의 부정의 종교"라고. 그런데 불교에 관한 니체의 수많은 분석들 속에서 불교의 자리를 부각시키는 것은 이 점만이 아닐 것이다.

* 불교의 열반에 관한 니체의 이 발언은 두 귀족 계층 즉 무사로서의 귀족과 승려로서의 귀족 간의 속성상의 대조적인 면모를 제시하는 가운데 등장하는 것이다. 니체는 양 계층의 속성을 한마디로 활동성과 비활동성으로 규정짓고 있다. 이러한 속성은 곧 생활 습관으로 표출되는바, 승려 계층의 형이상학은 감정과 생각의 되새김질 그리고 사변적인 생활 습관의 당연한 결과일 수밖에 없으리라는 것이 니체의 생각이다. "승려들의 형이상학은 감각의 적으로서 나태함과 교활함을 낳게 하고, 고행자와 브라만의 경우처럼 자신에게 최면을 거는 기술을 낳게 하며, 또 결국에는 실로 당연하게도 염증을 낳으면서 또 그 염증에 대한 완전한 치유책까지 제공하니, 그것은 다름 아닌 무이다(신과의 결연을 향한 신비주의적 열망은 바로 무를 향한, 열반을 향한 불교의 열망과 하등 다를 바 없는 것이다)." — 옮긴이

제2의 불교

니체의 시각으로 보았을 때 드러나는 불교의 특이성은 바로 불교가 유럽의 앞날을 예고하고 있다는 점이다. 사실 니체는 『도덕의 계보』에서, "불교가 조용히 유럽 전역으로 진입하고 있다"고 말하고 있다. 물론 여기서 니체가 아시아의 불교를 가리키고 있는 것은 아니다. 니체는 유럽이 붓다의 교리로 개종하리라는 것을 예고하는 것이 아니라 "제2의 불교"를 말하고 있는 것이다. 그의 사후에 간행된 단상 모음집에 실려 있는 그의 견해에 따르면, 조만간 "불교적이며 기독교적인 어떤 온유한 신앙과 또 실생활에서는 쾌락주의적 생활 양식을 근간으로 하는 일종의 유럽형 중국"이 생겨날 가능성도 충분하다는 것이다. 유럽 외부에서부터 아시아형의 교리가 유입되고 있는 것이 아니라 유럽 내부의 쇠약함으로부터 이처럼 고통을 회피하려는 태도와 쇠진한 기력이 표방하는 황혼녘의 구슬픈 온유함이 비롯된다는 것이다. "오늘날 우리의 유럽 문화는 철학적으로도 견고하지 못하고 문화적으로도 후진적인 상태에 다시금 가까이 다가서고 있는바, 이같은 상태는 불교가 형성된 이유를 설명해 주는 것이기도 하다." 이렇듯 니체는 불교를 정신적 환상에서 해방되어 선악의 너머에 위치하는 것으로 보았던 종전의 시각과는 달리 허무주의의 새로운 도구처럼 제시하고 있다. "오로지 정신적 차원에만 국한된 모든 가치 판단은(이를테면 불교적 가치 판단처럼) 허무주의로 귀결되기 마련이다. 유럽에서도 이처럼 허무주의가 도래하게 될 것이다." 그리고 니체는 이 "잠재적 불교"를 자신의 철학적 입장과는 분명 역행하는 것으로 보고 있다. "무에 대한 향수는 비극적 지혜에 대한 부정이요 또 비극적 지혜에 반대되는 것이다."

고통의 전령

니체의 경우 불교는 허무주의라는 용어가 함의하는 여러 가지 의미로 이해되고 있는바, 니체의 글에서 혼용되는 이 의미들은 사실 당혹스러울 정도로 다양한 차원의 것들이다. 이를테면 삶에 대한 부정, 무를 선호하는 태도, 염증과 무관심과 정신적 침체가 뒤섞인 상태, 생존에 대한 정신적 차원에서의 가치 판단, 그리고 어떤 배후 세계의 건설 등이다. 이 중에서 우리는 아마도 마지막 의미에 가장 주목해야 할 것이다. 그리고 이 마지막 의미는 가장 니체다운 것이라고도 할 수 있을 것이다. 사실 가치 체계가 삶에 역행하는 경우라면, 또 가치 체계가 제시하는 규범의 세계가 실제 세계와 상치되는 경우라면, 그리고 가치 체계를 통해 건설된 세계 속에서 본능이 역으로 작용하는 경우라면 이러한 가치 체계는 곧 허무주의적인 것이라 할 것이다. 니체에 의하면, 이렇듯 신은 세계의 죽음을 알리는 존재이다. 마찬가지로 붓다 역시 세계의 죽음을 선포하고 있다. 이 점에서도 붓다는 니체에게는 투쟁의 대상인 무의 숭배의 창시자인 것이다.

니체는 무의 숭배에 대해 선전포고를 하고 있다. 그의 한 단상을 들어 보도록 하자. "세계를 부정하는 사상 가운데 오늘날 그 규모가 가장 큰 두 사상인 기독교와 불교에 나는 환영인사를 드리고자 한다. 인도인들이나 오늘날의 유럽인들처럼 이미 퇴화되고 말았거나 쇠퇴 일로에 있는 종족들에게 그들의 고통을 단축시켜 줄 수 있는 최후의 일격을 가할 목적에서 나는 한층 엄격하고 또한 진정으로 허무주의적인 어떤 종교나 형이상학이 창시되는 데 기꺼이 일조하고자 한다." 불교로부터 우리를 구제해야 하는 비극은 이렇듯 전쟁을 거쳐야 하는 것이라서, 니체는 이 전쟁을 또 다른 단상에서 이렇게 규정짓고 있다. "소크라테스적 인간인 우리는 비극적인 인간으로 돌아가야만 한다. 그리고 우리 독일인들에게 이것은 곧 모든 것을 회복하는 것일 따름이다. 우리의 페르시아 전쟁은 이제 겨우 시작되었을 뿐이다." 행복에 대한 짧은 안목을 타파하기 위해 "인류의 고통을 알리는 위대한 전령들"의 시대가 돌아오고 있으니, 이렇듯 인간은 아마도 하나의 무에서 또 다른 무로 옮겨가게 되었던 것이다.

10

염세주의의 시대

몇몇 작가들의 경우 더 이상 삶에 연연하지 않는 듯한 모습을 보이고 있다. 그들은 세계의 슬픔에 지쳐 있고 다가올 종말을 열망하고 있다. 그들은 정성스레 이런 착잡한 심정을 글로 옮기면서 무를 노래하는 데 열중하고 있다.

> 에티엔느와 사튀르냉은 떠나지 않기로 작정하였다. "당신은 무가 존재에 스며든다고는 생각하지 않는군요"라는 사튀르냉의 말에 에티엔느가 대꾸하였다. "존재는 오히려 무와 어울리는 것 아닌가요?"
>
> — 레이몽 크노(Raymond Queneau), 『개밀풀』

"나는 존재라는 이름의 이 모든 환상들을 삼켜버리는 냉혹하기만 한 그 거대한 심연을 목격하였다. 살아 있는 것들은 죽음의 재로 이루어진 땅 위에서 한순간 날뛰다가 이내 땅 속으로 돌아가는 도깨비불마냥 영원한 밤 속으로 돌아가는 유령들에 불과하다는 것을 나는 알게 되었다. 기쁨의 허무함과 삶의 공허함과 야망의 헛됨이 나를 잔잔한 역겨움으로 가득 채웠다. 회한에서 환멸로 나아가는 동안 나는 불교에까지 흘러들었다. 모든 것에 염증을 느낄 정도로까지." 1869년에 씌어진 앙리 프레데릭 아미엘〔Henri Frédéric Amiel: 스위스의 철학자, 문학가〕의 이 짤막한 글은 1882년 제네바에서 출간된 그의 『고백의 일기』 초판에 실려 있다. 아미엘의 사색 속에서도 불교는 여전히 무와 연관성을 맺고 있다. 하지만 부정적인 반응은 그 정도가 벌써 상당히 가라앉아 있으며, 역겨움도 잔잔해졌고, 불교도 단지 염증 정도의 것에 불과하다. 절망감은 이제 견지해도 좋을 어떤 생활 양식처럼, 또는 어떤 보장된 안락함처럼 배양되고 있는 것 같다. 철학자 샤를르 르누비에(Charles Renouvier)는 1883년 그의 논고 「성찰의 철학」에서 아미엘에 대해 "그의 경향은 불교 철학으로 흐르고 있다"고 지적하고 있는데, 이는 아미엘 본인도 인정하고 있다. "나의 본능은 붓다와 쇼펜하우어의 염세주의와 일치한다."

그런데 이같은 본능은 자연의 힘에 의한 것이라기보다는 시대의 사조에 부응하는 것이라 하겠다. 19세기 말에 접어들면서 염세주의와 쇼펜하우어의 사상과 불교 사상은 파급되는 과정에서 보조를 같이하며 동의어처럼 여겨지고 있었다. 니체가 불교의 존재 이유를 내포하고 있는 것으로 생각했던 그 심리적인 파도가 이제 이 시대의 유럽인들에게도 나타나고 있었다. 완전한 의욕 상실 속에서 단지 명석함만이 간신히 유지되고 있던 이 심리적 피로 상태는 그 원인이 어떤 생리적인 기력의 결핍이나 신체 기관의 소모에 있는 것으로 생각되었다. 암울한 시대의 서막과도 같은 이 쇠잔한 상태는 그렇지만 획일적이거나 전반적인 것은 아니었다. 사실 이러한 상태는 내적으로 어떤 주저함이나 갈등을 안고 있는 것이었던바, 이를테면 르누비에는 아미엘에게서 두 가지 원칙이 대립 상태로 있는 일종의 양면성을 찾아내고 있다. “좀 더 동양적이고 불교적이었다면 아미엘은 행동에 대한 꿈은 포기한 채 관조의 삶에 몰입하였을 것이며, 또한 기독교적 서구 문명에 좀 더 심취해 있었다면 꿈의 취기를 떨쳐버리면서 삶의 투쟁에 몰입하였을 것이다.” 하지만 여기서 이러한 진단의 정확성 여부나 아미엘의 특수한 경우가 문제시되고 있는 것은 아니다. 중요한 것은 바로 불교를 보는 유럽인들의 시각에 변화의 조짐이 나타나고 있다는 점이다.

이제 일부 유럽인들의 눈에 붓다는 로마 신화 속의 농사의 신 사투르누스처럼 우수에 찬 모습으로 비치고 있다. 또한 붓다의 모습은 유럽인들에게 이미 친숙해진 현자의 모습, 즉 인간사의 헛됨을 어두운 눈빛으로 바라보면서 암울한 사색으로 잠겨드는 그런 현자의 모습에 한층 가까워지고 있다. 이제 붓다는 더 이상 어떤 두려움의 대상이 아니다. 르누비에의 표현처럼, 석가모니로부터 받은 영감을 새롭게 구성되는 종교 속에 통합시키려는 ‘신불교’가 대두하게 된 것이다. ‘신불교’는 불교와 기독교를 서로 비교하고 병치시키면서 궁극적으로 이 두 종교의 융합을 통해 양자 모두를 극복하려는 시도의 첫걸음이었다. 물론 ‘신불교’ 속에서도 불교는 여전히 어떤 상상의 교리처럼 생각되고 있었다. 하지만 불교는 더 이상 어떤 외부 요소처럼 인식되지는 않았던 것이다.

이같은 새로운 상황을 이룬 제반 요소들은 거의 모두 아미엘의 작품에서 나타나고 있다. 그의 『고백의 일기』는 무의 숭배를 부정적인 시각으로 인식하기보다는 단지 여러 가능한 선택들 가운데 하나로 보고 있을 따름이다. “자신을 소멸시키고 환생의 고통에서 벗어나며 또 불행의 굴레에서 탈피하는 것 즉 열반에 이르는 기술이야말로 지고의 기술이라 할 것이며 또 해방의 방법이라 할 것이다. 기독교인은 신에게 말한다. 자신을 악에서 해방시켜 달라고. 이에 덧붙여 불교인은 말한다. 자신을 악에서 해방시켜 주려거든 자신을 유한한 삶에서 해방시켜 주고 또 무로 돌려보내 달라고. 기독교인은 육신에서 해방되는 순간 영원한 행복으로 들어설 수 있다고 생각하지만, 개체성은 정온한 상태로 이르는 데 장애가 된다고 생각하는 불교인은 자신의 영혼조차 와해되기를 갈망한다. 기독교인에게는 두려움의 대상인 것이 불교인에게는 낙원으로 비치고 있다."

아미엘은 쇼펜하우어의 제자였던 에두아르트 폰 하르트만의 유명한 저술 『무의식의 철학』에 대해 그의 일기에서 이런 견해를 들려주고 있다.* "이 책은 다음의 이 슬픈 명제를 제시하고 있다. 즉, 창조는 하나의 오류이고, 존재의 가치는 무에 미치지 못하며, 죽음이 삶 보다 낫다. (……) 불교의 암울함은 나를 그 어둠 속에 잠기게 하였다." 하지만 이러한 아미엘의 심리 상태는 견딜 수 없을 정도의 것도 아니며 다만 일시적인 것일 따름이다. 사실 스스로 절망감을 부추기는 데 열중하는 아미엘의 이 심각한 염세주의적 태도는 다소 과장된 면을 보이고 있다. "우리는 붓다 그리고 쇼펜하우어와 더불어 삶과 부활의 요인인 희망과 욕망을 철저히 근절시키려는 노력을 기울여야 할 것이다. 다시 태어나지 않는다는 것, 이것이 곧 요

* 1870년 베를린에서 출간되어 1877년 프랑스어로 번역된 하르트만의 저술 『무의식의 철학』은 쇼펜하우어의 사상을 표방하는 것으로서 니체와 프로이트의 사상 형성에 중요한 역할을 하였다(이 책에 대한 저자의 이러한 견해는 오늘날 서구에서 니체와 프로이트를 결합시키려는 일련의 철학적 풍조와도 무관하지 않은 것 같다. 프로이트의 경우는 어떨지 몰라도, 『비극의 탄생』에서 무의식의 문제가 전혀 거론되지 않고 있는 점에 비추어 볼 때 이러한 저자의 견해는 타당성이 없는 것 같다. — 옮긴이).

점이며 이것이 또한 난점이다. 죽음은 새로운 시작에 불과한 것인즉, 중요한 것은 다름 아닌 무로 돌아가는 것이다."

아미엘은 그 특유의 간결한 문구로 1879년 일기에서 존재에 대한 무의 우월성을 다음과 같이 함축적으로 제시하고 있다. "무는 완벽하지만 존재는 불완전하다." 그런데 아미엘에게서 이렇듯 문체상의 수식과 미학적 탐닉의 구실이 되고 있는 무의 숭배에 대한 문학적 심취는 실은 쇼펜하우어의 사상을 반영하는 것이기도 하다. 1880년 엘메 카로〔Elme Caro: 프랑스의 철학적인 저술가로 기독교를 옹호〕는 『19세기의 염세주의』라는 저술에서, "쇼펜하우어의 사상과 불교 사상의 친연성은 이미 누차 규명된 것이다"라고 말하고 있다. 하지만 이 친연성은 주지의 사실이었음에도 불구하고 여전히 규명되지 않은 의문점으로 남아 있었다. "쇼펜하우어 같이 명석하고 박학하고 또 자신과 남에 대해 착각하지 않는 그런 인물이 열반의 이론을 답습할 생각을 하고 있다는 것은, 그런 인물이 삶의 파괴뿐만 아니라 존재의 파괴를 역설하고 있다는 것은, 또 그런 인물이 붓다처럼 진지한 자세로 무의 강신술(降神術) 같은 터무니없는 작업을 다시 시작하고 있다는 것은 참으로 믿기 어려운 일이 아닐 수 없다."

죽음의 충동

염세주의자 쇼펜하우어와 허무주의자 붓다의 이러한 상관 관계는 오랫동안 기정 사실처럼 받아들여지고 있었다. 피에렌스-게바에르트〔H. Fierens-Gevaert: 1870~1920. 벨기에의 예술사가 · 미술평론가〕의 1908년 저술 『현대의 비애』는 우리에게 이 점을 충분히 입증해 보여주는 예라고 하겠다. "쇼펜하우어가 연민의 정을 인정하지 않았던 것은 아니지만, 그는 개인의 차원에서든 민족의 차원에서든 이 감정을 삶의 요소처럼 여기지는 않고 있다. 자연은 언제 어디서든 힘과 이기주의가 득세하도록 한다는 게 그의 지론이다. 그렇다면 이에 대한 치유책으로 그는 무엇을 제시하는가? 그것은 다름 아닌 불교의 고행주의이다. 이 경우 우리는 석가모니의 네 가지 지고한 진실을 인정해야 할 것이다. 즉, '삶은 고통이 따르기 마련이다. 욕망은 삶의 요인이자 또한 고통의 요인이다. 삶에 대한 환상과 욕망의 고통은 헛된 존재의 소멸 즉 열반을 통해 중단될 수 있는 것이다. 인간은 절대적 체념을 통해 열반에 가 닿는다.' 그러하니 우리는 고통에 다름 아닌 삶에 대한 의지를 잠재워야 할 것이고 또 인류의 정수에 저항하는 데 전력을 기울여야 할 것이며 또 인간적인 불행과 고뇌를 영속시키기를 그만두어야 할 것이다. (……)" 그리고 좀 더 나중의 일이기는 하지만, 프로이트가 영국의 정신분석학자 바바라 로우(Barbara Low)로부터 '열반의 원리'라는 표현을 빌려와 이것을 항상성의 원칙과 죽음의 충동 간의 접점으로 삼을 수 있었던 것도 물론 쇼펜하우어와 붓다의 이러한 상관 관계에 의거하였기 때문이다.

쇼펜하우어의 사상과 불교 사상 간의 등가 관계가 더 이상 의문의 여지가 없는 것으로 수용됨에 따라 샤를르 르누비에는 『무의식의 철학』의 저자 에두아르트 폰 하르트만이 그의 스승 쇼펜하우어와는 이견을 보이고 있다는 점을 주지시키면서 하르트만의 '격하된 불교'에 대해 지적하고 있다. 사실 하르트만은 쇼펜하우어의 염세주의와 의지의 개념에 의거하면서도, 자기 눈에는 철저한 무신론에 입각하는 것으로 비치는 불교 사상에 대해서는 유보적인 태도를 보이고 있다. 그러기에 1874년에 발표된 그의 또 다른 저술 『기독교의 자기 파괴와 미래의 종교』에서 다음과 같이 말하고 있다. "붓다는 아이를 목욕물과 함께 버리고 말았다. 다시 말해, 붓다는 범신론의 온갖 민중적인 신들을 버리면서 더불어 형이상학적 신성, 세계의 실체, 현상의 본질도 죄다 같이 버렸던 것이다. 그러면서 그는 순수한 무신론을 설파하였다. 이렇듯 붓다는 세계란 단지 무의 허울에 불과한 것이라고 주장하는 오류를 범하고 있지만, 실은 이미 오래전부터 인도 전역에 퍼져 있던 그 주관적이며 몽상적인 이상주의가 없었더라면 그가 이러한 오류를 범하지는 않았을 것이다. (……) 인식론의 이같은 전제에 의거하지 않고 어떤 무신론적 종교를 수립한다는 것은 사실 불가능한 일이었을 것이다."

이 글에서 하르트만이 제안하고 있는 것은 새로운 교리의 요소들을 동양과 서양에서 그리고 철학과 과학에서 빌려오는 어떤 절충주의적 접근 방식이다. "오늘날까지 종교 철학이 오류의 길을 벗어나지 못했던 것은 오직 단 하나의 종교만을 절대적인 종교처럼 고찰해야 한다는 생각과 또 그 절대성을 입증해야 한다는 생각에 묻혀 있었기 때문이다(헤겔은 기독교를 두고 그러했으며, 쇼펜하우어는 '아시아에서 태동한 인류의 존귀한 원초적 종교'를 두고 그러했다). 우리는 비판적인 의식을 향상시킴으로써 이같은 노력이 부질없는 것임을 밝혀내야 할 것이고 또 철학적 효용성과 타당성을 지니면서 새로운 종교의 가능성을 열어주는 요소들을 기존의 모든 종교 속에서 그리고 특히 가장 진전된 종교들 속에서 찾아내어 정확히 제시하는 일을 종교 철학의 유일한 과제로 삼아야 할 것이다. 종교 철학에 주어진 과제는 여러 문명화된 지역에서의 종교의 발달사가 각기 다른 목표를 지향하면서도 어떻게 하나의 수렴의 역사로 이행되어 가는지를 제시하는 데 있다."

하르트만의 제안대로라면 무엇보다도 기독교와 불교의 대립, 헤겔과 쇼펜하우어의 대립, 종교와 과학의 대립 등 이 모든 대립을 극복하는 것이 시급한 과제라 할 것이다. 그리고 그 후로도 "여전히 독일 철학이 완수해야 할 또 하나의 과제가 남아 있다. 다시 말해, 헤겔과 쇼펜하우어를 비롯하여 피히테와 셸링, 헤르바르트, 그 밖의 다른 철학자들이 단편적으로 포착한 아시아의 종교 사상의 진실들을 한편으로는 보전될 가치가 있는 기독교의 요소들과 함께, 또 한편으로는 현대 문화의 소산이며 또 대개의 경우 헤겔에게서 그 표현을 찾아볼 수 있는 일련의 개념들과 함께 하나의 총체적이며 동질적인 체계로 융합시키는 일이 바로 그것이다. 왜냐하면 이러한 체계를 통해 비로소 하나의 형이상학적 세계관이, 즉 민중 의식의 그 깊숙한 저변 속으로 조금씩 스며드는 가운데 쇠퇴 일로에 있는 기독교의 종교 생활을 대체할 어떤 새로운 종교 생활이 정착될 수 있는 여건을 조성해 주는 세계관이 얻어질 수 있기 때문이다."

그렇다면 이 과제가 유달리 독일 철학에만 주어진 이유는 어디에 있는 것인가? 프러시아 군대의 장교 출신인 하르트만에게도 여느 누구와 마찬가지로 단지 자국의 문화적 위상을 내세우고 싶어하는 마음이 작용하였기 때문인가? 하지만 여기서는 또 다른 이유가 작용하고 있다. 말하자면, 쇼펜하우어가 '유대인들의 악취'라고 부르는 것이 또 다시 문제로 부각되고 있는 것이다. 미래의 종교가 기독교의 요소들을 보전하고자 한다면 유대인들의 요소들을 떨쳐버려야 하리라는 것이다. 그리고 이것이야말로 장차 독일에 주어질 과제라는 것이다. "기독교를 탈바꿈시키려는 아리안족의 모든 경향에도 불구하고 기독교는 여전히 많은 부분에서 그 기원인 셈족의 자취를 그대로 간직하고 있다. 하지만 이미 2세기에 그러했듯이, 오늘날 아리안족의 정신은 새로이 철학의 입을 통해 전통적인 셈족의 민족성에 대해서 응분의 요구 사항을 제시하고 있다."

몇 잔의 우유

"우리는 쇼펜하우어나 하르트만과는 달리 염세주의적 범신론이 미래의 종교로 자리잡을 수 있으리라고는 생각하지 않는다. 운동을 통해 얻어진 속도가 갑자기 부동성으로 돌변할 수는 없듯이 삶으로 하여금 삶에 대한 의지를 단념케 할 수는 없다." 「어느 철학자의 운문」의 저자이자 「의무도 벌칙도 없는 도덕률에 대한 소묘」의 저자이기도 한 장-마리 기요〔Jean-Marie Guyau: 19세기 프랑스의 사회학자, 철학자〕는 1887년 그의 마지막 저술 『미래의 무종교』에서 이렇게 기술하고 있다. 이 저술에서 드러나는 불교관이 우리의 주목을 끄는 것은 다음의 두 가지 사항 때문이다. 하나는 앞에서도 누차 거론된 열반에 관한 것이다. 여기서도 열반은 사멸의 의미로 이해되면서 철학적 생기론(生氣論)이 가미된 유심론〔특히 생명체 속에서 무기물과는 별도의 생명원리를 상정하는 입장〕의 미명하에 비판의 대상으로 주어지고 있다. 다만 여기서 제시되고 있는 비판적 시각은 기요의 표현처럼 당시 서구인들로부터 많은 호응을 얻은 것으로서 종전의 그것과는 사뭇 다른 것이었다. "일종의 완전한 내적 할례를 시행하고 또 자기 자신에게 귀의함으로써 우주의 내면 속으로 파고들리라는 믿음," 기요는 열반을 이처럼 묘사하고 있다. 여기에 덧붙여 기요는 불교도들의 허무주의 속에서도 인류로서는 떨쳐버릴 수 없는 항구적인 유혹인 공의 유혹을 찾아볼 수 있음을 주장하고 있다. "우리를 외부세계와 맺어주는 모든 연결고리를 끊어버리고 싶은 유혹, 욕망의 새 순들을 모두 잘라버리고 싶은 유혹, 그리고 이러한 행위가 곧 해방을 안겨주리라고 믿고 싶은 유혹, (……) 어떤 내면의 심연 깊숙이 빠져들고 싶은 유혹, 공허의 아찔함을 만끽하고 싶은 유혹, 나아가 이러한 공허를 지고의 충만함이라고 믿고 싶은 유혹, 요컨대 아찔한 벼랑가에서 그 형용할 수 없는 유혹을 느껴보고 싶다는 그 이유만으로 멀리 있는 벼랑가를 찾아가는 인간의 모습, 이러한 유혹은 인간이 언제든 강하게 느껴온 유혹 가운데 하나였다. (……) 존재하는 것 그리고 행동하는 것 자체에 대한 염증을 그대로 받아들이면서 깊이 있는 삶일수록 헐벗고 차갑고 무기력한 것이라고 믿는 자세는 곧 삶을 위한 투쟁에서 패배를 자인하는 것일 뿐이다. 이렇듯 열반은 각 개인과 종족의 사멸로 귀결될 따름이다. 마치 삶의 패배자가 불행에 대해서는 승리자가 되기라도 하듯이 말이다."

불교의 염세주의를 배격하는 이 저술은 또 하나의 전혀 예기치 않은 논지를 담고 있다. 사실 기요는 열반을 배척할 수 있는 과학적 근거를 확보하기 위한, 이를테면 열반에 대한 실험을 제안하고 있다. 그 논거를 정확히 살펴보기 위해 그의 『미래의 무종교』의 한 대목을 들여다 보자. "열반을 실제로 경험하는 것은 흥미로운 일일 것이다. 고대의 종교들에서 행해졌던 이 경험을 과학적 성향을 지닌 유럽인들의 정신이 할 수 있는 만큼 최대한 밀고나간 인물이 있다는 것은 이미 우리에게 잘 알려진 사실이다. 이 인물은 한때 스펜서가 그러했던 것처럼 고기와 포도주와 찜 종류의 음식은 물론이거니와 미각을 자극하는 모든 것을 자신의 욕심에서 배제하고 단 한 가지 음식만으로 영위하는 고행 생활을 실천함으로써 존재 속에 남게 되는 최후의 욕구인 음식에 대한 욕구마저도 최대한 잠재울 수 있게 되었고, 허기진 상태에서 아무리 맛있게 보이는 음식을 봐도 조금도 동요치 않게 되었으며, 또한 많은 사람들이 고대하던 식사 시간을 기다리는 즐거움도 잠재울 수 있게 되었던 것이다. 이 실험자는 전혀 맛을 내지 않은 몇 잔의 우유로 식사를 대신하였다. 이렇듯 미각의 즐거움뿐만 아니라 그 밖의 저급한 감각들의 즐거움까지 거의 완전히 지워버리고 또 육체적 활동을 포기하였던 그는 오히려 관념적 사색이나 미학적 관조 속에서 즐거움을 찾고자 하였다. 그렇다고 그가 몽롱한 꿈의 시간 속으로 들어섰던 것은 아니다. 하지만 그는 윤곽이 뚜렷하게 정해져 있는 실제 생활의 시간에서 벌써 벗어나 있었다. 사실 하루하루의 삶에 어떤 형상과 굴곡을 새겨주는 것은, 또 우리의 삶에 어떤 전기를 마련해 주는 것은 바로 우리의 욕망과 즐거움이 아닌가. 식사를 수없이 거르듯 이처럼 감각적 욕망과 즐거움을 무한정으로 단절시키는 경우라면 아마도 인간은 자신의 삶 전체에서 무언가 지극히 정화된 것을 얻을 수도 있을 것이다. 그리고 이처럼 정화된 것은 비록 무미 · 무색이라 할지라도 나름으로 어떤 매력이 전혀 없는 것도 아닐 것이다. 하지만 세계는 조금씩 저 요원한 곳으로 물러나게 될 것이다. 왜냐하면 이 경우 세계는 예전처럼 자기 손으로 확실히 만져볼 수도 또 대충 더듬어볼 수조차 없는, 따라서 예전처럼 자기 마음에 와 닿지 않으면서 자기와는 무관한 것으로 되어버린 그런 것들로 구성되어 있기 때문이다. 이럴 때면 우리는 신들이 때로는 자신의 몸을 두르고 있던 그 구름 속으로 산 몸으로 들어서게 될 것이며, 또 더 이상 우리가 딛고 있는 땅을 예전처럼 느끼지도 못하게 될 것이다. 하지만 이럴 때면 우리는 더 이상 우리가 땅을 딛고 있지 않다고 해서 그렇다고 하늘에 더 가까이 가 있는 것도 아님을 이내 알게 될 것이다. 우리에게 자신을 정확히 관찰할 수 있는 능력이 여전히 남아 있는 경우라면, 우리는 스스로 모든 물질적 고민으로부터 해방됨에 따라 자신의 사고도 자유로워졌으리라는 생각과는 달리 오히려 자신의 사고력이 쇠약해진 데 대해 놀라지 않을 수 없을 것이다. 우리의 생각이 분명한 윤곽을 지닌 어떤 실재적인 것에 더 이상 의거하지 않음에 따라 그만큼 사변력도 상실될 수밖에 없을 것이다. 생각이든 삶이든, 무릇 대조를 이루고 있는 대상들로부터 그 활력을 얻기 마련이다. 그리고 가장 자연스러운 대조를 이루는 것들처럼 보이는 대상들로부터 이따금 생각을 벗어나게 하는 것은 생각의 활력을 제거하는 것이 아니라 오히려 생각의 활력을 북돋우는 것이다. 그렇지만 자신의 생각을 지나치게 정화시키고 승화시키고자 하는 경우, 우리는 생각의 명료성을 상실하게 될 것이다. 사색은 몽상으로 녹아들 것이며 또 몽상은 쉽게 황홀경으로 빠져들게 될 것이다. 황홀경에 빠져든 신비주의자들은 '하나이면서 전체'〔헨 카이 판: 세계는 하나이면서 전체이며 그것이 곧 신이라는 고대 그리스 자연철학자들의 범신론적 세계관〕의 상태에 잠겨 넋을 잃지만, 자기 제어에 익숙한 정신에 있어 황홀경은 이내 그 공허함만을 안겨줄 따름이다. 이로부터 저항이 시작된다. 다시 말해, 우리는 가장 관념적인 생각일지라도 통찰력과 주의력을 극대화시키기 위해서는 여전히 욕망에 의해 채찍질당하지 않으면 안 된다는 것을 인식하게 되는 것이다. 그러기에 이 열반을 실제적으로 경험해 볼 것을 권유하고 싶다. 다만, 이때 우리가 고려해야 할 점은 이러한 금욕 생활로 인해 지나치게 빨리 의식이 흐려지지 않을까 하는 점이다. 중요한 것은 자신에 대한 의식을 완전한 상태로 유지하는 것이고, 어떤 아찔함에 휩싸인 상태에서도 자신의 눈길로 그 정도를 가늠해 보는 것이며, 또 정신을 잃게 되더라도 그 이전에 결국 아무것도 없음을 목격하는 것이다."

이렇듯 여기에서는 무의 숭배의 쇠퇴가 예고되고 있다. 그리고 이 예고는 사실로 나타나고 있다. 서구인들의 상상 속에서 때로는 어떤 엄청난 기만이나 완전한 안식처럼, 때로는 하나의 절대 또는 하나의 심연처럼, 때로는 어떤 수수께끼나 혹은 어떤 평화처럼 생각되었던 열반이 이제 실제적인 경험의 대상으로 주어지고 있다. 그리고 이 경험은 '맛을 내지 않은' 몇 잔의 우유만으로도 가능한 것이다. 이제 무의 숭배가 쇠퇴하는 과정을 지켜보도록 하자.

신불교의 시대

우리는 염세주의가 단지 철학적 · 문화적 차원에 국한된 한 시대적 사조가 아니었음을 염두에 두어야 할 것이다. 염세주의의 또 다른 면모는 신비주의적 정신 운동의 성격을, 즉 비록 확실한 테두리가 잡힌 것은 아니라 할지라도 세계적 차원으로 전개될 수 있기를 기대하는 종교적 혁신을 열망하는 그런 정신 운동의 성격을 어느 정도 지니고 있다는 점이다. 범종교적인 새로운 정신성에 대한 희망은 물론 그 윤곽이 분명치 않았던 것이라 하겠다. 하지만 만일 우리가 이러한 희망을 전제로 하지 않는다면, 샤를르 르누비에가 1873년 톨스토이에 대해 말하고 있는 다음의 글은 사실 우리의 이해에서 벗어나는 것이라 할 것이다(「영혼불멸에 관하여」, 1873). "만일 우리가 열반이라는 단어를 그동안의 많은 주석자들처럼 단순한 무의 의미로 이해하기보다는 제반 현상들의 무의 의미로, 그리고 시간상으로 한정된 사물들에 대한 생각이 소멸된 상태의 의미로, 또 시간상의 모든 제약을 벗어난 축복의 의미로 이해한다면, 어쨌든 삶에 대한 톨스토이의 사상은 삶의 제반 조건에 관한 염세주의적 논지와도 유사성이 있는 것으로서 열반 사상과도 부합하는 것이다. 물론 작가가 자기 사진을 기독교의 일원으로 여기고 있는 것은 사실이다. 고대의 불교든 현대의 불교든 작가가 불교에 애착을 보이고 있는 것은 아니다. 하지만 기독교 윤리에 대한 작가의 해석이 모든 교회로부터 배척당한 사실로 미루어 볼 때, 또 그가 인격체로서의 신을 인정하지 않았을 뿐만 아니라 기독교 세계 도처에서 설파되고 있는 그런 식의 내세의 삶도 인정하지 않았다는 사실로 미루어 볼 때, 우리가 그의 종교를 허무주의적 기독교 또는 불교적 기독교로 규정지어도 무방하리라 생각된다." 이렇듯 열반은 더 이상 무가 아니며 또 염세주의자는 허무주의적 기독교인이며 또 이 러시아인 불교도는 불교와는 아무런 관련이 없다는 이러한 발언들을 통해, 그리고 이러한 발언들이 프랑스의 신칸트파 철학자의 입에서 나온 것이라는 점에서 우리는 상황의 변화를 충분히 감지할 수 있을 것이다.

1879년 에드윈 아널드〔Edwin Arnold: 영국의 시인, 저널리스트〕는 불교 교리에 관한 장편시집 『아시아의 빛』을 발간했다. 이것은 당시 빅토리아 시대에 걸맞은 열정적인 표현으로 "주님 붓다는 이 세상의 구세주이시다"라고 말하고 있다. 당시 이 책은 국제적인 호응을 얻었으며, 또 이러한 반응은 실로 예외적인 것이었다. 그 서문에 실려 있는 표현처럼 "사유의 역사에서 한 경우를 제외한다면 가장 고결하고 가장 온화하고 가장 거룩하고 가장 유익한 말처럼 들리는 그 고명한 왕의 말씀" 은 수많은 독자들을 파고들면서 모방과 반론을 불러일으키기도 하였다. 그러기에 저자는 다음과 같은 확신에 찬 주장을 들려주고 있다. "인류의 3분의 1에 달하는 인구가 공허한 관념이나 무를 삶의 귀결점이자 정점으로 신봉한다는 것은 있을 수 없는 일이다."

1890년대로 접어들면서 불교는 더 이상 무의 숭배처럼 간주되지는 않게 되었다. 레옹 드 로니〔Leon De Rosny: 프랑스의 일본학자〕는 그의 저술 『절충주의적 불교』에서 이렇게 지적하고 있다. "우리가 불교를 올바로 이해한다면, 존재의 소멸의 관점에서 불교를 보는 그 조잡하고 그릇된 시각은 불교와는 전혀 무관한 것으로 밝혀질 것이다." 여기서 '절충주의적 불교' 라는 이 말은 그 자체가 벌써 다음의 사실을 시사하고 있다. 즉, 불교가 어떤 전반적인 지혜의 의미로 이해되고 있다는 점, 그리고 기독교의 가르침과 붓다의 가르침 간의 연관성이 확장되기 시작하고 있다는 점이 그것이다. "신불교, 기독교적 불교는 예수의 첫 신봉자들이 순교자가 되기를 마다하지 않았던 것처럼 고통을 회피하려 들지 않는다." 이에 덧붙여 저자 로니는 무의 숭배를 인정하지 않는 시각에서 또한 교리상의 단순성을 주지시키고 있다. "무지와 편협한 지배욕으로 인해 마치 석가모니와 예수의 가르침에 직접적으로 관계된 것인 양 주어지고 있는 그 모든 부차적인 교리들을 벗겨내버린다면 우리는 그들의 가르침의 본래 성격을 되찾게 될 것인즉, 그들의 가르침은 본래 각자의 구원을 위한 단 하나의 동일한 길만을 세계에 제시하는 데 있었다. 이 하나뿐인 길은 피조물들에 대한 사랑과 또 자신을 바로잡으려는 끊임없는 내면의 노력을 통해 비로소 얻게 되는 깨달음의 길이었다."

그런데 신불교가 거론되고 있음을 알게 된 줠 바르텔르미 생 틸레르는 이에 대한 반론을 제기하고 나선다. 여든 여덟의 나이에도 불구하고 그는 1893년 2월 25일 인문 · 사회과학 아카데미의 철학분과 학회에서 다음과 같이 시작되는 논고를 발표한다. "신불교라는 말은 우리 가운데 몇 사람이 인도의 불교에 심취해 있다는 의미로 이해될 수 있을 것입니다. 아마도 이 새로운 입문자들은 그들이 찬미하는 교리에 대해 그다지 많은 것을 알고 있지는 않은 것 같습니다. 만일 그들의 이해가 좀 더 깊어진다면, 그들은 이 교리에 대해 그러한 생각들을 표명하지는 않게 될 것입니다. 장차 그러기를 기대하면서 한마디 덧붙이자면, 이것은 일종의 정신적인 전염병입니다. 이 전염병은 물론 육체적인 전염병만큼 두려운 것은 아니겠지만 어쨌든 많은 정신들을 타락시키고 또 길을 잃게 한다는 점에서 해로운 것임은 분명한 것 같습니다." 이렇듯 생 틸레르는 또 다시 그의 종전의 표현처럼 '개탄스럽고 가증스럽고 음산하고 역겨운 이 종교의 냉혹한 염세주의' 에 대한 경각심을 일깨우고 있다. 유럽을 장악하기 시작한 이 염세주의는 하나의 공모라는 것이다. "붓다에게는 도처에 수많은 공모자들이 있지 않습니까? 무신론자들과 유물론자들이 그에게 동조하고 있는 것이 아니면 또 무엇이겠습니까? 그들은 붓다처럼 사멸을 신봉하고 있지 않습니까? 그들 역시 내세를 필요한 것으로 생각하지 않겠습니까? 그래서 그들은 똑같은 심연 속으로 뛰어들고 있는 것입니다." 그렇지만 생 틸레르 역시 종전과는 달리 불교를 어떤 위협 요인으로 대하기보다는 단지 시대에 걸맞지 않은 신앙처럼 보고 있을 따름이다. "오늘날 우리 사회가 비판받아 마땅한 결점들을 아무리 많이 지니고 있다 하더라도 불교의 열반을 피신처로 삼을 정도로까지 타락한 것은 아닐 것입니다. 그러기에는 아직 다소 여유가 있는 것 같습니다. 그리고 우리 사회는 결코 그 정도로까지 타락하지 않으리라고 확신합니다. 우리 사회가 과거의 모든 것들처럼 소멸될 수밖에 없다고 할지라도 이런 식으로 종말을 맞이할 수는 없는 것입니다. 따라서 불교를 부활하려는 시도는 무모한 것이라 아니할 수 없습니다. 이러한 시도는 기껏해야 문학적 환상에 불과한 것이라 하겠습니다. 게다가 이러한 문학적 환상이라면 그저 편안하게만 할 수 있는 것도 아닐 것입니다. 왜냐하면 더 이상의 고통을 추가하지 않더라도 벌써 정신은 상당한 고통에 시달리고 있을 터이니 말입니다. 붓다를 성격의 측면에서든, 목표의 측면에서든, 생애의 측면에서든 찬미의 대상으로 삼는 것은 무방하다 하겠지만, 어쨌든 그 유해한 교리만큼은 피해야 할 줄 압니다. 불교는 이제 역사로 남아 역사 속에서 그에 합당한 자리에 놓여야 할 것입니다. 하지만 불교가 마음 속으로 들어와서는 안 될 것입니다."

발언자가 매우 연로한 인물이었던 것은 사실이다. 그리고 그의 논지 또한 기존에 지나치게 반복되다 보니 이미 시대착오적인 것으로 여겨진 것도 사실이다. 그렇지만 이 날, 무의 숭배가 그동안 불러일으켰던 악몽은 바로 무의 숭배를 만들어낸 인물 중 한 명으로서 오랫동안 이 악몽을 조장하였던 당사자에 의해 끝나고 있었다. "하지만 한편에서는 무가 신앙의 대상이 될 수 없다는 의견을 피력하고 있습니다. 왜냐하면 무는 존재하지 않는 것인 까닭에 기도의 대상도 경배의 대상도 될 수 없기 때문입니다. 그러기에 불교도들은 무를 숭상하는 것이 아니라 붓다를 숭상하고 있다 하겠습니다. 붓다가 온화한 인물이었던 것처럼 붓다에 대한 신앙 역시 온화한 것입니다. 향불과 꽃과 과일과 등잔불 그리고 음악, 오직 이것들만이 붓다의 가르침을 되새기고 붓다의 모범적인 행적을 새롭게 할 목적의 설교와 의식이 거행되는 사원을 장식하고 있습니다."

종교회의와 아리안족

상이한 종교들을 연계시킬 수 있는 어떤 종교상의 근본적 동질성에 대한 생각이 점차 호응을 얻게 된다. 이와 더불어, 종교마다 그 제도화된 형식 속에서 제각기 어느 정도 노쇠한 것이 되어버렸다는 인식이 증폭되어 간다. 이에 따라 상이한 종교들간의 대화의 서막을 알리는 새로운 만남의 필요성이 제기되고, 그에 따라 1893년 9월 11일 시카고에서 '범종교회의'가 개최된다. 이 회의에 인도의 라마크리슈나의 제자인 비베카난다〔인도의 종교개혁가〕는 초청을 받지 않았는데도 자진해서, 더욱이 어떤 종교단체도 대표하지 않는 개인 자격으로 이 회의에 참가한다. 로맹 롤랑(Romain Rolland)은 그의 저술『비베카난다의 생애와 보편적 복음』(1930)에서, 비베카난다가 1893년 5월 31일 봄베이(뭄바이)를 출발하여 도쿄, 벤쿠버를 거쳐 시카고에 도착하기까지의 경로를 전하면서 그에 관한 많은 정보들을 제공하고 있다. 물론 이 정보들이 모두 정확한 것은 아닐 것이다. 이를테면, 이 무명의 인물이 '아메리카의 형제 자매들이여!' 라고 외쳤을 뿐인데도 장내에서 오랫동안 기립박수가 터져 나왔다고 기술하고 있는 점은 아무래도 신빙성이 없는 것 같다. 그렇지만 이 성인전 작가에 의하면, "그가 이처럼 순박한 인사의 말을 던지자 수백명의 참석자들이 일제히 일어나 그를 환호하였다" 거나, 또 미국 언론은 모든 종교의 동질성과 단일성에 대한 신념 속에서 "종교상의 모순이나 적대관계는 있을 수 없는 것" 임을 역설한 이 젊은 인도인에게 열렬한 지지를 보냈다고 한다. 『대담과 한담』에 실려 있는 비베카난다의 말에 의하면, 종교상의 모순이 있을 수 없는 것은 종교의 다양성에도 불구하고 단 하나의 종교만이 있기 때문이며, 단 하나뿐인 이 유일한 종교는 다름 아닌 인도의 종교 즉 베단타라는 것이다. "종교가 여럿이었던 적은 없다. (……) 오로지 베단타만이 일찍이 세계에서 찾아볼 수 있는 유일한 보편적 종교였으며 또 보편적 종교일 수 있는 유일한 것이다. 왜냐하면 베단타는 원리만을 설파할 뿐 인격을 설파하지는 않기 때문이다." *

비베카난다가 『찬도갸 우파니사드』의 마하바키야(위대한 말씀) 즉 "탓트왐 아시" ("너 또한 이것이다")에 어떤 윤리적 의미를 부여하고 있는 것은 파울 도이센〔Paul Deussen: 독일의 철학자〕을 통한 쇼펜하우어의 영향에 의한 것으로 보인다. 사실 비베카난다가 산스크리트 문헌에는 없는 윤리적 의미를 이 명제에 부여하게 된 것은 그가 쇼펜하우어의 글을 접하면서부터의 일로, 특히 파울 도이센과 여러 차례 대화를 갖게 되면서부터의 일로 추정된다.** 그가 독일 사상의 영향을 받고 있었다는 것은 그의 언어사용에서도 나타난다. 사실 그가 '아리안' 이라는 단어를 산스트리트 문헌상의 통상적인 의미로 사용하기보다는 '종족' 이나 '유형', '혈통' 의 문

---

* 캘커타 태생의 인도 철학자로서 시카고에서 열린 범종교회의와 또 자신이 1897년 설립한 '라마크리슈나 포교단' 을 통해 베단타 철학을 알리는 데 주력했던 비베카난다(1862~1903)의 『대담과 한담』은 프랑스어로도 번역되어 있다(파리, Albin Michel, 1995).

** 산스크리트와 베단타 철학의 전문가였던 파울 도이센은 1896년 인도를 찾는다. 쇼펜하우어 저술들의 출간을 주관하던 그는 이를 계기로 비베카난다와 여러 차례 대화를 갖는다.

제를 언급하는 가운데 아리안족의 신화에 입각한 유럽인 그리고 인도-게르만인의 의미로 사용하고 있는 점은 이러한 영향에 의한 것으로 설명될 수 있을 것이다. 그리고 이 점은 불교를 보는 비베카난다의 시각과도 무관한 것이 아니다. 붓다에 관계된 그의 발언들은 서로 어긋나는 두 가지 양상으로 나타나고 있다. 한편으로 붓다는 긍정적으로 평가되는데, "붓다는 위대한 베단타 철학자였다"라는 그의 말처럼 비베카난다는 붓다를 신의 화신처럼, 즉 바가바드 기타 속의 크리슈나와 똑같은 말을 들려주는 크리슈나의 새로운 화신처럼 제시하고 있다. 하지만 다른 한편으로 그는 붓다가 베다 경전에 적대적이며 영혼을 부정하는 불가지론자였으며 종교상의 파벌주의를 야기한 장본인이었을 뿐만 아니라 베단타와는 대척점에 위치하고 있었다는 점을 분명히 하고 있다. 그는 『대담과 한담』에서 이렇게 말하고 있다. "불교를 베단타와 혼동하는 것은 어불성설이다."

그렇다면 비베카난다가 논지상의 모순을 해소하려는 어떠한 시도도 없이 이처럼 상반된 주장들을 계속하는 이유는 어디에 있는 것인가? 우리는 그 이유를 두 가지 측면에서 살펴볼 수 있다. 먼저, 인도 사상의 근본적인 일관성을 인정하고자 했던 그의 입장에서 볼 때, 불교의 발전으로 인해 어떤 분열이 초래된다는 것은 납득할 수 없는 것이었다는 점이다. 그리고 또 하나의 이유는 그가 서구의 평가에 영향을 받고 있다는 데서 찾아볼 수 있을 것이다. 그는 서구 학자들의 주장에 맞서서 인도의 일관성을 역설하였던 반면, 한편으로는 이른바 불교의 허무주의에 대한 서구인들의 부정적 시각을 계승하고 있었던 것이다. 비베카난다는 이렇듯 스스로 자신에게 이중의 제약을 가하고 있었던바, 그로 인해 더욱 논리상의 모순으로 빠져들고 있다. 이를테면 그가 불교 때문에 빚어진 어떤 인종적 퇴화를 제시하고 있는 점이 그것이다. 더욱이 이러한 그의 제시는 다분히 인종 문제를 내포한 것이기도 하다. "타타르족이나 발루치족〔파키스탄 서부의 부족〕뿐만 아니라 그 밖의 모든 야만족들이 인도로 흘러들어 불교도가 되었으며, 그들의 민족적 풍습을 유지한 채 우리들 속으로 섞여들었다. (……) 그로 인해 일찍이 인간의 손에 의해 씌어진 적이 없는 가장 끔찍하고 가장 음란한 책들이 씌어지게 되었으며, 일찍이 인간의 두뇌에 의해 생각된 적이 없는 가장 역겨운 의식들이 나타나게 되었고, 또 일찍이 종교적 의미가 있는 것으로 주어진 적이 없는 가장 야만스런 행위들이 등장하게 되었던 바, 이 모든 것들은 타락한 불교의 산물이었다." 사실 우리들로서는 자신의 상상의 산물인 퇴화 현상을 질타하는 이처럼 극렬한 언어가 1893년 시카고에서 "숭고함은 모든 종교에서 찾아볼 수 있는 것이다"라고 말했던 바로 그 인물의 입에서 나온 것인지 실로 의아해하지 않을 수 없다. 더욱이 그는 단 하나의 종교만이 있다고 주장하면서 종교와 관용의 보편성을 역설한 인물이 아니었던가.

마침내 무의 숭배는 그 막을 내리고 있었다. 어떤 상상의 불교에 대한 유럽인들의 온갖 언설들 역시 그 자취를 감추고 있었다. 19세기 말에는 학술단체의 창립이 잇따르고 동양학 분야에서의 대규모 출간 작업이 진전됨에 따라 풍문은 잦아들게 되었다. 물론 비교주의의 추종자들이 불사리를 사용하려 들기도 했던 것은 사실이지만, 더 이상 무의 숭배는 거론되지 않았다. 아미엘은 그의 『고백의 일기』에서 사뭇 엄숙하고도 차분한 어조로 이렇게 기술하고 있다. "진화론, 숙명론, 염세주의, 허무주의. 독일 민족이 그 위대함과 승리를 구가하고 있는 이 시대에 이런 끔찍하고도 참담한 주장이 꽃을 피우고 있다는 것은 참으로 의아한 일이 아닌가." 붓다에 대한 두려움의 표현들은 역사의 뒤편으로 물러나고 있었다. 더불어 전쟁의 시대가 가까워지고 있었다. 또 다른 무의 숭배가 시작되고 있었던 것이다.

결론

숨겨진 실험실

신없는 종교가 어떻게 무의 숭배로 탈바꿈하게 되었는가? 우리 시대의 얼굴이 거기에서 빚어지고 있었던 것인가? 적어도 부분적으로는…….

무는 있지 않은 것이다. 영(零)은 실재하지 않는 것이다.
모든 것은 나름의 가치가 있는 것이다. 아무것도 아닌 것은 없다.
— 빅토르 위고, 『레미제라블(가련한 인간들)』

붓다가 문제시되었던 것인가? 물론 그렇지는 않았다. 본서에서 다룬 글들의 중심에는 오직 유럽만이, 다양한 탈을 쓴 다양한 유럽만이 자리하고 있을 따름이다. 불교와 아시아와 무의 숭배를 다루는 19세기의 많은 글들에서 사실 문제시되고 있었던 것은 다름 아닌 유럽의 정체성이었다. 당시에 유럽은 더 이상 영원한 것이 아니었으며, 늘 승리만을 구가하는 것도 아니었고, 고대 그리스 이래 유지되어 온 어떤 불변의 정체성을 그대로 유지하고 있었던 것도 아니며, 그 자체의 균형에 대한 확신에 차 있었던 것도 아니고, 또 자체적으로 수립한 척도에 대한 자부심에 차 있었던 것도 아니다. 오히려 유럽은 자체의 정체성에 대한 불안감과 불확실성에 휩싸여 있었다. 이러한 유럽은 무의 숭배를 만들어 냄으로써 실은 자체의 거울을 만들어 냈던 것이며, 또한 그 거울 속에 비친 자신의 모습을 여전히 인정하려 들지 않고 있었다. 프랑스 대혁명 이후의 이러한 유럽은 거의 한 세기 동안 왕정과 공화정, 자본주의와 사회적 권리들, 식민주의와 보편성, 기독교와 자유 사상 사이에서 줄곧 긴장된 국면에 처해 있었던 것이다. 불교와 무의 숭배에 관계된 여러 논지들은 실은 이러한 긴장들을 반영하는 것이기도 하였다. 이제 마지막으로 문제의 핵심을 살펴보도록 하자.

무의 숭배, 이 상상의 불교는 과연 어떠한 근거에 의거하고 있었던 것인가? 불교를 허무주의의 측면에서 고찰하고 있는 일련의 논지들은 한결같이 침묵과 부정(否定)을 혼동하고 있다. 달리 말하자면 이 논지들은 유보적인 태도를 거부의 표현으로, 또는 침묵을 파괴로 혼동하고 있다고 하겠다. 이렇게 해서 신 '없는' 종교 불교는 곧 신을 부정하는 '무신론' 으로 탈바꿈되었다. 신의 부재, 다시 말해 '사실상의' 신의 결여는 한편으로는 불교도들이 부지불식간에 고통스러워했을 어떤 결핍으로 변모되었거나 아니면 어떤 적개심으로, 어떤 파괴 행위로, 신을 '대신한' 무에 대한 숭배로 변모되었다는 것이다. 그러기에 무의 숭배는 물론 사상의 자유의 표현이 아니라 하나의 부정적인 신앙에 다름 아닌 것이다. 무를 숭배한다는 것은 아무것도 숭배하지 않음을 말하는 것이 아니다. 그것은 최상의 경우에는 존재하지도 않는 것에 대한 물신 숭배와도 같은 것이며, 허무함을 욕망의 대상으로 변모시키는 것과 다를 바 없는 것이고, 또 소멸을 갈망하는 것일 뿐이지만, 반면 최악의 경우에는 곧 악을 열망하는 것이고, 파괴를 부추기는 것이며, 자신을 비롯하여 남과 세계가 소멸되기를 바라는 것이다.

열반에 대한 여러 가지 논지들도 이와 마찬가지이다. 아무런 특성도 찾아볼 수 없는 이 구원의 길을 유럽인들은 사멸로 변모시키고자 했던 것이다. 열반에 대해 아무것도 말할 수 없다면, 그것은 곧 아무것도 아닌 것이지 않겠는가! 열반은 뭐라 형용할 수 없는 것이라면, 그것은 곧 파괴가 아니겠는가! 열반은 아무런 원인이 없는 것이라면, 그것은 곧 끝없는 죽음이지 않겠는가! 모든 논지가 이렇듯 매번 '부정적인 길'을 곧 부정으로, 말하기 불가능한 것을 곧 절대적인 무로 혼동하는 식으로 전개되고 있다. 이러한 논지 전개 방식은 영혼 문제에서도 동일하게 적용되고 있다. 이 문제에 붓다가 침묵으로 일관하고 있다는 것은 곧 그가 영혼의 존재 여부와 영혼의 불멸성에 대해 어떠한 입장 표명도 거부하고 있음을 의미하지 않겠는가! 그런데도 이같은 접근 방식에서는 곧 붓다가 영혼의 존재를 부정하고 있다는 주장으로 귀결되고 있다. 그리고 정치적 측면에서도 마찬가지로 정확한 입장 정리가 되지 않은 상태에서 자의적인 해답이 제시되고 있다. 이를테면, 불교에서 말하는 해탈의 길은 카스트의 계급제도와는 무관한 것이기는 하지만 그렇다고 오직 구제의 관점에서만 고찰될 수도 없는 것이라는 이같은 전제는 이 해탈의 길이 전복을 기도하는 혁명 노선이며 평등주의 노선이라는 주장으로 귀결되고 있다.

그리고 역설적으로 무 역시 이같은 부정적인 방향으로 탈바꿈되고 있다. 무는 정의상 존재하지 않는 것이며 또 어떠한 속성도 없는 것이다. 하지만 무는 아무것도 아닌 것이기보다는, 즉 어떠한 속성도 없는 중성적인 영과 같은 것인 무 그 자체로 고찰되기보다는 무언가 음산하고 암울하고 냉랭한 것으로 변모되고 있다. 불교도들이 숭배의 대상으로 삼고 있는 것은 진정한 의미에서의 무라고 할 수 없는 것으로서, 어떤 어둠의 수렁이거나 공포스러운 곳이거나 추운 지옥이거나 액운의 근원지이거나 또는 명명할 수 없는 어떤 부정적인 실체 등으로 바뀌고 있다. 이렇듯 무의 의미가 공포의 대상이면서도 유혹의 손길을 뻗치는 그런 마력을 지닌 어둠의 수렁 같은 의미로 바뀌게 됨에 따라 처음에는 하나의 종교처럼 그리고 어떤 지혜의 결집처럼 고찰되었던 불교는 마침내 환영에 사로잡힌 어떤 밀교 집단의 교리 정도로 한동안 취급되었던 것이다.

신 없는 인간들

그렇다면 어떤 신 없는 종교가 그토록 불안감을 야기한 이유는 어디에 있었던 것인가? 그 이유는 서구인들이 이러한 종교에서 어떤 역설을 보았기 때문만은 아닐 것이다. 또 모든 시대와 사회적 상황을 막론하고 인간 정신에 이러한 종교는 사실 생각하기조차 힘든 것이기 때문만도 아닐 것이다. 우리는 그 이유를 유럽의 시대적 상황에서 찾아볼 수 있다. 심화되어 가는 탈기독교화 현상이나, 이미 감지되기 시작하고 있던 신의 죽음이나 천국의 소멸, 이성의 숭배 혹은 지고한 존재의 숭배와 같은 어떤 새로운 형태의 종교에 대한 열망의 좌절 등 이러한 시대적 상황이 전혀 뜻밖에도 바로 이 종교 속에 그대로 반영되고 있었던 것이다. 이미 오래전부터 범신론을 둘러싼 논쟁의 잡음이 끊이지 않던데다가 무신론까지 공공연하게 천명되기 시작하던 유럽에서, 기독교의 유신론에 해당하는 어떠한 사상도 찾아볼 수 없는 그런 종교의 발견은 곧장 이 종교가 성서의 신에 대한 부정이라는 결론으로 이어질 수밖에 없었다. 그 결과, 새로이 그 권위를 세계에 강제하려는 가톨릭의 움직임으로 인해 붓다의 얼굴은, 영적이며 신비적이기는 하지만 인간적인 면모밖에 없는 이 얼굴은 이내 위협적인 존재로 변모하게 되었던 것이다. 사실 수많은 사람들의 정신에서 신이 떠나가고 있던 시대에, 인간의 차원에만 머무는 종교가 마치 기독교에 적대하는 공모자처럼 여겨진 것도 당연하다 하겠으며, 또 유신론의 부흥에도 불구하고 강화되고 있던 유물론의 이른바 '중립적 동맹군' 처럼 여겨졌던 것 역시 조금도 놀라운 일이 아닐 것이다.

하지만 우리는 이러한 공모와 동맹을, 어떤 강력한 다른 종교가 외부로부터 들어와 무신론자들에게 지지 기반을 마련해 주고 있다는 그런 의미로 이해해서는 안 될 것이다. 여기서 외부는 존재하지도 않는 것이다. 불교의 무신론이 문제시된다면, 정작 문제가 되는 것은 다름 아닌 유럽인 자신들의 무신론이다. 불교도들의 신앙이 지구 저편에서부터 서구의 영혼을 전복시키려 들 것이라는 생각은 사실 어느 누구의 입에서도 표명된 적이 없다. 유럽이 외부로부터 개종당할 위험에, 부식당할 위험에, 혹은 감염될 위험에 처해 있었던 것은 아니다. 위협 요소와 적은 내부에 도사리고 있었다. 사실 유럽인들이 아시아에서 불교의 '재앙' 을 보았다고 하는 것은 바로 유럽이 얼마만큼이나 내부적으로 신앙의 무화 위협에 처해 있었던가를, 그리고 유럽의 기반이 이미 흔들리기 시작할 정도로 기독교가 얼마만큼이나 파괴될 위협에 처해 있었던가를 단적으로 설명해 주는 것이라 하겠다.

바로 이같은 상황의 유럽에서 무의 숭배는 곧 파괴를 의미하는 것으로 비쳤던 것이다. 앞서 살펴보았듯이, 무의 숭배가 신앙의 부재처럼 또는 아무것도 없는 공허한 상태에 대한 순진한 경배처럼 여겨졌던 것은 아니다. 이 문제에 대해 유럽에서 제시되었던 대부분의 해석은 무의 숭배가 진정한 종교에 대적하는 힘을 지닌 것임을 시사하고 있다. 이러한 해석들은 무의 숭배가 지리적 · 문화적 측면에서는 유럽과의 거리와 차이로 인해 그다지 위협적인 것은 아니지만, 부정의 신앙이자 반기독교 정신의 발현이며 악마적 성격이 배어 있는 현상이라는 점에서 실로 위협적인 것임을 은연중 시사하고 있다. 그리고 이러한 해석들이 잔잔해지면서부터 붓다는 몇몇 신지론〔神智論: 불교에 영향을 받아 신을 만물의 통일, 개별자를 절대자의 부분으로 보는 입장〕자들에 의해 무지몽매한 자들에게서나 찾아볼 수 있는 악마의 가련한 마지막 화신처럼 제시되거나, 또는 삽화 속의 꼬마 마왕처럼 뭔가 당혹스러워하는 순진한 영웅처럼 제시되는 것으로 그의 한 시대를 마감하고 있다.

그리고 다른 한편으로 붓다가 19세기 전반에 걸쳐 줄곧 그리스도와의 연관성 속에서 고찰되어 왔던 것도 이와 동일한 이유에서이다. 붓다와 그리스도, 이 두 형상이 시기와 저자에 따라 때로는 직접적인 경쟁 관계로, 때로는 암묵적인 공조 관계로, 또 때로는 기존의 대칭 관계로 설정되어 왔던 것은 또 다른 별개의 문제라 하겠다. 사실 이 두 현상은 대립 관계에 있는 것으로 주장되거나 상정되기도 했으며, 또 평행선상에 있는 것으로 명시되거나 암시되기도 하였다. 하지만 이러한 사실과는 관계없이 붓다를 보는 시각과 예수를 보는 시각은 항상 불가분한 것이었다. 그러기에 19세기는 예수의 생애가 역사 연구의 대상으로 주어진 것과 병행하여 붓다의 전기 역시 대중 속에 자리잡게 된 시대라 할 것이다.

하찮은 인간들

무의 숭배는 탈기독교화의 서막을 알리는 것이었지만 또 한편으로는 배회하는 민주주의의 표식과도 같은 것이었다. 무는 신의 부재만이 아니라 무정부 상태를 의미하는 것이기도 하였다. 물론 붓다가 그와 함께 제도(濟度)를 추구하고자 했던 모든 이들을 카스트나 출신에 관계없이 그의 종교적 공동체 속으로 맞아들였던 것은 역사적 사실이라 할 것이다. 또한, 오직 브라만 계층만이 해탈에 가 닿을 수 있을 뿐 그 밖의 계층이 해탈에 이르기 위해서는 브라만으로 다시 태어나기를 바라는 수밖에 없다고 말하는 브라만교의 신앙과는 달리, 붓다가 그의 가르침 속에서 해탈을 출신상의 사회적 신분과 분리시키고 있는 것도 의심할 여지가 없는 사실이라 할 것이다. 나아가 브라만교와 불교의 적대관계가 고대 인도의 역사에서 계층간의 갈등을 반영하고 있었다는 점 역시 사실이라 할 것이다(붓다는 브라만 계층의 일원이었던 것이 아니라 크샤트리아 신분의 '전사' 였다). 그렇지만 이러한 사실들만으로는 불교가 신 없는 세계의 표상으로, 또 정치적 혁명의 표상으로 자리잡게 된 이유를 설명하기에 결코 충분치 않을 것이다.

이 점에서도 동양 쪽에서 그 이유를 찾으려는 태도는 버려야 할 것이다. 문제는 여전히 유럽 쪽에 있기 때문이다. 무의 숭배는 19세기 전반의 역사적 · 사회적 추이와는 분리시켜 고찰될 수 있는 별개의 일화가 아니다. 무의 숭배는 한 시대가 낳은 상상의 산물인 까닭에 역시 그 시대의 주요 긴장된 국면들의 반향이기도 한 것이다. 그러기에 동양학자들이 붓다의 뭇 특징들을 찾아냈던 것은 1830년부터 1848년 사이의 일이며, 이에 대한 불안감을 드러내는 부정적인 여론이 조성되고 풍문으로 퍼져나갔던 것은 1848년부터 1871년 사이의 일이다. 1830년 영광의 3일(7월혁명의 7월 27~29일의 사흘)에서부터 1871년 파리코뮌에 이르기까지, 유럽에서 무의 숭배는 노동자계급의 출현, 민주주의에 대한 열망, 공산주의의 대두, 위험한 계급의 부각, 부르주아 계급의 '걷잡을 수 없는 공포' 등과 보조를 같이하는 것이었다. 따라서 무의 숭배가 사회적 계급제도에 대한 부정, 전통 질서에 대한 항거, 평등주의의 제창, 약자들의 봉기, 굴레의 타파, 지배에 대한 거부 등의 의미를 지니게 된 것도 사실 당연했던 것 같다.

바로 이러한 관점에서, 이 해악적인 무의 숭배가 실제로 부정의 대상으로 삼고 있는 것은 신 자체가 아니라 신의 뜻을 구현하는 것처럼 주어지고 있는 어떤 불변의 사회적 질서 체계라는 주장이 대두하게 된 것이다. 이렇듯 존재상의 무에 상응하여 질서상의 무가 대두하게 된 것이다. 이 점에서도 무는 단순히 어떤 부재를 의미하는 것이 아니었다. 무는 와해와 붕괴를 초래하는 것의 의미로 이해되고 있었다. 무는 파괴의 위협뿐만 아니라 평등화 및 무정부주의의 위협을 안고 있는 것이었다. 그런데 여기서 이 무정부주의라는 말은 그 어원이 시사하는 것처럼 단순히 정치적 원칙이나 정치적 권위가 결여된 상태, 그리고 권력의 공백 상태만을 의미하지 않는다. 권력의 파괴가 선행되지 않은 권력 공백 상태란 없는 까닭에, 계급투쟁의 시각에서 무의 숭배는 곧 파괴 활동의 의미를 내포하고 있었다. 파괴 활동은 두려움의 대상이나 배척의 대상으로 여겨지기 마련이듯, 무의 숭배가 호응을 불러일으킨 적은 없었다.

이렇듯 무의 숭배는 다른 곳의 이야기가 아니다. 다른 곳은 단지 허구의 공간일 따름이다. 이 평등주의 정치 사상이 극동 지역에서 소요를 일으킨 것이 아니다. 평등주의는 유럽 대도시들의 외곽지역에서, 노조 결성이 진행되던 공장에서, 대규모의 파업 사태가 발생하였던 광산 지역에서 뿌리내리고 있었다. 과거 인도에서 있었던 계급제도에 대한 항거가 19세기 유럽인들의 생각처럼 내란을 초래할 정도로까지 폭력적으로 탄압되었던 것은 아니다. 이 항거에 대한 무력적인 탄압은 과학과 기술의 시대로 접어든 유럽에서 있었던 일이다. 계급조차 없는 인간들, 아무것도 아닌 인간들이 새로이 어둠 속에서 공모를 획책하고 있으리라는 생각에 빠져 있던 상류층에게 평등주의는 사실상 두려운 전복 음모와도 다름없는 것이었다.

퇴화된 인간들

무의 숭배에서 또 하나 제기되었던 문제는 인간의 '여러 부류', 고등 인간과 하등 인간에 관계된 인종 문제이다. 19세기 유럽은 시대의 몽상마냥 오랫동안 한 민족에 관한 전설 속에 젖어 있었다. 구성원 개개인이 적극적이며 포부에 차 있고, 강력한 기질에 정복 정신과 전사의 용기까지 두루 갖춘 강하고 생동감 넘치는 민족 말이다. 이처럼 고귀한 혈통을 지닌 한 부류가 언급될 때면 거의 예외없이 그 반대편에는 또 하나의 부류가 등장하고 있다. 선천적인 무기력으로 인해 아무런 의욕도 없고 자생력도 갖추지 못한 상태에서 근근이 연명하는 가운데 그저 무겁게만 느껴지는 빈약한 삶이 조만간 끝나기만을 기대하는 허약한 '하등 존재들' 말이다. 이 현대의 신화는 다음과 같은 이상한 물음들을 불러일으키고 있다. 인류는 원래 두 가지 유형이었는가? 한쪽 부류는 쇠퇴와 퇴화와 육체적 · 심리적 쇠약에 따른 결과인가? 그렇다면 사멸로 향하는 이같은 결과가 초래된 원인은 어디에 있는가? 기후의 영향 때문인가 아니면 혼혈의 폐해 때문인가? 그도 아니면 황색의 영혼에 배어 있는 그 알 수 없는 필연성 때문인가?

무의 숭배에서 묘사되고 있는 것이 아시아가 아니라 바로 유럽임을 인정하는 경우라면, 또 무의 숭배가 어떤 고대의 실상의 반영이 아니라 이 시대의 반영임을 인정하는 경우라면 우리는 당연히 이 퇴화의 모습들을 이 시대에서 다시 찾아보아야 할 것이다. 이 모습들은 이 시대 전반에 걸쳐 시대의 전반적인 양상처럼 드러나고 있을 뿐만 아니라 또 이 시대를 이해하는 주요 열쇠들 가운데 하나처럼 주어지는 것이기도 하다. 다만 기이하게도, 이 문제의 시대상은 연구 범주로서의 중요성에 비추어 볼 때 그다지 연구되지 않은 상태로 남아 있다. 퇴화의 신화는 광범위하게 작용하고 있다. 심리학을 생리학과 혼합시키고, 또 병리학적 요소를 문화적 요소와, 집단의 측면을 개인의 측면과, 생물학적 요소를 정신적 요소와, 의학을 역사와, 그리고 윤리를 임상의학과 혼합시키고 있는 이 광범위한 퇴화의 신화는 사실 무의 숭배와 직결된 문제이다.

그러기에 묻도록 하자. 이 퇴화의 신화가 어느 곳을 무대로 삼고 있었던가를. 그 초췌한 정신들이, 충동적인 몽상에 사로잡힌 그 세기말적이며 종말론적인 성향들이, 극도로 섬세한 그 자학적인 감수성들이, 무의 숭배를 정립시킬 만큼 과민하고 쇠약해진 그 영혼들이 몽골의 초원에 있었던 것인지, 히말라야 산악지대에 있었던 것인지, 아니면 온대성 기후의 스리랑카에 있었던 것인지 묻도록 하자. 우리가 보지 못하고 있는 것은 여전히 혼자 중얼거리고 있는 유럽이며, 늘 자기 자신에 대해 말하고 있는 유럽이다. 다만 경우에 따른 차이만 있을 따름이다. 탈기독교화는 프랑스 대혁명 이래 줄곧 입증된 현실이며, 또 정치적 · 사회적 평등을 위한 투쟁 역시 시대 전반에 걸친 사실이다. 하지만 인종 문제와 퇴화의 신화는 현실과 사실의 차원이 아니지 않은가? 유럽이 불교에 투사하고 있는 것은 더 이상 유럽의 종교적 · 사회적 실상이 아니라 바로 유럽이 안고 있는 가장 수수께끼 같은 문제인 그 현대의 신화인 것이다.

투사, 그 긍정성

무의 숭배는 어떤 점에서 이 시대에 다루어진 다른 논제들과 확연히 구별되는 것인가? 붓다에 관한 논지들이 신의 죽음과 사회적 혁명과 인종주의적 신화의 반향을 들려주고 있는 것은 사실이지만, 그러한 반향은 다른 논제의 글들 속에서도 얼마든지 들어볼 수 있는 것이다. 더욱이 이러한 문제들은 진부한 것이기조차 하다. 따라서 유럽이 자체의 갈등과 위기에 대해 말하고 있다는 식의 설명만으로는 무의 숭배라는 이 논제의 특징들이 충분히 규명될 수 없을 것이다. 그렇다면, 유럽이 무의 숭배를 만들어 내는 과정에서 드러내 보이고 있는 실로 특이한 유럽의 모습은 무엇인가? 이 질문에 대한 답변은 이 질문 속에 있다. 즉, 무가 바로 그것이다. 사실 무의 숭배에 관한 논지가 어떤 특수성과 중요성을 갖는 것은 단지 이 논제가 당시의 역사적 상황의 반향이며 반영이기 때문만이 아니라 무엇보다도 여타 논제들이 이 논제 속에서 파괴와 공허와 부재와 소멸 등의 공통된 문제를 중심으로 서로 교차하고 있다는 점 때문이다.

유럽은 무언가가 결여된 유럽으로 향해 가고 있었다. 이 무언가가 무엇인지는 누구도 알 수 없었다. 다만 이 무언가가 신일 수도 있고, 계급일 수도 있고, 활력일 수도 있으리라는 추측만이 가능했을 뿐이다. 다가올 시대는 우선 이같은 결여에 의해서 정의되었던 것이다. 과거의 시대는 신의 시대처럼, 질서와 강력함이 겸비된 시대처럼 제시될 수 있었다. 과거의 시대는 충만함의 시대처럼, 긍정적인 지표들만을 남겨 놓은 시대처럼 묘사되기는 했지만, 그 실상은 전혀 다른 것일 수도 있었다. 전통의 질서가 단절되었던 것은, 성체의 빵에 모독이 가해지고 왕이 처단되고 푸른빛의 귀족혈통이 조롱거리로 전락하게 된 것은, 즉 이 전통의 질서의 근간이 무너진 것은 아마도 그 때문일 것이다. 그리고 이 지난날의 토대를 대신하여 세워진 이성의 건축물은 그 견고함에서 전통의 질서에 못 미치는 것이었다. 이 새로운 건축물은 보편성과 일관성을 표방하면서 권능의 표식으로 스스로를 장식하고 또 찬양 예식에 걸맞은 화려한 외관을 두르고는 있었지만, 그 허약하고 일시적인 단면이 언제라도 표출될 수 있는 소지를 안고 있었다. 마치 허황되고 가냘프고 오만에 찬 인간의 발명품이기라도 하듯이 말이다. 마치 불확실한 시도에 불과한 어떤 것, 결국 무에 다름 아닌 것이기라도 하듯이 말이다.

무의 숭배야말로 유럽인들의 의식이 빚어낸 산물이라는 점은 곧 그들의 의식이 어떤 부정적인 힘에 시달리고 있음을 여실히 말해주는 것이라 하겠다. 유럽인들의 의식이 항상 회의주의에 젖어 있었던 것은 사실이지만, 무의 숭배는 단순히 회의주의의 발로만은 아니다. 무의 숭배는, 유럽인들로서도 아직 그 강력한 유혹과 실체를 완전히 경험해 보지 못한 어떤 깊은 늪 속에 그들의 의식이 잠겨들고 있음을 말해주는 것이다. 이러한 토대의 위기 속에서 바로 허무주의에 대한 분석이 시작되고 있다. 그리고 불교는 무의 숭배처럼 간주되었던 까닭에 이 분석 작업에서 필수적으로 고찰되어야 할 대상으로 주어질 수밖에 없었다. 헤겔에서부터 쇼펜하우어를 거쳐 니체에 이르기까지 이 상상의 불교는 허무주의의 여러 지층들에 접근하는 데 항상 준거가 되고 있다. 이를테면, 순수 존재와 무의 동일성, 삶의 의지에 대한 부정, 여러 가치 기준을 갖는 세계의 존재 등이 그것이다. 이러한 의미에서 무의 숭배는 유럽 허무주의가 이론적으로 정립되는 과정에서 일종의 숨겨진 실험실 같은 역할을 하였다고 할 수 있을 것이다. 물론 이 숨겨진 실험실은, 또 다른 자취들로 뒤덮인 채 잊혀져버린 지난날의 실험 장소가 아니라 역사의 전면에서 저만치 물러나 있는, 그러기에 반쯤 감춰져 있는 그런 무대였다. 그 무대에서 유럽인들은 머나먼 타향과 고대의 현자들에 대해 말하는 가운데서도 그들의 뇌리에 스치는 무에, 그리고 그들이 했던 말에 불안감을 느끼고 있었던 것이다. 어느 정도 당혹감을 자아내는 새로이 발견된 동양의 종교를 이해한다는 명목하에 유럽은 그 자체가 안고 있는 두려움의 대상들을 가지고 붓다의 모습을 구성하였던 바, 그것은 몰락과 심연, 공허, 사멸에 대한 두려움이었다.

예견, 그 부정성

'무의 숭배' 의 역사는 마침내 다가올 세계 대전과 전체주의의 야만적인 시대로 향하는 길목에 있던 한 시대의 역사와도 구별되지 않는다. 아마도 우리는 이 두 역사의 연관성을 부인할 수는 없을 것이다. 하지만 그 연관성을 단순히 유사성의 차원에서 바라보는 것은 부질없고 위험하고 그릇된 접근일 것이다. 19세기가 상상의 붓다를 만들어냄으로써 자초한 두려움 속에서 태동시키고 확산시켰던 그 논지와 20세기가 자행한 인류에 대한 범죄 행위, 이 두 사실 사이에서 우리는 밀접한 상관성과 심층적인 상응성을 찾아볼 수 있을 것이다. 그렇다고 그 인과관계를 단정지을 수 있는 것은 아니다. 더욱이 경계해야 할 것은, 한 시대의 사람들에게 후대 사람들의 알 수 없는 행동들을 미리 알게 하는 식으로, 즉 '전미래' 시제로 역사를 말하는 것이라 하겠다. 그리고 우리가 19세기의 기술들 속에서도 20세기의 대학살을 내다보는 시각들을 확인할 수도 있겠지만, 그렇다고 그것이 어떤 분명한 결론을 도출해 주지는 않을 것이다. 그렇다면 우리가 할 수 있는 것은 무엇인가?

그것은 곧, 이 잊혀진 글들이 그 후의 역사를 알고 있는 우리에게, 20세기가 비극의 시대이며 대량학살에 의한 사멸의 시대이며 행동주의적인 허무주의가 승리를 구가한 시대이며 또한 인간에 대한 부정의 시대임을 알고 있는 '우리들을 위해' 어떤 특별한 의미를 지니고 있음을 인정하는 일일 것이다. 인간은 자신을 무화시켜야 함을, 우리 앞에는 오직 무만이 남아 있을 뿐임을, 그리고 무의 광신주의가 우리를 위협하고 있음을 말하는 이 수십여 년에 걸친 시대에 씌어진 글들을 어찌 20세기를 염두에 두지 않은 채 읽을 수 있겠는가? 존재의 소멸을 말하고 있는 그 많은 낡은 저술들과 빛바랜 소책자들 속에 담겨 있는 불안감과 저주와 암시가 금세기에 사멸된 사람들의 잃어버린 얼굴들과는 아무런 관계가 없는 것이라고 과연 단언할 수 있겠는가? 붓다에 대해 말한다는 명목하에 파괴의 유혹을 부추기고 인종적 증오심을 표출하고 다름을 무시하는 태도를 아무런 거리낌없이 표명하면서 질서 지상주의를 표방하고 있는 이 지난날의 논지들을 단지 박학의 대상으로만 삼을 수 있겠는가?

부록

1800~1890년에 발표된
불교 관련 동양학 저술목록(연도별 요약)

이 목록이 작성된 과정에 대하여

일본의 하나야마 신쇼(花山信勝) 교수가 엮은 『불교문헌목록』(北星堂, 1961)이 도쿄에서 간행된 적이 있다. 전생애에 걸친 작업의 소산이기도 한 이 자료는 이 학자의 생애를 기리려는 제자들과 동료들에 의해 출간되었다. 870여 쪽에 달하는 방대한 분량의 이 자료에는 연구 조사된 총 15,073개의 각종 문헌 제목들이 수록되어 있다.

그런데 놀랍게도 이 자료는 거의 알려지지 않은 것 같다. 지난 몇 년 동안 가장 전문적인 불교 관계 연구물들을 읽어 가는 동안 필자는 단 두세 차례를 제외하고는 이 자료가 언급되는 경우를 보지 못했다. 필자가 알기로, 이 목록은 현재 파리 국립도서관과 콜레주 드 프랑스의 인도문명 연구소에 각각 1부씩 비치되어 있을 따름이다. 물론 프랑스 내의 다른 곳에서도 이 목록을 소장하고 있는 경우가 전혀 없는 것은 아니겠지만, 그 수는 분명 많지 않을 것으로 보인다. 이 자료는 어쨌든 현재 도쿄에서도 절판 상태이다. 이제는 일본의 고서점에서조차 대하기가 여간 어렵지 않은 것 같다.

하나야마 교수가 수집하고 그 제자들과 동료들이 출간한 자료가 이처럼 참고하기조차 힘들고 알려지지도 활용되지도 않은 상태로 있다는 것은 참으로 유감스러운 일일 뿐만 아니라 부당한 일이기도 하다. 그런데 이 자료가 공공의 도서물에서 배제되었던 데는 분명 이 자료 자체에도 일부의 책임은 있었던 것으로 보인다. 불교를 연구 대상으로 삼고 있는 모든 저술들을 하나도 빠짐없이 조사하여 완전한 목록을 작성하려는 계획은 사실 과욕이 아니었겠는가! 어찌 보면 이 작업은 사실상 예고된 실패를 감수하고 착수된 것이라 할 것이다. 이같은 작업은 국제적인 협조 체제 없이는 사실상 불가능한 것이라 하겠다. 더욱이 국제적인 협조 체제를 구성한다는 것 자체만으로도 벌써 크나큰 과제가 아니겠는가. 특히, 제1차 세계대전 이후로는 분야별로 전문화된 문헌 목록들이 수시로 발표되어 왔으며, 또 이 전문화된 목록들은 그 명확성에서 하나야마 교수의 자료를 능가하는 것이었다. 또한 하나야마 교수의 자료는 그 제시 방식에서도 참고상의 어려움을 초래했던 것 같다. 알파벳 순서에 따른 그의 제시 방식은 색인이 작성되어 있음에도 불구하고 분야별로 혹은 제재별로 참고하는 데는 상당한 불편을 감수해야 한다.

하지만 본서가 연구 대상으로 삼고 있는 시기만을 두고 본다면, 하나야마 교수의 자료보다 더 완벽하고 더 정확한 작업은 일찍이 없었던 것 같다. 따라서 필자는 본 목록 속에 하나야마 교수의 자료 가운데 상당 부분을 재수록하여 새로이 알리는 것이 아무래도 바람직한 일이 아닌가 생각된다. 이는 한 일본인 교수의 노력에 최소한의 경의라도 표하는 한편, 새로운 탐구에 나서고자 하는 뭇 연구자들에게 다소나마 기여할 수 있는 길처럼 생각된다. 또한 단순히 호기심에 이끌리는 독자라 할지라도 이러한 문헌들을 일람하는 가운데 유럽의 동양학자들이 어떤 과정을 거쳐 불교를 발견해 갔던가를 또 다른 방식으로 살펴볼 수도 있으리라는 기대를 가져본다.

이 연도별 문헌 목록은 단순히 전문적인 부록이기보다는 본서의 본문의 마지막 부분처럼 간주되어도 무방할 것이다. 왜냐하면 이 목록을 일람하는 것만으로도 거기에서 뭇 논제들이 반복되거나 단절되고 또 출현했다가 다시금 사라지는 과정을 살펴볼 수 있기 때문이다. 필자의 생각에 이 연도별 문헌 목록은 본서의 본문과는 또 다른 내용들을 그 나름으로 알려주고 이해시켜 줄 수 있을 것 같다.

본 목록에 수록되어 있는 문헌들 대부분은 하나야마의 자료에 나와 있는 것들이다. 굳이 말하자면, 다음의 세 가지 사항만이 본 목록을 작성하는 데 필자가 관여한 부분이다.

첫째, 이 자료들을 연도순으로 제시하는 방식을 택하였다. 1800년 이후 출간된 불교 관계 동양학 연구물들을 연도별로 분류하여 연차적으로 제시함으로써 1800년대부터 1860년대 사이에 이루어진 양적 변화 및 논제상의 변화가 드러날 수 있도록 하였다. 연대순에 따른 이같은 제시는 그 자체만으로도 하나의 발견의 역사를 개략적으로 보여주는 것이라 할 만하다.

둘째, 가독성뿐만 아니라 분량상의 이유에서도 선택의 문제가 제기될 수밖에 없었다. 1860년 이전에 발표된 간행물의 경우에는 하나야마의 목록을 거의 그대로 옮겨놓았다. 하지만 1860년부터 1880년 사이에 발표된 간행물의 경우에는 하나야마의 목록에 언급되어 있는 제목들 가운데 단지 절반 정도만을 본 목록에 수록하였다(고고학, 조상 예술, 그리고 고전(古錢)학 분야 자료들과 가장 전문화된 문헌학적 연구물들은 여기서 제외되었다). 그리고 1880년부터 1890년 사이에 발표된 간행물의 경우에는 수백 편에 달하는 분량상의 문제로 인해 이 시기의 경향을 가장 잘 대변해 줄 수 있는 저술들만을 간추려 제시하였다.

셋째, 몇 안 되는 것이기는 하지만 일본어판에 나와 있는 연대 표기와 제목 표기상의 오류를 찾아내어 수정하였다.

본 목록을 작성하는 데 기울인 주의에도 불구하고 여전히 미흡한 점들이 남아 있으리라 생각된다. 하지만 이에 대한 책임은 전적으로 필자에게 있음을 밝혀 둔다.

약어

1) 간행물

Acad.	*The Academy* (Leyde).
AMG	*Annales du musée Guimet.*
AR	*Asiatic(k) Researches.*
BI	*Buddhist India* (Londres).
Bibl. I.	*Bibliotheca Indica* (Calcutta).
BOE	*Bibliothèque orientale Elzévirienne* (Paris, Ernest Leroux).
IA	*Indian Antiquary* (Bombay & Londres).
JA	*Journal asiatique* (Paris).
JAOS	*Journal of the American Oriental Society* (Boston, New York & New Haven)
JASB	*Journal of the (Royal) Asiatic Society of Bengal* (Calcutta).
JBB(R)AS	*Journal of the Bombay Branch of the (Royal) Asiatic Society* (Bombay & Londres).
JCBRAS	*Journal of the Ceylon Branch of the Royal Asiatic Society* (Colombo).
JIA	*Journal of the Indian Archipelago* (Singapour).
JNCB	*Journal of the North-China Branch of the Royal Asiatic Society* (Shanghai).
JPTS	*Journal of the Pâli Text Society* (Londres).

JRAS	*The Journal of the Royal Asiatic Society of Great Britain (and Ireland)* (Londres).
JS	*Journal des Savants* (Paris).
JSS	*Journal of the Siam Society* (Bangkok).
RDM	*Revue des Deux Mondes.*
RHR	*Revue de l'Histoire des religions* (Paris).
SBE	*Sacred Books of the East* (Oxford).
TASJ	*Transaction of the Asiatic Society of Japan* (Yokohama & Tokyo).
TBG	*Tijdschrift voor Indische Taal-, Land-, en Volkenkunde, uitgeg. door het Kon. Bataviaansche Genootschap voor Kunsten en Wetenschappen.*
TOS	*Trübner's Oriental Series* (Londres).
WZKM	*Wiener Zeitschrift für die Kunde des Morgenlandes* (Vienne).
ZDMG	*Zeitschrift der Deutschen Morgenländischen Gesellschaft* (Leipzig).
ZMkR	*Zeitschrift für Missionskunde und Religionswissenschaft.*

2) 용어

Abh.	*Abhandlungen.*
Ann.	*Annals, annual, Annalen*, année, annuaire, etc.
Aufl.	*Auflage.*
Ausg.	*Ausgabe, Ausgeber.*
Bibl.	*Bibliotheca, Bibliothek*, bibliothèque, etc.
Ed., éd.	*Edition*, édition, *edited*, édité, etc.
Einl.	*Einleitung.*
Enl.	*Enlarged.*
Hrsg.	*Herausgegeben.*
Impr.	*Imprimerie*
Inst.	*Institute, Institut*, etc.
J.	*Journal.*

Jb.	*Jahrbuch*, *Jahrbücher*, etc.
Libr.	*Library*, librairie.
Mb.	*Monatsbericht*, *Monatsberichte*, etc.
Mh.	*Monatscheft*, *Monatshefte*, etc.
Mly.	*Monthly*.
n.s.	Nouvelle série.
OUP	Oxford University Press.
PTS	Pâli Text Society (Londres).
Publ.	*Publication*, *published*, publié, etc.
R.	*Review*, revue, etc.
RAS	Royal Asiatic Society of Great Britain (and Ireland).
Rec.	*Recension*, *Rezension*.
Relig.	*Religion*, *religious*, *religiös*, religieux, etc.
Rev., rév.	*Revision*, *revised*, revu, révision, réviseur.
Roy.	*Royal*.
Sb.	*Sitzungsberichte*.
s.d.	Sans date.
Ser., sér.	*Series*, série, etc.
SPCK	Society for Promoting Christian Knowledge.
Taf.	*Tafel*, *Tafeln*.
Transac.	*Transaction(s)*.
Tr.	*Translation*, *translated*, traduit, traduction, etc.
Übertr.	*Übertragung*, *übertragen*.
Übers.	*Übersetzung*, *übersetzt*.
Verl.	*Verlag*.
Vorw.	*Vorwort*.
Wiss.	*Wissenschaft*, *wissenschaftlich*, etc.
Z.	*Zeitschrift*.

17~18세기의 서지학적 지표

1638

Herbert, (sir) Thomas, *Travels into Asia and Afrique.* «A relation of some yeares travaile, begunne Anno 1626, into Afrique and the Greater Asia of their relion, language, habit, discent, ceremonies, & c. 1638».

1663

Caron, Fr. & Schouten, J., *Wahrhaftige Beschreibungen zweyer mächtigen Königreiche : Japan, Siam und Corea*, Nürnberg, 1663.

1667

Kircher, Athanasius, *China, monumentis qua sacris qua profanis, nec non variis naturae et artis spectaculis, aliarumque rerum memorabilium argumentis illustrata*, Amstelodami, 1667.

1681

Knox, Robert, *An Historical Relation of the Island Ceylon in the East Indies.* «Together with an account of the detaining in captivity, the author and divers other Englishmen, and of the author's miraculous escape. With a pref. by R. Hook», London, R. Criswell Fol., 1681 (1705), 189 p.

1689

Knox, Robert, *Ceylanische Reise-Beschreibung*, Leipzig, 1689.

1691

Loubère, M. de la, *Du Royaume de Siam*, Paris (Amsterdam), 1691, 2 vol.

1692

Knox, Robert, *T'Eyland in sijn binnenste, of't Koningrijck Candy.* «Vertaeld door S. de Vries», Utrecht, 1692. [Tr.]

1693

Knox, Robert, *Relation ou Voyage de l'Ile de Ceylon, dans les Indes Orientales*, Amsterdam, 1693, 2 vol. en 1.

1701

Ribeyro, J., *Histoire de l'Ile de Ceylan*, tr. du portugais en français, Paris, 1701. [Tr.]

1727

Davy, John, *Negende Reys na Oost-Indien van Engelse Maatschappy door Capiteyn E. Marlow, van Bristol ... gedaan in het jaar 1611 en vervolgens, door John Davy beschreven*, Leyden, 1727.

1728

Kämpfer Engelbert, *The History of Japan*, «giving an account of the ancient and present state and government of that kingdom ... religions, customs, trade ... with a description of Kingdom of Siam. Tr. by J. G. Scheuchzer», 1728, 2 vol. [Tr.]

1730

Bayer, Theophili Sig., *Museum Sinicum, in quo Sinicae linguae et literaturae ratio explicatur.* «Auctore Theophili Sig. Bayer», Petropoli, 1730, 2 vol., 372 p.

1731-1739

Knox, Robert, *The Ceremonies and Religious Customs of the Idolatrous Nations.* «Together with historical annotations, etc., written originally in French (Amsterdam 1723-43)», London, 1731-1739, 7 vol. [Tr.]

1735

Halde, P. Jean Baptiste du, *Description géographique, historique, chronologique, politique et physique de l'Empire de la Chine et de la Tartarie Chinoise, enrichie des cartes générales et particulières de ces pays, etc.*, Paris, 1735, 4 vol., 592; 726; 567; 520 p.

1738

Crasset, Joannes R. P., *Ausführliche Geschicht der in dem äussersten Welt-Theil gelegenen japonesischen Kirch*, Augsburg, In Verlag Frantz Antoni Ilger, Cathol. Buchhändlern, 1738, 2 vol., 534; 559 p.

1740

Penna (di Billa), Francesco, *Orazio della Missio apostolica, thibetanoseraphica*, München, 1740, 2 vol., 128; 248 p. [Tr.]

1741

Halde, P. Jean Baptiste du, *General History of China*. «Done from the French of (J. B.) du Halde by R. Knox», London, 1741, 4 vol. [Tr.]

1744

Freret, M., *Recherches sur les traditions religieuses des Indiens pour servir de préliminaires à l'examen de leur chronologie*, Paris, *Collection de l'Ancienne Académie des Inscriptions*, 1744, vol. XVIII.

Guyon, *Histoire des Indes Orientales, anciennes et modernes*, 1744, 2 vol.

1756-1758

Guignes, Joseph de, *Histoire générale des Huns, des Turcs, des Mogols et des autres Tartares occidentaux*. «Avant et depuis Jésus-Christ jusqu'à présent; précédée d'une introduction contenant des tables chronologiques et historiques des princes qui ont régné dans l'Asie», Paris, 1756-1758, 4 vol.

1759

Guignes, Joseph de, *Recherches sur les philosophes appelés Samanéens*, Paris, *Mém. de Litt. tirés des registres de l'Acad. des Inscript.*, 1759, vol. XXVI, p. 770-804.

1762

Georgius, Augustinus Antonius, *Alphabetum Tibetanum missionum apostolicarum commodo editum. Praemissa est disquisitio, qua de vario litterarum ac regionis nomine, gentis origine, moribus, superstitione, ac Manichaeismo fuse disseritur. Beausobrii Calumniae in S. Augustinum, aliosque Ecclesiae Patres refutantur*, Romae, 1762, 820 p.

1771

Swedenborg, E., *The True Christian Religion*, Amsterdam, 1771.

1771-1776

Pallas, Peter Simon, *Reisen durch verschiedene Provinzen des Russ. Reiches in den Jahren 1768-74*, St. Petersburg, 1771-1776, 3 vol.

1773

Guignes, Joseph de, *Recherches historiques sur la religion indienne et sur les livres fondamentaux de cette religion, qui ont été tr. de l'indien en chinois*, Paris, *Mém. de Litt. tirés des registres de l'Acad. des Inscript.*, 1773, vol. XL, 167 p.

Voir J.-P. Abel-Rémusat, *JA*, 1831.

1776

Carpani, Melchiore, *Alphabetum Barmanum seu Bomanum regni Avae finitimarumque regionum*, Romae, 1776.

Herbelot, B. d', *Bibliothèque orientale, ou Dictionnaire universel, contenant généralement tout ce qui regarde la connaissance des peuples de l'Orient*. «Supplément par C. Visdelon et A. Galand», Maestricht, 1776.

1776-1801

Pallas, Peter Simon, *Sammlungen historischer Nachrichten über die mongolischen Völkerschaften*, St. Petersburg, Kaiserl. Akad. der Wiss., 1776-1801, 2 t., 232; 437 p.

1776-1814

Batteux, C., *Mémoires concernant l'histoire, les sciences, les arts, les mœurs et les usages des Chinois par les missionnaires de Pékin (Amyot, Bourgeois, Gibot, Ko. Poirot, Gaubil)*. «Publ. par C. Batteux, de Bréquigny, de Guignes et Sylvestre de Sacy», Paris, 1776-1814, 16 vol. {Ed.}

1776-1778

Pallas, Peter Simon, *Reise durch verschiedene Provinzen des Russischen Reiches in einem ausführlichen Auszuge*, Frankfurt & Leipzig, 1776-1778, 3 t., 384, 52; 464, 51; 488, 80 p.

1777-1778

Kämpfer, Engelbert, *Geschichte und Beschreibung von Japan*. «Aus den Originalhandschriften des Verfassers hrsg. von Chr. Wilh. Dohm», Lemgo, Meyer'schen Buchhandlung, 1777-1778, 2 vol., 310; 478 p.

1777-1785

Grosier, abbé Jean Baptiste Gabriel Alex., *Histoire générale de la Chine*, tr. par J. A. M. de Moyriac de Mailla, Paris, 1777-1785. {Ed.}

Voir J. B. G. Grosier, 1828.

1778

Hollwell, *Hollwell's merkwürdige und historische Nachrichten von Hin-*

dostan und Bengalen, nebst einer Beschreibung der Religionslehren, der Mythologie, etc. «Mit Anmerkungen und einer Abhandlung über die Religion und Philosophie der Inder. Aus dem Englischen von J. F. Kleucker», Leipzig, 1778. [Tr.]

Stewart, John, *Account of the Kingdom of Tibet.* «In a letter from John Stewart to Sir John Pringle», London, *Philos. Transac. of the Roy. Soc. of London*, 1778, vol. XLVII, 24 p.

1780

Guignes, Joseph de, *Observations sur quelques points concernant la religion et la philosophie des Egyptiens et des Chinois*, Paris, *Mém. de Litt. tirés des registres de l'Acad. des Inscript.*, 1780, vol. XL, p. 163-186.

1782

Pallas, Peter Simon, *Beschreibung der feierlichen Verbrennung eines Kalmückischen Lamas oder Ober-priesters*, St.-Petersburg & Leipzig, *Neue Nordische Beiträge*, 1782, vol. III, p. 375-382.

1783

Hakmann, *Nachricht betreffend Erdbeschreibung, Geschichte und natürliche Beschaffenheit von Tybet*, St. Petersburg & Leipzig, *Neue Nordische Beiträge*, 1783, vol. IV, 38 p.

1785

Hunter, *A concise Account of the Kingdom of Pegu, its Climate, Produce, the Manners and Customs of its Inhabitants.* «With an appendix, to which is added a description of the caves at Elephanta, Ambola and Canara», Calcutta, 1785.

1787

Adler (Pr), *Kammuva.* «Einweihungsformular zum zweiten Grad der

Bomanischen Mönche in Ava. Aus der heiligen Sprache der Bomanen. Übers. von Prof. Adler», Leipzig, *Egger's Deutsches Gemeinnützziges Mag.*, 1787, 1, 16 p. [Tr.]

Carpani, Melchiore, *Alphabetum Barmanorum seu regni Avensio*, Romae, Editio II.

Gladwin, F., *Dictionary of the Religious Ceremonies of the Eastern Nations.* «With historical and critical observations, some account of their learned men, and situations of the most remarkable places in Asia, to which is added a medical vocabulary», Calcutta, 1787.

1788

Chambers, William, *Some Account of the Sculptures and Ruins at Ma(ha)valipuram, a place a few miles north of Madras and known to seamen by the name of the Seven Pagodas, AR*, 1788, vol. I, p. 145-170.

Turner, Samuel, *An Account of a Journey to Tibet, AR*, 1788, vol. I, 14 p.

Wilkins Charles, *Translation of a Sanscrit Inscription, copied from a stone at Boodha-Gaya by Mr Wilmot, AR*, 1788, vol. I, p. 284-287. [Tr.]

1790

Giuseppe (Father), *Account of the Kingdom of Nepal.* «Communicated by John Shore», *AR*, 1790, vol. II, 16 p.

1791

Guignes, Joseph de, *Das Buch des Fo aus der chinesischen Sprache.* «Ins Deutsche übersetzt (aus De Guignes' *Histoire des Huns*)», Zürich, *Sammlung Asiatischer Originalschriften*, 1791, vol, I, 10 p. [Tr]

Loubère, M. de la, *Das Leben des Tewetats.* «Aus der balischen Sparache. Ins Deutsche übers. (Aus *Du Royaume de Siam*)», Zürich, *Sammlung Asiatischer Originalschr.*, 1791, vol. I, 25 p. [Tr.]

______, *Die vornehmsten Lebensregeln in Siam.* «Aus dem Siamischen übers. u. ins Deutsche Übertr.», Zürich, *Sammlung Asiatischer Originalschr.*, 1791, vol. I, 11 p. [Tr.]

______, *Erklärung des Patimuk oder der Winak.* «Aus der Bali-Sprache. Ins Deutsche übers.», *Sammlung Asiatischer Originalschr.*, 1791, vol. I, 2 p. [Tr.]

1794

Ith, J., *Die Sittenlehre der Brahminen oder die Religion der Indianer*, Bern & Leipzig, Typographische Gesellschaft, 1794.

1795

Hüllmann, K. D., *Historisch-kritische Abhandlung über die Lamaische Religion*, Berlin, Carl Ludwig Hartmann, 1795, 54 p.

Thunberg, Carl Peter, *Über die japanische Nation.* «Aus dem Schwedischen übers. von D. C. G. Gröning», Leipzig, Heinrich Gräff, 1795, 56 p. [Tr.]

1796

Laxmann, Erich, *Sibirische Briefe von Erich Laxmann.* «Hrsg. von Schloezer & Jh. Beckmann», Göttingen, 1796.

1798

Duncan, Jonathan, *An Account of the Discovery of Two Urns in the vicinity of Benares, AR*, 1798, vol. V, 2 p.

Forster, J. R., *Des Fra Paolino da San Bartolomeo, Reise nach Ostindien*, Berlin, 1798. [Tr.]

Goldingham, C., *Some Account of the Sculptures at Mahabalipoorum usually called the Seven Pagodas, AR*, 1798, vol. V, 12 p.

Symes, Michael, *Of the City of Pegu and the Temple of Shoemadoo Praw, AR*, 1798, vol. V, 12 p.

1799

Buchanan, F., *On the Religion and Literature of the Burma, AR*, 1799, vol. VI, p. 163-308.

Mackenzie, Colin, *Remarks on Some Antiquities on the West and South Coasts of Ceylon. Written in the year 1796, AR*, 1799, vol. VI, 33 p.

1800~1890년까지의 연도별 문헌목록(발췌)

1800

Turner, Samuel, *An Account of an Embassy to the Court of the Teshoo Lama in Tibet*. «Containing a narrative of a journey through Bootan, and part of Tibet», London, 1800, 473 p.

1801

Mahony (Captain), *On Singhala, or Ceylon, and the Doctrines of Bhooddha, from the books of the Singhalais, AR*, 1801, vol. VII, p. 32-56.

Städlin, C. F., *Über die Lamaische Religion*, Hannover, *Mag. f. Religions', Moral- u. Kirchengesch.*, 1801, vol. I, 65, 120 p.

Turner, Samuel, *Reisen nach Butan und Tibet*. «Aus dem Engl. in einem gedrängten Auszuge mitgeteilt von M. C. Sprengel», Weimar, Verl. des Industrie-Comptoirs, 1801, 151 p. [Tr.]

1802

Peregrin, Felix, *Marco Polo*. «Reise in den Orient während der Jahre 1272 bis 1295. Nach den vorzüglichsten Originalausgaben verdeutscht und mit Kommentar begleitet von Felix Peregrin», Ronnernburg & Leipzig, 1802, 248 p. [Tr.]

1803

Percival, (Captain) Robert, *An Account of the Island of Ceylon*. «Containing its history, geography, natural history, with the manners and customs of its various inhabitants to which is added journal of an embassy to the Court of Candy», London, 1803.

1804

Bergmann, Benjamin, *Nomadische Streiferien mit den Kalmücken in den Jahren 1802 und 1803*, Riga, C. J. G. Hartmann, 1804-1805, 4 t., 352; 352; 302; 356 p.

Langlès, L., *Rituel des Tratars-Mantchous rédigé par l'Ordre de l'Empereur Kien-long*. «Ouvrage tr. par extraits du Tartar-Mantchou et accompagné des textes originaux par L. Langlès», Paris, 1804, 74 p. [Ed. & tr.]

Turner, Samuel, *Gesandtschaftsreise an den Hof des Teshoo Lama durch Bootan u. einen Theil von Tibet*. «Aus d. Engl. übers. Mit 1 Karte u. Kupfern», Berlin, Hamburg, *Bibliothek der Neuesten und Interessantesten Reisesbeschreibungen*, 1804, vol. VII, 391 p. [Tr.]

1805

Wilford, (Captain) F., *An Essay on the Sacred Isles of the West, AR*, 1805, vol. VIII, p. 245-368.

Zimmermann, Ernst S., *Koreanische Kunst*, Hamburg, Carl Griese, 1805, 22 p.

1806

Hager, Joseph, *Panthéon chinois, ou Parallèle entre le culte religieux des Grecs et celui des Chinois*. «Avec de nouvelles preuves que la Chine a été connue des Grecs, et que les Sérès des auteurs classiques ont été des Chinois», Paris, Didot l'aîné, 1806.

Maurice, Thomas, *Indian Antiquities, or Dissertations relative to the ancient geographical divisions, the pure system of primaeval theology, the grand code of civil laws, the original form of government, and the various and profound literature of Hindostan, etc.*, London, 1806, 7 vol.

1807

Mackenzie, Colin, *Account of the Jains.* «Collected from a priest of this sect, at Mudgeri by Cavelly Boria, Brahman, for Colin Mackenzie», *AR*, 1807, vol. IX, p. 244-285.

1808

Amiot, *Letter of the Emperor of China (Kien-long) to the Dalai-Lama*, London, *Dalrymple's Or. Repertory*, 1808, vol. II, 10 p.

Etondac, M. l', *Account of the Lamas and Bonzes.* (en anglais et en français), London, *Dalrymple's Or. Repertory*, 1808, vol. II.

Frazer, Robert Watson, *A Literary History of India*, London, 1808, 470 p.

Goosain, Poorun Geer, *Narrative of the Teshoo-Lâma's Journey to Pekin, in 1799 and 1780, and of his Death there*, London, *Dalrymple's Or. Repertory*, 1808, vol. II., 20 p.

Leyden, *On the Language and Literature of the Indo-Chinese Nations*, Calcutta, *AR*, 1808, vol. X, 132 p.

Reuilly, *Description du Thibet, d'après la description des Lamas Tangoutes*, tr. de l'allemand par Reuilly, Paris, 1808. [Tr.]

Städlin, C. F., *De religione lamaice cum christiana cognatione*, Goettingoe, 1808.

1810

Moor, Edward, *The Hindu Pantheon*, London & Madras, 1810, 402 p.

1811

Abel-Rémusat, Jean-Pierre, *Essai sur la langue et la littérature chinoises.* «Contenant des textes chinois accompagnés de traductions, de remar-

ques et d'un commentaire littéraire et grammatical», Strasbourg, 1811, 16 p.
Voir G. de Humboldt, 1827.
Kirkpatrik, William, *Account of the Kingdom of Nepaul.* «Being the substance of observations made during a mission to that country in 1793», London, 1811.

1812

Klaproth, Julius Heinrich, *Voyages au Caucase et en Géorgie*, 1812, vol. I et II.

1814

Klaproth, Julius Heinrich, *Reise in den Kaukasus und nach Georgien in den Jahren 1807 und 1808* «auf Veranstaltung der Kais. Akademie der Wissenschaften zu St. Petersburg», Halle & Berlin, 1814, 2 vol.
Städlin, C. F., *Über die Verwandtschaft der lamaischen Religion mit der christlichen*, Leipzig, *Archiv. f. Alte u. Neuere Kirchengesch.*, 1814, vol. I, 39 p.

1815

Elphinstone, Mountstuart, *An Account of the Kingdom of Caubul, and its Dependencies in Persia, Tartary and India, comprising a View of the Afghaun Nation and a History of the Dooraunee Monarchy*, London, 1815.
Fonvent, M. de, *Mythologie grecque, latine et slavonne, suivie d'un traité sur le Chamanisme, le Lamaïsme et l'ancienne religion des différents peuples soumis à la Russie*, Moscou, Vsevollojsky, 1815.
Francklin, William, *Inquiry Concerning the Site of Ancient Palibothra*, London, 1815-1822, 4 vol., 90, 96, 60, 86 p.
Ward, (Rev.) W., *A View of the History, Literature, and Mythology of the Hindoos*, Serampore, 1815.

1816

Carey, William, *An Account of the Funeral Ceremonies of a Burman Priest, AR*, réimpr. *AS. J. and Mly. Reg.*, 1816-1817, vol. IV, p. 441-443.; vol. XII, p. 186-190.

1817

Abel-Rémusat, Jean-Pierre, *Mémoires sur les livres chinois de la Bibliothèque du Roi et sur le plan du nouveau catalogue dont la composition a été ordonnée par S. Ex. le Ministre de l'Intérieur.* «Avec des remarques critiques sur le catalogue publié par E. Fourmont, en 1742», Paris, *Ann. Encyclopédiques*, Ann. 1817, 1818.

Golownin, R. Y., *Begebenheiten in der Gefangenschaft bei den Japanern in den Jahren 1811, 1812 und 1813.* «Nebst seinen Bemerkungen über das japanische Reich und Volk, mit einem Anhange des Kapitäns Rikard. Aus dem Russischen übers. von Carl Johann Schultz», Leipzig, bei Gerhard Fleischer dem Jungeren, 1817-1818, 2 vol. [Tr.]

Ozeray, Michel-Jean-François, *Recherches sur Buddou ou Bouddou, Instituteur religieux de l'Asie orientale.* «Précédées de considérations générales sur les premiers hommages rendus au Créateur, sur la corruption de la religion, l'établissement des cultes du soleil, de la lune, des planètes, du ciel, de la terre, des montagnes, des eaux, des forêts, des hommes et des animaux», Paris, Brunot-Labbé, 1817, 139 p.

Philalethes (*i.e.* Robert Fellowes), *The History of Ceylon, from the earliest period to the year 1815.* «With characteristic details of religion, laws and manners of the people and a collection of their moral maxims and ancient proverbs, to which is subjoined Robert Knox's *Historical Relation of the Island of Ceylon*», London, 1817.

Tytler, Robert, *Inquiry into the Origin and Principles of Budaic Sabism.* «Observations on the worship of Buddha and Vishnu», Calcutta, 1817, 116 p.

1818

Knox, Robert, *An Account of his Captivity in the Island of Ceylon*. «To which is prefixed a Sketch of the Geography, Civil and Natural History, etc., of Ceylon down to the year 1815», London, 1818.

Marsden, William, *The Travels of Marco Polo, a Venetian, in the Thirteenth Century*. «Being a description, by that early traveller, of remarkable places and things in the Eastern parts of the world. Tr. from the Italian with notes, by William Marsden», 1818, 781 p., with a map. [Tr.]

Ward, (Rev.) W., *The Hindoos*, Serampore, 1818, 2 vol.

1819

Abel-Rémusat, Jean-Pierre, *Notes sur quelques épithètes descriptives de Bouddha, JS*, 1819, p. 625-633.

Buchanan-Hamilton, F., *An Account of the Kingdom of Nepal and the Territories annexed to this Dominion by the House of Gorkha*, Edinburgh, 1819.

Creuzer, G. F., *Symbolik und Mythologie der alten Völker, besonders der Griechen*. «Von G. F. Creuzer. Fortgesetzt von F. G. Mone, Leipzig, Darmstadt, 1819-1823, 6 vol.

Voir G. F. Creuzer, 1825.

Erskine, William Hugh, *Account of the Cave-Temple of Elephanta*, Bombay, *Transac. of the Liter. Soc. of Bombay*, 1819, vol. I, p. 198-250.

Goldwnin, R. Y., *Recollections of Japan*. «Religion, language, government, laws and manners of the people», 1819.

Wilson, Horace Hayman, *A Dictionary, Sanscrit and English*. «Tr., amended and enl. from an original compilation prepared by learned natives», Calcutta, 1819.

1820

Abel-Rémusat, Jean-Pierre, *Histoire de la ville de Khotan*, 1820.

______, *Recherches sur les langues tartares, ou Mémoires sur différents points de la grammaire et de la littérature des Mantchous, des Mongols, des Oigours et des Tibétains*, Paris, 1820, 398 p.

Crawfurd, John, *History of the Indian Archipelago.* «Containing an account of the manners, arts, languages, religions, institutions, and commerce of its inhabitants», Edinburgh, 1820, 3 vol.

______, *On the Ruins of Boro Budor in Java*, Bombay, *Transac. of the Liter. Soc. of Bombay*, 1820, vol. II, p. 154-166.

Erskine, William Hugh, *Note to F. Dangerfield's «Account of the Cave near Bang called the Panch Pandoo»*, Bombay, *Transac. of the Liter. Soc. of Bombay*, 1820, vol. II, 11 p.

Körös, Alexander Csoma de, *Analysis of the Kah-gyur, etc., AR*, 1820, vol. XX, p. 41-66.

1821

Abel-Rémusat, Jean-Pierre, *Sur la succession des trente-trois premiers patriarches de la religion du Bouddha, JS*, janv. 1821, 10 p.

Cox, Hiram, *Journal of a Residence in the Burmham Empire and more particularly at the Court of Amarapoorah*, London, 1821.

Davy, John, *An Account of the Interior of Ceylon and of its Inhabitants. With travels in that island*, London, 1821.

Johnston, (sir) Alexander, *Translation of the Cinghalese Book, called Rajewaliye (Rajavali), History of Ceylon.* «Communicated by the Hon. Sir A. Johnston», London, *Ann. of Oriental Lit.*, 1821, part. III, 65 p.

Knox, Robert, *An Historical Relation of the Island of Ceylon.* «With a Pref. by W. M. Harvard», 1821.

Langlès, L., *Monuments anciens et modernes de l'Hindoustan*, Paris, 1821, 2 vol.

1822

Sköldberg, Petrus Benjamin, *et alii, De Buddha et Wodan*, Upsala, 1822, part. 1-4.

1823

Bergmann, D., *Exposé des principaux dogmes tibétains-mongols.* «Extrait de l'ouvrage de D. Bergmann et tr. par Morris», *JA*, 1823, t. III, p. 193-204. [Tr.]

Erskine, William Hugh, *Observations on the Remains of the Bouddhists in India*, London, *Transac. of the Liter. Soc. of Bombay*, 1823, vol. III, p. 494-537.

Gauttier, E., *Ceylon ou Recherches sur les Chingalais*, Paris, 1823.

Klaproth, Julius Heinrich, *Asia Polyglotta, ou Classification des peuples de l'Asie d'après l'affinité de leurs langues, avec d'amples vocabulaires comparatifs de tous les idiomes asiatiques*, Paris (Atlas in Folio), 1823.

Schlegel, August Wilhelm, *Indische Bibliothek*, Bonn, 1823-1827, 2 vol., 467; 474 p.

Sykes, William Henry, *An Account of the Caves of Ellora*, London, *Transac. of the Liter. Soc. of Bombay*, 1823, vol. III, p. 265-323.

1824

Abel-Rémusat, Jean-Pierre, *Aperçu d'un mémoire intitulé : «Recherches chronologiques sur l'origine de la hiérarchie lamaïque»*, *JA*, mai 1824, t. IV, p. 257-274.

Clough, (Rev.) Benjamin, *Compendious Pali Grammar, with a copious vocabulary*, Colombo, 1824.

Klaproth, Julius Heinrich, *Beleuchtung und Widerlegung der Forschungen über die Geschichte der mittelasiatischen Völker des Herrn J. J. Schmidt.* «Mit einer Karte und zwei Schrifttaf.», Paris, 1824, 108 p. *Voir* I. J. Schmidt, 1826.

______, *Mémoires relatifs à l'Asie, contenant des recherches historiques, géographiques et philologiques sur les peuples de l'Asie*, Paris, 1824-1828, 3 vol.

______, *Vie de Bouddha d'après les livres mongols*, *JA*, 1824, sér. I, t. IV, p. 9-23, 65-79.

Schmidt, Isaac Jacob, *Forschungen im Gebiete der älteren religiösen, politischen und literarischen Bildungsgeschichte der Völker Mittel-Asiens, vorzüglich der Mongolen und Tibeter*, St. Petersburg, Karl Kray; Leipzig, Karl Knobloch, 1824, 287 p.

1825

Abel-Rémusat, Jean-Pierre, *Mélanges asiatiques, ou Choix de morceaux de critiques et de mémoires, relatifs aux religions, aux sciences, aux coutumes, à l'histoire et à la géographie des nations orientales*, Paris, 1825-1826, 2 vol., 456; 428 p. Dont:

______, *Discours sur l'origine de la hiérarchie lamaïque*, t. I, p. 129-145.

______, *Sur l'étude de quelques-uns des livres sacrés de Bouddha*, t. I, p. 146-152.

______, *Sur quelques épithètes descriptives de Bouddha, qui font voir que Bouddha n'appartenait pas à la race nègre*, t. I, p. 100-112.

Creuzer, G. F., *Les Religions de l'Antiquité, considérées principalement dans leurs formes symboliques et mythologiques*. «Ouvrage tr. de l'allemand de Creuzer et refondu et complété par J. G. Guigniaut», Paris, 1825, 960, 102 p. [Tr.]
Voir G. F. Creuzer, 1819.

Deshauterayes, *Recherches sur la religion de Fo, professée par les bonzes Hochang de la Chine*, *JA*, 1825, t. VII; t. VIII, p. 150-173, 228-243, 311-317; t. VIII, p. 40-49, 74-88, 179-188, 219-223.

Dubois, Jean-Antoine, *Mœurs, Institutions et Cérémonies des peuples de l'Inde*, Paris, 1825, 2 vol.

Marryat (Capt.) : Lieut. Joseph Moore & Capt. Marryat, *Views Taken at or near Rangoon*, «24 coloured aquatints, with leaf of dedication», 1825-1826.

Schmidt, M. A. : J. E. G. von Timkowski, *Reise nach China in den Jahren*

1820 und 1821, Leipzig, 1825-1826, 3 vol. [Tr.]

Tytler, Robert, *Illustrations of Ancient Geography and History*. «Referring to the sites of Ophir, Sheba, Taprobane, the Aurea Chersonesus, and other scriptural and classical cities and subjects; elucidating, also, the visit of the Queen of Sheba to Solomon, at Jerusalem, derived from recent investigations in the Eastern Indian Archipelago», London, 1825.

1826

Burnouf, Eugène (et Lassen, Christian), *Essai sur le Pali, ou Langue sacrée de la presqu'île au-delà du Gange*, «avec six planches lithographiées, et la notice des manuscrits palis de la Bibliothèque du Roi, par E. Burnouf et Chr. Lassen», Paris, Dondey-Dupré, 1826, 222 p.

Finlayson, George, *The Mission to Siam and Hué, the Capital of Cochinchina, in the Years 1821-2*. «From the Journal of the late George Finlayson, with a memoir of the author by Sir T. Stamford Raffles», London, 1826.

Hodgson, Brian Houghton, *Notices of the Language, Literature and Religion of Nepal and Tibet, AR*, 1826, vol. III.

Klaproth, Julius Heinrich, *Raja Tarangini*, tr. par H. H. Wilson, Paris, 1826.

Malpière, D. B. de, *La Chine: mœurs, usages, coutumes, arts et métiers, peines civiles et militaires, cérémonies religieuses, etc.*, «avec des notes explicatives et une introd.», Paris, 1826-1839, 2 vol.

Othmar, Frank, *Vjâsa*. «Eine Zeitschrift über Philosophie, Mythologie, Literatur und Sprache der Hindu», München-Leipzig, Fried. Fleischer, 1826, vol. I, fasc. 1, 52 p.

Schmidt, Isaac Jacob, *Würdigung und Abfertigung der Klaproth'schen sogenannten «Beleuchtung und Widerlegung» seiner Forschungen*, Leipzig, 1826.

Symes, Michael, *An Account of an Embassy to the Kingdom of Ava sent by the Governor-General of India in 1795*. «To which is now added a narrative of the late military and political operations in the Burmese Empire, by H. G. Bell», 1826, 2 vol.

Wilson, Horace Hayman, *Raja Tarangini*. «Histoire du Kaschmir, tr. de l'original sanscrit par H. H. Wilson, extraite et communiquée par Klaproth», Paris, 1826. [Tr.]

1827

Bohlen, Petrus von, *De Buddhaismi origine et aetate definiendis tentamen*. «Auctore P. a Bohlen», Regiomonti, 1827, 40 p.

Buchanan-Hamilton, F., *Description of Temples of the Jainas in South Bihar and Bhagalpur, Transac. RAS*, 1827, vol. I, p. 523-527.

______, *On the Srawacs or Jains, Transac. RAS*, 1827, vol. I, p. 531-538.

Burnouf, Eugène, *Observations grammaticales sur quelques passages de l' «Essai sur le pali», de MM. E. Burnouf et Ch. Lassen*, Paris, Dondey-Dupré, 1827, 30 p.

______, *Sur la littérature du Tibet*. (Extr. du n° 7 du *Quarterly Oriental Magazine*, Calcutta, 1826), Calcutta, *JA*, 1827, t. X, p. 129-146.

Davis, (sir) John Francis, *Memoir Concerning the Chinese, Transac. RAS*, 1827, vol. I, 18 p.

Francklin, Will., *Researches on the Tenets and Doctrines of the Jeynes and Buddhists conjectured to be the Brahmans of Ancient India, with discussion on Serpent Worship*, London, 1827, 213 p., 6 pl.

Hodgson, Brian Houghton, *On the Extreme Resemblance between Buddhism and Sivaism*, Calcutta, *Qu. Or. Mag.*, 1827, vol. VII, p. 218-222; vol. VIII, p. 252-256.

Humboldt, G. de, *Lettre à M. Abel-Rémusat sur la nature des formes grammaticales en général et sur le génie de la langue chinoise en particulier*, 1827.

Judson, H., *An Account of the American Baptist Mission to the Burmese Empire*. «In a series of letters by H. Judson», London, 1827, 2e éd.

Rhode, J. G., *Über religiöse Bildung, Mythologie und Philosophie der Hindus mit Rücksicht auf ihre älteste Geschichte*, Leipzig, F. A. Brockhaus, 1827, 2 vol., 456; 655 p.

Timkowski, G. von, *Voyage à Péking, à travers la Mongolie, en 1820 et 1821, par G. Timkowski.* «Tr. du russe et revu par J. B. Eyriès. Publ. avec des notes et corrections par Klaproth», Paris, 1827, 2 vol. [Tr.]

Valantyn, *The Great Buddhoo.* «Tr. from the Dutch of Valentyn», London, *As. J. and Mly. Reg.*, 1827, vol. XXIII, 2 p. [Tr.]

Windischmann, Carl Josef Hieron, *Die Philosophie im Fortgang der Weltgeschichte*, Bonn, Adolf Marcus, 1827-1832, 2 vol. en 4 t.
Voir P. F. Stuhr, 1835.

1828

Bitschurin Iakynth (le père Hyacinthe), *Mémoire sur la Mongolie* (en russe), Saint-Pétersbourg, 1828, 2 vol.

Grosier, l'abbé Jean Baptiste Gabriel Alex., *De la Chine, ou Description générale de cet Empire*, «rédigée d'après les Mémoires de la Mission de Pé-kin par l'abbé J. B. A. Grosier», Paris, 1828-1830, 3e ed., 7 vol.

Hodgson, Brian Houghton, *Notice of the Languages, Literature and Religion of the Bauddhas of Nepal and Bhot*, *AR*, 1828, vol. XVI, p. 409-449.

______, *Sketch of Buddhism, Derived from the Bauddha Scriptures of Nepal*, London, J. L. cox, 1828, 37 p.
Voir B. H. Hodgson, 1835.

Hough, (Rev.) C. H., *Translation of an Inscription on the Great Bell of Rangoon.* «With notes and illus.», AR, 1828, vol. XVI, 13 p.

Low, James, *A Grammar of the T'hai, or Siamese Language*, Calcutta, 1828.

Schmidt, Issac Jacob, *Über die Verwandtschaft der gnostisch-theosophischen Lehren mit den Religions-systemen des Orients, vorzüglich dem Buddhaismus*, Leipzig, K. Knobloch, 1828, 25 p.

Wilson, Horace Hayman, *Mackenzie Collection*. «A descriptive catalogue of the Oriental manuscripts, and other articles illustrative of the literature, history, statistics, and antiquities of the south of India, collected by Colin Mackenzie», Calcutta, 1828, 2 vol., 358; 150, 14 p.

______, *Notice of Three Tracts received from Nepal, AR*, 1828, vol. XVI, 25 p.

1829

Abel-Rémusat, Jean-Pierre, *Nouveaux Mélanges asiatiques, ou Recueil de morceaux de critiques et de mémoires relatifs aux religions, aux sciences, aux coutumes, à l'histoire et à la géographie des nations orientales*, Paris, 1829, 2 vol.

Alexander, James Edward, *Notice of a Visit to the Cave Temple of Adjunta in the East-Indies, Transac. RAS*, 1829, vol. II, 9 p.

Bitschurin Iakynth (le père Hyacinthe), *Description of Tibet*, «tr. du chinois en russe par le père Hyacinthe, et du russe en français par M...; revue sur l'original chinois, et accompagnée de notes par M. Klaproth», *Nouv. JA*, 1829, t. IV, p. 81-160, 241-324. [Tr.]

Callaway, John, *Yakkun Nattannawa*. «A Cingalese poem, descriptive of the Ceylon system of demonology; to which is appended *The Practices of a Capua, of Devil Priest*, as described by a Buddhist; and *Kolan Nattannawa, a Cingalese Poem*, descriptive of the characters assumed by natives of Ceylon in a masquerade. Illus. with pl. from Cingalese designs. Tr. by J. Callaway», London, 1829, [Tr.]

Crawfurd, John, *Journal of an Embassy from the Governor-General of India to the Courts of Siam and Cochin China*. «Exhibiting a view of the actual state of those kingdoms», London, 1829.

Johnston, (sir) Alexander, *An Account of an Inscription Found near Trincomalee in the Island of Ceylon, JRAS*, 1829, vol. II, 4 p.

Koester, Hans, *The Indian Religion of the Goddess Shakti, JSS*, juil. 1829, vol. XXIII, p. 1-18.

Schmidt, Isaac Jacob, *Geschichte der Ost-Mongolen und ihres Fürstenhauses, verfasst von Ssanang Ssetsen Chungtaidschi der Ordus.* «Aus dem Mongolischen übers., und mit dem Original-texte, nebst Anmerk., Erlaüt., und Zitaten aus andern unediten Originalwerken, hrsg. von I. J. Schmidt», St. Petersburg, N. Grestch; Leipzig, Karl Knobloch, 1829, 510 p. [Ed. & tr.]

Upham, Edward, *The History and Doctrine of Buddhism, Popularly Illustrated.* «With Notices of the Kappooism or Demon Worship and of the Bali or Planetary Incantations of Ceylon, embellished with 43 lithographic prints from original singalese designs», London, R. Ackermann, 1829, 136 p.

1830

Alexander, James Edward, *Cavern Temples of Ajanta, Transac. RAS*, 1830, p. 362.

Bitschurin Iakynth (le père Hyacinthe), *Description of Tibet*, «tr. du chinois en russe par le père Hyacinthe, et du russe en français par M...; revue sur l'original chinois, et accompagnée de notes par M. Klaproth», *Nouv. JA*, 1830, t. VI, p. 161-246, 321-350, 1 carte (du Tibet). [Tr.]

Bohlen, Petrus von, *Das Alte Indien, mit besonderer Rücksicht auf Ägypten dargestellt*, Königsberg, Verlag der Gebr. Bornträger, 1830, 2 t., 392; 496 p.

Buchanan-Hamilton, F., *Description of the Ruins of Buddha Gaya, Transac. RAS*, 1830, vol. II, p. 40-51.

Davis, Samuel, *Remarks on the Religious and Social Institutions of the Bouteas, of Inhabitants of Boutan.* «From the unpublished journal of the late S. Davis», *Transac. RAS*, 1830, vol. II, p. 491-517.

Hodgson Brian Houghton, *Notice sur la langue, la littérature et la religion des Bouddhistes du Népal et du Bhot ou Tibet.* Communiquée à la Société Asiatique de Calcutta, *JAS*, 1830, sér. II, t. VI., 40, 23 p.

1831

Abel-Rémusat, Jean-Pierre, *Essai sur la cosmographie et la cosmogonie des Bouddhistes d'après les auteurs chinois*, *JS*, oct.-déc. 1831, 14, 7, 16 p.

______, *Observations sur quelques points de la doctrine samanéenne, et en particulier sur les noms de la triade suprême chez les différents peuples bouddhistes*, Paris, 1831, 67 p.

______, *Observations sur trois mémoires de M. de Guignes insérés dans le tome XL de la Collection de l'Académie des Inscriptions et Belles-Lettres, et relatifs à la religion samanéenne*, *Nouv. JA*, 1831, t. VII, p. 241-302.

Bochinger, Johann Jacob, *La Vie contemplative, ascétique et monastique chez les Indous et chez les peuples bouddhistes*, Strasbourg, F. G. Levrault, 1831, 244 p.

Desideri, Ippolito (ou Hippolyte), *Notes sur le Tibet par le P. Hippolyte Desideri, recueillies par N. Delisle*, *Nouv. JA*, 1831, t. VIII, 4 p.

Hodgson, Brian Houghton, *Disputation Respecting Caste by a Buddhist.* «In the form of a series of propositions supposed to be put by a Saiva and refuted by the disputant, communicated by B. H. Hodgson», *Transactions of the JRAS*, 1831, vol. III, p. 160-169.

Kennedy, C. P., *Hindu Mythology*, London, 1831.

Klaproth, Julius Heinrich, *Account of Japan, Extracted from Japanese Works*, London, *As. J. and Mly. Reg.*, 1831, n.s., vol. VI, 16 p.

______, *Explication et Origine de la formule bouddhique «Om mani padmé hoûm»*, *JA*, 1831, sér. II, t. VII, p. 185-206.

______, *Fragments bouddhiques*, Paris, 1831.

______, *Notes sur le Tibet par Hippolyte Desideri, recueillies par N. Delisle*, *JA*, 1831, sér. II, t. VII, 12 p.

______, *Origin and Meaning of the Buddhist Prayer*, London, *As. J. and Mly. Reg.*, 1831, n.s., vol. V, p. 271-277.

______, *Table chronologique des plus célèbres patriarches et des événements remarquables de la religion bouddhique, rédigée en 1678*, «tr.

du mongol et commentée», *JA*, 1831, n.s., t. VII, p. 161-185.

Law, (Capt.) J., *On Buddha and the Phrabat (or Divine Foot), from Siamese sources*, 1831.

Miles, Wm., *On the Jainas of Gujerat and Marwar, Transac. of RAS*, 1831, vol. III, 37 p.

Neumann, Carl Friedrich, *Choo Hung, The Catechism of the Shamans, or The Laws and Regulations of the Priesthood of Buddha in China.* «Tr. from the Chinese original, with notes and illus.», London, 1831, 152 p.

Wilson, Horace Hayman, *Note on the Literature of Thibet*, Calcutta, *Gleanings in Science*, 1831, vol. III, p. 243-248.

______, *Notice sur trois ouvrages bouddhiques reçus du Népal, JA*, 1831, sér. II, t. VII, p. 97-138.

1832

Abel-Rémusat, Jean-Pierre, *Observations sur l'histoire des Mongols orientaux de Ssanang Ssetsen, Nouv. JA*, 1832, 88 p.

______, *Voyage dans la Tartarie, dans l'Afghanistan et dans l'Inde*, Paris, *RDM*, 1832, vol. V, 11 p.

Adelung, Fr., *Historical Sketch of Sanskrit Literature.* «With copious bibliographical notices of Sanskrit works and translations. From the German, with additions», 1832, 234 p. [Tr.]

Ampère, J. J., *De la Chine et des travaux de M. Rémusat*, Paris, *RDM*, 1832-1833, vol. VIII, sér. II, t. IV, 31, 27, 35, p.

Coleman, Charles, *Buddha*. In *The Mythology of the Hindus*, London, 1832, p. 184-219.

Körös, Alexander Csoma de, *Geographical Notice of Tibet, JASB*, 1832, vol. I, p. 121-127.

______, *Translation of a Tibetan Fragment.* «With remarks by H. H. Wilson», *JASB*, 1832, vol. I, p. 269-276.

Lamiot, *Ta-T'ang-Hsi-Yu-Chi.* «Esquisse du Sy-yu, ou des pays à l'ouest de la Chine», tr. du chinois, Paris, 1832, 2 part. [Tr.]

Schmidt, Isaac Jacob, *Über einige Grundlehren des Buddhismus, Mém. de l'Acad. impér. d. Sc. de St.-Pétersbourg*, 1832, sér. VI : *Sc. Polit. Hist. et Philol.*, t. I., p. 90-120, 222-262.

Wilson, Horace Hayman, *Abstract of the Contents of the Dul-va, or First Portion of the Kah-gyur, from the analysis of Mr Alexander Csoma de Körös, JASB*, 1832, vol. I, p. 1-8.

______, *Analysis of the Kah-gyur, JASB*, 1832, vol. I, p. 375-392.

1833

Bitschurin Iakynth (le père Hyacinthe), *History of Tibet and Kukunora*, tr. du chinois (en russe), Saint-Pétersbourg, 2 vol. 260 p. [Tr.]

Gützlaff, Karl Friedrich Augustus, *On the Present State of Buddhism in China*, London, *s.d.*

______, *The Buddhism of Siam*, Canton, *Chinese Repository*, 1833, vol. I, 3 p.

Hodgson, Brian Houghton, *Remarks on an Inscription in the Ranja and Tibetan (U'chhên) Character, Taken from a Temple on the Confines of the Valley of Nepal, JASB*, 1833-1835, vol. I, 5 p.; vol. IV, p. 196-198.

Körös, Alexander Csoma de, *Note on the Origin of the Kala Chakra and Adi-Buddha Systems, JASB*, 1833, vol. II, p. 57-59.

______, *Origin of the Shakya Race*. «Tr. from the La or the 26th vol. of the Do Class in the Kagyur, commencing on the 161st leaf», *JASB*, 1833, vol. II, p. 385-392. [Tr.]

Neumann, Carl Friedrich, *Pilgerfahrten buddh. Priester von China nach Indien*. «Aus dem Chin. übers. mit einer Einl. und mit Anm. versehen», *Z. f. die Hist. Theol.*, 1833, vol. III, p. 114-177. [Tr.]

Prinsep, Henry Thoby, et Prinsep, J., *Bactrian and Indo-Scythian Coins, JASB*, 1833, vol. II, 12 p.

Sangermano (R. P.), *A Description of the Burmese Empire*. «Compiled chiefly from native documents, by the Rev. Father Sangermano, and tr. from his MSS. by William Tandy», Rome, 1833, 224 p. [Tr.]

Sykes, William Henry, *Personal Ornaments on Figures at the Buddha Cave Temple at Carli*, *JRAS*, 1833, p. 451.

Turnour, (Hon.) George, *An Epitome of the History of Ceylon, from Pali and Singhalese Records*. «With Notes», Colombo, *Ceylon Almanac for 1833*, 1833, 69 p.

Upham, Edward, *The Mahavansa, the Raja-ratnacari and the Raja-vali*. «Forming the sacred and historical books of Ceylon; also, a collection of tracts illustrative of the doctrines and literature of Buddhism. Tr. from the Singhalese. Ed. by Edward Upham», London, Parpury, Allen, 1833, 3 vol., 358; 326; 370 p. [Tr.]

______, *The Miniature of Buddhism in a Description of the Objects represented in the Buddhist Temple imported from India, and opened for Public Inspection, at Exeter Hall*, London, J. Stephens, 1833, 20 p.

1834

Benevolens, *Burmah* : «Doctrines and practices of the Buddhists; their geography, astronomy, and upper regions; rewards and punishments; their periods (or ages); duties; ideas of death, worship & c.», Canton, *Chinese Repository*, vol. II, p. 554-563.

Clough, (Rev.) Benjamin, *The Ritual of the Buddhist Priesthood*: «Tr. from the original Pali work, entitled *Karmawakya*, by the Rev. Benjamin Clough. (In his *Miscellaneous Translations from Oriental Language*)», London, *Or. Tr. Fund*, 1834, vol. III, 30 p. [Tr.]

Court, A., *Remarks on the Name and Origin of the Topes of Manikyala*, «corrected by A. Cunningham», *JASB*, 1834, vol. III, p. 556-557.

Fobes, J., *Matale Antiquities*. «Description of the principal temples and ancient buildings in the Matale District and Kellania near Colombo», Colombo, *Ceylon Almanac for 1834*, 1834, 7 p.

Hodgson, Brian Houghton, *Classification of the Nêwârs of Aborigines of Népal Proper, preceded by the most Authoritative Legend relative to the Origin and Early List of Phrase, JASB*, 1834, vol. III, 7 p.

______, *European Speculations on Buddhism, JASB*, 1834, vol. III, p. 382-388.

______, *Notice of Adi-Buddha and of the Seven Mortal Buddhas, JASB*, 1834, vol. III, p. 215.

______, *On Bauddha Inscriptions, JASB*, 1834, vol. III.

______, *Remarks on Remusat's Buddhism, JASB*, 1834, vol. III, p. 425-431, 499.

______, *Second Note on the Bhilsa Inscriptions, JASB*, 1834, vol. III, 7 p.

Kennedy, C. P., *Alex. Csoma Körösi, JRAS*, 1834, p. 128.

Körös, Alexander Csoma de, *A Dictionary, Tibetan and English*, Calcutta & London, 1834, 352 p.

______, *A Grammar of the Tibetan Language in English*. «Prepared under the patronage of the Government and the auspices of the Asiatic Soc. of Bengal», Calcutta, 1834, 2 part., p. 204-240.

______, *Essay towards a Dictionary Tibetan and English*. «Bande Sangs-Rgyas Phun-Tshogs», Calcutta, 1834.

______, *Extracts from Tibetan Works*. «Tr. by M. Alexander Csoma de Körös», *JASB*, 1834, vol. III, p. 57-61. [Tr.]

Mill, W. H., *Restoration of the Inscription nº 2 on the Allahabad Column, JASB*, 1834, vol. III, p. 257-270, 339-344.

Neumann, Carl Friedrich, *Coup d'œil historique sur les peuples et la littérature de l'Orient, JA*, 1834, n.s., t. XIV, 35, 32 p.

______, *Der Katechismus der Schamanen, oder Die Kloster-regel der untersten Klasse der buddhistischen Priesterschaft*. «Aus dem Chin. übers. und mit erlaut. Anm. versehen», *Z. f. die Hist. Theol.*, 1834, vol. IV, p. 1-70. [Tr.]

O'Brien, Henry, *The Round Towers of Ireland, or The Mysteries of Freemasonry, Sabaism and of Buddhism, for the first time unveiled*, London, 1834.

Philosinensis (pseud.), *Remarks on Buddhism*. «Together with brief notices of the Island of Poo-to, and the numerous priests who inhabit it», Canton, *Chinese Repository*, 1834, vol. II, p. 214-225.

Prinsep, Henry Thoby, et Prinsep, J., *Note on the Bauddha Image from Kabul, JASB*, 1834, vol. III.

______, *Note on the Coins discovered by M. Court, JASB*, 1834, vol. III, p. 562-566.

______, *On the Coins and Relics Discovered in the Topes of Manikyala, JASB*, 1834, vol. III, p. 318-436.

Ritter, Carl, *Die Entstehung der lamaischen Hierarchie und der westlichen Suprematie der Chinesen über das Volk der Tübete*, Berlin, *Ritter's Erdkunde von Asien*, 1834, vol. III, p. 274-287.

Schmidt, Isaac Jacob, *Über die Tausend Buddhas einer Weltperiode oder gleichmässiger Dauer., Mém. de l'Acad. impér. d. Sc. de St.-Pétersbourg*, sér. VI : *Sc. polit. hist. et philol.*, 1834, t. II, p. 41-86.

______, *Über die sogenannte dritte Welt der Buddhisten.* «Als Forsetzung der Abhandl. über die Lehren des Buddhismus», *Mém. de l'Acad. impér. d. Sc. de St.-Pétersbourg*, 1834, sér. VI : *Sc. polit. hist. et philol.*, t. II, p. 1-39.

Schmitt, Joseph Hermann, *Uroffenbarung oder Die grossen Lehren des Christentums*, «nachgew. i. d. Sagen u. Urkunden der ältest. Völker, vorzügl. i. d. kan. Büchern der Chinesen», Landshut, Wien; G. Joseph Manz, Karl Gerold, 1834.

Stevenson, (Rev.) John, *Restoration and Translation of Some Inscriptions at the Cave of Carli, JASB*, 1834, vol. III, 4 p.

Sykes, William Henry, *Remarks on the Identity of the Personal Ornaments sculptured on some Figures in the Buddha Cave Temples at Carli with those worn by the Brinjaris, Transac. of the RAS*, 1834, vol. III, 1 p.

Troyer, A., *Remarks upon the Second Inscription of the Allahabad Pillar, JASB*, 1834, vol. III, p. 118-123.

Turnour, (Hon.) George, *A Revised Chronological Table of the Sovereigns of Ceylon*, Colmbo, *Ceylon Almanac for 1834*, 1834, 10 p.

______, *Translations of Inscriptions to serve as an Appendix to the «Epitome of the History of Ceylon with an Introduction»*, Colombo, *Ceylon Almanac for 1834*, 1834, 22 p. [Tr.]

Walter, H., *Translation of an Inscription in the Pali and Burmese Languages on a stone slap from Ramavati (Ramree Island) in Arracan*, «presented to the Asiatic Society by H. Walter, as explained by Ratna Paula», *JASB*, 1834, vol. III, 5 p. [Tr.]

1835

Armour, J., *Essay on Buddhism*, Colombo, *Ceylon Almanac for 1835*, 1835, 22 p. [Tr.]

Blagdon, F. W., *A Brief History of India, Ancient and Modern : From the earliest periods of antiquity to the termination of the Mahratta War*, Calcutta, 1835.

Burney, H., *Notice of Pugan, the Ancient Capital of the Burmese Empire*, *JASB*, 1835, vol. IV, 5 p.

Chapman, I. J., *Some Remarks upon the Ancient City of Anarajapura or Anaradhepura, and the Hill Temple of Mehentélé, in the island of Ceylon*, *Transac. RAS*, 1835, vol. III, p. 463-495.

Forbes, J., *The Dangistra Dalada, or Right canine Tooth of Gautama Buddha*, *Ceylon Almanac for 1835*, 1835, 6 p.

Gützlaff, Karl Friedrich Augustus, *Missionar Gützlaffs zweite u. dritte Reise nach China*, 1835, p. 179-328.

Hardy, (Rev.) R. Spence, *Notices of the Holy Land and Other Places Mentioned in the Scriptures, visited in 1832-3*, London, 1835.
Voir R. S. Hardy, 1836.

Hodgson, Brian Houghton, *Account of a Visit to the Ruins of Simroun, once the Capital of the Mithila Province*, *JASB*, 1835, vol. IV, p. 121-124.

______, *Further Note on the Inscriptions from Sarnath*, *JASB*, 1835, vol.

IV, p. 196-199.

______, *Quotations from Original Sanskrit Authorities in proof and illustration of his «Sketch of Buddhism»*, *JRAS*, 1835, vol. II, p. 288-323. *Voir* B. H. Hodgson, 1828.

Konx, George William, *The Ceremonial of the Ordination of a Burmese Priest of Buddha.* «With notes. Communicated by G. Knox», *JRAS*, 1835, vol. III, p. 271-284.

Körös, Alexander Csoma de, *Analysis of a Tibetan Medical Work*, *JASB*, 1835, vol. IV, p. 1-20.

Low, James, *On Buddha and the Phrabât (or Divine Foot)*, *JRAS*, 1835, vol. III, p. 57-127.

Neumann, Carl Friedrich, *Buddhism and Shamanism*, *As. J. and Mly. Reg.*, 1835, vol. XVI, p. 124-126.

Palma, G., *Discorso in difesa degli ordini religiosi*, *Ann. delle Scienze Religiose*, 1835, sér. I.

Penna (di Billa), Francesco, *Orazio della Breve notizia del Regno de Thibet 1730.* «Ouvrage publ. d'après le manuscrit autographe de l'auteur (Fra Francesco Orazio della Penna di Billa) et accompagné de notes par M. Klaproth», *JA*, 1835, 79 p.

Prinsep, Henry Thoby, et Prinsep, J., *Further Particulars of the Sarum and Tirhut Laths and Account of Two Buddhist Inscriptions found, the one at Bakh (Tirhut) and the other at Sarnath near Benares*, *JASB*, 1835, vol. IV, p. 124-128.

Schmidt, Isaac Jacob, *Mongolisch-Deutsch-Russisches Wörterbuch*, St. Petersburg, 1835.

Stevenson, (Rev.) John, *Excursion to the Ruins and Site of an Ancient City near Bakhra.* «Extract from the Journal of J. Stevenson», *JASB*, 1835, vol. IV, 10 p.

Stuhr, P. F., *Die chinesische Reichsreligion und die Systeme der indischen Philosophie in ihrem Verhältnis zu Offenbarungslehren.* «Mit Rücksicht auf die Ansichten von Windischmann, Schmitt und Ritter»,

Berlin, Veit, 1835, 109 p.

1836

[Abeel, David] *Reise des nordamerikanischen Missionars*, «Herrn David Abeel, in den Ländern Hinterindiens in den Jahren 1830 bis 1833», *Mag. f. d. Neueste Gesch. d. Evangel. Missions- u. Bibelgesell.*, 1836, p. 155-344.

Abel-Rémusat, Jean-Pierre, *Foé Koué Ki, ou Relation des royaumes bouddhiques. Voyage dans la Tartarie, dans l'Afghanistan et dans l'Inde, exécuté à la fin du IV*[e] *siècle par Chy Fa Hian.* «Ouvrage posthume revu, complété et augmenté d'éclaircissements nouveaux par Klaproth et Landresse. Tr. du chinois et commenté par Abel-Rémusat», Paris, Impr. roy., 1836, 424 p. [Tr.]

Voir Landress, *infra*.

Burney, H., *Discovery of Buddhist Images with Deva-nagari Inscription at Tagoung, the Ancient Capital of the Burman Empire*, *JASB*, 1836, vol. V, p. 157-164.

______, *Translation of an Inscription in the Burmese Language, discovered at Buddha-Gaya in 1833*, *AR*, 1836, vol. XX, p. 161-189.

Colebrooke, W. M. G., *Account of a Ceremonial Exhibition of the relic termed «the Tooth of Buddha», at Kandy, in Ceylon, in May 1828.* «Tr. and abridged from the original Singhalese, drawn up by a Native Eyewitness. (Communicated by Lieut.-Col. W. M. G. Colebrooke)», *JRAS*, 1836, vol. III, p. 161-164.

Davis, sir John Francis, *The Chinese.* «A general description of the Empire of China and its inhabitants», London, Charles Knight, 1836, 2 vol., 420; 480 p.

Eckstein, baron d', *Narasinha Oupanichat.* «Analyse de cet ouvrage par le baron d'Eckstein», *JA*, 1836, sér. III, t. II, p. 466-490.

Forbes, J., *Notes on the Buddhas from Ceylonese Authorities.* «With an attempt to fix the dates of the appearance of the last four, being those of the Maha Bhadra Kalpa», *JASB*, 1836, vol. V, p. 321-330.

Grindlay, Robert Melville, *An account of Some Sculptures in the Cave-Temples of Ellora, JRAS*, 1836, vol. II, p. 326, 487.

Hardy, (Rev.) R. Spence, *Travels in the Holy Land and Othe Places Mentioned in the Scriptures, in 1832-3, Christian Library*, 1836, vol. V, 86 p. [Nlle ed.]

Voir R. S. Hardy, 1835.

Hodgson, Brian Houghton, *Letter about Buddhist and Sanskrit MSS. from Nepal, JRAS*, 1836, p. VII.

______, *Note on the Inscription from Sarnath, JASB*, 1836, vol. V, p. 29, 71.

______, *Quotations re Buddhism, JRAS*, 1836, p. 391.

Jacuet, Eugène, *Notice of the Vallabhi Dynasty of Saurashta, extracted from the Buddhist Records of the Chinese, JASB*, 1836, vol. V, p. 685-688.

Körös, Alexander Csoma de, *Abstract of the Contents of the Bstan-gyur, AR*, 1836, vol. XX, p. 553-585.

______, *Analysis of the Dulva, a Portion of the Tibetan Work entitled the Kah-gyur, AR*, 1836. vol. XX, p. 41-93.

______, *Analysis of the Sher-chin, Phal-chhen, Dkon-seks, Do-de, Nyang-das and Gyut*. «Being divisions 2 to 7 of the Tibetan work entitled Kah-gyur», *AR*, 1836, vol. XX, p. 393-552.

______, *Interpretation of the Tibetan Inscription of a Bhotian Banner taken in Assam, JASB*, 1836, vol. V, p. 264-266.

______, *Notices of the Life of Shakya, extracted from Tibetan Authorities, AR*, 1836, vol. XX, p. 285-317.

______, *Translation of a Tibetan Sloka, JASB*, 1836, vol. V, p. 384.

Kowalewsky, *Chrestomathie mongole* (en russe), Kazan, 1836-1837, 2 vol., 592; 600 p.

Landresse, *Aperçu des travaux de M. Rémusat sur le Bouddhisme, ou Introduction à son commentaire sur le Foé Koué Ki*, Paris, 1836.

Lenz, R., *Analyse du Lalita-vistara-pourana, l'un des principaux ouvrages sacrés des Bouddhistes de l'Asie centrale, contenant la vie de leur prophète, et écrit en Sanscrit*, St.-Pétersbourg, *Bull. scient. de l'Acad. de St.-Pétersbourg*, 1836, vol. I.

Lloyd, Major T. H. A., *Note on the White Satin Embroidered Scarf of the Tibetan Priest*. «With a translation of the motto by Csoma de Körös», *JASB*, 1836, vol. V, 2 p.

Schmidt, Isaac Jacob, *Über das Mahâjâna und Pradschnâ-Pâramita der Bauddhen*, Berlin, 1836, 106 p.

______, *Über die Begrüdung des tibetischen Sprachstudiums in Russland und die Herausgabe der dazu nötigen Hilfswerke*, *Bull. scient. de l'Acad. de St.-Pétersbourg*, 1836, vol. I, p. 11-13.

______, *Über Lamaismus und die Bedeutungslosigkeit dieses Namens*, *Bull. scient. de l'Acad. de St.-Pétersbourg*, 1836, vol. I, n° 2.

Stuhr, P. F., *Die Religionssysteme der heidnischen Völker des Orients*, Berlin, Veit, 1836, vol. XII, 478 p.

Turnour, (Hon.) George, *Examination of Some Points of Buddhist Chronology*, *JASB*, 1836, vol. V, p. 521-536.

______, *The First Twenty Chapters of the Mahawanso, and a Prefatory Essay on Pali Buddhistical Literature*. «Originally publ. as an introduction to the above-mentioned portion of the *Mahawanso*», Colombo, 1836, 140 p.

1837

[Academia Albertina] *De Buddhaismi origine et aetate definiendis, testamen quod auctoritate illustris philosophorum*, in *Academia Albertina ordinis pro dignitate professoris extraordinarii in eodem obtinenda*, Königsberg, 1837, 40 p.

Adelung, Fr., *Literatur der Sanskrit Sparache*, St. Petersburg, *Bibl. Sanskrita*, 1837.

Ampère, J. J., *Histoire du Bouddhisme : Relation des royaumes boud-*

dhiques, «tr. du chinois par Abel-Rémusat», Paris, *RDM*, 15 juin 1837, 2 p.

Davis, sir John Francis, *La Chine, ou Description générale des mœurs et des coutumes, du gouvernement, des lois, des religions, des sciences, de la littérature, des productions naturelles, des arts, des manufactures et du commerce de l'Empire Chinois.* «Ouvrage tr. de l'anglais par A. Pichard. Revu et augmenté d'un appendice par Bazin aîné...», Paris, Libr. de Paulin, 1837, 2 t., 397; 418 p. [Tr.]

Gogerly, (Rev.) Daniel John, *The Pansiya-panas-Jataka-pota*, Colombo, *The Friend*, 1837-1838, vol. I, II, 4, 1, 9 p. [Tr.]

Hodgson, Brian Houghton, *Note on the Primary Language of the Buddhist Writings, JASB*, 1837, vol. VI, p. 682-689.

Jaquet, E., *Notice sur les découvertes archéologiques faites par Königsberger pendant son séjour dans l'Afghanistan, JA*, 1836, p. 234; 1837, p. 401.

Köppen, Carl Friedrich, *Literarische Einleitung in die Nordische Mythologie*, Berlin, 1837.

Kowalewsky, *Cosmologie bouddhiste* (en russe), Kazan, *Transac. of the Kasan Univ.*, 1837, part. 1.

Mill, W. H., *Restoration and Translation of the Inscription on the Bhutari lat.* «With critical and historical remarks», *JASB*, 1837, vol. VI, p. 1-17.

Neumann, Carl Friedrich, *Japan, in* J. S. Ersch & J. G. Gruber, *Allgemeine Enzyklopaedia der Wissenschaften und Künste*, Leipzig, 1837, sect. II, t. 14, p. 366-378.

Newbold, T. J., *Notes on the Code and Historical MSS. of the Siamese and on the Progress of Buddhism to the Eastward*, Madras, *Madras J. of Lit. and Sc.*, 1837, vol. IV, p. 1-16.

Pauthier, G., *La Chine, ou Description historique, géographique et littéraire de ce vaste empire d'après les documents chinois*, Paris, 1837.

Prinsep, Henry Thoby, et Prinsep, J., *Note on Inscription n° 1 of the Alla-*

habad Column, and on the Facsimiles of Various Inscriptions, JASB, 1837, vol. V, 17 p.

______, *Note on Inscriptions at Udayagiri and Khandgiri, in Cuttack, in the Lat Characters, JASB*, 1837, vol. VI, p. 1072-1090.

______, *Note on the Facsimiles of Inscriptions from Sanchi near Bhilsa, taken for the Society by Captain Ed. Smith, Engineers; and on the Drawings of the Buddhist Monument presented by Capt. Murray, at the meeting of 7th June, JASB*, 1837, vol. VI, p. 451-479.

______, *Note on the Facsimiles of the Various Inscriptions on the Ancient Column at Allahabad retaken by Edw. Smith, JASB*, 1837, vol. III, p. 114 *sq.*; vol. IV, p. 963-980.

______, *Note on W. H. Sykes' Inscriptions, JASB*, 1837, vol. VI, 7 p.

______, *Specimens of Hindu Coins descended from the Parthian Type and of the Ancient Coins of Ceylon, JASB*, 1837, vol. VI, 14 p.

Schmid, B., *Traditions Concerning the Migration of Buddhists into Europe*, Madras, *Madras J. of Lit. and Sc.*, 1837, vol. V, p. 229-231.

Schmidt, Isaac Jacob, *Über die Heroen des vorgeschichtlichen Alterthums, Bull. scient. de l'Acad. de St.-Pétersbourg*, 1837, t. II, 4 p.

Sykes, William Henry, *Inscriptions from the Boodh Caves, near Joonur.* «Communicated in a letter to Sir John Malcolm by H. W. Sykes», *JRAS*, 1837, vol. IV, p. 287-291.

______, *Specimens of Buddhist Inscriptions, with Symbols, from the West of India, JASB*, 1837, vol. VI, part. 2, p. 1038-1049.

Turnour, (Hon.) George, *An Examination of the Pali Buddhistical Annals, JASB*, 1837-1838, vol. VI, p. 501-528, 713-737; vol. VIII, p. 686-701, 789-817, 919-933, 991-1014.

______, *Further Notes on the Inscriptions on the Column at Delhi, Allahabad, Betial, etc., JASB*, 1837, vol. VI, p. 1049-1064.

______, *The Mahawanso, in Roman Characters, with the translation subjoined, and an Introd. Essay on Pali Buddhistical Literature*, Colombo, 1837, vol. I : «Containing the first 38 chapters», 30, 262 p. [Ed. & tr.]

Wroughton, R., *Account and Drawing of Two Burmese Bells now Placed in a Hindu Temple in Upper India*, *JASB*, 1837, vol. VI, 8 p.

1838

Abel-Rémusat, Jean-Pierre, *Mémoires sur un voyage dans l'Asie centrale, dans le pays des Afghans et des Béloutches et dans l'Inde, exécuté à la fin du IVe siècle de notre ère par plusieurs samanéens de la Chine*, *Mém. de l'Inst. royal de France, Acad. des Inscript.*, 1838, p. 343.

Bailey, H. V., *Dorje-Ling*, Calcutta, 1838.

Brown, William, *Account of an Ancient Temple at Hissar, and of the Shop Model at that Place*, *JASB*, 1838, vol. VII, 2 p.

Buddhism in China taken from Gützlaff's «China Opened» and Medhurst's «China: Its state, etc.», Colombo, *The Friend*, 1838-1839, vol. III, 8 p.

Burt, Capt. T. S., *Lithographs and Translations of Inscriptions taken by Capt. T. S. Burt and of one from Ghosi taken by A. Cunningham*, *JASB*, 1838, vol. VII, 8 p.

Gogerly, (Rev.) Daniel John, *On Buddhism*, Colombo, *The Friend*, 1838-1839, vol. II, III.

______, *On Transmigration*, Colombo, *The Friend*, 1838, vol. II, 8, 9, 10 p.

Gützlaff, Karl Friedich Augustus, *China Opened*. «Display of the topography, history, customs, arts, literature, religion, etc., of the Chinese Empire. Rev. by Dr Reed», London, 1838, 2 vol.

Voir *Buddhism in China, supra*.

Körös, Alexander Csoma de, *Enumeration of Historical and Grammatical Works to be met with in Tibet*, *JASB*, 1838, vol. VII, part. 1, p. 147-151.

______, *Notices on the Different Systems of Buddhism, extracted from the Tibetan Authorities*, *JASB*, 1838, vol. VII, part. 1, p. 142-147.

Medhurst, W. H., *China : Its state and prospects*, London, 1838.

Voir *Buddhism in China, supra*.

Postans, W., *An Account of the Jain Temple at Badrasir, and the Ruins of*

Badranagri in teh province of Cutch, *JASB*, 1838, vol. VII, 4 p.

Prinsep, Henry Thoby, et Prinsep, J., *Discovery of the Name of Antiochus the Great, in Two of the Edicts of Asoka, King of India*, *JASB*, 1838, vol. VII, p. 156-167.

______, *Examination of the Inscriptions from Girnar in Gujerat, and Dhauli in Cuttack*, *JASB*, 1838, vol. VII, p. 334-356.

______, *Examination of the Separate Edicts of the Aswastama Inscription at Dhauli in Cuttack*, *JASB*, 1838, vol. VII, 21 p.

______, *More Danams from the Sanchi Tope near Bhilsa*. «Taken in impression by Capt. T. S. Burt. Translated by J. Prinsep», *JASB*, 1838, vol. VII, p. 562-566. [Tr.]

______, *On the Edicts of Piyadasi, or Asoka the Buddhist Monarch of India, preserved on the Girnar Rock in the Gujerat Peninsula and on the Dhauli Rock in Cuttack*, *JASB*, 1838, vol. VII, p. 219-282.

Ravenshaw, *Notice of Inscriptions in Behar*, «communicated by Mr Ravenshaw», *JASB*, 1838, vol. VIII, 8 p.; 1840, vol. IX, 2 p.

Ritter, Carl, *Die Stupas (Topes), oder Die architektonischen Denkmale an der Indo-Baktrischen Königstrasse und die Kolosse von Bamiyan*. «Eine Abh. zur Altertumskunde des Orients, vorgetr. in der Königl. Akad. der Wiss. am 6 Feb. 1837», Berlin, Nikolai'sche Buchhandlung, 1838, 272 p.

Wroughton, R., *Restoration and Translation of the Inscriprion on the Large Arracan Bell, now at Nadrohighat, Zillah Alligarh*, «described by R. Wroughton», *JASB*, 1838, vol. VII, 13 p.

1839

Bridgnell, William, *The Buddhistical Doctrine of Sin and Suffering and their Opposites*, Colombo, *The Friend*, 1839, vol. III, 2 p.

Gogerly, (Rev.) Daniel John, *On Buddhism. Laws of the Priesthood*, Colombo, *The Friend*, 1839, vol. III.

Gogerly, (Rev.) Daniel John, et Beal, S., *The Patimokkha*, *Ceylon Friend*,

1839. [Tr.]

Hodgson, Brian Houghton, *The Literature and Religion of the Buddhists*, s.d., *The Phoenix*, vol. I.

______, *The Vajra-Soochi, or Refutation of the Argument upon which the Brahmanical Institution of Caste is founded, by the learned Boodhist Ashwa Ghosha*. «Also the *Tunku* by Soobajee Bupoo, being an Reply to the *Vajra-Soochi*. In Sanskrit with a Tr. by B. H. Hodgson and a Preface by L. Wilkinson», 1839. [Ed. & tr.]

Pauthier, G., *Examen méthodique des faits qui concernent le Thien-tchu ou Inde*, «traduit du chinois par G. Pauthier», *JA*, 1839, sér. III, t. VIII, p. 38, 40, 48.

Schmidt, Isaac Jacob, *Die Taten Bogda Gesser Chan's, des Vertilgers der Wurzel der zehn Übel in den zehn Gegenden*. «Eine ostasiatische Heldensage. Aus dem Mongolischen übers.», St. Petersburg, W. Gräff; Leipzig, Leopold Voss, 1839, 287 p. [Tr.]

______, *Grammatik der tibetischen Sprache*, St. Petersburg, Academia Scientiarium Imperialis, 1839.

Sykes, William Henry, *Siva in the Cave Temples of Elephanta and Ellora*, *JRAS*, 1839, p. 81.

Wilson, Horace Hayman, *Account of the Foe Koue Ki, or Travels of Fa Hian in India*, «translated from the Chinese by J.-P. Abel-Rémusat. (Read 9th March and 7th April, 1838)», *JRAS*, 1839, vol. V, p. 108-140.

1840

Benfey, Theodor, *Indien, in* J. S. Ersch et J. G. Gruber, *Allgemeine Enzyklopaedia der Wissenschaften und Künste*, Leipzig, 1840, sect. II, t. 17, p. 1-356.

Bridgnell, William, *On Resentment. Extract from Buddha's Sermons*, Colombo, *The Friend*, 1840, vol. IV, 3 p.

Burt, Capt. T. S., *Inscription Found near Bhahra on the Road to Delhi*,

JASB, 1840, vol. IX, 4 p.

Carte, W. E., *Notice on Amulets in Use by the Transhymalayan Boodhists.* «With notes by Csoma de Körös», *JASB*, 1840, vol. IX, p. 904-907.

Forbes, J., *Eleven Years in Ceylon, its History and Antiquities*, London, 1840, 2 vol.

Gogerly, (Rev.) *Daniel John, Buddhism : Damapadan*, Colombo, *The Friend*, 1840, vol. IV, 26 p.

Hügel, Carl Frhr. von, *Kaschmir und das Reich der Siek*, Stuttgart, Hallberger'sche Verlagsbuchhandlung, 1840-1842, 4 vol.

Lassen, Christian, *Points in the History of the Greek and Indo-Scythian Kings in Bactria, Cabul and India, as illustrated by Decyphering the Ancient Legends on their Coins, JASB*, 1840, vol. IX, p. 251, 339, 449, 627, 733.

Schmidt, Isaac Jacob, *Kritischer Versuch zur Feststellung der Aera und der ersten geschichtlichen Momente des Buddhaismus, Bull. scient. de l'Acad. de St.-Pétersbourg*, 1840, t. VI, p. 353-368.

Troyer, A., *Raja Tarangini.* «Histoire des Rois du Kachmir, publ. en sanscrit et tr. en français par A. Troyer», Paris, 1840-1852, 3 vol., 584; 640; 724 p. [Ed. & tr.]

1841

Barthélemy Saint-Hilaire, Jules, *Le Nyaya.* «(Authenticité du *Nyaya.* Analyse du *Nyaya.* Appréciation de la doctrine du *Nyaya*)», Paris, *Mém. de l'Acad. roy. d. Sc. morales*, 1841, vol. III, 86 p.

______, *Traductions des Soutras du Nyaya composé par Gotama*, Paris, *Mém. de l'Acad. roy. d. Sc. morales*, Paris, 1841, vol. III, 10 p.

Bird, James, *Opening of the Topes at Kanari near Bombay and the Relics Found in them, JASB*, 1841, vol. X, part. 1, p. 94-97.

Chitty, Simon Cassie, *Remarks on the Site and Ruins of Tammana and Nuwera, JRAS*, 1841, vol. VI, p. 242-245.

Davis, sir John Francis, *China en de Chinezen.* «Naar de laatste Uitgave, waarin de Geschiedenis van het Handelsverkeer met de Engelschen tot op dit Oogenblik toe behandeld wordt. Uit het Engelsch vertaald door Mr C. J. Zweerts. Met Houtsnedeplaaten»., Amsterdam, G. J. A. Beijerinck, 1841, 3 vol., 378; 335; 327 p. [Tr.]

Foucaux, Philippe Edouard, *Spécimen du Gya-tcher-rol-pa (Lalita Vistara)*. «Partie du chap. VII, contenant la naissance de Çakya-Mouni. Texte tibétain tr. en français et accompagné de notes par Ph. Ed. Foucaux», Paris, Benjamin Duprat, 1841, 27 p. et 33 p. (texte tibétain) [Ed. & tr.]

Gerard, Alex, *Account of Koonawur*, London, éd. par G. Lloyd, 1841.

Hardy, (Rev.) R. Spence, *The British Government and the Idolatry of Ceylon*, London, 1841.

Hodgson, Brian Houghton, *Illustrations of the Literature and Religion of the Buddhists*, Serampore, 1841.

Masson, Charles, *A Memoir on the Buildings called Topes, in* H. H. Wilson, *Ariana antiqua*, London, 1841, p. 55-118.

______, *Memoir on the Topes and Sepulchral Monuments of Afghanistan*, London, 1841, 60 p.

Moorcroft, W., et Trebeck, G., *Travels in the Himalaya Provinces of Hindustan and the Panjab, in Ladakh and Kashmir, Kabul, etc., from the 1819 to 1825*, London, éd. par H. H. Wilson, 1841, 2 vol.

Pigou, Lieut., *On the Topes of Darounta, and Caves of Bahrabad, JASB*, 1841, vol. X, part. I, p. 381-386.

Schmidt, Isaac Jacob, *Neue Erläuterungen über den Ursprung des Namens Mandschu, Bull. scient. de l'Acad. de St.-Pétersbourg*, 1841, t. VIII, 4 p.

______, *Tibetisch-Deutsches Wörterbuch nebst deutschem Wortregister, etc.*, St. Petersburg; Vienna, 1841, 784 p.

Spiegel, Friedrich von, *Kammavakya*. «Liber de officiis sacerdotum Buddhicorum. Palice et Latine primus edidit atque adnotationes adiecit F. Spiegel», Bonnae ad Rhenum, H. B. Koenig, 1841, 30 p. [Ed. & tr.]

Sykes, William Henry, *Notes on the Religions, Moral, and Political State of India, before the Mahomedan Invasion*. «Chiefly founded on the travels of the Chinese Buddhist priest Fai Han in India AD 399, and on Commentaries of Messrs. Rémusat, Klaproth, Burnouf and Landresse», *JRAS*, 1841, vol. VI, p. 248-484.

Tivarekar Ganpatreo, Krishna, *Index to the Transactions of the Library Society of Bombay*, vol. I-III *and to the Journals of the Bombay Branch, Royal Asiatic Society*, vol. I-XVII. «With a historical sketch of the Society», 1841-1886, 17 p.

Wilson, Horace Hayman, *Ariana antiqua*. «A descriptive account of the antiquities and coins Afghanistan. With a memoir on the buildings called Topes, by Ch. Masson, Esq.», London, 1841, 452 p.

______, *Introduction to the Grammar of the Sanskrit Language*, London, 1841.

1842

Campbell, A., *Report of the Death of Csoma de Körös*, «made to G. A. Bushby, Esq., and communicated to the Society», *JASB*, 1842, vol. XI, p. 303.

Cunningham, sir Alexander, *An Account of the Discovery of the Ruins of the Buddhist City of Samkassa*. «By Lieut. Alex. Cunningham, in a letter to Col. Sykes, FRS», *JRAS*, 1842-1843, vol. VII, p. 241-249.

Foucaux, Philippe Edouard, *Le sage et le Fou*. «Extrait du *Kanjur*, revu sur l'éd. originale et accompagné d'un glossaire par Ph. Ed. Foucaux, Paris, 1842, 74 p.

Kennedy, C. P., *Brahmanism versus Buddhism*, London, *As. J. and Mly. Reg.*, 1842, n.s., vol. XXXVII-XXXIX.

Kröger, J. C., *Abriss vergleichenden Darstellung der indisch- persisch-und chinesischen Religionssysteme*. «Mit steter Rücksichtnahme auf die späteren Religionsformen und den Ursprung religiöser Ideen», Eisleben, Georg Reichardt, 1842, 358 p.

Langdon, Williams B., *Ten Thousand Things Relating to China and Chi-*

nese. «An epitome of the genius government, history, literature, agriculture, arts, trade, manners, customs and social life of the people of the Celestial Empire together with a synopsis of the Chinese collection», London, 1842.

Lassen, Christian, *Über eine Inschrift des königl. Satrapen von Surashtra, worin Kandragupta und sein Enkel Asoka erwähnt werden*, Bonn, *Z. f. d. Kunde d. Morgenl.*, 1842, vol. IV, p. 56.

Maupied (abbé) F. L. M., *Prodrome d'ethnographie, ou Essai sur l'origine des principaux peuples anciens, contenant l'histoire neuve et détaillée du Bouddhisme et du Brahmanisme*, Paris, 1842.

Schott, Wilhelm, *Über den Doppelsinn des Wortes Schamane und über den tungusischen Schamanen-Cultus am Hofe der Mandju-Kaiser*, *Abh. d. Akad. d. Wiss. zu Berlin*, 1842, 8 p.

Vigne, G. T., *Travels in Kashmir, Ladak, Iskardo, the Countries adjoining the Moutain Course of the Indus and the Himalaya, North of Punjab*, London, 1842, 2 vol.

1843

Abel-Rémusat, Jean-Pierre, *Mélanges posthumes d'histoire et de littérature orientales*, «publ. par F. Lajard, sous les suspices du Ministre de l'Instruction publique», Paris, 1843, 470 p.

Bennett, T. W., *Ceylon and its Capabilities*, London, 1843.

Halbertsma, J. H., *Het Buddhisme en zijin stichter*, Deventer, *Overrijsselsche Almanak*, 1843, 75 p.

Hodgson, Brian Houghton, *Translation of the Naipaliya Devata Kalyana.* «With notes», *JASB*, 1843, vol. XII, part. 1, p. 400-409.

Morton, W., *Vajra Suchi.* «In Bengali, with an English translation by W. Morton», Calcutta, 1843. [Tr.]

Nork, F., *Etymologisch, symbolisch, mythologisches Real-Wörterbuch. Zum Handgebrauche für Bibelforscher, Archäologen und bildende Künstler*, Stuttgart, J. F. Castsche Buchhdlg., 1843.

Ozeray, Michel-Jean-François, *Histoires des doctrines religieuses, ou Recherches philosophiques et morales sur la théologie naturelle, etc.*, Paris, 1843.

Schmidt, Isaac Jacob, *Der Weise und der Tor.* «Aus dem Tibetischen übers, und mit dem Originaltexte hrsg.», St. Petersburg, W. Graff's Erben; Leipzig, Leopold Voss, 1843, 2 t., 328; 404 p. [Ed. & tr.]

Stevenson, (Rev.) John, *An Account of the Bauddho-Vaishnavas, or Vitthal-Bhaktas of the Dekkan, JRAS*, 1843, vol. VII, p. 64-73.

______, *On the Intermixture of Buddhism with Brahmanism in the religion of the Hindus of the Dekkan, JRAS*, 1843, vol. VII, p. 1-8.

Sykes, William Henry, *Buddhism versus Brahmanism, As. J.*, 1843.

1844

Bird, James, *Historical Researches on the Origin and Principles of the Bauddha and Jaina Religions.* «Embracing the leading tenets of their system, as found prevailing in various countries; illus. by descriptive accounts of the sculptures in the caves of Western India, with tr. of the cave inscriptions form Kanari, Ajanta, Ellora, Nasik, & c., indicating the connexion of these caves with the topes and caves of the Punjab and Afghanistan», *JBBRAS*, 1844, vol. II, n° 8, p. 71-108.

Burnouf, Eugène, *Introduction à l'histoire du Buddhisme indien*, «tr. du sanscrit», Paris, Impr. roy., 1844, t. I, 647 p.

Cauchy, A. L., *Considérations sur les ordres religieux*, Paris, 1844.

Fergusson, James, *On the Rock-cut Temples of India, JRAS*, 1844-1845, vol. VIII, p. 30-92.

Jacob, L. G., et Westergaard, N. L., *Copy of the Asoka Inscription at Girnar, JBBRAS*, 1844, vol. I, p. 257-258.

Latter, Thomas, *A Note on Boodhism and the Cave Temples of India*, Calcutta, 1844, 21 p.

______, *Remarks on Boodhist Coin or Medal, JASB*, 1844, vol. XIII, part. 2, p. 571-586.

MacGovan, D. J., *An Inscription from a Tablet in a Buddhist Monastery at Ningpo in Chian, JASB*, 1844, vol. XIII, part. 1, p. 113-114.

Murray, Hugh, *The Travels of Marco Polo.* «Greatly amended and enlarged from valuable early MSS. recently publ. by the French Soc. of Geogr. and in Italy by Count Baldelli Boni», Edinburgh, Oliver & Boyd, 1844, 4e éd., 368 p.

Prinsep, Henry Thoby, et Prinsep, J., *Note on the Historical Results Deducible from Recent Discoveries in Afghanistan*, London, 1844.

Schott, Wilhelm, *Über den Buddhaismus in Hochasien und in China*, Berlin, *Abh. d. Königl. Preuss. Akad. d. Wiss., Philos.-Hist. Kl.*, 1844, p. 161-288.

Westergaard, Niels Ludwig, *A Brief Account of the Minor Bauddha Caves of Beira and Bajah, in the neighbourhood of Karli.* «Communicated in a letter, from Mr N. L. Westergaard, to James Bird, Esq. With tr., by the latter, of inscriptions found at both», *JBBRAS*, 1844, vol. I, n° 7, p. 438-443.

1845

Canstadt, baron Schilling von, *Bibliothèque bouddhique, ou Index du Gandjour de Narthang, composé sous la direction du Baron Schilling de Canstadt.* «Avant-propos», *Bull. de la Cl. hist.-philol. de l'Acad. d. Sc. de St.-Pétersbourg*, 1845, t. IV, p. 321-331.

______, *Das ehrwürdige Mahajanasutra mit Namen : «Das unermessliche Lebensalter und die unermessliche Erkenntnis».* «Lithographischer Abdrück, besorgt durch den verstorbenen Baron Schilling von Canstadt. Hrsg. von der Kaiserl. Akad. der Wiss.», St. Petersburg, 1845, 25 p.

Fergusson, James, *Illustrations of the Rock-cut Temples of India : selected from the best examples of the different series of caves at Ellora, Ajunta, Cuttack, Salsette, Karli, and Mahavellopore.* «Drawn on stone by Mr T. C. Dibdin, fr. sketches carefully made on the spot, with the assistance of the Canera-Lucida, in the years 1838-9, by J. Fergusson. Text to accompany the folio-volume of pl. by James Fergusson», London John Weale Esq., 1845.

Gogerly, (Rev.) Daniel John, *On Buddhism*, Colombo, *JCBRAS*, 1845-1848, n[os] 1-4, 23, 49, 38, 14 p.

______, *On Buddhism*. «Paper read before the Ceylon Br. of the RAS, first nov. 1845», Colombo, *JCBRAS*, 1845, n[o] 2, 27 p.

Knighton, William, *History of Ceylon, from the Earliest Period of the Present Time*. «With an account of its present condition», Calcutta, London & Edinburgh, 1845, 399 p.

Latter, Thomas, *A Grammar of the Language of Burmah*, Calcutta, 1845.

______, *On the Buddhist Emblem of Architecture, JASB*, 1845, vol. XIV, part. 2, p. 623-640.

Müller, Samuel, *De Tand van Boedhha, een Indisch mirakel*. «Geschreven door Dr Samuel Müller», Leiden, 1845, 16 p.

Neumann, Carl Friedrich, *Die Reisen des Venezianers Marco Polo im dreizehnten Jahrhundert*. «Deutsch von August Burck», Leipzig, 1845.

Nève, Félix, *De l'antériorité du Brahmanisme sur le Bouddhisme*, Louvain, *R. catholique*, 1845, 14 p.

______, *Histoire du Bouddhisme inden*, Paris, *Correspondant*, 1845, vol. XI, XII.

Pavie, Théodore, *Les Trois Religions de la Chine, leur antagonisme, leur développement et leur influence, RDM*, 1845, n.s., vol. IX, 26 p.

Schmidt, Isaac Jacob, *Bkah-hgyur-gui-dkar-chag, oder Der Index des Kandjur*. «Hrsg. von der Kaiserlichen Akademie der Wissenschaften, und bevorwortet von I. J. Schmidt, ordentilichem Mitgliede der Akademie u.s.w.», St. Petersburg (& Leipzig, bei Leopod Voss), 1845, 215 p. {Av.-pr.}

Silva, A. D., *Buddhism*, Colombo, *The Friend*, 1845, vol. VIII, 3, 3 p.

Spiegel, Friedrich von, *Anecdota Pâlica*. «Nach den Handschr. d. K. Bibl. in

Kopenhagen im Grundtexte hrsg., übers. u. erklärt», Leipzig, Wilh. Engelmann, 1845, 92 p. [Ed. & tr.]

______, *Geschichte des Buddhismus*, Berlin, *Jb. f. Wissenschaft. Kritik*, 1845, 14 p.

Voir E. Burnouf, 1844.

Tand, de, *Van Boeddha. Een Indisch Mirakel*, Leiden, 1845, 16 p.

1846

Barthélemy Saint-Hilaire, Jules, *E. Burnouf : «Introduction à l'histoire du Buddhisme indien»*, *R. encycl.*, 1846, 26 p. [Rec.]

Voir E. Burnouf, 1844.

Chitty, Simon Cassie, *The Sixth Chapter of the Tiruvathavur Purana entitled «The Vanquishing of the Buddhists in Disputation»*. «Tr. with notes by Simon Cassie Chitty», *JCBRAS*, 1846, nº 2, 21 p.

Gogerly, (Rev.) Daniel John, *Singalo Wada*. «Tr. by the Rev. D. J. Gogerly», *JCBRAS*, 1846, nº 2., 8 p.

______, *The Discourse on the Minor Results of Conduct, or The Discourse addressed to Subha*. «Tr. by the Rev. D. J. Gogerly», *JCBRAS*, 1846, nº 2., 7 p.

Hardy, (Rev.) R. Spence, *On the Language and Literature of the Singhalese*, *JCBRAS*, 1846, nº 2, 6 p.

Latter, Thomas, *The Coins of Arakan. The Symbolical Coins*, *JASB*, 1846, vol. XV, 3 p.

Marshall, W. H., *Ceylon*. «A general description of the Island and its Inhabitants, with an historical sketch of the conquest of the colony by the English», London, 1846.

Neumann, Carl Friedrich, *Tübet*, Stuttgart, *Ausland*, 1846, vol. XIX, 10 p.

Nève, Félix, *De l'état présent des études sur le Bouddhisme et de leur application*, Gand, *R. de Flandre*, 1846, vol. I, 63 p.

Norris, Edwin, *On the Kapur-di-Giri Rock Inscription*, *JRAS*, 1846, vol. VIII, p. 303-314.

Postans, T., *A Few Observations on the Temple of Somnath*, *JRAS*, 1846, vol. VIII, p. 172-175.

Schwambeck, E. A., *Megasthenis Indica*. «Fragmenta collegit, commentationem et indices addidit E. A. Schwambeck», Bonn, 1846. [Ed.]

Spiegel, Friedrich von, *Ceylon*, Stuttgart, *Ausland*, 1846, vol. XIX.

______, *Über den einheimischen Bearbeiter der Palisprache*, Berlin, *Höfer's Z. f. die Wiss. d. Sprache*, 1846, vol. I, 14 p.

______, *Zur Geschichte des Buddhismus*, Stuttgart, *Ausland*, 1846, vol. XIX.

Stevenson, (Rev.) John, *Analysis of the Ganesa Purana, with Special Reference to the History of Buddhism*, *JRAS*, 1846, vol. VIII, p. 319-329.

______, *The Ante-Brahmanical Religion of the Hindus*, *JRAS*, 1846, vol. VIII, p. 330-339.

Wilson, Horace Hayman, *Kapurdigiri Inscription*, *JRAS*, 1846, p. 308.

Yates, (Rev.) W., *A Dictionary in Sanscrit and English*. «Designed for the use of private students and of Indian colleges and schools», Calcutta, 1846.

Yvan, Dr, *Die Insel der Bonzen*, Stuttgart, *Ausland*, 1846, 3 p.

1847

Anderson, W., *An Attempt to Identify Some of the Places Mentioned in the Itinerary of Hiuan-Thsang*, *JASB*, 1847, vol. XVI, p. 1183-1211.

Barthélemy Saint-Hilaire, Jules, *Rapport sur le tome I. de l'«Introduction à l'histoire du Buddhisme indien» par M. E. Burnouf. Suivi d'observations par M. Cousin*, Paris, *Séances et Travaux de l'Acad. d. Sc. morales et politiques*, Paris, 1847, sér. II, t. I, 25 p.

Böhtlingk, Otto von, *in* I. J. Schmidt et O. von Böhtlingk, *Verzeichnis der tibetanischen Handschriften und Holzdrücke im Asiatischen Museum der Kais. Akad. d. Wissenschaften*, *Bull. de la Cl. hist.-philol. de l'Acad. impér. d. Sc. de St.-Pétersbourg*, 1847, t. IV, col. 81-125.

Cunningham, sir Alexander, *Notes on the Antiquities of the District with the Bhopal Agency*, *JASB*, 1847, vol. XVI, 24 p.

Fortune, Robert, *Three Years' Wanderings in the Northern Provinces of China*. «Including a visit to the Tea, Silk and Cotton Countries. With an account of the agriculture and horticulture of the Chinese, new plants, etc.», London, John Murray, 1847, 2e éd., 420 p.

Foucaux, Philippe Edouard, *Rgya tch'er rop pa, ou Développement des Jeux, contenant l'histoire du Bouddha Cakya Mouni*. «Tr. sur la version tibétaine du *Bkah hgyour*, et revu sur l'original sanscrit (*Lalitavistara*), par Ph. Ed. Foucaux», Paris, Impr. roy., 1847-1848, 2 parties en 2 vol., 388; 425 p. [Ed. & tr.]

Gogerly, (Rev.) Daniel John, *The Discourse Respecting Rattapala*. «Tr. by the Rev. D. J. Gogerly, *JCBRAS*, 1847, nº 3, 15 p.

Hardy, (Rev.) R. Spence, *List of Books in the Pali and Singhalese Languages*, *JCBRAS*, 1847, nº 3, 12 p.

Huc, (abbé) Evariste-Régis, *in* E.-R. Huc et J. Gabet, *Notice sur la prière bouddhique «OM mani padmé houm»*, *JA*, 1847, n.s., t. IX, p. 462-464.

Julien, Stanislas, *Renseignements bibliographiques sur les relations des voyages dans l'Inde et les descriptions du Si-yu, qui ont été composées en chinois entre le Ve et le XVIIIe siècle de notre ère*, *JA*, 1847, sér. IV, t. X, p. 265-269.

Kittoe, M., *Note on an Image of Buddha Found at Sherghatti*, *JASB*, 1847, vol. XVI, part. 1, p. 78-80.

______, *Notes on Places in the Province of Behar, supposed to be those described by Chy-Fa-Hian, the Chinese Buddhist Priest, who made a pilgrimage to India, at the close of the fourth century AD*, *JASB*, 1847, vol. XVI, part. 2, p. 953-970.

______, *Note on the Sculptures of Bôdh Gyah*, *JASB*, 1847, vol. XVI, part. 1, p. 334-339.

______, *Notes on the Caves of Burabu*, *JASB*, 1847, vol. XVI, 15 p.

______, *Notes on the Viharas and Caityas of Behar*, *JASB*, 1847, vol. XVI,

7 p.

Knighton, William, *On the Ruins of Anuradha Pura, Formerly the Capital of Ceylon*, *JASB*, 1847, vol. XVI, 13 p.

______, *The Rock-Temples of Dambool*, Ceylon, *JASB*, 1847, vol. XVI, 11 p.

Lassen, Christian, *Indische Alterthumskunde*, Leipzig, Verl. v. L. A. Kittler; London, Williams & Norgate, 1847-1861, 4 vol., 862; 1092; 1199; 988, 86 (Ann. zu II u. III) pages.

Liebrecht, Felix, *Des heiligen Johannes von Damascus Barlaam und Josaphat*. «Aus dem Griechischen übertr. Mit einem Vorw. von Ludolph von Beckedorff», Münster, Theissing'sche Buchhandl., 1847, 304 p.

Pasini, Lodovico, *I Viaggi di Marco Polo Veneziano tradotti per la prima volta dall'originale Francese di Rusticiano di Pisa et corredati d'illustrazioni e di documenti*, «Vincenzo Lazari pubblicati per cura di Lodovico Pasini, membro eff. e segretario del R. Istitute Veneto», Venezia, 1847, 484 p. [Ed.]

Pavie, Théodore, *Le Thibet et les Etudes tibétaines*, *RDM*, 1847, n.s., vol. XIX, 22 p.

Peters, John R., *Miscellaneous Remarks upon the Government, History, Religions, Literature, Agriculture, Arts, Trades, Manners, and Customs of the Chinese, as suggested by an examination of the articles comprising the Chinese Museum*, Philadelphia, 1847.

Roth, R., *Zur Geschichte der Religionen. II : Die Buddha-Religion*, Tübingen, *Theol. Jb.*, 1847, vol. VI, p. 175-190.

Stevenson, (Rev.) John, *Some Remarks on the Relation that Subsists between the Jains- and Brahmanical-systems of Geography*, *JBBAS*, 1847, vol. II, 4 p.

1848

Abel-Rémusat, Jean-Pierre, *The Pilgrimage of Fa Hian;* «from the French edition of the *Foé Koué Ki* of MM. Rémusat, Klaproth, and Landresse with additional Notes and Illustrations. By J. W. Laidlay, Esq., Vice-President and Joint-Secretary of the Asiatic Society. Printed by J. Thomas, Baptist Mission Press», Calcutta, 1848, 373 p.

Voir J.-P. Abel-Rémusat, 1836.

Bitschurin Iakynth (le père Hyacinthe), *La Chine et sa situation civile et morale* (en russe), Saint-Pétersbourg, 1848, 4 vol.

Cunningham, sir Alexander, *Verification of the Itinerary of the Chinese Pilgrim, Hwan Thsang, through Afghanistan and India during the First Half of the Seventh Century of the Christian Era, JASB*, 1848, vol. XVII, p. 13-60.

Cunningham, J. D., *On the Ruins of Putharee, JASB*, 1848, vol. XVII, 8 p.

Gabet, J., *Les Quarante-deux Points d'enseignement proférés par Bouddha*, «tr. du mongol par MM. Gabet et Huc», *JA*, 1848, sér. IV, t. XI, p. 535-557.

Hoffmeister, Werner, *Travels in Ceylon and Continental India, Nepal, Himalayas, Tibet, etc.* «Tr. from the German, with a Pref. by Carl Ritter», Edinburgh, 1848. [Tr.]

Klaproth, Julius Heinrich, *Fa-Hian. (Pèlerinage de).* «Tiré de l'édition française du *Foé Koué Ki* de MM. Rémusat, Klaproth et Landresse. Avec notes additonnelles et explicatives» (anonyme; Cunningham en attribue la paternité à Laidley), Calcutta, 1848.

Low, James, *A Few Gleanings in Buddhism, JASB*, 1848, vol. XVII, part. 2, p. 591-619.

______, *Gleanings in Buddhism, or Translations of passages from a Siamese version of a Pali work, termed in Siamese «Phrâ Pat'hom», with passing observations on Buddhism and Brahmanism, JASB*, 1848, vol. XVII, part. 2, p. 72-98.

Selkirk, J., *Recollections from Ceylon*, London, 1848.

Stevenson, (Rev.) John, *Kalpa Sutra and Nava Tatva.* «Two Works Illus. of the Jain Religion and Philogophy. Tr. from the Maghadi, with an appendix, containing remarks on the language of the original, by the

Rev. J. Stevenson», London, 1848, 144 p. [Tr.]

Sykes, William Henry, *On a Catalogue of Chinese Buddhistical Works*, *JRAS*, 1848, vol. IX, p. 199-213.

Wuttke, Carl Friedrich Adolf, *De Buddhaustarum Disciplina*, Vratislaviae, 1848, 42 p.

1849

Campbell, A., *Journal of a Trip to Sikim, in December 1848*. «With sketch map», *JASB*, 1849, vol. XVIII, part. 1, p. 482-541.

Davis, sir John Francis, *The Chinese*. «A general description of the Empire of China and its inhabitants», 2e éd., London, M. A. Nattali, 1849, 2 vol., 395; 459 p.

Friederich, R., *A Preliminary Account of the Island of Bali*, *JIA*, 1849, vol. III, 21 p.

______, *Voorloopig verslag van het eiland Bali*, Batavia, *Verhandelingen van het Bataviaasch Genootschap van Kunst en Wetensch*, 1849, vol. XXII, 63, 57 p.

Impey, E., *Description of a Colossal Jain Figure nearly 80 feet high, cut in Relief, discovered on a Spur of the Satpoorah Range, in the district of Burwanie, on the Nirbuddha*, *JASB*, 1849, vol. XVIII, part. 2, p. 918-951.

Julien, Stanislas, *Concordance sino-sanscrite d'un nombre considérable de titres d'ouvrages bouddhiques, recueillis dans un catalogue chinois de l'an 1306, et publiée, après le déchiffrement et la restitution des mots indiens*, 1849, *JA*, sér. IV, t. XIV, p. 353-446.

Low, James, *General Observations on the Contending Claims to Antiquity of Brahmans and Buddhists*, *JASB*, 1849, vol. XVIII, part. 1, p. 89-131.

______, *On an Inscription from Keddah*, *JASB*, 1849, vol. XVIII, 2 p.

Pridham, Ch., *An Historical, Statistical and Political Account of Ceylon and its Dependencies*, London, 1849, 2 vol.

Salisbury, Edward E., *Memoir on the History of Buddhism*. «Read before the Americ. Or. Soc. at their ann. meeting in Boston, 1844», *JAOS*, 1849, vol. I, n° 11, p. 79-135.

Sirr, Henry Charles, *China and the Chinese. Their Religion, Character, Customs and Manufactures, etc.*, 1849, 2 vol.

1850

Bigandet, (Right Rev.) P., *Some Account of the Order of Buddhist Monks or Talapoins, JIA*, 1850, vol. IV, 25 p.

Frere, sir Henry Bartle Edward, *Memorandum on Some Buddhist Excavations near Karadh, JBBRAS*, 1850, vol. III, part. 2, n° 13, p. 108-118.

Hammer-Purgstall, *Über einen halbbuddhistischen, halbmoslimischen Talisman*, Wien, *Denkschr. d. Kais. Akad. d. Wiss. in Wien*, 1850, vol. I, p. 327-330.

Hardy, (Rev.) R. Spence, *Eastern Monachism*. «An account of the origin, laws, discipline, sacred writings, mysterious rites, religious ceremonies, and present circumstances of the order of mendicants founded by Gotama Buddha, compiled from Singhalese MSS. and other original sources of information», London, Partridge & Oakay, 1850, 443 p.

Latter, Thomas, *Selection from the Vernacular Buddhist Literature of Burmah*, Maulmain, 1850, 200 p.

Pallegoix, D. J. B., *Grammatica Linguae Thaï*, Bangkok, 1850, 246 p.

Sirr, Henry Charles, *Ceylon and the Cinghalese*. «Their History, Government and Religion, the Antiquities, Institutions, Produce, etc. With anecdotes illustrating the manners and customs of the people», London, 1850, 2 vol.

Tennent, (sir) James Emerson, *Christianity in Ceylon*. «Its introd. and progress under the Portuguese, the Dutch, the British, and American Missions. With an historical sketch of the Brahmanical and Buddhist superstitions», London, J. Murray, 1850, 348 p.

Veuillot, Eugène, *Le Thibet et les Missions françaises dans la Haute-Asie*,

RDM, Nouv. Période, 1850, vol. VI, 42 p.

Wilson Horace Hayman, *On the Rock-Inscription of Kapur-di-Giri, Dhauli and Girnar*, *JRAS*, 1850, vol. XII, p. 153-251.

Wilson, John, *Memoir on the Cave-Temples and Monasteries, and Other Ancient Buddhist, Brahmanical, and Jaina Remains of Western India*, *JBBRAS*, 1850, vol. III, part. 2, n° 13, p. 36-107.

1851

Hoffmann, Johann Joseph, *Das Buddha-Pantheon von Nippon (Buts-zo dsu i)*. «Aus dem japanischen Originale übers. und mit erlaüt. Anm. versehen», Leyden, *Nippon Archiv*, P. F. Siebold, 1851, vol. V, 41 pl. [Tr.]

Jones, (Rev.) J. Taylor, *Some Account of the Trai Phum*, *JIA*, 1851, vol. V, p. 538-542.

Low James, *On the Ancient Connection between Kedah and Siam*, *JIA*, 1851, V, 30 p.

Mason (Rev.) Francis, *Hints on the Introduction of Buddhism into Burmah*, *JAOS*, 1851, vol. II, p. 334-337.

Morton, W., *Vajra Suchi. The Needle of Adamant, or The Original Divine Institution of Caste*. «Examined and refuted by the Buddhist Pundit Ashwaghosha. English and Tamil versions of the Sanskrit original», Joffna, 1851, 42 p. [Tr.]

Perry, (sir) Erskine, *Account of the Great Hindu Monarch Asoka*. «Chiefly from the *Indische Alterthumskunde* of Pr Christian Lassen», *JBBRAS*, 1851, vol. III, part. 2, p. 149-178.

Prinsep, Henry Thoby, et Prinsep, J., *Tibet, Tartary and Mongolia*. «Their social and political condition, and the Religion of Boodh, as there existing», London, 1851, 168 p.

Schiefner, Anton (von), *Eine tibetische Lebensbeschreibung Cakjamuni's, des Begründers des Buddhatums. (Im Auszug mitgeteilt)*, *Mém. présentés à l'Acad. impér. d. Sc. de St.-Pétersbourg*, 1851, t. VI, p.

231-332.

Taylor, W. C., *Ancient and Modern India.* «Rev. and continued to the present time by P. J. Mackenna», London, 1851.

1852

Alwis, James (d'), *The Sidath Sangawara.* «A grammar of the Singhalese language. Tr. into Engl., with Introd., Notes, and App.», Colombo, 1852, 248 p. [Tr.]

Barthélemy Saint-Hilaire, Jules, *Sur les travaux de M. Eugène Burnouf*, *JS*, 1852, p. 473-487, 561-575.

Bennett, (Rev.) Chester, *Life of Gaudama.* «A tr. from the Burmese book entitled *Ma-la-len-ga-ra Wottoo* by Rev. Chester Bennet», *JAOS*, 1852, vol. III, p. 1-163. [Tr.]

Böhtlingk, Otto von, *Sanskrit-Wörterbuch.* «Hrsg. von der Kaiserlichen Akademie der Wissenschaften, bearbeitet von Otto Böhtlingk und Rudolph Roth», St. Petersburg, Buchdr. d. Kais. Akad. d. Wiss (1852)- 1855-1875, 7 vol., 1142; 1100; 1016; 1214; 1678; 1506; 1822 p.

Burnouf, Eugène, *Le Lotus de la Bonne Loi*, «tr. du sanscrit, accompagné d'un commentaire et de vingt et un mémoires relatifs au Buddhisme, par M. E. Burnouf. (Ed., avec avertissement, par Jules Mohl)», Pairs, impr. par autor. du Gouvernement à l'Impr. nationale, 1852, 897 p.

Campbell, A., *Diary of a Journey through Sikim to the Frontiers of Tibet.* «With a map. (Communicated by Sir James Colvile, Kt.)», *JASB*, 1852, vol. XXI, p. 407-428, 477-501, 563-575.
Voir Ph. Ed. Foucaux, 1856.

Chapman, I. J., *Some Additional Remarks upon the Ancient City of Anarajapura or Anuradhapura, and the Hill Temple of Mehentélé, in the island of Ceylon*, *JRAS*, 1852, vol. XIII, p. 164-178.

Cunningham, sir Alexander, *Opening of the Topes of Buddhist Monuments of Central-India*, *JRAS*, 1852, vol. XIII, p. 108-114.

Drugulin, W., *in* J. F. Davis, *China und die Chinese*, Stuttgart, 1852. [Tr.]

Huc (abbé) Evariste-Régis, *Recollections of a Journey through Tartary, Thibet and China, 1844-6*, New York, Appleton, 1852, 2 vol. [Tr.]
Voir J. Gabet et E.-R. Huc, 1853.

Köppen, Carl Friedrich, *Einige Worte über den Buddhismus*, Berlin, *Archiv. f. Wissenschaftliche Kunde v. Russland*, 1852, vol. XI, p. 51-81, 250-278, 450-475.

Pococke, Edward, *India in Greece, of Truth in Mythology*. «Containing the sources of the Hellenic race, the wars of the Grand Lhama and the Buddhistic propaganda in Greece», 1852, 406 p.

Schiefner, Anton (von), *Bericht über die neueste Büchersendung aus Peking*, St. Petersburg, *Mélanges asiatiques*, 1852, vol. I, 25 p.

______, *Das buddhistiche Sûtra der zwei und vierzig Sätze*. «Aus dem Tibetischen übers. von A. Schiefner», St. Petersburg, *Mélanges asiatiques*, 1852, vol. I, 18 p.

______, *Ergänzungen und Berichtigungen zu Schmidt's Ausgabe des Dsanglun*, St. Petersburg, Buchdr. d. Kais. Akad. d. Wiss, 1852, 94 p.

______, *Tibetische Studien*, St. Petersburg, *Mélanges asiatiques*, 1852, vol. I, 70 p.

______, *Über die Verschlechterungsperioden der Menschheit nach buddhistischer Anschauungsweise*, St. Petersburg, *Mélanges asiatiques*, 1852, I, 10 p.

Smith, T., *Five Years' Residence at Nepaul, 1841-5*, 1852.

Spiegel, Friedrich von, *Buddhismus*, Halle, *Allg. Msch. f. Wiss. u. Liter.*, 1852, 15 p.

Tennent, (sir) James Emerson, *Das Christentum in Ceylon*, *Mag. f. d. Neueste Gesch. d. Evangel. Missions- und Bibelgesell.*, 1852, p. 1-176.

Thomson, T. D., *Western Himalaya and Tibet*. «A narrative of a journey through the mountains of North India during the years' 1847-8», London, 1852.

Wade, J., *A Dictionary of Boodhism and Burman Literature*. «Compiled by J. Wade», Maulmain, 1852.

Weber, Albrecht Friedrich, *Akademische Vorlesungen über indische Literaturgeschichte*, Berlin, 1852, 285 p.

Wuttke, Carl Friedrich Adolf, *Geschichte des Heidenthums in Beziehung auf Religion*. «Wissen, Kunst, Sittlichkeit und Staatsleben», Breslau, Josef Max u. Komp, 1852-1853, 2 vol., 356; 598 p.

1853

Bayley, E. Cliva, *Note on Some Sculptures Found in the District of Peshawur*, *JASB*, 1853, vol. XXI, p. 602-621.

Bradley, W. H., *Buddhist Cave-Temples in the Circars of Baitalbari and Dowlatabad, in H. H. the Nizam's Dominions*, *JBBRAS*, 1853, vol. V, p. 117-124.

Duncker, Max W., *Geschichte des Alterthums*, Berlin, 1853-1863, 4 vol., 934; 698; 635; 907 p.

Friederich, R., *Untersuchungen über die Kawisprache und über die Sanskrit- und Kawiliteratur auf der Insel Java*, Berlin, *Weber's Indische Studien*, 1853, vol. II, 26 p.

Gabet, J., et Huc, E.-R., *Souvenirs d'un voyage dans la Tartarie, le Tibet et la Chine, pendant les années 1844, 1845, 1846*, Paris, 1853 (1857 : 3e éd.; 1860 : 4e éd.), 2 vol., 430; 524 p.

Gogerly, (Rev.) Daniel John, *Buddhism. Chariya-Pitaka*, *JCBRAS*, 1853, nº 6., 11 p.

______, *The Laws of the Buddhist Priesthood*, *JCBRAS*, 1853-1855, nos 6, 8, 11; 14, 26, 9 p.

Hardy, (Rev.) R. Spence, *Manual of Buddhism in its Modern Development*. «Tr. from Singhalese MSS.», London, Williams & Norgate, 1853, 533 p.

Julien, Stanislas, *Voyages des pèlerins bouddhistes* (t. I : *Histoire de la vie de Hiouen-Thsang et de ses voyages dans l'Inde*; t. II-III : *Mémoires sur les contrées occidentales*). «Tr. ... du chinois par M. Stanislas Julien», Paris, Impr. impér., 1853-1858, 3 t., 472; 493; 576 p. [Tr.]

Voir F. M. Müller, *Buddhism and Buddhist Pilgrims*, 1857; H. H. Wilson, 1860.

Knighton, William, *Forest Life in Ceylon*. «With four dialogues between a Buddhist and a Christian», London, Hurst & Blackett, 1853-1854, 2 vol.

Nève, Félix, *Le Bouddhisme, son fondateur et ses écritures*, Paris, C. Douniol, 1853, 55 p.

Schönberg, Erich von, *Blick auf die Felsentempel Indiens*, *ZDMG*, 1853, vol. VII, p. 101-103.

Stevenson, (Rev.) John, *Names and Facts Connected in the Kanheri (Kenery) Inscriptions*. «With Tr. and appended by the Rev. J. Stevenson», *JBBRAS*, 1853, vol. V, 34 p.

Weber, Albrecht Friedrich, *Die Verbindungen Indiens mit den Ländern im Westen*, *Mschr. f. Wiss. u. Litt.*, août et sept. 1853.

Wilsen, F. C., *Boro Boedoer*, *TBG*, 1853, vol. I, p. 235-303.

Voir R. Friederich, *TBG*, 1854.

Wilson, John, *Second Memoir on the Cave-Temples and Monasteries, and other Ancient Buddhist, Brahmanical and Jaina Remains of Western India*, *JBBRAS*, 1853, vol. IV, n° 17, p. 340-379.

1854

Barthélemy Saint-Hilaire, Jules, *De la morale et de la métaphysique du Bouddhisme*, «9 articles au sujet de *Le Lotus de la Bonne Loi* de Burnouf», *JS*, mai-oct. 1854; janv., févr. et avr. 1855, 153 p.

______, *Mémoire sur le Bouddhisme*, Paris, *Séances et Travaux de l'Acad. d. Sc. morales et politiques*, 1854, sér. III, t. IX-XII, 82, 68, 56, 21 p.

Cunningham, sir Alexander, *Coins of Indian Buddhist Satraps with Greek Inscriptions*, *JASB*, 1854, vol. XXIII, p. 679-714.

______, *Ladak, physical, statistical and historical*. «With notices of the surrounding countries», London, 1854.

______, *The Bhilsa Topes, or Buddhist Monuments of Central India.* «Comprising a brief historical sketch of the rise, progress and decline of Buddhism (with an account of the opening and examination of the various groups of topes around Bhilsa)», London, Smith, Elder, 1854, 370 p.

Fortune, Robert, *Wanderungen in China.* «Aus dem Englischen übers. von Julius Theodor Zenker», Leipzig, Dyk'sche Buchhandlung, 1854, 413 p. [Tr.]

Foucaux, Philippe Edouard, *Parabole de l'enfant égaré, formant le chapitre* IV *du «Lotus de la Bonne Loi»*, «publ. pour la première fois en sanscrit et en tibétain, lithographiée à la manière des livres du Tibet, et accompagnée d'une tr. française d'après la version tibétaine du *Kanjour*», Paris, Benjamin Duprat, 1854, 100 p. [Ed. & tr.]

Frere, sir Henry Bartle Edward, *Descriptive Notices of Antiquities in Scinde.* «Communicated», *JBBRAS*, 1854, vol. V, n° 19, p. 349-362.

Friederich, R., *Eenige aanteekeningen op het stuk over Boro-Boedoer, door F. C. Wilsen*, Batavia, *TBG*, 1854, vol. II, p. 1-10.

______, *Over inscription van Java, en Sumatra.* «Bijdrage van R. Friederich», Batavia, *Verhandelingen van het Bataviaasch Genootschap van Kunst en Wetensch*, 1854, vol. XXVI, 100 p.

Graul, K., *Die tamulische Bibliothek der evangelisch-lutherischen Missionsanstalt zu Leipzig*, II : *Widerlegung des buddhistischen Systems vom Standpunkte des Sivaismus*, *ZDMG*, 1854, vol. VIII, p. 720-738.

______, *Reise in Ostindien (von Dez. 1849 bis Okt. 1852)*, Leipzig, Dörffling & Franke, 1854-1856.

Hooker, J. D., *Himalayan Journals.* «Notes of a naturalist in Bengal, the Sikkim and Nepal Himalayas, the Khasia Mountains, etc.», London, 1854, 2 vol.

Impey, E., *Description of the Caves of Koolvee in Malwa*, *JBBRAS*, 1854, vol. V, n° 19, p. 336-349.

Krick (abbé), *Relation d'un voyage au Thibet en 1852 et d'un voyage chez les Abors en 1853 suivie de quelques documents de Renou et Latry*, Paris, 1854.

Mason, (Rev.) Francis, *Mulamuli, or the Buddhist Genesis of Eastern India, from the Shan, through the Talaing and Burmah*, *JAOS*, 1854, vol. IV, p. 103-116.

Milne, (Rev.) William Charles, *Pagodas in China*. «A general description of the pagodas in China. Read to the Society, 9th. May, 1854», *JNCB*, 1854, part. V, art. II.

Neumann, Carl Friedrich, *Der indische Archipelagus und die Engländer*. *Historisches Taschenbuch*, 1854, III, Folge, V, p. 1-74.

Pallegoix, D. J. B., *Description du royaume Thaï ou Siam*. «Comprenant la topographie, histoire naturelle, mœurs et coutumes, législation, commerce, industrie, langue, littérature, religion, annales des Thaï, etc.», Paris, 1854, 2 vol., 488, 426 p.

Stevenson, (Rev.) John, *On the Nasik Cave-inscriptions*, *JBBRAS*, 1854, vol. V, 28 p.

______, *Sahyadri Inscriptions*, *JBBRAS*, 1854, vol. V, 28 p.

______, *The Tithyas or Tirthakas of the Buddhists and the Gymnosophists of the Greeks, Digambar Jains*, *JBBRAS*, 1854, vol. V, nº 20, p. 401-407.

Tennent, (sir) James Emerson, *Das Christenthum in Ceylon*. «Dessen Einführung und Fortschritt unter den Portugiesen, Hollandern, den britischen und amerikanischen Missionen nebst einer geschichtlichen Übersicht über den brahmanischen und buddhistischen Aberglauben. Übers. von J. Th. Zenker», Leipzig, 1854. [Tr.]

Thomas, Edward, *Note on the Present State of the Excavations of Sarnath*, *JASB*, 1854, vol. XXIII, p. 469-476.

Thorton, Edward, *A Gazetteer of Territories under the East India Co. and of Native States*, London, 1854.

Weber, Albrecht Friedrich, *Die neuern Forschungen über das alte Indien*.

«Ein Vortrag, im Berliner Wissenschaftl. Verein am 4. März 1854 gehalten», Halle, 1854, 46 p.

Wendt, Richard, *Die Insel Ceylon bis in das erste Jahrhundert nach Christi Geburt*, Dorpat, Heinr. Laakmann, 1854, 121 p.

1855

Barthélemy Saint-Hilaire, Jules, *Du Bouddhisme*, Paris, B. Duprat, 1855, 248 p.

Voir J. Barthélemy Saint-Hilaire, 1860.

______, *Le Néo-Bouddhisme*, *Mém. de l'Acad. d. Sc. morales*, 1855, t. XIX, p. 415.

Dalton, E. T., *Notes on Assam Temple Ruins*, *JASB*, 1855, vol. XXIV, 24 p., 10 pl.

Edkins, (Rev.), Joseph, *Notices of Buddhism in China*, *Shanghai Almanac & Miscellany*, 1855, 39 p.

______, *Notices of the Chinese Buddhism*, *Shanghai*, *N. C. Herald*, 1855, n° 196 *sq.*

Fausböll, Michael Viggo, *Dhammapadam*, «Ex tribus codicibus Havniensibus Palice edidit, Latine vertit, excerptis ex Commentario Palico notisque illustravit V. Fausböll», Havniae, 1855, 470 p. [Ed. & Tr.]

Gabet, J., *in* J. Gabet et E.-R. Huc, *Wanderungen durch die Mongolei nach Tibet zur Hauptstadt des Tale Lama*, Leipzig, *Hausbibliothek für Länder- und Völkerkunde*, Carl B. Forck, 1855, vol. VII, 360 p.

Hardwick, Charles, *Christ and Other Masters*. «An historical inquiry into some of the chief parallelisms and contrasts between Christianity and the religious systems of the ancient world», London, 1855, 2 vol.

Huc (abbé) Evariste-Régis, *The Chinese Empire*, London, Longmans, 1855.

Körös, Alexander Csoma de, *A Brief Notice of the Subhashita Ratna Nidhi of Saskya Pandita*. «With Extracts and Translation by M. Alexander Csoma de Körös, *JASB*, 1855-1856, vol. XXIV, p. 141-165; vol. XV, p. 257-294. [Tr.]

Mason, (Rev.) Francis, *Note on Buddhism in Burmah*, *JAOS*, 1855, vol. V.

Mitra, Rajendrala, *Notes on Ancient Inscriptions from the Chusan Archipelago and the Hazara Country*, *JASB*, 1855, vol. XXIV, 5 p.

Roth, R., *in* R. Roth et O. Böhtlingk, *Sanskrit-Wörterbuch*, St. Petersburg, 1855-1875.

Stevenson, (Rev.) John, *Buddhist Antiquities in China*, *JBBRAS*, 1855, vol. V, n° 20, p. 408-412.

Thomas, Edward, *On the Epoch of the Gupta Dynasty*, *JASB*, 1855, vol. XXIV, 26, 36 p.

Troup, James, *A Paper on the Shin Sect*. «Read before the Asiatic Society of Japan», 1855.

Wuttke, Carl Friedrich Adolf, *China's religiöse, sittliche und gesellschaftliche Zustände*, Berlin, Evangelischer Verein, 1855.

1856

Allen, David, *India Ancient and Modern, Geographical, Historical, Political, Social and Religious*, Boston, 1856, 618 p.

Baudry, F, *J. B. F. Obry : «Du Nirvana indien»*, *R. de l'Instruction publique*, 6 nov. 1856. [Rec.]

Bazin, M., *Recherches sur l'origine, l'histoire et la constitution des ordres religieux dans l'Empire chinois*, *JA*, 1856, sér. V, t. VIII, 70 p.

Eisenhart, Hugo, *Die gegenwärtige Staatenwelt in ihrer natürlichen Gliederung und ihren leitenden Grossmächten*. Vol. I : *Die morgenländische Staattenwelt : Buddhistisches und muhammedanisches Staatensystem*, Leipzig, F. Fleischer, 1856.

Foucaux, Philippe Edouard, *Le Tibet Oriental*. «(D'après une étude de A. Campbell dans le *JASB*)», Paris, *Extr. de la Revue de l'Orient et de l'Algérie*, août 1856.

Gützlaff, Karl Friedrich Augustus, *Remarks on the Present State of Buddhism in China*. «Communicated by Lieut.-Col. W. H. Sykes», *JRAS*, 1856, vol. XVI, p. 73-92.

Heine, Wilhelm, *Reise um die Erde nach Japan*. «In den Jahren 1853, 1854 u. 1855 unternommen im Auftrage der Regierung der vereinigt. Staaten. Deutsche Originalausgabe», Leipzig, Hermann Costenoble; New York, Carl F. Günther, 1856, 2 vol., 321; 375 p.

Huc (abbé) Evariste-Régis, *Das chinesische Reich*. «Deutsche Ausg.», Leipzig, Dyk'sche Buchhdlg., 1856, 2 t., 243; 276 p. [Tr.]

Impey, E., *Description of the Caves of Bagh in Rath*, *JBBRAS*, 1856, vol. V, 29 p.

Julien, Stanislas, *Extrait du Livre IV (Royaume de Tsekia) des Mémoires de Hiouen-Thsang*, «tr. Par M. Julien», *JRAS*, 1856, vol. XVI, p. 340-345. [Tr.]

______, *Notice sur le royaume de Tse-Kia (Tchêka) par Hiouen-Thsang*, «tr. du chinois par S. Julien», *R. de l'Or. et de l'Algérie*, 1856, vol. XX, p. 209-216. [Tr.]

Kruse, Theodor, *Indiens alte Geschichte*. «Nach den ausländischen Quellen, im Vergleich mit den inländischen, dargestellt und besonders hinsichtlich des Handels und der Industrie mit Rücksicht auf die neuesten Zeiten zuerst bearbeitet», Leipzig, Dyk'sche Buchhandlung, 1856, 438 p.

Macclatchie, (Rev.) T. M., *The Chinese on the Plain of China or A Connection established between the Chinese and all other nations through their theology*, *JRAS*, 1856, vol. XVI, 48 p.

Mac Farlane, Charles, *Japan*. «An account, geographical and historical, from the earliest period at which the islands composing this Empire were known to Europeans, down to the present time, and the expedition fitted out in the United States, etc.», Hartford, 1856.

Malan, Salomon Caesar, *A Letter on the Pantheistic and on the Buddhistic Tendency of the Chinese and of the Mongolian Versions of the Bible*, London, 1856, 38 p.

Mitra, Rajendrala, *Index by Rajendrala Mitra to vol. XIX-XX of the Asiatic Researches and vol. I-XXII of the Journal of the Asiatic Society of*

Bengal, Calcutta, 1856.

Mohl, Jules, *Progrès du Bouddhisme dans l'Inde*, Paris, *Ann. de Philos. chrét.*, 1856, sér. IV, t. XIII, 3 p.

Nève, Félix, *La Société bouddhique*, Paris, *Correspondant*, 1856-1857, n.s., vol. III, IV.

Obry, Jean Baptiste François, *Du Nirvâna indien, ou De l'affranchissement de l'âme après la mort, selon les Brahmanes et les Bouddhistes*, Amiens, 1856, 130 p.

Oldfield, R. C., *Correspondence relating to the Exploration of the Ruins of Sarnath*. «Communicated by the Government of the N. W. P. to R. C. Oldfield, *JASB*, 1856, vol. XXV, 10 p.

Oldham, H., *Reports of the Mission to Ava in 1855*. «General Reports by H. Yule; Geological Reports by H. Oldham», Calcutta, 1856, 316; 70 p.

Palladius (Palladji), O. (*i.e.* Piotr Ivanovicth Kafarov), *Historische Skizzen des alten Buddhismus*, Berlin, *Archiv. f. Wissenschaftliche Kunde v. Russland*, 1856, vol. XV, p. 206-236.

______, *Lebensbeschreibung des Buddha Sakjamuni*, Berlin, *Archiv. f. Wissenschaftliche Kunde v. Russland*, 1856, vol. XV, p. 1-41.

Phayre, (sir) Arthur Purves, *Original Text and Translation of a Scroll of Silver in the Burmese Language, found in a Buddhist Pagoda at Prome*, *JASB*, 1856, vol XXV, p. 173-178.

Schiefner, Anton (von), *Bericht über Herrn Prof. Wassiljew's Werk «Über den Buddhismus, seine Dogmen-Geschichte und Literatur»*, *Mélanges asiatiques*, 1856, vol. II, 5 p.

Voir W. Wassiljew, 1857.

______, *Bericht über wissenschaftliche Thätigkeit des Herrn Prof. Wassiljew*, *Mélanges asiatiques*, 1856, vol. II, 2 p.

______, *Ph. Ed. Foucaux : «Rgya-tch'er-rol-pa ou Développement des Jeux»*, *Mélanges aisatiques*, 1856, vol. I, 26 p. [Rec.]

Schoebel, Charles, *Le Bouddha et le Bouddhisme*, *Ann. de philos. chrét.*,

1856-1857.

Speir, (Mrs) C., *Life in Ancient India.* «With a map and illus. drawn on wood by George Scharf», London, Bombay, 1856, 464 p.

Stevenson, (Rev.) John, *Parting Visit to the Sahyadri Caves, JBBRAS*, 1856, vol. V, 4 p.

Sykes, William, Henry, *On the Miniature Chaityas and Inscriptions of the Buddhist Religious Dogma, Found in the Ruins of the Temple of Sarnath, near Benares, JRAS*, 1856, vol. XVI, p. 37-53, 227-228.

Weber, Albrecht Friedrich, *Über den Buddhismus.* «Ein Vortrag», Stuttgart, *Ausland*, 1856, vol. XXIX, p. 289-293, 321-325.

Wilson, Horace Hayman, *Buddhist Inscription of King Priyadarsi.* «Translation and observations», *JRAS*, 1856, vol. XVI, p. 357-367.

______, *Notes of a Correspondence with Sir John Bowring on Buddhist Literature in China.* «With notices of Chinese Buddhist works translated from the Sanskrit, by J. Edkins», *JRAS*, 1856, vol. XVI, p. 316-339.

______, *On Buddha and Buddhism, JRAS*, 1856, vol. XVI, p. 229-265.

______, [Theodor Goldstücker] *Dictionary, Sanskrit and English.* «Extended and improved from the second edition of the dictionary of Pr H. H. Wilson, with his Sanction and Concurrence», Berlin & London, 1856.

Yule, sir Henry, *Reports of the Mission to Ava in 1855*, Calcutta, 1856.

1857

Davis, sir John Francis, *China.* «A general description of that empire and its inhabitants; with the history of foreign intercourse down to the events which produced the dissolution of 1857. A new ed. rev. and enl.», London, John Murray, 1857, 2 vol., 480; 428 p.

Eckstein, baron d', *Mémoires sur les contrées occidentales*, «tr. par S. Julien», *JA*, 1857, sér. V, t. X, p. 475-552. [Rec.]

Fonseca, Willheim da, *Altindische Mythologie*, Berlin, Gustav Hempel, 1857, 225 p.

Friederich, R., *Over inscription van Java en Sumatra, voor het eerst ontcjferd*, Batavia, 1857.

Holmboe, Christian Andreas, *Traces de Buddhisme en Norvège avant l'introduction du Christianisme*, Paris, S. Raçon, 1857, 74 p.
Voir R. Mitra, 1858.

Huc (abbé) Evariste-Régis, *Le Christianisme en Chine, en Tartarie et au Thibet*, Paris, 1857-1858, 4 vol.

Köppen, Carl Friedrich, *Die Religion des Buddha*, Berlin, F. Schneider, 1857, vol. I, *Die Religion des Buddha und ihre Entstehung*, 616 p.
Voir C. F. Köppen, 1859.

Lavollée, Charles, *Le Royaume de Siam et une ambassade anglaise à Bangkok*, Paris, *RDM*, 1857, vol. XII, 32 p.

Major, R. H., *India in the Fifteenth Century*. «Being a collection of narratives of voyages to India, tr. from Latin, Persian, Russian, and Italian sources», London, Hakluyt Soc., 1857.

Müller, Friedrich Max, *Buddhism and Buddhist Pilgrims*. «A review of S. Julien's *Voyages des pèlerins bouddhistes*», *The Times*, 17 et 20 avril 1857.

______, *Buddhism and Buddhist Pilgrims*. «A review of M. Stanislas Julien's *Voyages des pèlerins bouddhistes*, reprinted with additions, together with a Letter on the Original *Meaning of Nirvana*», London, Williams & Norgate, 1857, 54 p.
Voir S. Julien, 1853.

______, *The Meaning of Nirvana*, London, 1857.

Pavie, Théodore, *Etude sur le Sy-yéou-tchin-tsuen, roman bouddhique chinois*, *JA*, 1857, sér. V, t. IX, p. 357-392; t. X, p. 308-374.

Scherr, Johannes, *Geschichte der Religion*, Leipzig, Otto Wigand, 1857, 2 vol.

Urquhart, D., *The Sraddha*. «The keystone of the Brahmanical, Buddhistic, and Arian religions, as illustrative of the dogma and duty of adoption among the princes and people of India», London, 1857, 44 p.

Wassiljew, W., *Bouddhisme. Sa doctrine, son histoire et sa littérature* (en russe), 1857.

Weber, Albrecht Friedrich, *Buddhismus*, in *Bluntschli's Staatswörterbuch*, Stuttgart, 1857, vol. II, p. 279-283.

______, *Indische Skizzen*. «Vier bisher in Zeitschriften zerstreute Vorträge und Abhandlungen. Mit 1 Schrifttaf.», Berlin, Ferdinand Dümmler, 1857, 150 p.

Williams, S. Wells, *The Middle Kingdom, or Survey of the Geography, Government, Education, Social Life, Arts, Language, Religion, etc., of the Chinese Empire and its Inhabitants*, New York, 1857, 2 vol., 590; 617 p.

Yule, sir Henry, *An Account of the Ancient Buddhist Remains at Pagan on the Irawadi*, *JASB*, 1857, vol. XXVI, p. 1-51, 4 pl.

1858

Abel, Karl, *Arbeiten der Kaiserlich Russischen Gesandschaft zu Peking über China, sein Volk, seine Religion, seine Institutionen, sozialen Verhältnisse, etc.* «Aus dem Rüssischen nach dem in St. Petersburg 1852-57 veröffentlichen Original von Karl Abel u. F. A. Mecklenburg», Berlin, F. Heinicke, 1858. [Tr.]

Alger, W. R., *The Brahmanic and Buddhist Doctrine of a Future Life*, Boston, *North Amer. R.*, 1858, vol. LXXXVI, 29 p.

Benfey, Theodor, *Nachweisung einer buddhistischen Recension und mongolischen Bearbeitung der indischen Sammlung von Erzählungen, welche unter dem Namen Vetâlapancavimçati bekannt ist*, *Bull. de la Cl. hist.-philol. de l'Acad. impér. d. Sc. de St.-Pétersbourg*, 1858, t. XV.

Edkins, (Rev.) Joseph, *A Buddhist Shastra*. «Read before the Society, November 17th, 1857. Tr. from the Chinese, with an analysis and notes», *JNCB*, 1858, n° 1, p. 107-128. [Tr.]

______, *Notice of the Wu-Wei-Kian, a Reformed Buddhist Sect*. «Read before the Society, January 13th, 1858, *Transac. NCB*, 1858, part. VI, art. 4.

Foucaux, Philippe Edouard, *Grammaire de la langue tibétaine*, Paris, Libr. or. de Benjamin Duprat (impr. par autorisation de l'empereur, à l'Impr. impér.), 1858, 231 p.

______, *Le Trésor des Belles Paroles*. «Choix de Sentences composées en tibétain par le Lama Saskya Pandita, suivies d'une élégie tirée du Kanjour tr. pour la première fois en français, par Ph. Ed. Foucaux, et texte tibétain», Paris, B. Duprat, 1858, 46 p. [Ed. & tr.]

Gurius, O., *Die Gelübde der Buddhisten und die Zeremonie ihrer Ablegung bei den Chinesen, in* K. Abel et F. A. Mecklenburg, *Arbeiten der Kaiserlich Russischen Gesandtschaft zu Peking*, Berlin, F. Heinicke, 1858, vol. II, p. 315-419.

«Indian missionary», *The Indian Religions, or Results of the Mysterious Buddhism*. «By an Indian Missionary», London, 1858, 172 p.

Kaüffer, J. Ernst Rudolf, *Geschichte von Ost-Asien*. «Für Freunde der Geschichte der Menschheit dargestellt», Leipzig, F. A. Brockhaus, 1858-1860, 3 t., 465; 814; 727 p.

Logan, J. R., *The West-himalaic or Tibetan Tribes of Assam, Birma and Pegu*, *JIA*, 1858, n.s., vol. II, p. 68-114, 230-233.

Milne, (Rev.) William Charles, *Life in China*, 1858.

Mitra, Rajendrala, *Buddhism and Odinism, their Similitude*. «Illus. by Extracts from Pr Holmboe's memoir on the *Traces de Buddhisme en Norvège*», *JASB*, 1858, vol. XXVII, p. 46-69.

Muir, John, *Original Sanskrit Texts on the Origin and History of the People of India; Their Religion and Institutions*. «Collected, tr. and illus. by notes», London, Trübner, 1858-1870, 5 vol. [Ed. & tr.]

Müller, Friedrich Max, *Dagobas aus Ceylon*, *ZDMG*, 1858, vol. XII, p. 514-517.

Nil, archevêque de Iaroslav, *Le Buddhisme en Sibérie* (en russe), St.-Pétersbourg, 1858, 386 p.

Palladius, O. (Piotr Ivanovicth Kafarov), *Das Leben Buddhas, in* K. Abel & F. A. Mecklenburg, *Arb. d. Kais. Russ. Gesandt. zu Peking, etc.*, Berlin, 1858, vol. II, p. 197-265. [Tr.]

Pavie, Théodore, *Cakia-mouni.* «La société hindoue pendant la période bouddhique et l'invasion musulmane», *RDM*, 1858, Période II, t. XIII, p. 26.

Prinsep, Henry Thoby, et Prinsep, J., *Essays on Indian Antiquities, Historic, Numismatic and Paleographic, of the late James Prinsep.* «To which are added his useful tables, illus. on Indian history, chronology, modern coinages, weights, measures, etc. Ed. with note and addit. matter, by Edward Thomas», London, 1858, 3 vol., 436; 224; 336 p.

Saint-Martin, Louis Vivien de, *Mémoire analytique sur la carte de l'Asie centrale et de l'Inde, construite d'après le Si-yu-ki (Mémoires sur les contrées occidentales) et les autres relations chinoises des premiers siècles de notre ère, pour les voyages de Hiuoen-Thsang dans l'Inde, depuis l'année 629 jusqu'en 645*, Paris, Impr. impér., 1858, 178 p.
Voir H. H. Wilson, 1860.

Schiefner, Anton (von), *Buddhistische Triglotte, d.h. Sanskrit-tibetisch-mongolisches Wörterverzeichniss.* «Gedrückt mit den aus dem Nachlass des Barons Schilling von Canstadt stammenden Holztafeln u. mit einem kurzen Vorwort vorsehen von A. Schiefner», St. Petersburg, 1858, 80 p. [Ed.]

______, *Über die unter dem Namen «Geschichte des Ardshi Bordshi Chan» bekannte mongolische Märchensammlung, Mélanges asiatiques*, 1858, vol. III, 14 p.

Schlagintweit, *Tibetische Handschriften.* «Gesammelt v. A., H. und R. Schlagintweit. Hektographiertes Manuskript, Zwibrücken, Ersch. nach 1858», 7 p. [Ed.]

Sykes, William Henry, *Account of Some Golden Relics discovered at Rangoon, and exhibited at a Meeting of the Society on the 6th June 1857 by Permission of the Court of Directors of the East India Company,*

JRAS, 1858, vol. XVII, p. 298-308.

Vidyasagara, Iswarachandra, *Sarvadarsana Sangraha, or Epitome of the Different Systems of Indian Philosophy, by Madhavacharya*, Calcutta, *Bibl. I.*, Ed. by Iswarachandra Vidyasagara, 1858, 180 p. [Ed.]

Weber, Albrecht Friedrich, *Derniers Résultats des travaux sur l'Inde antique*. «Tr. par F. Baudry», Paris, *R. germanique*, 1858, I, 29 p. [Tr.]

______, *Über das Catrunjaya Mahatmya*. «Ein Beitrag zur Gesch. der Jaina», Leipzig, 1858, 118 p.

______, *Über das Makasajâtakam, Mb. d. Königl. Akad. d. Wiss. zu Berlin*, 15 avril 1858, p. 265-270.

Yule, sir Henry, *A Narrative of the Mission sent by the Governor-general of India to the Court of Ava in 1855*. «With notices of the country, government, and people», London, Smith Elder, 1858, 391 p.

1859

Bigandet, (Right Rev.) P., *The Life of Gaudama, the Buddha of the Burmese*. «With annotations. Notice of the *Phongies* of Buddhist religions and the ways to *Niban*», Rangoon, 1859, 328 p.

Bonneau, A., *Les Stoupas, monuments religieux du Bouddhisme*, Paris, *R. orientale et américaine*, 1859, vol. II, 8 p.

Brumond, *Über Altertümer des Ostindischen Archipels, Insbesondere die Hindu-Altertümer und Tempelruinen auf Java, Madura und Bali von Brumond und Hoevell*. «Aus dem Holländischen, hrsg. von Joh. Müller», Berlin, 1859 (1865). [Tr.]

Edkins, (Rev.) Joseph, *The Religious Condition of the Chinese*. «With observations on the prospects of Christian conversion amongst that people», London, 1859, 288 p.

Galsan-Gombojew, *Über alte und neue Gebräuche der Mongolen*. «Mit Beziehung auf Plano Carpini's Beschreibungen», *Erman's Archiv f. Wissenschaftliche Kunde v. Russland*, 1859, vol. XIX, p. 93-108.

Hall, Fitz-Edward, *An Index to the Bibliography of the Indian Philosophical System*, Calcutta, 1859.

Julien, Stanislas, *Les Avadanas*. «Contes et apologues indiens, inconnus jusqu'à ce jour, suivis de fables, de poésies et de nouvelles chinoises, tr. par S. Julien», Paris, 1859, 3 vol., 240; 252; 272 p. [Tr.]

______, *Listes diverses des noms des dix-huit écoles schismatiques qui sont sorties du Bouddhisme*, *JA*, 1859, sér. V, t. XIV, p. 327-364.

Köppen, Carl Friedrich, *Die Religion des Buddha*, Berlin, F. Schneider, 1859, vol II, *Die Lamaische Hierarchie und Kirche*, 408 p.
Voir C. F. Köppen, 1857.

Laffitte, Pierre, *Cours philosophique sur l'histoire générale de l'humanité*. «Discours d'ouverture», Paris, 1859.

Latham, R. G., *Ethnology of India*, London, 1859, 376 p.

Mason, (Rev.) Francis, *A Sketch of Toungoo History*, *JASB*, 1859, vol. XXVIII, 8 p.

Phayre, (sir) Arthur Purves, *On the History of the Shwe Dagon Pagoda at Rangoon*, *JASB*, 1859, vol. XXVIII, 8 p.

Schiefner, Anton (von), *Carminis indici «Vimalaprasnottaearatnamala»*. «Versio Tibetica ab A. Schiefner, Petropoli», *Gratulationsschr. d. Kais. Ak. zum Jubiläum d. Univ. Jena*, 1859, 26 p.

Steinmetz, Andrew, *Japan and her People*, London, 1859.

Tennent, (sir) James Emerson, *Ceylon*. «An account of the island, physical, historical and topographical. With notices of its natural history, antiquities and productions», London, 1859, 3e éd., 2 vol.

Weber, Albrecht Friedrich, *Die Pâli-Legende von der Entstehung des Sâkya (Cakya) - und Koliya-Geschlechtes*, *Mb. d. Königl. Akad. d. Wiss. zu Berlin*, 31 mars 1859, p. 328-346.

______, *Die Vajrasûci des Açvaghosha*. «Eine buddhistische Streitschrift über die Irrigkeit der Ansprüche der Brâhmana-Kaste. (Gelesen in d. Akad. d. Wiss. am 26. Mai 1859)», *Abh. d. Köngl. Akad. d. Wiss. zu Berlin*, 1859, p. 227-254.

______, *Histoire de la littérature indienne*. «Tr. par A. Sadous», Paris, 1859. [Tr.]

______, *Le Bouddhisme*. «Discours, tr. par F. Baudry», Paris, *R. germanique*, 1859, vol. IV, 19 p. [Tr.]

Weber, Albrecht Friedrich, et Schiefner, Anton (von), *Über ein indisches Würfelorakel*, *Mb. d. K. Preuss. Akad. d. Wiss.*, 1859.

Whitney, William Dwight, *On the Vedic Doctrine of a Future Life*, Andover, *Bibl. Sacra*, 1859, vol. XVI, 17 p.

1860

Barthélemy Saint-Hilaire, Jules, *Le Bouddha et sa religion*, Paris, Didier et Cie, 1860 (rééd. 1862 et 1866), 441 p.

Voir J. Barthélemy Saint-Hilaire, 1855; F. M. Müller, 1867, *Buddhism ...*

Deschamps (abbé), *Le Bouddhisme et l'Apologétique chrétienne*, Paris, 1860, 40 p.

Voir J Barthélemy Saint-Hilaire, 1880.

Fowle, E., *Translation of a Burmese Version of the Nidikyam, a Code of Ethics in Pali*, *JRAS*, 1860, vol. XVII, p. 252-266.

Heine, Wilhelm, *Japan und seine Bewohner*. «Geschichtliche Rückblicke und ethnographische Schilderungen von Land und Leuten», Leipzig, Hermann Costenoble, 1860, 383 p.

Jacobs, Alfred, *Le Bouddhisme, son législateur et son influence sur le monde*, Paris, *RDM*, 1860, Période II, t. XXVI, 125 p.

Latham, R. G., *On the Date and Personality of Priyadarsi*, *JRAS*, 1860, vol. XVII, 13 p.

Lavollée, Charles, *Légendes et Paysages de l'Inde. L'Ile de Ceylan*, Paris, *RDM*, 1860, Période II, t. XXIX, 30 p.

Marshall, W. H., *Four Years in Burmah*, London, 1860, 2 vol.

Nicolas, Michel, *Le Lamaïsme*, Paris, *R. germanique*, 1860, vol. XII, 32, 46 p.

Voir C. F. Köppen, 1857 et 1859.

Phayre, (sir) Arthur Purves, *Remarks upon an Ancient Buddhist Monastery at Pu-gân, on the Irrawaddy*, *JASB*, 1860, vol. XXIX, p. 346-351.

Rosenhahn, P. von, *Ceylon*, *Westermann's Mh.*, Braunschweig, 1860, n° 43, 38 p.

Scherzer, Karl von, *Über einige auf der Insel Ceylon erworbene singhalesische Manuskripte*, *Westermann's Mh.*, Braunschweig, 1860, n° 51, 4 p.

Schiefner, Anton (von), *Über die hohen Zahlen der Buddhisten*, *Mélanges asiatiques*, 1860-3, vol. IV, 20 p.

______, *Über ein indisches Krähenorakel*, *Mélanges asiatiques*, 1860, vol. IV, 14 p.

Wassiljew, W., *Der Buddhismus, seine Dogmen, Geschichte und Literatur*, t. I : *Allgemeine Übersicht*. «Aus dem Russischen übers. (von A. Schiefner)», St. Petersburg; Riga; Leipzig, Eggers et Comp.; Samuel Schmidt; Leopold Voss, 1860, 380 p. [Tr.]

Weber, Albrecht Friedrich, *Das Dhammapadam*. «Die älteste buddhistische Sittenlehre. Übersetzt», *ZDMG*, 1860, vol. XIV, p. 29-86. [Tr.]

______, *Über einige Lalenburger Streiche*, *Mb. d. Königl. Akad. d. Wiss. zu Berlin*, 1860, p. 68-74.

Westergaard, Niels Ludwig, *Om den aeldste Tidsrum i den indiske Histoire med Hensyn til Literaturen*. «Buddhas Dödsaarog nougle andre Tidspunkter in Indiens aeldre Histoire», Kjobenhavn, 1860.

Wilson, Horace Hayman, *Summary Review of the Travels of Hiouen Thsang, from the Translation of the Si-yu-ki by M. Julien, and the Mémoire analytique of M. Vivien de St.-Martin*, *JRAS*, 1860, vol. XVII, p. 106-137.

1861

Böttger Karl, *Kulturgeschichte Indiens*, in *Indien u. seine Regierung*. «Hrsg. von Leop. v. Orlich», Leipzig, Gustav Mayer, vol. II, 394 p.

Bohlen, Petrus von, *Aus Cochinchina, Über Land und Meer*, 1861, vol. VI, p. 687-690.

Brockett, L. P., *Buddhism. Its Origin and Results*, New York, *Methodist Quarterly R.*, 1861, vol. XLIII, 8 p.

Carrière, Moritz, *Nirvana*, Halle, *Z. f. Philos.*, n.s., 1861, vol. XXXIX, 15 p.

Carter, C., *Buddhistical Atheism, and how to meet it*, 1861.

Deschamps (abbé), *Les Origines du bouddhisme*. «Vues pur servir aux travaux de l'apologétique chrétienne», Paris, 1861, 32 p.

Fausböll, Michael Viggo, *Five Jatakas*. «Containing a fairy tale, a comical story and three fables. In the original Pali text, accompanied with translations and notes. By V. Fausböll», Copenhagen, 1861, 72 p. [Ed. & tr.]

Foucaux, Philippe Edouard, *Kanjur*. «Trois sections d'après les manuscrits tibétains de la Bibliothèque nationale», Paris, 1861.

Gogerly, (Rev.) Daniel John, *Buddhism*. «A lecture delivered before the Colombo Young Men's Christian Association by the Rev. D. J. Gogerly», Colombo, *Colombo Observer*, Suppl. 15 avril 1861, 8 p.

Hall, Fitz-Edward, *Letter on Some recent Statements touching certain of the Gupta Kings and Others*, *JASB*, 1865, vol. XXX, 5 p.

______, *Note on Budhagupta*, *JASB*, 1861, vol. XXX, p. 139-150.

Hodgson, Brian Houghton, *Notice on Buddhist Symbols*, *JRAS*, 1861, vol. XVIII, p. 393-399.

Land, J. P. N., *Over den oorsprong en het wezen van het Buddhisme*, Amsterdam, *Godgeleerde Bijdragen*, 1861, vol. XXXV, 34 p.

Liesching, Louis F., *A Brief Account of Ceylon*, Jaffna, 1861.

Moore, George, *The Lost Tribes and the Saxons of the East and of the West*. «With new views of Buddhism, and translation of rock records in India», London, 1861, 423 p.

Patterson, Arthur John, *Caste Considered under its Moral, Social and Religious Aspects*, 1861, 122 p.

S(cherb), S. E. A., *The Buddha and his Religion. The golden verses of the*

Buddha. «Tr. from the *Dhammapadam*», *Chr. Register*, 1861. [Tr.]
Schmarda Ludwig K., *Die Bewohner Ceylons*, *Westermann's Mh.*, n° 62, Braunschweig, 1861, 18 p.
______, *Reise um die Erde in den Jahren 1853 bis 1857*, Braunschweig, 1861, 3 vol.
Scudder, (Rev.) David C., *A Sketch of Hindu Philosophy*, Andover, *Bibl. Sacra*, 1861, vol. XVIII, 61, 50 p.

1862

Barthélemy Saint-Hilaire, Jules, *Le Nirvana bouddhique, Séances et Travaux de l'Acad. d. Sc. morales et politiques*, Paris, 1862, sér. IV, t. X, 30 p.
Voir J. B. Obry, 1863.
Beal, (Rev.) Samuel, *Comparative Arrangement of Two Translations of the Buddhist Ritual for the Priesthood, known as the Pratimoksha, or Patimokhan*. «By the Rev. S. Beal from the Chinese, and by the Rev. D. J. Gogerly from the Pali», *JRAS*, 1862, vol. XIX, p. 407-480. [Tr.]
______, *The Sutra of the Forty-Two Sections*. «From the Chinese, tr. by the Reverend S. Beal», *JRAS*, 1862, vol. XIX, p. 337-349.
Bianconi, G. Giuseppe, *Degli Scritti di Marco Polo et dell'Uccello Rue da lui menzionato*. «Memoria del Pr Cav. G. Giuseppe Bianconi, letta alla Accademia delle Scienze il 6 et 13 Marzo, 1862, Bologna, (Estratta dalle *Memorie dell'Accademia dell'Istituto delle Scienze di Bologna*, sér. II, vol. II)», Tipi Gamberini e Parmeggiani, 1862, 64 p.
Deschamps (abbé), *La Discipline bouddhique, ses développements et ses légendes*. «Etudes nouvelles pour servir aux travaux de l'apologétique chrétienne», Paris, 1862, 39 p.
Dubois, Jean Antoine, *Description of the Character, Manners and Customs of the People of India, and of the Institutions, Religious and Civil*, 2e éd., avec notes, par G. W. Pope, 1862.

Gilliot, A., *Etudes sur les religions comparées de l'Orient*, Colmar, 1862, 218 p.

Huc, (abbé) Evariste-Régis, *L'Empire chinois*. «Faisant suite à l'ouvrage intitulé : *Souvenirs d'un voyage dans la Tartarie et le Thibet*», Paris, 4e éd., 1862, 2 vol.

Lepsius, R., *Sur les raports du chinois et du tibétain et sur l'écriture de ces deux langues*, Berlin, *Abh. d. Berl. Acad.*, 1861.

Müller, Friedrich Max, *Buddhism*, *Edinburg R.*, 1862.

Torrens (Lieut. Col.), *Travels in Ladak, Tartary and Kashmir*, London, 1862.

Weber, Albrecht Friedrich, *Die Pâli-Legende*. «Von Fausböll und dem Herausgeber», Berlin, *Indische Studien*, 1862, vol. V, p. 412-437.

Westergaard, Niels Ludwig, *Über den ältesten Zeitraum der indischen Geschichte mit Rücksicht auf die Literatur*. «Über Buddha's Todesjahr und einige andere Zeitpunkte in der älteren Geschichte Indiens. Zwei Abhandlungen aus dem Dänischen übers. mit einem Vorw. von A. F. Stenzler», Breslau, A. Gasohorsky's Buchhandl., 1862, 128 p. [Tr.]

Wilson, Horace Hayman, *Essays and Lectures chiefly on the Religion of the Hindus*. «By the late H. H. Wilson. Collected and ed. by Dr R. Rost», London, Trubner, 1862, 2 vol., 400; 416 p.

1863

Alwis, James d', *An Introduction to Kachchâyana's Grammar of the Pâli Language*. «With an Introd., App. and Notes», Colombo, 1863, 132, XVI p.

Bartoli, Adolfo, *I Viaggi di Marco Polo secondo la lezione del codice Magiabechiano più antico reintegrati col testo Francese a stampa per cura di Adolfo Bartoli*, Firenze, Felice le Monnier, 1863, LXXXIII, 439 p. [Ed.]

Beal, (Rev.) Samuel, *Text and Commentary of the Memorial of Sakya Bud-*

dha Tathagata by Wong Puh. «Tr. from the Chinese by the Rev. S. Beal. With prefatory notes by the Rev. Spence Hardy», *JRAS*, 1863, vol. XX, p. 135-220. [Tr.]

Carrière, Moritz, *Die Kunst im Zusammmenhange mit der Kulturentwicklung und die Ideale der Menschheit*, vol. I, *Die Anfänge der Kultur und das orientalische Altertum in Religion, Dichtung und Kunst*, Leipzig, F. A. Brockhaus, 1863, 569 p.

Francken, J. J. C., *Godsdienst en Bijgeloof der Chinezen*, *TBG*, 1863, vol. XIV, 37 p.

Hardy, (Rev.) R. Spence, *Text and Commentary of the Memorial of Sakya Buddha Tathagata*. «Tr. by S. Beal», *JRAS*, 1863, p. 135-220.

______, *The Sacred Books of the Buddhists Compared with History and Science*, Colombo, 1863.

Obry, Jean Baptiste François, *Du Nirvâna bouddhique. En réponse à J. Barthélemy St.-Hilaire*. «Mémoire lu à l'académie d'Amiens dans ses séances des 14 et 18 mars 1863», Paris, Librairie d'Auguste Durand, 1863, 240 p.

Voir Ph. Ed. Foucaux, *Doctrine* ..., 1864.

Schiefner, Anton (von), *Bericht über die Reise nach England*, *Bull. de l'Acad. impér. d. Sc. de St.-Pétersbourg*, 1863, t. VI, 3 p.

Schlagintweit, Emil, *Buddhism in Tibet*. «Illus. by lit. documents and objects of relig. worship. With an account of the Buddh. systems preceding it in India. With a fo. atlas of 20 pl. and 20 tables of native print in the text», Leipzig, F. A. Brockaus; London, Trübner, 1863, 403 p.

Voir Ph. Ed. Foucaux, *Le Bouddhisme*..., 1864.

Ward, (Rev.) W., *A View of the History, Literature, and Religion of the Hindoos*. «Including a minute description of their manners and customs and translations from their principal works. 5th ed., carefully abridged and greatly improved, with a biographical sketch of the author, and an ample index, with coloured and other pl.», Madras,

1863, 430 p.

1864

Eden, Hon. A, *Report on the State of Bootan and of the Progress of the Mission of 1863-64*, Calcutta, 1864.

Feer, Henri Léon., *Le Tibet, le Buddhisme et la Langue tibétaine*, Paris, *R. orientale et américaine*, 1864, vol. IX, p. 157-190.

______, *Tchandra-sûtra, Sûrya-sûtra, Tchatur Gâthâ*, Paris, Vve Duprat, 1864, 11 p. (autogr.) [Ed.]

Foucax, Philippe Edouard, *Doctrine des Bouddhistes sur le Nirvana*, Paris, 1864, 30 p.

Voir J. B. F. Obry, 1863.

______, *Le Bouddhisme au Tibet*, Paris, 1864, 20 p.

Voir E. Schlagintwiet, 1863.

Fraissinet, Edouard, *Le Japon. Histoire et description; mœurs, coutumes et religion*. «Rapports avec les Européens. Expéditions américaines. Nouv. éd., augmentée de trois chapitres nouveaux, d'une introd. et d'une carte par V. A. Malte-Brun», Paris, 1864, 2 vol.

Jäschke, Heinrich August, *Brief des Missionars H. A. Jäschke an den Akademiker A. Schiefner*, St.-Pétersbourg, *Bull. de l'Acad. de St.-Pétersburg*, 1864, 4 p.

Phayre, (sir) Arthur Purves, *On the History of the Burmah Race*, *JASB*, 1864, vol. XXXIII, 30 p.

Rost, Reinhold, *Fables of Beasts and Birds in Chinese*. «With a notice of Pr Julien's *Les Avadanas*», London, *Summer's Chinese and Japanese Repository*, 1864, vol. I, 4 p.

Sargant, William Lucas, *Buddha and his Religion*. «A lecture delivered at the Midland Inst., Birmingham, 3 March 1860, avec front.», Birmingham, 1864, 27 p.

Schlagintweit, Emil, *Tibetische Inschrift aus dem Kloster Hemis in Ladak*, *Sb. d. K. Akad. d. Wiss*, 1864, vol. II, p. 305-318.

______, *Über den Gottesbegriff des Buddhismus, Sb. d. K. Akad. d. Wiss*, 1864, vol. I, p. 83-102.

Spiess, Gustav, *Die Preussische Expedition nach Ostasien*, Berlin; Leipzig, Otto Spamer,1864 , 428 p.

1865

Ampère, J. J., *La Science et les Lettres en Orient*. «Avec une préf par M. Barthélemy Saint-Hilaire», 1865, 489 p.

Beal, (Rev.) Samuel, *The Paramita-hridaya Sutra, or, in Chinese, «Moho-pô-ye-po-lo-mih-to-sin-king,» i.e., «The Great Paramita Heart Sutra»*. «Tr. from the Chinese by the Rev. S. Beal, Chaplain, R. N.», *JRAS*, n.s., 1865, vol. I, p. 25-28. [Tr.]

______, *Vajrachhekika, the «Kin Kong King», or Diamond Sutra*. «Tr. from the Chinese by the Rev. S. Beal, Chaplain, R. N., *JRAS*, n.s., 1865, vol. I, p. 1-24. [Tr.]

Bigandet, (Right Rev.) P., *Mémoires sur les Phongies ou religieux bouddhistes, appelés aussi Talapoins*, Paris, *R. de l'Orient*, 1865, sér. IV, 76 p.

Eichthal, Gustave d', *Etude sur les origines bouddhiques de la civilisation américaine*, Paris, *R. archéologique*, 1865, part. I, 86 p.

Feer, Henri Léon, *Chandra-sûtra*, Paris, *R. de l'Orient*, 1865, sér. IV, I. [Tr.]

______, *Composition des écritures bouddhiques*, Paris, Vve Duprat, 1865, 11 p. (autogr.)

______, *Etudes bouddhiques. Des Vyakarana et de leur place dans la littérature des Bouddhistes*, Paris, *R. orientale et américaine*, 1865, vol. X, p. 341-360.

______, *Exercice de langue tibétaine. Légende du roi Açoka*, Paris, Vve Duprat, 1865, 13 f. (autogr.).

______, *Introduction du Bouddhisme au Kashmir*, *JA*, 1865, sér. VI, t. VI, p. 477-549.

______, *La Légende de Râhu chez les Brahmanes et les Bouddhistes*, *R. de l'Orient*, janv.-mars 1865, 38 p.

Gobineau, comte A. de, *Les Religions et les Philosophes dans l'Asie centrale*, Paris, 1865.

Gogerly, (Rev.) Daniel John, *The First Discourse delivered by Buddha*, *JCBRAS*, 1865-1866, 5 p.

Jamieson, R. A., *Remarks upon Exhibiting a To-lo Pall to the Society*, *JNCB*, 1865, vol. II, p. 178.

Keightley, Thomas, *Geschichte von Indien*. «Deutschbearbeitet und bis auf die neueste Zeit fortgeführt von J. Seybt», Leipzig, G. Senf's Buchhdlg., 1865, 2 vol., 294; 356 p. [Tr.]

Kern, Jan Hendrik Caspar (ou : Johann Heinrich Kaspar), *Het Andeel van India*. «Redevoering, etc.», Leiden, 1865.

Pauthier, G., *Le Livre de Marco Polo*, «Citoyen de Venise, Conseiller Privé et Commissaire Impérial de Khoubilai-Khaan, rédigé en français sous sa dictée en 1298 par Rusticien de Pise. Publié pour la première fois d'après trois manuscrits inédits de la Bibliothèque impériale de Paris, présentant la rédaction primitive du Livre, revue par Marc Pol luimême et donnée par lui, en 1307, à Thiébault de Cepoy, accompagnée des variantes, de l'explication des mots hors d'usage, et de Commentaires géographiques et historiques, tirés des écrivains orientaux, principalement chinois, avec une Carte générale de l'Asie; par M. G. Pauthier», Paris, 1865, 831 p. [Ed.]

Silva, Dandris de, *On Demonology and Witchcraft in Ceylon*, *JCBRAS*, 1865-1866, 117 p.

Wassiljew, W., *Le Bouddhisme, ses dogmes, son histoire et sa littérature*, part. I, «Aperçu général». «Tr. du russe par M. G. A. La Comte et précédé d'un discours préliminaire par E. Laboulaye», Paris, A. Durand, 1865, 362 p. [Tr.]

1866

Barthélemy Saint-Hilaire, Jules, *Du Bouddhisme et de sa littérature à Ceylan et en Birmanie*. «Collection de M. Grimblot», *JS*, 1866.

Bastian, Wilh. Adolf, *Die Völker des Östlichen Asien*. «Studien u. Reisen», Leipzig u. Jena, 1866-1871, 6 vol., 576; 522; 540; 436; 552; 664 p.

______, *Ein Besuch bei burätischen Schamanen*, *Ausland*, 1866.

______, *Zur buddhistischen Psychologie*, *ZDMG*, 1866, vol. XX, p. 419-426.

Beal, (Rev.) Samuel, *Brief Prefatory Remarks to the Translation of the Amitâbha Sutra from Chinese*, *JRAS*, 1866, n.s., vol. II, p. 136-144.

______, *Confessional of Kwan Yin*. «An attempt to translate from the Chinese a work known as the Confessional Service of the Great Compassionate Kwan-Yin, possessing 1 000 Hands and 1 000 Eyes», *JRAS*, 1866, n.s., vol. II, p. 403-425.

Bigandet, (Right Rev.) P., *The Life, or Legend of Gaudama, the Buddha of the Burmese*. «With annotations. The ways to *neibban*, and notice on the Phongyies or Burmese Monks», Rangoon, 1866, 544 p.

Bluntschli, J. C., *Alt-asiatische Gottes- und Welt-Ideen in ihren Wirkungen auf das Gemeinleben der Menschen*, Nördingen, 1866, 168 p.

Elphinstone, Mountstuart, *The History of India*. «The Hindu and Mahometan Periods by Mountstuart Elphinstone», 5e éd. avec notes et compléments par E. B. Cowell, London, 1866, 790 p.

Feer Henri Léon, *Brahmaçrî-Vyâkarana (Prédiction sur Brahmaçrî)*, Paris, 1866, 12 p. (auogr.).

______, *Etudes bouddhiques. Des premiers essais de prédication du Buddha Cakyamuni*, *JA*, 1866, sér. VI, t. VIII, p. 89-125.

______, *L'Ami de la Vertu (Kalyânamitra)*. «Sanskrit et tibétain», Paris, 1866, 13 p. (autogr.).

______, *L'Essence de la Science Transcendante (Prajnâ-Pâramitâ-Hridaya-Sûtra)*. «En trois langues, tibétain, sanskrit, mongol», Paris, 1866, 7 p. (autogr.). [Ed.]

______, *Le Sûtra de Quatre Préceptes, JA*, 1866, sér. VI, t. VIII, p. 269-357.

______, *Prescriptions de la discipline bouddhique (Dul-va-Vinaya) relative aux coupables*, Paris, 1866, 13 p. (autogr.).

______, *Sûtra des Quatre Préceptes*, Paris, Vve Duprat, 1866, 11 p. (autogr.). [Ed.]

______, *Tableau de la grammaire mongole, suivi de l'élévation de Gengis Khan et de la lettre d'Arghoun Khan à Philippe le Bel*, Paris, 1866, 7 p. (autogr.).

Hardy, (Rev.) R. Spence, *The Legends and Theories of the Buddhists, Compared with History and Science.* «With Intr. notices of the life and system of Gotama Buddha», London, Williams & Norgate, 1866, 244 p.

Hunt, John, *Essay on Pantheism*, 1866, 384 p.

Jülg, Bernhard, *Die Märchen des Siddhi-kür.* «Kalmükischer Text mit deutscher Übers. und einem kalmükisch-deutschen Wörterbuch», Leipzig, F. A. Brockhaus, 1866, 223 p. [Ed. & tr.]

Müller, Friedrich Max, *A Sanskrit Grammar for Beginners*, London, 1866.

Schlagintweit, Emil, *Die Gottesurtheile der Indier.* «Rede gehalten in der Offentlichen Sitzung der Königl. Akad. der Wiss. am 28. Marz 1866 zur Erinnerung ihres einhundert und siebenten Stiftungstages», München, 1866.

______, *Die Könige von Tibet.* «Übers. des *Gyelrap*», *Abh. d. I. K. Bayr. Akad. d. Wiss.*, München, 1866, vol. X, section III, p. 795-879.

______, *Über die Bon-pa-Sekte in Tibet, Sb. d. K. Akad. d. Wiss.*, 1866, t. I, p. 1-12.

Thayer, (Rev.) T. B., *Demonology of the Hindoos, Buddhist and Chaldeans, Universalis Quarterly*, Boston, 1866, n.s., vol. III, 13 p.

Weber, Albrecht Friedrich, *Über ein Fragment der Bhagavatî.* «Ein Beitrag zur Kenntniss der heiligen Literatur und Sprache der Jaina», Berlin, 1866-1867, 2 t., 78; 198 p.

Yule, sir Henry, *Cathay and the Way Thither*. «Being a collection of mediaeval notices of China. Tr. and ed., with a preliminary essay on the intercourse between China and the Western Nations, etc.», London, Haklyut Society, 1866, 2 vol.

1867

Courcy, marquis de, *L'Empire du Milieu*. «Description géographique, précis historique, institutions sociales, religieuses, politiques, notions sur les sciences, les arts, l'industrie et le commerce», Paris, *Libr. académique*, 1867, 692 p.

Feer, Henri Léon, *Des Vyâkaranas et de leur place dans la littérature des Bouddhistes*, *R. orientale*, juin 1867, 19 p.

______, *Etudes bouddhiques. Sûtra des Quatre Perfections (Chatushka Nirhâra)*, *JA*, 1867, sér. VI, t. IX, p. 269-330. [Tr. & éd.]

Foucaux, Philippe Edouard, *La Guirlande précieuse des demandes et des réponses*. «Publiée en sanskrit et en tibétain, et traduite pour la première fois en français (*Praçnottararatnamâlikâ*) par Ph. Ed. Foucaux», Paris, *Extr. des Mém. de l'Acad. de Stannislas*, 1867, 64 p. [Ed. & tr.]

Gillera, Agatona, *Opisanie Zabajkalskiej krainy w Syberyi przez Agatona Gillera* («Description des districts sibériens au-delà du Baïkal»), Lipsk, 1867, 3 vol., 294; 318; 340 p.

Jülg, Bernhard, *Mongolische Märchen*. «Erzählung aus der Sammlung Ardschi-Bordschi. Mongolisch und Deutsch von B. Jülg», Innsbruck, 1867, 37 p. [Ed. & tr.]

Kern, Jan Hendrik Caspar (ou : Johann Heinrich Kaspar), *Het Budhhisme in Indie*, in *Evangeliespiegel : Maandschrift tot bevordering der Kennis van Godsdienst, etc.*, Amsterdam, 1867, 46 p.

Müller, Friedrich Max, *Chips from a German Workshop* (4 vol., 1867-1875), vol I, *Essays on the Science of Religion*, London, Longmans, Green, 1867. Dont :

______, *Buddhism. A critical study of St.-Hilaire's «Le Bouddha et sa religion»*, p. 181-234.

Voir J. Barthélemy, St.-Hilaire, 1860.

Spiegel, Friedrich von, *Grammatik der altbaktrischen Sprache.* «With Suppl. on the Gatha Dialect», 1867, 410 p.

Wheeler, James Talboys, *The History of India from the Earliest Ages*, London, Trübner, 1867-1881, 4 vol. (en 5), 576; 680; 500; 600 p.

Wylie, Alexander, *Notes on Chinese Literature.* «With Introd. remarks on the progressive advancement of the art, and a list of tr. from the Chinese into various European languages», Shanghai, 1867, 260 p.

1868

Bonhomme, Jean, *Le Frère aîné du Christ*, 1868.

Busch, Moritz, *Der Orient.* «Urgeschichte desselben bis zu den medischen Kriegen», Leipzig, Ambroisus Abel, 1868, vol. III, 388 p.

Chine, G. W., *On Buddhism*, 1868.

Cowell, Edward Byles, *The Prakrita-Prakasa, or The Prakrit Grammar of Vararuchi, with the Commentary (Manorama) of Bhamaha.* «The first complete ed. ... with notes, an English tr.», London, Trübner, 2e éd., 1868, 204 p. (1re éd. : Hertford, 1854). [Ed. & tr.]

Feer, Henri Léon, *Le Sûtra en quarante-deux Articles.* «Textes chinois, tibétain et mongol, autographiés par Léon Feer, d'après l'exemplaire polyglotte rapporté par l'abbé Huc», Paris, Maisonneuve et Cie, 1868, 40 p. (autogr.). [Ed.]

Godron, A., *Une mission bouddhiste en Amérique au Ve siècle de l'ère chrétienne*, Paris, *Ann. des voyages*, 1868, vol. IV, p. 6-20.

Jülg, Bernhard, *Mongolische Märchensammlung.* «Die neun Märchen des Siddhi-Kür nach der ausführlichen Redaktion und die Geschichte des Ardschi-Bordschi Chan. Mongolisch mit deutscher Übers. und kritischen Anm. hrsg.», Innsbruck, Wagner'sche Universitäts-Buchhdlg., 1868, 256 p. [Ed. tr.]

Mason, (Rev.) Francis, *Pali Grammar on the Basis of Kaccayana*. «With chrestomathy and vocabulary», Toungoo & London, 1868, 214 p.

Müller, Friedrich Max, *Max Müller's Sanskrit Grammatik in Devanâgari und lateinischen Buchstaben*. «Aus dem Englischen übers. von Dr F. Kielhorn & Dr G. Oppert», Leipzig, 1868. [Tr.]

Petermann, *Reisen und Aufnahmen zweier Punditen in Tibet, 1865-6*, *Petermanns Mitteilungen*, 1868, p. 233-243.

Rosny, Léon de, *Variétés orientales*, Paris, 1868.

Schiefner, Anton (von), *Taranathae de doctrinae Buddhicae in India propagatione narratio*. «Contextum tibeticum e codicibus Petropolitanis edidit A. Schiefner», Petropoli, 1868, 220 p. [Ed.]

Schiefner, Anton (von), et Weber, A., *Über ein indisches Würfelorakel*, *(Mb. d. Königl. Preuss. Akad. d. Wiss*, 1859, p. 158-180), *in* A. Weber, *Indische Streifen*, 1868, vol. I, p. 274-307.

Sherring, (Rev.) Matthew Atmore, *The Sacred City of the Hindus*. «An account of Benares in ancient and modern times», London, Trübner, 1868, 388 p.

Stenzler, Adolf Friedrich, *Elemantarbuch der Sanskrit-sprache, Grammatik, Text, Wörterbuch*, Breslau, 1868.

Weber, Albrecht Friedrich, *Indische Streifen*, Berlin, Nicolaïsche Verlagsbuch (vol. I et II); Leipzig, F. A. Brockhaus (vol. III), 1868-1879, 386; 495; 645 p.

______, *Über die Praçnottararatnamâlâ, Juwelenkranz der Fragen und Antworten, Mb. d. Königl. Akad. d. Wiss zu Berlin*, 6 février 1868, p. 92-117.

Wurm, Paul, *Der Buddhismus*, Basel, *Der Kirchenfreund*, 1868, n° 9-12.

1869

Beal, (Rev.) Samuel, *Travels of Fa-hian and Sung-yun*. «Buddhist pilgrims from China to India (400 AD and 518 AD). Tr. from the Chinese», London, Trübner & Co., 1869, 208 p. [Tr.]

Clarke, James Freeman, *Buddhism, or the Protestantism of the East*, Boston, *Atlantic Mly*, 1869, vol. XXIII, p. 713-728.

Eitel, (Rev.) Ernest John, *The Fabulous Source of the Hoang-ho*, *JNCB*, 1869-1870, n.s., vol. VI, p. 45-51.

Elliot, sir Henry M., *(Suppl. Gloss. of Terms used in the North Western Provinces) Memoirs on the History, Folk-lore, and Distribution of the Races of the North Western Provinces of India*. «Being an amplified ed. of the original *Suppl. Gloss. of Indian Terms*, by the late Sir Henry M. Elliot, KCB. Ed., rev., & re-arranged, by John Beames, MRAS», London, Trübner, 1869, 2 vol., 369; 396 p.

Feer, Henri Léon, *Le Prodige (Prâtihârya) de l'Avadâna Cataka, en tibétain et en sanskrit*. «Conversion de Nandopananda en tibétain et en pâli, précédés de l'alphabet pâli-siamois», Paris, Maisonneuve et Cie, 1869, 15 f. (autogr.). [Ed.]

Hammer, Thor's, *The Svâstika of the Buddhists*. «Notes and Q. on CEJ, III», *Shanghai News-Letter*, 20 août 1869.

Kistner, Otto, *Buddha and his Doctrines*. «A bibiographical essay», London, Trübner, 1869, 32 p.

Manning, (Pr) C., *Ancient and Mediaeval India*, London, 1869, 2 vol.

Mayers, William Frederick, *Illustrations of the Lamaist System in Tibet, drawn from Chinese Sources*, London, 1869, 24 p.

Minayeff, Ivan Pavlovitch, *Prâtimoksa Sûtra*. «Texte sanskrit, transcription et commentaires en russe», St.-Pétersbourg, 1869. [Ed.]

Müller, Friedrich Max, *Buddhist Pilgrims*. «A critical study of Julien's *Voyages des pèlerins bouddhistes*», in *Chips from a German Workshop*, London, 1869, vol. II, p. 235-278.

Voir S. Julien, 1853; F. M. Müller, 1857, *Buddhism* ....

______, *Chinesische Übersetzungen von Sanskrittexten*, in *Essays*, Leipzig, 1869, vol. I, p. 253-263; 1879, vol. II. [Tr.]

______, *Essays*, vol. I, *Beiträge zur vergleichenden Religionswissenschaft*. «Nach d. 2. engl. Ausg. mit Autorisation des Verfassers ins Deutsche übertr.», Leipzig, Wilh. Engelmann, 1869, 342 p. [Tr.] Dont :

______, *Buddhistische Pilger*, p. 205-241.

______, *Die Bedeutung von Nirvana*, p. 242-252.

______, *Über den Buddhismus*, p. 162-204.

______, *Lecture on Buddhist Nihilism*. «Deliv. before the General Meeting of the Assoc. of German Philologists at Kiel, 28th Sept. 1869. Tr. from the German», London, Trübner, 1869, 18 p. [Tr.]

______, *Über den buddhistischen Nihilismus*. «Vortrag gehalten in der Allgemeinen Sitzung der Deutschen Philologen-Versammlung in Kiel am 28. September 1869, von Max Müller», Kiel, C. F. Mohr, 1869, 20 p.

Nevius, John L., *China and the Chinese*. «A general description of the country and its inhabitants, its civilization anf form of government, its religious and social institutions, its intercourse with other nations, and its present condition and prospects», London, 1869.

Schlagintweit-Sakünlünski, Hermann von, *Reisen in Indien und Hochasien*, Jena, Herm. Costenoble, 1869-1880, 4 vol., 589; 468; 335; 553 p.

Wassiljew, W., *Herrn Professor Wassiljew's Vorrede zu seiner russischen Übersetzung von Târanâtha's Geschichte des Buddhismus in Indien*. «Deutsch mitgetheilt von A. Schiefner. Nachtrag zu der deutschen Übers. Târanâtha's (von A. Schiefner)», St. Petersburg, Kommissionäre d. Kais. Akad. d. Wiss., 1869, 32 p. [Tr.]

Widmann, J. Viktor, *Buddha*. «Epische Dichtung in zwanzig Gesängen. Mit einer Einleitung von Ferd. Vetter», Bern, A. Francke, 1869.

1870

Alabaster, Henry, *The Modern Buddhist*. «Being the views of a Siamese Minister of State on his own and other religions. Tr. with remarks by H. Alabaster», London, 1870, 91 p.

Alwis, James d', *Descriptive Catalogue of Sanskrit, Pali and Sinhalese Literary Works of Ceylon*, Colombo, 1870, 3 vol.

Bastian, Wilh. Adolf, *Die Weltauffassung der Buddhisten.* «Vortr. geh. im Wiss. Verein zu Berlin von A. Bastian», Berlin, Wiegandt u. Hempel, 1870, 40 p.

Child, Lydia Maria, *Resemblances between the Buddhist and the Roman Catholic Religions*, Boston, *Atlantic Mly*, 1870, vol. XXVI, p. 660-665.

Childers, Robert Caesar, *Khuddaka-Pâtha.* «A Pâli text, with a translation and notes», *JRAS*, 1870, n.s., vol. IV, p. 309-389. [Ed. & tr.]

Eitel, (Rev.) Ernest John, *Hand-Book for the Student of Chinese Buddhism*, Hongkong & Shanghai, Lane, Crawford, 1870, 220, 3 (errata & addenda) p.

______, *The Nirvana of Chinese Buddhists, Chinese Recorder*, 1870-1871, vol. III, p. 1-6.

Feer, Henri Léon, *Le Dharmacakrapravartanam. Les Quatre Vérités.* «Textes tibétains, pâlis, sanskrits», Paris, Maisonneuve, 1870, 47 f. (autogr.). [Ed.]

______, *Les Quatre Vérités et la Prédication de Bénarès (Dharmacakra-pravartanam)*, *JA*, 1870, sér. VI, t. XV, p. 345-471.

Fergusson, James, *On Indian Chronology.* «Read Feb. 15th, 1869 », *JRAS*, 1870. n.s., vol. IV, p. 81-137.

Foucaux, Philippe Edouard, *Etude sur le Lalita Vistara, pour une éd. critique du texte sanskrit.* «Précédée d'un coup d'œil sur la publication des livres bouddhiques en Europe et dans l'Inde; suivie deu spécimen d'un glossaire des mots particuliers au sanskrit bouddhique», Paris, Maisonneuve, 1870, 56 p.

Kielhorn, Franz, *A Grammar of the Sanskrit Language*, Bombay, 1870.

Müller, Friedrich Max, *A Sanskrit Grammar for beginners.* «In Devanâgarî and Roman letters throughout 2 ed., rev. & accentuated», London, Longmans, Green, 1870, 300 p.

Rogers, (Capt.) T., *Buddhaghosta's Parables.* «Tr. from Burmese by Capt. T. Rogers, RE. With an Introd., containing Buddha's *Dhammapada*, or *Path of Virtue*, tr. from Pali by F. Max Müller, MA», London, Trübner, 1870, 206 p.

Voir J. de Alwis : *Buddhist Nirvâna*, Colombo & London, 1871.

Sewell, Robert, *Analytical History of India, from the Earliest Times to the Abolition of the Honourable East India Company in 1858*, London, 1870.

Skeen, William, *Adam's Peak*. «Legendary, traditional, and historical notices of the Samanala and Sri-Pada, with a descriptive account of the pilgrims' route from Colombo to the Sacred Foot-Print», Colombo, 1870.

Summers, (Rev.) James, *The Buddhistic Literature of Tibet*, *The Phoenix*, 1870, vol. 1, p. 9-11.

Taylor, W. M., *Handbook of Hindu Mythology and Philosophy*. «With biographical Notices», Madras, 1870, 162 p.

1871

Alabaster, Henry, *The Wheel of the Law*. «Buddhism illustrated from Siamese sources by the modern Buddhist, a life of Buddha and an account of the *Phrabat*», London, Trübner, 1871, 323 p.

Alwis, James d', *Buddhist Nirvâna*. «A review of Max Müller's *Dhammapada*, with an app. containing extracts from the Buddhist code in Pâli and English», Colombo (W. Skeen) & London, 1871, 140 p.

______, *Pâli translations*, Part. 1, *Metta Sutta, on Charity*, Colombo, W. Skeen, 1871, 24 p.

Bastian, Wilh. Adolf., *Das Nirwana und die Buddhistische Moral*, Berlin, *Z. f. Ethnol.*, 1871, vol. III, p. 236-253.

Beal, (Rev.) Samuel, *A Catena of Buddhist Scriptures from the Chinese*, London, Trübner & Co., 1871, 436 p. [Tr.]

Childers, Robert Caesar, *Notes on Dhammapada, with special reference to the question of Nirvâna*, *JRAS*, 1871, n.s., vol. V, p. 219-230.

Cunningham, sir Alexander, *The Ancient Geography of India*, vol. I, *The*

Buddhist Period, including the Campaigns of Alexander, and the Travels of Hwen-thsang, London, Trübner, 1871, 590 p.

Eitel, (Rev.) Ernest John, *Buddhism.* «Its historical, theoretical and popular aspects. In three lectures», Hongkong, 1871, 149 p.

Fausböll, Michael Viggo, *The Dasaratha-Jâtaka.* «Being the Buddhist story of King Râma. The original Pali text with a translation and notes», Kopenhagen, Hagerup, 1871, 48 p. [Ed. & tr.]

______, *Two Jâtakas.* «The original Pâli text, with an English translation & critical notes», *JRAS*, 1871, n.s., vol. V, p. 1-13. [Ed. & tr.]

Feer, Henri Léon, *Etude sur la tradition relative à la guerre de Prasenajit et d'Ajâçatru, Comptes-rendus de l'Académie des Inscriptions*, 1871, p. 44-80.

______, *Une sentence du Buddha sur la guerre. Un Avadâna sanscrit, deux sûtras pâlis, et un vers de Dhammapada*, Paris, 1871, 38 p.

Foucaux, Philippe Edouard, *Iconographie bouddhique. Le Bouddha Sakya-Mouni*, Paris, *Extr. des Mém. de l'Athénée oriental*, Maisonneuve, t. I., 79, 86 p.

Garrett, John, *A Classical Dictionary, Illustrative of the Mythology, Philosophy, Literature, Antiquities, Arts, Manners, Customs, etc., of the Hindus*. Avec supplément, 1871, 157 p.

Grimblot, P., *Extraits du Paritta.* «Texte et commentaires en Pâli. Avec introd., tr. notes et notices par L. Feer», *JA*, oct.-déc. 1871, p. 225-235.

Jäschke, Heinrich August, *Handwörterbuch der tibetischen Sprache*, 1871-1876.

Leonowens, Anna H., *The English Governess at the Siamese Court.* «Being recollections of six years in the Royal Palace at Bangkok», Boston, Fields, 1870, 321 p.

Philips, Richard, *The Story of Gautama Buddha and his Creed.* «An Epic by Richard Philips», London, Longmans, Green, 1871, 220 p.

Sen, Ram Das, *A Lecture on the Modern Buddhistic Researches.* «Delivered at the Berhampore Literary Soc. on Monday 19th Sept 1870», Calcutta, Bose, 1871, 20 p.

Senart, Emile, *Grammaire pâlie de Kaccayana*. «Sûtras et commentaire, publ. avec une tr. et des notes», Paris, Ernest Leroux, 1871, 339 p. [Ed. & tr.]

Steele, Thomas, *An Eastern Love Story (Kusa Jataka)*. «A Buddhistic legend love story, tr. from the Sinhalese into English by Th. Steele», 1871, 296 p. [Tr.]

Vijasinha, L. Comrilla, *On the origin of the Buddhist Arthakathas*. «With an Introd. by R. C. Childers, *JRAS*, 1871, n.s., vol. V, p. 289-302.

Yule, sir Henry, *The Book of Sir Marco Polo the Venetian concerning the Kingdoms and Marvels of the East*. «Newly tr. and ed., with notes, by Colonel Henry Yule», London, John Murray, 1871, 2 vol., 409; 525 p.

1872

Boyd, Palmer, *Nagananda, or The Joy of the Snake World*. «A Buddhist drama in five acts, tr. into English prose from the Sanskrit of Sri-Harsha-Deva. With introd. by Professor E. B. Cowell», London, 1872, 100 p. [Tr.]

Childers, Robert Caesar, *A Dictionary of the Pali Language*, London, Trübner, 1872-1875, 624 p.

Edkins, (Rev.) Joseph, *Buddhist Words and Phrases*, *in* Rev. Justus Doolittle, *A Vocabulary of the Chinese Language, etc.*, Foochow, 1872, vol. II, part. 3, n° 6.

Fausböll, Michael Viggo, *Ten Jatakas*. «The original Pâli text, with translation and notes by Pr V. Fausböll, Copenhagen, 1872, 127 p. [Ed. & tr.]

Foucaux, Philippe Edouard, *Le Religieux chassé de la communauté*. «Conte bouddhique tr. du tibétain pour la première fois, par Ph. Ed. Foucaux», Paris, *Mém. de l'Athénée oriental, Session de 1872*, vol. XI, p. 105-122. [Tr.]

Inman, Thomas, *Ancient faiths in Ancient Names.* «An attempt to trace the religious belief, sacred rites and holy emblems. With Index of Names, and Ancient Faith and Modern», 1872-1876, 3 vol.

Minayeff, Ivan Pavlovitch, *Ocherk Phonetik i Morphologii Yazieka Pâli*, St. Petersburg, 1872.

Monier-Williams (sir Monier), *A Sanskrit-English Dictionary.* «Etymologically and philologically arranged with special reference to Greeck, Latin, Gothic, German, Anglo-Saxon and other cognate Indo-European languages», 1872.

Müller, Friedrich Max, *Lectures on the Science of Religion.* «With a paper on Buddhist nihilism, and a tr. of the *Dhammapada* or *Path of Virtue*», New York, C. Scribner, 1872, 300 p.

Voir E. Faber, 1879.

Seydel, Rudolf, *Die Religion und die Religionen*, Leipzig, J. G. Findel, 1872, 276 p.

Twesten, Carl, *Die religiösen, politischen und sozialen Ideen der asiatischen Kulturvölker und der Ägypter in ihrer historischen Entwicklung dargestellt.* «Hrsg. von M. Lazarus», Berlin, Ferd. Dümmlers, 1872, 674 p.

1873

Bastian, Wilh. Adolf, *Geographische und ethnologische Bilder*, Jena, Hermann Costenoble, 1873.

Beal, (Rev.) Samuel, *The Legend of Dipankara Buddha.* «Tr. from the Chinese (and intended to illustrate Plates XXIX and L *in* Fergusson's *Tree and Serpent Worship*», *JRAS*, 1873, n.s., vol. VI, p. 377-395. [Tr.]

Cappper, John, *A Full Account of the Buddhist Controversy, held at Pantura, in August 1873*, Colombo, 1873.

Eitel, (Rev.) Ernest John, *Feng-Shui, or the Rudiments of Natural Science in China*, Hongkong, Lane, Crawford, 1873, 84 p.

Feer, Henri Léon, *Etudes bouddhiques. L'Ami de la Vertu et l'Amitié de la Vertu (Kalyanamitra, Kalyânamitrata)*, *JA*, 1873, sér. VII, t. I, p. 5-66.

Fergusson, James, *On Hiouen-Thsang's Journey from Patna to Ballabhi*, *JRAS*, 1873, n.s., vol. VI, p. 213-274, 396.

Foucaux, Mme Charlotte (*i.e.* Mary Summer), *Les Religieuses bouddhistes, depuis Sakya-Mouni jusqu'à nos jours*, «par Mme Mary Summer. Avec une introd. par P. E. Foucaux», Paris, E. Leroux, *BOE*, n° I, 1873, 70 p.

Grimm, Eduard, *Descartes's Lehre von den angeborenen Ideen*, Jena, 1873.

Johnson, Samuel, *Oriental Religions and their Relation to Universal Religion : India*, Boston, James R. Osgood, 1873, 802 p.

Kern, Jan Hendrik Caspar (ou : Johann Heinrich Kaspar), *Over de jaartelling der Zuidelijke Buddhisten en de Gedenkstukken, van Açoka den Buddhist*. «Publ. par l'Académie royale d'Amsterdam», Amsterdam, C. G. der Post, 1873, 120 p.

Klatt, J., *De trecentis Canakyae sententiis*, Berlin, 1873.

Muir, John, *Metrical Translations from the Hymns of the Veda and other Indian Writings*. «Publ. for private circulation», 1873, [Tr.]

Puini, Carlo, *Avalokiteçvara Sutra*. «Tr. italienne de la version chinoise avec introd. et notes par Carlo Puini. Texte chinois et transcription japonaise par François Turrettini», L'Atsume Gusa, 1873. [Tr.]

Schopenhauer, A., *Handschriftlicher Nachlass*, éd. par Julius Frauenstädt, Leipzig, 1873. [Ed.]

Schott, Wilhelm, *Zur Literatur des chinesischen Buddhismus, Abh. d. K. Akad. d. Wiss. z. Berlin, Philos.-Hist. Kl.*, 1873, p. 37-65.

Selby, T. G., *Yan Kwo, Fuk Lik, or the Purgatories of Popular Buddhism*, Hongkong, *China R.*, 1873, vol. I, p. 301-311.

Senart, Emile, *Essai sur la légende du Buddha, son caractère et ses origines*, *JA*, 1873-1875, sér. VII, t. II, p. 113-303; vol. III, p. 249-456; vol. VI, p. 97-234.

Vincent, F., *The Land of the White Elephant*. «A record of travel in Siam, Burma, Cambodia and Cochin China», London, 1873, 335 p.

Wassiljew, W., *Die Religion des Ostens. Konfuzianismus, Buddhismus und Taoismus*, 1873.

Yule, sir Henry, *Northern Buddhism*. «Note from Col. H. Yule, addressed to the Secretary», *JRAS*, 1873, n.s., vol. VI, p. 275-277.

1874

Adams, F. O., *The History of Japan from the Earliest Period to the Present Time*, 1874-1875, 2 vol.

Claughton, Bishop Piers Calveley, *On Buddhism*, 1874, 36 p.

Edgar, J. Ware, *Report on a Visit to Sikkim and the Tibetan Frontier*, Calcutta, 1874.

Feer, Henri Léon, *Entretien du Bouddha et de Brahma sur l'origine des choses*. «Premier chapitre du *Lotus Blanc de la Grande Compassion*. Tr. du tibétain», Paris, *Compte-rendu de la 1re Session du Congr. intern. d. or.*, 1874-1876, p. 463-496. [Tr.]

______, *Le 193e Jâtaka : Cula-Paduma-Jâtaka «sur la charité et contre les femmes»*. «Tr. du sanscrit», Paris, *Compte-rendu de la 1re Session du Congr. intern. d. or.*, 1874-1876, t. II, p. 377-396. [Tr.]

______, *Le Sûtra de l'Enfant (Dahara-sûtra) et la conversion de Prasenajit*, *JA*, 1874, sér. VII, t. IV, p. 297-368.

Foucaux, Mme Charlotte (*i.e.* Mary Summer), *Histoire du Bouddha Sakya-Mouni, depuis sa naissance jusqu'à sa mort*. «Par Mme Mary Summer. Avec préf. et index par P. E. Foucaux», Paris, E. Leroux, *BOE*, nº II, 1874, 247 p.

Foucaux, Philippe Edouard, *La Confession auriculaire chez les Bouddhistes du Tibet*, Paris, *Compte-Rendu de la 1re Session du Congrès intern. d. or.*, 1874, t. I, p. 458-459.

Hardy, (Rev.) R. Spence, *Christianity and Buddhism Compared*, Colombo, 1874, 136 p.

Hodgson, Brian Houghton, *Essays on the Languages, Literature and Religion of Nepal and Tibet*. «Together with further papers on the geography, ethnology and commerce of those countries», London, Trübner, 1874, 124 p.

Kudriaffsky, Eufemia von, *Japan*. «Vier Vorträge nebst einem Anhang. Drei japanische Original-Predigten», Wien, Wilh. Braumüller, 1874, 202 p.

Lafmann, Salomon, *Lalita Vistara*. «Erzählung von dem Leben und der Lehre des Cakya Simha. Aus dem Original des Sanskrit und des Gâthâdialekts zuerst ins Deutsche übers. und mit sachl. Erklärungen versehen», Berlin, Ferd. Dümmler's, 1874, 220 p. [Tr.]

Lassen, Christian, *Indische Alterthumskunde*, vol. II, *Geschichte von Buddha bis zum Ende der älteren Gupta-Dynastie*. «Nebst Umriss d. Kulturgesch. dieses Zeitraums. 2. verm. u. verb. Aufl. Mit einer Karte von Alt-Indien von Dr H. Kipert», Leipzig, Verl. v. L. A. Kittler; London, Williams & Norgate, 1874, 1238 p.

Minayeff, Ivan Pavlovitch, *Grammaire pâlie*. «Esquisse d'une phonétique et d'une morphologie de la langue pâlie, tr. du russe par S. Guyard», Paris, E. Leroux, 1874. [Tr.]

Mitchell, John Murray, *Abstract of a Lecture on Buddhism, historically considered*. «Deliv. before the Bethune Society, on the 17th Nov. 1870», Calcutta, *Proc. of the Bethune Society*, 1870, 13p.

Müller-(Hess), Eduard, *Der Dialekt der Gâthâs des Lalitavistara*. «Inauguraldissertation der philosophischen Fakultät der Univ. Leipzig vorgel. von Eduard Müller», Weimar, Dr. d. Hof-Buchdr., 1874, 36 p.

Müller, Friedrich Max, *Einleitung in die vergleichende Religionswissenschaft*, 1874.

Voir A Gray, 1876.

Rosny, Léon de, *Les Religions et le Néobouddhisme au Japon*, Pairs, *Compterendu de la 1re Session du Congr. Intern. d. or*, 1874, t. I, p. 142-148.

Rotermund, W., *Die Ethik Lao-tse's mit besonderer Bezugnahme auf die buddhistische Moral*, Gotha, F. A. Pertes, 1874, 26 p.

Schiefner, Anton (von), *Zur buddh. Apokalyptik, Bull. de l'Acad. impér. d. Sc. de St.-Pétersbourg*, 1874, t. XX, 1604, col. 379-387.

Schoebel, Charles, *Le Buddhisme, ses origines.* «Le *Nirvana*, accord de la morale avec le *Nirvana*», *Actes d. Soc. philol.*, 1874, t. IV, n° 5, p. 146-192.

Simpson, William, *Meeting the Sun.* «A journey all round the world through Egypt, China, Japan and California», London, 1874.

Swâmy, sir Mutu Coomâra, *Sutta Nipâta, or Dialogues and Discourses of Gotama Buddha.* «Tr. from the Pâli, with introd. and notes, by Sir Coomâra Swâmy», London, Trübner, 1874, 160 p. [Tr.]

______, *The Dâthâvansa, or The History of the Tooth-relic of Gotama Buddha.* «The Pali text, and its tr. into English, with notes by Mutu Coomâra Swâmy», London, Trübner, 1874, 23-100 p. [Ed. & tr.]

Vollmer, *Wörterbuch der Mythologie aller Völker*, Stuttgart, Hoffmann, 1874, 456 p.

Watters, Thomas, *Notes on the Miao-fa-lien-hua-ching, a Buddhist Sûtra in Chinese, JNCB*, 1874, n.s., n° IX, p. 89-114.

Wurm, Paul, *Geschichte der indischen Religion.* «Im umriss dargestellt», Basel, Bahnmaier, 1874, 296 p.

1875

Bastian, Wilh. Adolf, *Die Verkettungstheorien der Buddhisten, ZDMG*, 1875, vol. XXIX, p. 53-75.

Beal, (Rev.) Samuel, *The Buddhist Work in Chinese in the India Office Library, IA*, 1875, vol. IV, p. 90-101.

______, *The Romantic Legend of Sâkya Buddha.* «From the Chinese-Sanscrit», London, Trübner & Co., 1875, 395 p. [Tr.]

Bretschneider, E., *Notices of the Mediaeval Geography and History of Central and Western Asia.* «Drawn from Chinese and Mongol writings, and compared with the observations of Western authors in the Middle Ages», *JNCB*, 1875 (publ. 1876), n.s., vol. X, p. 75-307.

Childers, Robert Caesar, *The Pali Text of the Mahâparinibbâna Sutta and Commentary*. «With a translation», *JRAS*, 1875, n.s., vol. VII, p. 49-80; 1876, vol. VIII, p. 219-261. [Ed. & tr.]

Davids, Thomas William Rhys, *Report on the Existing European Literature on Pâli and Singhalese*, London, *Transac. of the Philol. Soc.*, 1875-1876.

Dickson, J. F., *The Upasampada-Kammavaca, being the Buddhist Manual of the Form and Manner of Ordering of Priests and Deacons*. «The Pali Text, with a Tr. and Notes. By J. F. Dickson», *JRAS*, 1875, n.s., vol. VII, p. 1-16. [Ed. & tr.]

______, *Upasampada-Kammavaca*. «The Pâli MSS. written on papyrus, preserved in the library of the Armenian Monastery, St.-Lazars. Tr. by J. F. Dickson», Venice, 1875, 36 p.

Feer, Henri Léon, *Les Jâtakas*, *JA*, 1875, sér. VIII, t. V, p. 357-423; t. VI, p. 243-306.

Grimm, Eduard, *Ageuliux' Erkenntnistheorie und Occasionalismus*, Jena, 1875.

Heeley, W. L., *Târanâtha*. «Extracts from Taranatha's *History of Buddhism in India*», *IA*, 1875, vol. IV, p. 101-104.

Kuhn, Ernst W. A., *Beiträge zur Pali-Grammatik*, Berlin, 1875, 120 p.

Lafmann, Salomon, *Zum Gathadialekt*, *ZDMG*, 1875, vol. XXIX, p. 212-234.

Leland, Charles Godfrey, *Fusang, or the Discovery of America by Chinese Buddhist Priests in the Fifth Century*, London, Trübner, 1875, 212 p.

Monier-Williams (sir Monier), *Indian Wisdom, or Examples of the Religious, Philosophical and Ethical Doctrines of the Hindûs*. «With a brief history of the chief departments of Sanskrit literature and some account of the past and present condition of India, moral and intellectual», London, Allen, 1875, 542 p.

Montgomerie, T. G., *Journey to Shigatze, in Tibet, and Return by Dingri-Maidan into Nepaul in 1871 by the Native Explorer*, London, *Roy. Geog. Soc.*, 1875 n° 9, vol. XLV.

Satow, sir Ernest Mason, *The Revivial of Pure Shin-Tau*, *TASJ*, 1875.

Schiefner, Anton (von), *Bharatae responsa Tibetice cum versione Latina ab Antonio Schiefner edita*, Petropoli, 1875, [Ed.]

_______, *Mahâkâtjâjana und König Tschanda-Pradjota*. «Ein Zyklus buddh. Erzählungen. Mitgetheilt von A. Schiefner», *Mém. de l'Acad. impér. d. Sc. de St.-Pétersbourg*, 1875, sér. VII, t. XXII, n° 7, 67 p. [Tr.]

Schott, Wilhelm, *Zur Uigûrenfrage, Abh. d. K. Akad. d. Wiss. z. Berlin, Philos.-Hist. Kl.*, 1875, div. II, p. 27-57.

Sherring, (Rev.) Mathew Atmore, *Handbook for Visitors to Benares*. «With four plans of the city and neighbourhood», Calcutta, W. Newman, 1875, 86 p.

Warren, Sybrandus Johannes, *Over de godsdienstige en wijsgeerige Begrippen der Jaina's*, Zwolle, 1875.

Wassiljew, W., *Biographies of Açvaghosha, Nâgârjuna, Aryadeva and Vasubandhu*. «Tr. by Miss E. Lyall», *IA*, 1875, vol. IV, p. 141. [Tr.]

Westmacott, E. Vesey, *On Traces of Buddhism in Dinajpur and Bagura (Bogra)*, *JASB*, 1875, vol. XLIV, part. 1, p. 187-192.

Zoysa, Louis de, *Reports in the Inspection of Temple Libraries (in Ceylon)*, Colombo, G. J. A. Skeen, 1875, 17 p.

1876

Adler, Felix, *A Prophet of the People*, Boston, *Atlantic Mly*, 1876, vol. XXXVII, p. 674-689.

Alwis, Cornelis, *A History of the Island Lanka, from the Earliest Period to the Present Time*, chap. I, «Visits of Buddhas to the Island, extracted from *Pujavaliya* and *Sarvajnagunalankaraya*, with a literal tr. into Engl.», Colombo, 1876, 21 p.

Alwis, Cornelis, *Sinhalese History during the English Period*, Colombo, 1876, vol. I.

Balfour, Frederic Henry, *Waifs and Strays from the Far East*. «Being a series of disconnected essays on matters relation to China», London, 1876.

Beal, (Rev.) Samuel, *Results of an Examination of Chinese Buddhist Books in the Library of the India Office*, London, *Transac. of the II. Sess. of the Intern. Congr. of Or.*, 1876, p. 132-162.

______, *The Buddhist Tripitaka, as it is known in China and Japan*. «A catalogue and compendious report», Devonport, India Office, 1876, 117 p.

Bousquet, G., *La Religion au Japan. La rivalité du Shinto et du Bouddhisme, le dogme chrétien devant les philosophes japonais*, Paris, *RDM*, 15 mars 1876.

Burnouf, Eugène, *Introduction à l'histoire du Buddhisme indien*. «2e éd. rigoureusement conforme à l'éd. originale et précédée d'une notice de M. Barthélemy Sanit-Hilaire sur les travaux de M. Eugène Burnouf», Paris, *Bibl. or.*, Maisonneuve, vol. III, 587 p.

Childers, Robert Caesar, *The Whole Duty of the Buddhist Layman. A Sermon by the Buddha*, London, *Contemporary R.*, 1876, vol. XXVII, p. 417-424. [Tr.]

Christlich, Th., *Eine alte Moralpredigt Buddha's und eine moderne buddhistische Glaubenspredigt*. «Nach englischen Quellen mitgetheilt», *Allg. Missionschr.*, oct.-nov. 1876.

Cowell, Edward Byles, et Eggeling, J., *Catalogue of Buddhist Sanskrit MSS. in the possession of the Royal Asiatic Society (Hodgson Collection)*, *JRAS*, 1876, p. 1-52.

Dickson, J. F., *The Pâtimokkha, being the Buddhist Office of the Confession of Priests*. «The Pali Text, with a Tr., and Notes. By J. F. Dickson», *JRAS*, 1876, n.s., vol. VIII, p. 62-130. [Ed. & tr.]

Edkins, (Rev.) Joseph, *Visit to the Chan-T'an-Sï– Monastery of the Dandal-Wood Buddha, Chinese Recorder*, 1876, vol. VII, p. 431-435.

Feer, Henri Léon, *Etudes sur les Jâtakas*, Paris, Maisonneuve, 1876, 144 p.

______, *Sur les causes qui ont favorisé la propagation du Bouddhisme hors de l'Inde, Transac. of the II. Sess. of the Intern. Congr. of Or.*, London, 1876, p. 405-416.

Foucaux, Philippe Edouard, *Rapport sur les études bouddhiques*, Paris, *Compte-rendu de la 1re Session du Congr. intern. d. or.*, 1876, t. II, p. 409-423.

Giles, Herbert Allan, *Chinese Sketches*, London & Shanghai, 1876.

______, *Record of the Buddhistic Kingdoms*. «Tr. from the Chinese by Herbert A. Giles», London, Trübner; Shanghai, Kelly & Walsh, 1876, 120 p. [Tr.]

Gray, A., *Max Müller and Buddhism, Acad.*, 1876, 212.

Grimblot, P., *Sept Suttas pâlis tirés du Dîgha-Nikâya*. «Tr. diverses anglaises (par D. J. Gorgerly) et françaises (par E. Burnouf). (Ed. par Mme Grimblot)», Paris, Impr. nationale, 1876, 350 p.

Haas, Ernst, *Catalogue of Sanskrit and Pali Books in the British Museum*, London, 1876, 188 p.

Hellwald, Friedrich von, *Hinterindische Länder und Völker*. «Reisen in den Flussgebieten des Irawaddy und Mekong, in Annam, Kambodscha und Siam», Leipzig, Otto Spamer, 1876, 358 p.

Howorth, (sir) Henry H., *History of the Mongols, from the 9th to the 19th Century*, London, 1876-1927, 4 vol. en 5.

Inman, Thomas, *Ancient Faith and Modern*. «A dissertation upon Worships, Legends and Divinities in Central and Western Asia, Europe, and elsewhere, before the Christian era. Showing their relations to religious customs as they now exist», New York, J. W. Bouton, 1876, 478, XLV p.

Jacobi, Hermann, *Zwei Jaina-Stotra*, I : *Das Bhaktâmarastotram*; II : *Das Kalyânamandirastotram*, *Indische Studien*, 1876, XIV, 2, 3.

Laffitte, Pierre, *Les Grands Types de l'humanité*, Paris, Saint-Germain, 1876.

Markham, Clements R., *Narrative of the Mission of George Bogle to Tibet, and of the Journey of Thomas Manning to Lhasa.* «Ed., with notes, an introd., and lives of Mr G. Bogle and Mr T. Manning», London, 1876, 354 p. [Ed.]

Mills, Charles D. B., *The Indian Saint, or Buddha and Buddhism.* «A sketch historical and critical», New York, Millan & Northampton, 1876, 192 p.

Peschel, Oskar, *Völkerkunde*, Leipzig, Dunker & Humblot, 1876, 570 p.

Pischel, Richard, *Zur Pâli-grammatik, Z. f. Vergl. Sprach-forsch.*, 1876, n.s., III, 4.

Rosny, Léon de, *Zitu-go-kyau. Dô-zi-kyau. L'Enseignement de la vérité, ouvrage du philosophe Kôbau-daisi, et l'Enseignement de la jeunesse.* «Publ. avec une transcription européenne du texte original et tr. pour la première fois du japonais», Paris, 1876, 160, 16 p. [Ed. & tr.]

Ross, John, *L'Ilpon de Mah-lay (légende bouddhiste), par J. Ross* (*Fraser's Mag.*), *R. britannique*, 1876, n.s., vol. V., p. 171-182. [Tr.]

Senart, Emile, *Note sur quelques termes buddhiques, JA*, 1876, sér. VII, t. VIII, p. 477-486.

Subhuti, Waskaduwe, *Namamala, or A Work on Pali Grammar.* «Prepared (in Singhalese character), with an Engl. introd.», 1876, 104, 148, 70 p. [Ed. & intr.]

Thomas, Edward, *Record of the Gupta Dynasty illustrated by Inscriptions, Written History, Local Tradition and Coins.* «To which is added a chapter on the Arabo in Sind», London, 1876, 64 p.

Tiele, Cornelis Petrus, *Geschiedenis van den godsdienst tot aan de heerschappij der wereldgodsdiensten*, 1876.

Vaughan, (Rev.) J., *The Trident, the Crescent and the Cross.* «A view of the religious history of India, during the Hindu, Buddhist, Mohammedan and Christian periods», London, 1876, 344 p.

Wesseloffsky, A., *Sagenstoffe aus dem Kandjur, Russ. R.*, 1876, V, 3.

Zoysa, Louis de, *Catalogue of Pali, Singhalese, and Sanskrit Manuscripts, in the Ceylon Government Oriental Library*, Ceylon, Henry Herbert, 1876, 26 p.

1877

Batuwantudawa, Don Andris de Silva, et Sumangala, H., *Mahânâma : The Mahâwansa.* «Tr. into Singhalese (with Singhalese-English Glossary) and ed. under orders of the Ceylon Government, by H. Sumangala and Don Andris de Silva Batuwantudawa», Colombo, 1877-1883, 2 vol. [Gloss.]

Blodget, (Rev.) Dr., *The Chinese Term for God.* «Statement by the Rev. Dr. Eitel and reply by the Rev. Dr. Blodget», London, 1877.

Chattopâdhyâya, Nisikânta (pseud. : «Ein Hindu»), *Buddhismus und Christenthum, Deutsche Wochenschrift*, 1877, II, 1, 2.

Clarke, James Freeman, *Ten Great Religions*, part. I, *An Essay in comparative theology*, Boston, James R. Osgood, 1877, 528 p.

Davids, Thomas William Rhys, *Buddhism.* «Being a sketch of the life and teachings of Gautama, the Buddha», London, *Non-Christian Religious Systems*, SPCK, 1877, 252 p.

______, *On Nirvâna, and on the Buddhist Doctrines of the «Groups», the Sanskâras, Karma and the «Paths»*, London, *Contemporary R.*, 1877, vol. XXIX, p. 249-270.

Deussen, Paul, *Die Elemente der Metaphysik. Über das Wesen des Idealismus*, 1877.

Dods, Marcus, *Mohammed, Buddha, and Christ.* «Four lectures on natural and revealed religion», London, Hodder & Stoughton, 1877, 240 p.

Doon, Moung Kyaw, *Essay on the Sources and Origin of Buddhist Law*, Rangoon, 1877, 19 p.

Fausböll, Michael Viggo, *The Jataka, together with its Commentary.* «Being tales of the anterior births of Gautama Buddha. For the first time ed. in the original Pâli by V. Fausböll», London, Kegan Paul, Trench, Trübner, 1877-1897, 7 vol. (dont volume d'index par Dines

Andersen), 511; 451; 543; 499; 511; 246; 246 p. [Ed.]

Feer, Henri Léon, *Etudes cambodgiennes.* «La collection Hennecart de la Bibliothèque nationale», *JA*, 1877, sér. VII, t. IX, p. 161-234.

______, *Le Bikkuni-samyuttam, groupe de soutras sur les Bhixunis (religieuses), R. orientale et américaine*, 1877, n.s. vol. I, p. 50-71.

______, *Le Bouddhisme à Siam.* «Une soirée chez Prhra-Klang en 1863. Le dernier roi de Siam et ses projets de réformes religieuses», *Mém. de la Soc. indo-chinoise*, 1877, vol. I, p. 146.

Foucaux, Philippe Edouard, *Note sur le Nirvana, E. de philol.*, 1877, vol. I.

Griffis, William Elliot, *The Mikado's Empire*, New York, Harper, 1877, 2 vol.

Grimm, Eduard, *Die Lehre über Buddha und des Dogma von Jesus Christus*, Berlin, *Deutsche Zeit- und Streitfragen*, C. Havel, 1877, fasc. XC, p. 343-374.

Hordern, P., *Buddhist Schools in Burmah*, Boston, *Living Age*, 1877, vol. CXXXV, p. 692-698.

Johnson, Samuel, *Oriental Religions and their Relation to Universal Religion : China*, Boston, James R. Osgood, 1877, 975 p.

Krishna, A. K., *Account of the Pandit's Journey in Great Thibet from Leh in Ladâkh to Lhâsa, and of his Return to India via Assam, J. Roy. Geogr. Soc.*, 1877, vol. LXII.

Mitra, Rajendrala, *The Lalita Vistara, or Memoirs of the Early Life of Sâkhya Sinha*, Calcutta, As. Soc. of Bengal, *BI*, 1877, vol. CLXIV, 575 p. [Ed.]

Monier-Williams (sir Monier), *A Practical Grammar of the Sanskrit Language.* «With special reference to the classical languages of Europe», Oxford, Henry Frowde (OUP), 1877, 410 p.

______, *Hinduism*, London, SPCK; New York, Macmillan, *Non-Chr. Relig. Systems*, 1877, 1887, 1897, 1906, 1919, 238 p.

Puini, Carlo, *Encicopledia Sinica-Giapponese.* «Notizie estratte dal *Wa-Kan San-Sai Tu-Ye* intorno al Buddismo», Firenze, 1877.

Rehatsek, Edward, *Christianity among the Mongols till their Expulsion from China in 1368*. «Comprising the Eastern Grand Khans or Emperors, with the Western of Persian Khans», *JBBRAS*, 1877, vol. XIII, n° XXXV, p. 152-302.

Schuyler, E., *Turkistan*, London, 1877, 2 vol.

Shunker, Munshi Shew, *History of Nepal*. «Tr. of the Parvatiyâ by Munshi Shew Shunker and Shri Gunanand», Cambridge, 1877, 324 p.

Spiess, Edmuns, *Entwicklungsgeschichte der Vorstellungen vom Zustande nach dem Tode auf Grund vergleichender Religionsforschung*, Jena, Hermann Costenoble, 1877, 615 p.

Sucker, W., *Buddha und Christus, Buddhismus und Cristentum*. «Nebst Bemerkungen zu dem Neubuddhismus Eduard von Hartmanns», *Beweis d. Glaubens*, juillet-oct. 1877, vol. XIII, p. 297-307, 362-374, 419-429, 471-486, 525-530.

Thomas, Edward, *Jainism, or the Early Faith of Asoka*. «With illustrations of the ancient religions of the East from the Pantheon of the Indo-Scythians», 1877, 82 p.

_______, *The Early Faith of Asoka*, *JRAS*, 1877, n.s., vol. IX, p. 155-234.

Tiele, Cornelis Petrus, *Outlines of the History of Religion to the Spread of the Universal Religions*. «Tr. from the Dutch by J. Estlin Carpenter, MA», London, 1877. [Tr.]

Tietz, *Die indischen Religionssysteme und ihre Verhältnisse zum Christenthum*, *Z. f. Weibl. Bildung*, 1877, 8, 9.

Williams, Charles Reynolds, *Letters written during a Trip to Southern India and Ceylon in 1876-7*. «With original illus. Pr. for private circulation», London, 1877, 159 p.

Wilson, John, *Indian Caste*, Bombay, 1877, 2 vol.

Wordworth, W., *The Church of Thibet and the Historical Analogies of Buddhism and Christianity*. «A lecture delivered before the students of Literary and Scientific Society, in the Framji Cowasji Institution, Bombay», London, Trübner, 1877, 52 p.

Wormann, J. H., *Nirvâna and Pass-Buddhas, McClintock und Stroug's Cyclop.*, 1877, vol. VII.

Wright, Daniel, *History of Nepal.* «With an introductory sketch of the country and people. Tr. from the *Parbatuja* by Munshi S. Shunker and Pandit Gunanand», Cambridge, 1877, 324 p.
Voir H. L. Feer, 1878, *Notice* ...

1878

Barthet, P., *Essai sur la chronologie indienne et sur les Bouddhas anciens et nouveaux, Ann. d. philos. chrét.*, nov. 1878.

Beal, (Rev.) Samuel, *On a Chinese Version of the Sânkhya Kârikâ, etc., found among the Buddhist Books comprising the Tripitaka, and two other works, JRAS*, 1878, n.s., vol. X, p. 355-360.

______, *Texts from the Buddhist Canon, commonly known as the Dhammapada, with accompanying narratives.* «Tr. from the Chinese by S. Beal», London, Trübner & Co., *TOS*, n° II, 1878, 176 p. [Tr.]

Bigandet, (Right Rev.) P., *Vie ou Légende de Gaudama le Bouddha des Birmans, et Notice sur les Phongyies ou moines birmans.* «Tr. en fr. par Victor Vauvain», Paris, E. Leroux, 1878, 540 p. [Tr.]

[Brüger], *Brüger's Account of the Religious Sects of the Japanese*, Canton, *Chinese Repository*, vol. II, p. 318.

Chantre, E., *Notes anthropologiques. Relations entre les sistres bouddhiques et certains objets de l'âge de bronze européen*, Lyon, *Compterendu du Congr. d. or.*, 1878, 13 p.

Cordier, Henri, *Bibliotheca Sinica.* «Dictionnaire bibliographique des ouvrages relatifs à l'Empire chinois», Paris, *Publ. de l'Ec. d. Langues or. vivantes*, E. Leroux, 1878-1895, 2 vol. & suppl., 2243 col. (en 8 & 3 livraisons), t. X, XI; sér. III, t. XV.

Cust, Robert Needham, *Ling. and Or. Essays*, sér. I (London, 1880) : *The Languages of the East Indies* (1878), p. 107-143; *The Religions of India* (1878), p. 144-171.

Davids, Thomas William Rhys, *The Origin of Legend in the Lives of Buddha, Theolog. R.*, janv. 1878.

Edkins, (Rev.) Joseph, *Religion in China.* «A brief account of the three religions of the Chinese», London, Kegan Paul, 1878.

Feer, Henri Léon, *Etudes bouddhiques. Maitrakanyaka-Mittavindaka, La Piété Filiale, JA*, 1878, sér. VII, t. XI, p. 360-443.

______, *Le Bouddhisme à l'Expositon de 1878, R. polit. et litt.*, oct. 1878, 8 p.

______, *Le Sûtra en quarante-deux articles.* «Tr. du tibétain avec introduction et notes par L. Feer», Paris, E. Leroux, *BOE*, vol. XXI, 1878, 82 p.

______, *Notice sur l'histoire du Nepâl de Daniel Wright*, Paris, 1878, 32 p.

Foulkes, (Rev.) Thomas, *Fah Hian's Kingdom of the Dakshina, IA*, 1878, vol. VII, p. 1 *sq.*

Fryer, George Edward, *Pâli Studies*, n° 2 : *Vuttodaya (Exposition of Metre), by Sangharakkhita Thera.* «Pâli Text, with English Tr. and Notes», *JASB*, 1878, vol. XLVI, part. 1, n° 4, 44 p.

Fytche, A., *Burma, Past and Present.* «With personal reminiscences of the country»,1878, 2 vol.

Ganzenmüller, Konrad, *Tibet.* «Nach den Resultaten geographischer Forschungen früherer und neuester Zeit», Stuttgart, Levy u. Müller, 1878, 132 p.

Giles, Herbert Allan, *A Glossary of Reference on Subjects Connected with the Far East*, Shanghai, 1878.

Guimet, Emile, *Promenades japonaises.* «Texte par E. Guimet, dessins d'après nature par F. Regamey», 1878-1880, 2 vol.

______, *Religions de l'Extrême-Orient.* «Notice explicative sur les objets exposés par M. E. Guimet et sur les peintures et dessins faits par M. F. Regamey, aux Galeries historiques du Trocadéro», Paris, Leroux, 1878.

Harlez, Charles Joseph de, *Grammaire pratique de la langue sanscrite*, Louvain, 1878, 150 p.

Hartshorne, B. J., *A chapter of Buddhist Folk-lore, Fortnightly R.*, août 1878, 17 p.

Hû, Fernand, *Le Dhammapada.* «Avec intr. et notes par Fernand Hû», Paris, E. Leroux, *BOE*, vol. XXI, 1878, 100 p. [Tr.]

Metchnikoff, L., *L'Empire japonais.* «Texte et dessins», 1878, 693 p.

Mitra, Rajendrala, *Buddha Gayâ, the Hermitage of Sâkya Muni.* «Publ. under orders of the Government of Bengal», Calcutta, Bengal Secretariat Press, 1878, 257 p.

Monier-Williams (sir Monier), *Indian Rosaries*, London, *The Athenaeum*, 9 février 1878.

______, *Progress of Indian Religious Thought*, London, *Contemporary R.*, sept.-déc. 1878.

Müller, Friedrich Max, *Lectures on the Origin and Growth of Religion, as illus. by the Religions of India.* «Deliv. in the Chapter House, Westminster Abbey, in April, May and June, 1878», London, Williams & Norgate, 1878, 408 p.

Muir, John, *Asia and Buddha, or the Indian Simeon, IA*, 1878, vol. VII, p. 232-234.

Peebles, J. M., *Buddhism and Christianity Face to Face.* «On an oral discussion between the Rev. Migettuwatte... and the Rev. D. Silva... with an introd. and annotations», London, 1878.

Pfleiderer, Otto, *Die Religion, ihr Wesen und ihre Geschichte auf Grund des gegenwärtigen Standes der philosophischen und historischen Wissenschaft*, vol. II, *Die Geschichte der Religion*, Leipzig, Fues' Verlag, 2e éd., 1878, 495 p.

Phayre, (sir) Arthur Purves, *History of Burma, including Burma Proper, Pegu, Taungu, Tenasserim and Arakan, from the earliest time to the end of the First War with British India*, 1878, 311 p.

Puini, Carlo, *Il Buddha, Confucio e Lao-tse.* «Notizie e studii intorno alle religioni dell'Asia Orientale», Firenze, 1878.

St. Barbe, Henry Louis, *Burmese Transliteration, JRAS*, 1878, p. 228.

Schiefner, Anton (von), *Über Vasubandhu's Gâthâsangraha, Mélanges asiatiques*, 1878, t. VII, Livr. 3; 4, 35 p.

Schoebel, D., *Le Bouddhisme et son fondateur, Compte-rendu des Séances de l'Athénée orient.*, 1878, t. VIII, part 2.

Sherring, (Rev.) Mathew Atmore, *The Hindoo Pilgrims.* «A poem on the travels of the Buddhist pilgrims», London, 1878, 125 p.

Weber, Albrecht Friedrich, *The History of Indian Literature.* «Tr. from the second german ed. by J. Mann and T. Zachariae», London, Trübner, *TOS*, n° III, 1878. [Tr.]

Zimmer, Heinrich, *Zur Pâli-Grammatik, Z. f. Vergl. Sprachforsch.*, 1878, n.s., IV, 3.

1879

Arnold, sir Edwin, *The Light of Asia, or the Great Renunciation (Mahabhinishkramana).* «Being the life and teaching of Gautama, prince of India and founder of Buddhism, as told in verse by an Indian Buddhist. Based on the *Lalitavistara*», Boston, Roberts Bros, 1879, 238 p.

Aynsley, H. G., *Visit to Ladakh*, London, 1879.

Barth, Auguste, *Les Religions de l'Inde. Religions védiques, Brahmanisme, Bouddhisme, Jainisme et Hindouisme*, Paris, *Enc. d. Sc. relig.*, 1879, 175 p.

Beal, (Rev.) Samuel, *The Fo-Sho-Hing-Tsan-King.* «A life of Buddha by Asvaghosha Bodhisattva. Tr. from Sanskrit into Chinese by Dharmaraksha, AD 420, and from Chinese into Engl. by S. Beal», Oxford, *SBE*, Clarendon Press, 1879, vol. XIX, 380 p. [Tr.]

______, *The Story of Faithful Deer, IA*, 1879, vol. VIII, p. 253.

Bergaigne, P. A., *Nâgânanda : la joie des serpents.* «Drame bouddhique attribué au roi Crî-Harcha-Deva, tr. pour la première fois du sanscrit et du prakrit en français», Paris, E. Leroux, *BOE*, n° XXVII, 1879, 144 p. [Tr.]

Böhltingk, Otto (von), *Sanskrit-Wörterbuch in kürzerer Fassung.* «Bearbeitet von Otto Böhtlingk», St. Petersburg, Buchdr. d. Kais. Akad. d. Wiss, 1879-1889, 7 vol, 299; 301; 265; 302; 264; 306; 390 p.

Childers, Robert Caesar, *On Sandhi in Pali*. «By the late R. C. Childers, *JRAS*, 1879, n.s., vol. XI, p. 99-121.

Cowell, Edward Byles, *The Northern Buddhist Legend of Avalokiteswara's Descent into the Hell Avîchi*, *IA*, 1879, vol. VIII, p. 249-253.

Davids, Thomas William Rhys, *Buddha's First Sermon*, London, *Fortnightly R.*, 1879, vol. XXXII, p. 899-910.

______, *Het Buddhisme en zijn Stichter*. «Uit het engelsch door J. P. van der Vegte», Amsterdam, J. H. de Bussy, 1879, 322 p. [Tr.]

Dowson, John, *A Classical Dictionary of Hindu Mythology and Religion, Geography, History, and Literature*, London, Trübner, *TOS*, n° VI, 1879, 411 p.

Dutt, Jogesh Chunder, *Kings of Kaskmira* : «Being a translation of the Sanskrita work Rajatarangini of Kahlana (*sic*) Pandita. By Jogesh Chunder Dutt», Calcutta, I. C. Bose, 1879, 303, XXIII p. [Tr.]

Edkins, (Rev.) Joseph, *The Buddhist Doctrine of Future Punishment*, *Sunday at Home*, juil. 1879.

Eitel, (Rev.) Ernest John, *Outlines of History of Chinese Philosophy*, St.-Pétersbourg et Leyde, *Travaux de la IIIe Sess. du Congr. d. or.*, 1879, t. II, 14 p.

Estrey, comte de Meyners d', *Manuscrits sanscrits au Japon*, Paris, *Ann. de l'Extrême-Orient*, 1879-1880, vol. II, n° 24, p. 353-355.

Faber, Ernst, *Introduction to the Science of Chinese Religion*. «A critique of Max Müller and other authors», Hongkong, Lane, Crawford, 1879, 154 p.

Feer, Henri Léon, *Conférence sur le Bouddhisme à l'Exposition de 1878*, Paris, 1879, 22 p.

______, *Etudes bouddhiques. Le Livre des Cent Légendes (Avadâna-Cataka)*, *JA*, 1879, sér. VII, t. XIV, p. 141-189, 273-307.

Forchhammere, Emile, *Report on the Pali Literature of Burma*, Government of India Publication, 1879.

Giles, Herbert Allan, *A Cremation on China, Cornhill Mag.*, 1879.

______, *Present State of Affairs in China, Fortnightly R.*, sept. 1879.

Gray, James, *Pâli Primer.* «Adapted for schools in Burma», Maulmain, 1879.

Hillebrandt, Alfred, *Das altindische Neu- und Vollmondsopfer in seiner einfachsten Form.* «Mit Benützg. handschriftl. Quellen dargestellt», Jena, Fischer, 1879, 199 p.

Jacobi, Hermann, *Bhadrabahu; The Kalpasutra.* «Ed. in transcription with Introd., Notes and a Prakrit-Sanskrit Glossary», Leipzig, *Abh. f. K. f. M.*, 1879. [Ed.]

James, J. M., *A Discourse on Infinite Vision as Attained to by Buddha.* «A translation of a Discourse on Ten-Gan-Hiyau Shiyaku by Sata Kaise-ki», *TASJ*, 1879, vol. VII, p. 267-281.

Keene, H. G., *Religion in India, Calcutta R.*, avr. 1879.

Leyden, (Major) T. H., *A Manual of Tibetan.* «Being a Guide to the Colloquial Speech of Tibet, in a Series of Progressive Exercises», Calcutta, 1879, 176 p.

Monier-Williams (sir Monier), *Buddhism and Jainism*, London, *Contemporary R.*, déc. 1879.

______, *Indian Religious Thought*, London, *Contemporary R.*, août 1879.

______, *Modern India and Indians.* «A series of impressions, notes and essays», London, 1879, 365 p.

Müller, Friedrich Max, *Origine et Développement de la religion étudiés à la lumière des religions de l'Inde.* «Leçons faites à Westminster-Abbey. Tr. de l'anglais par J. Darmesteter», Paris, Reinwald, 1879, 347 p. [Tr.]

______, *The Sacred Books of the East.* «Tr. by various oriental scholars, and ed. by F. Max Müller», London, Macmillan (OUP), 1879-1910, 50 vol. [Ed.]

Nivedita, Sister (*i.e.* Margaret Elisabeth Noble), *The Dipavamsa.* «An

Ancient Buddhist Historical Record», 1879, 227 p. [Ed. & tr.]

Oldenberg, Hermann, *The Dipavamsa*. «An ancient Buddhist historical record. Ed. and tr. by Hermann Oldenberg», London & Edinburgh, Williams & Norgate, 1879, 227 p.

Paske, (Col.) Edward, *Buddhism in the Birtish Provinces of Little Tibet*, London, *J. of the Anthrop. Inst.*, 1879, vol. VIII, p. 195-210.

Root, E. D., *Sakya Buddha*. «A versified, annotated narrative of his life and teachings with an excursus containing citations from the *Dhammapada*, or Buddhist canon», New York, 1879, 171 p.

Rosny, Léon de, *Le Bouddhisme dans l'Extrême-Orient*. «Cours de M. Léon de Rosny, Ecole des Langues orientales vivantes», *R. scient.*, 20 déc. 1879, p. 581-585.

Ross, John, *A History of Corea, Ancient and Modern*, Paisley, 1879, 404 p.

Sachau, Edward C., *The Chronology of Ancient nations*. «An English version of the Arabic text of the Athâr-ul-Bâkiya of Albîrûnî, or *Vestiges of the Past* (AD 1000). Tr. and ed.», London, Allen, 1879, 464 p. [Tr.]

St. Barbe, Henry Louis, *Pali Derivations in Burmese*, *JASB*, 1879, vol. XLVIII, part. 1, n° 4.

Schiefner, Anton (von), *Über eine tibetische Handschrift des India Office in London*, *Bull. de l'Acad. impér. d. Sc. de St.-Pétersbourg*, juil. 1879, t. XXV.

Stokes, M., *Indian Fairy Tales*, Calcutta, 1879.

Whitney, William Dwight, *A Sanskrit Grammar, including both the Classical language and the Older Dialects of Veda and Brahmana*, 1879.

______, *Indische Grammatik umfassend die klassische Sprache und die älteren Dialekte*. «Aus dem Engl. übers. von H. Zimmer», Leipzig, *Bibl. Indogerman. Gramm.*, Breitkopf & Härtel, 1879, vol. II, 519 p. [Tr.]

1880

Alwis, Cornelis, *Visites des Bouddhas dans l'île de Lanka.* «Extraits du *Poujavaliya et du Sarvajnagounalankaraya* d'après la tr. anglaise du Révérend C. Alwis, tr. de l'anglais par M. L. de Milloué, *AMG*, 1880, t. I, p. 117-138. [Tr.]

Barth, Auguste, *Bulletin des religions de l'Inde*, *RHR*, 1880-1902, t. I-XLV.

Barthélemy Saint-Hilaire, Jules, *Le Christianisme et le Bouddhisme.* «Trois lettres de M. Barthélemy St.-Hilaire à M. l'abbé Deschamps intitulées *Le Bouddhisme et l'apologétique chrétienne*, etc.», Paris, E. Leroux, 1880, 11 p.

Beal, (Rev.) Samuel, *Remarks on the Word Sramana*, *IA*, 1880, vol. IX, p. 12.

______, *Succession of Buddhist Patriarchs*, *IA*, 1880, vol. IX, p. 148-149.

______, *The Eighteen Schools of Buddhism*, *IA*, 1880, vol. IX, p. 299-302.

______, *The Sutra called Ngan-Shih-Niu, i.e. «Silver-White Women»*, *IA*, 1880, vol. IX, p. 145.

______, *The Tooth-Seal of Asoka*, *IA*, 1880, vol. IX, p. 86.

Bendall, Cecil, *The Megha-Sûtra*, *JRAS*, 1880, p. 286-311. [Ed. & tr.]

Bunsen, Ernst von, *The Angel-Messiah of Buddhists, Essenes, and Christians*, London, Longmans, 1880, 395 p.

Bushell, Stephen W., *The Early History of Tibet from Chinese Sources*, *JRAS*, 1880, p. 435.

Carpenter, Joseph Estlin, *The Obligations of the New Testament to Buddhism*, London, *Nineteenth Century*, 1880, vol. VIII, p. 971-994.

Cust, Robert Needham, *Les Religions et les Langues de l'Inde*, Paris, Ernest Leroux, *BOE*, n° XXIX, 1880, 198 p.

Davids, Thomas William Rhys, *Buddhist Birth Stories, of Jataka Tales.* «The oldest collection of fokl-lore extant, being *Jâtakattavannana*, for the first time ed. in the original Pâli by V. Fausböll and tr. by T. W.

Rhys Davids», London, Trübner, *TOS*, 1880, vol. I, 347 p. [Tr.]

______, *Is Life worth Living?* «An answer from Buddha's first sermon to some questions of today. A lecture... 1880», *Sel. of the London Sunday Lect. Soc.*, 1880, vol. IV, 21 p.

Doon, Moung Kyaw, *An Essay on Buddhist Law*, Rangoon, 1880, 19 p.

Dutt, Shoshee Chunder, *India, Past and Present, with minor essays on cognate subjects*, 1880, 468 p.

Edgar, J. Ware, *The Development of Buddhism in India*, London, *Fortnightly R.*, 1880, vol. XXXIII, p. 801-821.

Edkins, (Rev.) Joseph, *Chinese Buddhism*. «A volume of sketches, historical, descriptive, and critical», London, Trübner, *TOS*, 1880, 453 p.

Eitel, (Rev.) Ernest John, *Feng-Shui, ou Principes de science naturelle en Chine*. «Tr. de l'anglais, par M. L. de Pilloué, *AMG*, 1880, t. I, p. 203-253. [Tr.]

Feer, Henri Léon, *Bulletin critique du Bouddhisme extra-indien (Tibet et Indo-Chine)*, *RHR*, 1880, t. II, p. 363-376.

______, *Etudes bouddhiques. Comment on devient Buddha*, *JA*, 1880, sér. VII, t. XVI, p. 486-514.

______, *Les Nouveaux Manuscrits pâlis de la Bibliothèque nationale*, *Ann. de l'Extrême-Orient*, mai 1880.

Fergusson, James, *On the Saka Samvat and Gupta Eras*. «A supplement to his paper of *Indian Chronology*», *JRAS*, 1880, n.s., vol. XII, p. 259-285.

Frankfurter, Oscar, *Buddhist Nirvâna, and the Noble Eightfold Path*, *JRAS*, 1880, n.s., vol. XII, p. 548-574.

Gill, William John, *The River of Golden Sand*. «The narrative of a journey through China and Eastern Tibet to Burmah. With an intr. essay by Col. H. Yule», London, Murray, 1880, 2 vol., 420; 453 p.

Guimet, Emile, *Conférence dans le Hioun-Kakou entre la mission scientifique française et les prêtres de la secte Sin-Siou sur la religion bouddhique*, *AMG*, 1880, vol. I, p. 337-373.

Hodgson, Brian Houghton, *Miscellaneous Essays Relation to Indian Subjects*, London, Trübner, 1880, 2 vol., 407; 348 p.

Kunte, M. M., *The Vicissitudes of Aryan Civilization in India*. «Hisoty of the Vedic and Buddhistic politics, explain. their origin, prosperity and decline», Bombay, 1880, 14 p.

Mason, (Rev.) Francis, *Burma, its People and Natural Productions*, Rangoon, 1880.

Morris, (Rev.) Richard, *Division of the Buddhist Scriptures*, *Acad*., 21 août 1880.

______, *Report on Pali*, *Transac. Philol. Soc.*, 1880-1881, part. 1.

Müller, Friedrich Max, *Division of the Buddhist Scriptures*, *Acad*., 21 août 1880.

______, *Sanskrit Texts Discovered in Japan*, *JRAS*, 1880, n.s., vol. XII, part. 2, p. 153-188.

______, *Vorlesungen über den Ursprung und die Entwicklung der Religion, mit besond. Rücksicht auf die Religionen des alten Indiens*, Strassburg, 1880, 439 p.

Nève, Félix, *Le Sacrifice personnel selon le Bouddhisme*, *R. catholique*, 1880.

Olcott, Henry Steele, *The Life of Buddha and its Lessons*, Colombo, *Adhyar Pamphlet*, n° 15, 1880, 12 p.

Oldenberg, Hermann, *Bemerkungen zur Pali-Grammatik*, *Z. f. Sprachforsch*., n.s., 1880, V, 3.

______, *The Vinaya Pitakam*. «One of the principal Buddhist holy scriptures in the Pâli language. Ed. by Hermann Oldenberg», vol. II, *The Cullavagga*. «Publ. with the assistance of the Roy. Acad. of Berlin and of the Secretary of State of India in Council», London & Edinburgh, Williams & Norgate, 1880.

Oldfield, Henry Ambrose, *Sketches from Nipal, Historical and Descriptive*. «With anecdotes of the court life and wild sports of the country in the time of the Maharaja Jang Badadur GCB, to which is added an essay on Nipalese Buddhism, and illustrations of religious monuments, architecture and scenery», London, W. H. Allen, 1880, 2 vol.

Oppert, Ernst, *Ein verschlossenes Land. Reisen nach Korea*, Leipzig, F. A. Brockhaus, 1880, 313 p.

Pischel, Richard, *The Assalâyanasuttam*. «Ed. and tr. by Richard Pischel», Chemnitz, Ernst Schmeitzner; London, Trübner, 1880, 42 p. [Ed. & tr.]

Piton, Charles, *La Chine. Sa religion, ses mœurs, ses missions*. «Publ. par la Soc. des livres religieux de Toulouse», Toulouse, Lagarde, 1880.

Poor, Laura Elizabeth, *Sanskrit and its Kindred Literatures. Studies in comparative mythology*, Boston, Robert Brothers, 1880, 468 p.

Pornet, J. Alfred, *Le Bouddha et le Christ. Fatalité ou liberté*, Lausanne, 1880, 182 p.

Reed, sir Edward James, *Japan*. «Its History, Traditions and Religions. With the narrative of a visit in 1879-80», London, John Murray, 2e éd., 1880, 2 vol.

Regel, A., *Turfan, Peterm. Mitt.*, 1880, VI.

Rein, I. I., *Japan nach Reisen und Studien*. «Im Auftrage der K. Preuss. Regierung dargestellt», Leipzig, Wilh. Engelmann, 1880.

Remy, Jules, *Pèlerinage d'un curieux au monastère bouddhique de Pemmianti*, Châlons-sur-Marne, 1880, 59 p.

Schiefner, Anton (von), *Über das Bonpo-Sûtra*, «*Das weisse Nâga-Hundert-Tausend*», *Mém. de l'Acad. impér. d. Sc. de St.-Pétersbourg*, 1880, sér. VII, t. XXVIII, nº 1, 86 p.

Schlagintweit, Emil, *Indien in Wort und Bild*. «Eine Schilderung de indischen Kaiserreiches», Leipzig, Heinrich Schmidt u. Karl Günther, 1880-1881, 2 vol., 202; 227 p.

Scott, sir James George (pseud. : Shway ou Shwe Yoe), *Buddhists and Buddhism in Burma, Cornhill Mag.*, nov.-déc. 1880.

Sewell, Robert, *Note on Hiouen-Thsang's Dhanakacheka*. «With remarks by Mr Fergusson on this paper», *JRAS*, 1880, n.s., vol. XII, part. 1, p.

98-109.

Tagore, Sourindro Mohun, *The Ten Principal Avataras of the Hindus*. «With a short history of each incarnation and directions for the representation of the Murttis as tableaux viviants», Calcutta, I. C. Bose, 1880, 157 p.

Thiessen, Jacob H., *Die Legende von Kisagotami*. «Eine literarhistor. Untersuchung», Breslau, W. Köbner, 1880, 70 p.

Thomas, Edward, *Buddhist Symbols*, *IA*, mai 1880, vol. IX, p. 135-140.

Tomii, *Conférence entre la mission scientifique française et les prêtres de la secte Sin-siou*. «Tr. d'un livre japonais intitulé *Notes abrégées sur les questions et les réponses*. Tr. par Ymaïzoumi, Tomii et Yamata», *AMG*, 1880, t. I, p. 335-364. [Tr.]

______, *Réponses sommaires sur les principes de la religion secte Sin-siou*. «Tr. fr. de M. Tomii», *AMG*, 1880, t. I, p. 365-373. [Tr.]

Trenckner, V., *The Milindapanho*. «Being dialogues between King Milinda and the Buddhist sage Nâgasena. The Pali text ed. (with various readings and notes) by V. Trenckner», London, William & Norgate, 1880, 430 p. [Ed.]

Wheeler, James Talboys, *A Short History of India and the Frontier States of Afghanistan, Nipal and Burma*, London, Macmillan, 1880, 730 p.

Wurm, Paul, *Der Buddhismus, oder Der vorchristiliche Versuch einer erlösenden Universal-religion*, Gütersloh, *Allg. Miss.-Z.*, C. Bertelsmann, avr.-mai-juin 1880, 50 p.

Ymaïz(o)umi (ou : Imaïzumi), Y., *Shiddha*. «Résumé historique de la transmission des quatre explications données sur le Sanscrit. Tr. fr. de MM. Ymaïzoumi et Yamata», *AMG*, 1880, t. I, p. 321-333. [Tr.]

1881

Adamy, Rudolf, *Architektonik des orientalischen Altertums*, Hannover, Helwing'sche Verlagsbuchhdl., 1881, 330 p.

Bastian, Wilh. Adolf, *Über die Psychologie des Buddhismus*, Berlin, *Abh.*

u. Vortr. d. V. Intern. Or. Kongr., 1881, t. II, 2, sect. 4, p. 10-12.

Davids, Thomas William Rhys, *Buddhist Suttas*, 1 : *The Mahâ-parinibbâna Suttanta*; 2 : *The Dhamma-kakkappavattana Sutta*; 3 : *Tevigga Suttanta*; 4 : *The Akankeyya Sutta*; 5 : *The Ketokhila Sutta*; 6 : *The Mahâ-sudassana Suttanta*; 7 : *The Sabbâsava Sutta*. «Tr. from Pâli by T. W. Rhys Davids», Oxford, *SBE*, Clarendon Pr., 1881, vol. XI, 320 p. [Tr.]

______, *Vinaya Texts*. «Tr. from the Pâli by T. W. Rhys Davids & Hermann Oldenberg», Oxford, *SBE*, Clarendon Pr., 1881-1885, vol. XIII, XVII, XX, 360; 444; 444 p.

Fausböll, Michael Viggo, *The Sutta-Nipâta*. «A collection of discourses. Being one of the Canonical Books of Buddhists. Tr. from Pâli by V. Fausböll», Oxford, *SBE*, Clarendon Pr., 1881, vol. X, part. 2, 224 p. [Tr.]

Jäschke, Heinrich August, *A Tibetan-English Dictionary*. «With special reference to the prevailing dialects. To which is added an English-Tibetan vocabulary. Printed and publ. by order of HM's Secretary of State for India in Council», London, Kegan Paul, 1881, 671 p.

Lillie, Arthur, *Buddha and Early Buddhism*, London, *The World's Epochmakers*, Trubner,1881, 256 p.

Müller, Friedrich Max, *Buddhist Nihilism*. «Selected Essays on Language, Mythology and Religion», London, 1881, vol. II, p. 292-312.

______, *The Dhammapada*. «A collection of verses. Being one of the canonical books of the Buddhists. Tr. from Pâli by F. Max Müller», Oxford, *SBE*, Clarendon Pr., 1881, vol. X, part. 1, 99 p. [Tr.]

Olcott, Henry Steele, *Buddhist Catechism*, Adyar, 1881. [Tr.]

Oldenberg, Hermann, *Buddha; Sein Leben, seine Lehre, seine Gemeinde*, Berlin, W. Hertz, 1881, 459 p.

Schlagintweit, Emil, *Le Bouddhisme au Tibet*. «Précédé d'un résumé des précédents systèmes bouddhiques dans l'Inde. Tr. de l'anglais par L. de Milloué», Lyon, *AMG*, 1881, t. III, 292 p., 41 pl. [Tr.]

1882

Adams, W. H. D., *Curiosities of Superstition and Sketches of Unrevealed Religions. Incl. Buddhism, Hindu Mythology*, 1882, 328 p.

Barth, Auguste, *The Religions of India*. «Author. tr. by Rev. J. Wood, London, Trübner, *TOS*, 1882, 309 p. [Tr.]

Bastian, Wilh. Adolf, *Der Buddhismus in seiner Psychologie*. «Mit einer Karte des buddhistischen Weltsystems», Berlin, Ferd. Dümmlers Verlagsbuchhdl., 1882, 366 p.

Carus, Paul, *Lieder eines Buddhisten*, Dresden, 1882, 59 p.

Chattopâdhyayâya, Nisikânta (pseud. : «Ein Hindu»), *Buddhism and Christianity*, London, 1882, 24 p. [Tr.]

______, *Buddhismus und Christentum. Mit einem Anhang über das Nirvana*. «von einem Hindu», Zürich, Rudolphi u. Klemm, 1882, 32 p.

Frankfurter, Oscar, *List of Pâli, Sinhalese and Sanskrit MSS. in the Colombo Museum*, *JPTS*, 1882, p. 46-58.

Garnier, F., *De Paris au Tibet*, Paris, 1882, 422 p.

Gough, Archibald Edward, *The Sarva-darsana-samgraha*. «Tr. by E. B. Cowell & A. E. Gough», London, 1882.

Gray, James, *First Lessons in Pali*. «Adapted for use in middle schools», Rangoon, 3e éd., 1882, 36 p.

Humboldt (baron), *Christ and Buddha Contrasted by an Oriental who Visited Europe*. «Extracted form a work entitled *Happiness*. With an introduction, a comparison of utterances, and a story of Christian missions by Baron Humboldt», London, *Leek Bijou Freethought Repr.*, nº 5, 1882, 114 p.

Voir Rydiny, *infra*.

Kellog, Samuel Henry, *The Legend of Buddha and the Life of the Christ*, *Bibl. Sacra*, juil. 1882.

Kuenen, Abraham, *Lectures on National Religions and Universal Religions*. «Hibbert Lectures for 1882», London, 1882, 339 p.

Oldenberg, Hermann, *Buddha; His Life, his Doctrine, his Order*. «Tr. from the German by Hermann Hoey», London, William & Norgate, 1882, 455 p. [Tr.]

Rydiny, *Happiness. A detailed comparison of Christianity and Buddhism.* «By a Buddhist», London, 1882, 96 p.

Senart, Emile, *Le Mahâvastu.* Texte sanscrit publ. pour la première fois et accompagné d'une introd. et d'un comment. par E. Senart», Paris, *Soc. As. Collection d'ouvr. or.*, Impr. nat., ser. II, 3 t., 633; 575; 588 p. [Ed.]

Seydel, Rudolf, *Das Evangelium von Jesu in seinen Verhältnissen zur Buddha-Sage und Buddha-Lehre.* «Mit fortlaufender Rücksicht auf andere Religionskreise untersucht», Leipzig, Breitkopf & Härtel, 1882, 361 p. *Voir* L. Büchner, 1884.

1883

Bendall, Cecil, *Catalogue of the Buddhist Sanskrit Manuscripts in the University Library, Cambridge.* «With introductory notices and illustrations on the palaeography and chronology of Nepal and Bengal», Cambridge UP, 1883, 225 p.

Braunholtz, Eug., *Die erste nichtchristiliche Parabel des Barlaam und Josaphat, ihre Herkunft und Verbreitung*, Diss. Berlin, Halle, Buchdr. v. Karrs, 1883, 33 p.

Broglie, abbé de, *Le Bouddhisme, Le Contemporain*, sept. 1883.

______, *La Morale bouddhique, Ann. de philos. chrét.*, nov. 1883.

Clarke, James Freeman, *Affinities of Buddhism and Christianity, North American R.*, mai 1883.

______, *Ten Great Religions*, Part. II, *A Comparison of All Religions*, Boston, Houghton, 1883, 413 p.

Cordier, Henri, *Essai d'une bibliographie des ouvrages publiés en Chine par les Européens au XVIIe et au XVIIIe siècle, Paris, Mél. or.*, p. 493-546.

Cosquin, Emmanuel, *Bouddhisme et Christianisme*, Paris, *Le Français*, 1er sept. 1883.

Feer, Henri Léon, *Fragments extraits du Kandjour*. «Tr. du tibétain», Paris, 1883, *AMG*, E. Leroux, t. V, 577 p.

Frankfurter, Oscar, *Handbook of Pali*. «Being an elementary grammar, a chrestomathy and glossary», London, 1883, 179 p., 4 tables d'alphabets.

Happel, Julius, *Die Verwandtschaft des Buddhismus und des Christentums*, *Jb. f. Prot. Theol.*, 1883-1884, vol. IX, p. 353-421; vol. X, p. 49-70.

Hoerning, *List of Pâli MSS. in the British Museum acquired since 1883*, *JPTS*, 1883, p. 133-144; 1888, p. 108-111.

Jäschke, Heinrich August, *Tibetan Grammar*. «2 ed. Prepared by A. Wenzel», London, Trübner, *Trübner's Coll. of Simplified Grammar*, n° VII, 1883, 104 p.

Lillie, Arthur, *The Popular Life of Buddha*. «Containing an answer to the *Hibbert Lectures* (by T. W. Rhys Davids) of 1881», London, Kegan Paul, 1883, 340 p.

Monier-Williams (sir Monier), *Religious Thought and Life in India*. «An account of the religions of the Indian peoples, based on a life's study of their literature and on personal investigations in their own country», London, 1883, 520 p.

Olcott, Henry Steele, *Le Bouddhisme selon le canon de l'église du sud et sous forme de catéchisme*. «Tr. franç. de la 14e éd. par D. A. C.», Paris, Ghio, 1883, 105 p. [Tr.]

Prowe, Ad., *Der Buddhismus in Deutschland und England*. (*in* A. P. Sinnett, *Esoteric Buddhism*, 1883), *Mag. f. d. Lit. In- u. Ausl.*, 8 mars 1883, p. 145 *sq*.

Renan, Ernest, *Bouddhisme et Brahmanisme*, *R. polit. et litt.*, juil. 1883, n° 214, t. XXXII, p. 57-58.

______, *Essai sur la légende du Bouddha*, *JS*, 1883, p. 177.

Sinnett, Alfred Percy, *Esoteric Buddhism*, London, Trübner, 1883, 215 p.

Treblin, Adolff, *Buddhismus und Christentum. Eine religionsgeschichtliche*

Studie, Breslaw, Woywod, 1883, 24 p.

1884

Alviella, Eugène Goblet d', *Un catéchisme bouddhiste en français, R. de Belg.*, 1884, t. XLVI, p. 113-124.
Voir H. S. Olcott, 1883.

Bastian, Wilh. Adolf, *Religionsphilosophische Probleme aus dem Forschunsfelde buddhistischer Psychologie und der vergleichenden Mythologie*, Berlin, A. Ascher u. Co. (ex-Behrend u. Co.), 1884, 2 div., 148 (42); 59(52) p.

Beal, (Rev.) Samuel, *Buddhism in China.* «Publ. under the direction of the Committee of General Literature and Education appointed by SPCK», London, SPCK; New York, E. & J. B. Young & Co., *Non-Christian Religious Systems*, 1884, 264 p.

______, *Si-yu-ki.* «Buddhist Records of the Western World. Tr. from the Chinese of Hiuen-Tsiang», London, Trübner & Co., *TOS*, 2 vol., 242 p.

Büchner, Ludwig, *Christus und Buddha*, in *Aus Natur und Wissenschaft*, Leipzig, 1884, vol. II, p. 409-417.
Voir R. Seydel, 1882.

Feer, Henri Léon, *The Samyutta-Nikâya of the Sutta-Pitaka.* «Ed. by M. Léon Feer», London, Henry Frowde (OUP) (pour la PTS), 1884-1898, vol. I-V (II *sq.* : *Samyutta-Nikâya*), 258; 297; 291; 421; 505 p. (Vol VI : Index par Mrs Rhys Davids.) [Ed.]

Foucaux, Philippe Edouard, *Le Lalita Vistara.* «*Développement des Jeux*, contenant l'histoire du Bouddha Cakya-Mouni; depuis sa naissance jusqu'à sa prédication. Tr. du sanskrit en français par Ph. Ed. Foucaux», Paris, *AMG*, Ernest Leroux, 1884-1892, 2 vol., t. VI, XIX, 406; 240 p. [Tr.]

Müller-(Hess), Eduard, *Simplified Grammar of the Pâli Language*, London, Trübner, *Trübner's Coll. of Simplified Grammars*, n° 12, 1884.

Pogor, V., *Buddhaismu, ce este si cum se capata Nirvana, Convortiri Literare*, 1er avril 1984, Anul XVIII, n° 1, p. 37-38.

Renan, Ernest, *Nouvelles Etudes d'histoire religieuse*, Paris, 1883.

Rockhill, William Woodville, *Pratimoksha Sutra, ou le traité d'émancipation selon la version tibétaine avec notes et extraits du Dulva (Vinaya)*, «Tr. par W. Woodville Rockhill», *RHR*, 1884, t. IX, n° 1, p. 3-26; n° 2, p. 167-210. [Tr.]

Seydel, Rudolf, *Buddha und Christus*, Breslau, *Deutsche Bücheren*, n° 33, Schottländer, 1884, 24 p.

______, *Die Buddha-Legende und das Leben Jesu nach den Evangelien. Erneuerte Prüfung ihres gegenseitigen Verhältnisses*, Leipzig, Otto Schultze, 1884, 83 p.

1885

Andreozzi, Alfonso, *Il Dente di Buddha.* «Racconto estratto dalla Storia delle Spiagge (Shiu Hu Chuan) e letteralmente tradotto dal Chinese da A. Andreozzi», Milano, E. Sonzogno, 1885 (Firenze, Dotti, 1883), 100 p. [Tr.]

Ayuso, F. Garcia, *El Nirvâna buddhista en sus relaciones con otros sistemas filosoficos*, Madrid, 1885, 41 p. (*La Ciencia cristiana*, janv.-févr. 1885).

Broglie, abbé de, *Problèmes et Conclusions de l'histoire des religions*, Paris, Putois-Cretté, 1885, 420 p.

Courtney, W. L., *Socrates, Buddha and Christ, North American R.*, New York, 1885, vol. CXL, p. 63-77.

Duka, Theodore (Tivadar), *The Life and Works of Alexander Csoma de Körös.* «A biography compiled chiefly from hitherto unpublished data; with a brief notice of each of his published works and essays, as well as of his still extant manuscripts», London, Trübner, *TOS*, 1885, 234 p.

Foucaux, Philippe Edouard, *Un mémoire espagnol sur le Nirvana bouddhique.* «F. Garcia Ayuso, *El Nirvâna buddhista, etc.*, Madrid 1885»,

RHR, 1885, t. XII, p. 321-333. [Rec.]

Gogerly, (Rev.) Daniel John, *The Kristiyani Prajnapti, of Evidences and Doctrines of the Christian Religion*. «A sketch of Buddhist doctrine and its refutation», Colombo, Christ. Vernacular Education Soc., 1885, 105 p.

Hartmann, Eduard von, *Philosophische Fragen der Gegenwart*, Leipzig, Wilh. Friedrich, 1885, 298 p.

______, *Was ist Nirvana?*, *Mag. f. d. Litt. d. In- u. Auslandes*, 3 janv. 1885, vol. LIV, nº 1, p. 4-6.

Kellog, Samuel Henry, *The Light of Asia and the Light of the World*. «A comparison of the legend, the doctrine and ethics of the Buddha with the story, the doctrine and ethics of Christ», London, Macmillan, 1885, 390 p.

Lee, Lionel, *The Bâlâvatârâ, a Pâli Grammar*. «With an English tr. and notes», *The Or.*, 1885-1890, vol. II, part. 3-4, p. 71-73; part. 5-6, p. 97-98; vol. III, part. 9-10, p. 198 *sq.*; part. 11-12, p. 210-212. [Ed. & tr.]

Macdonald, Frederika, *Buddhism and Mock Buddhism*, London, *Fortnightly R.*, 1885, vol. XLIII, p. 701-716.

Mayer, Julius, *Christliches Mönchtum und Buddhismus*, *Der Katholik*, déc. 1885, vol. 65, p. 630-641.

Mitra, Rajendrala, *Centenary Review of the As. Soc. of Bengal*, part. I, *History of the Society*, 1885.

Schuré, Edouard, *Le Bouddha et sa légende. Une résurrection du Bouddha*. «E. Arnold, *The Light of Asia*, 25ᵉ éd.», *RDM*, 1885, t. LXXX, p. 589-622. [Rec.]

Sellin, A. W., *Der Buddhismus in Deutschland*, *Mag. f. d. Lit. d. In-u. Auslandes*, 24 janv. 1885, p. 55 *sq.*

Wilkinson, William Cleaver, *Edwin Arnold as Poetizer and as Paganizer*. «Containing an examination of the *Light of Asia* for its literature and for its Buddhism», New York, Funk, 1885, 177 p.

1886

Allen, Herbert J., *Similarity between Buddhism and Early Taoism*, Hongkong, *China R.*, vol. XV, p. 96-99.

Bartet, M., *Notice sur le Bouddha et sa doctrine à propos d'une grande statue bouddhique qui se trouve dans les Collections de la Société de géographie de Rochefort, Bull. Soc. Géor.*, Rochefort, 1886-1887, vol. VIII, p. 266-283.

Bose, Ram Chundra, *Buddha as a Man, Calcutta R.*, janv. 1886, vol. LXXXII, n° 163, p. 65-84.

______, *Buddha as a Moralist, Calcutta R.*, juil. 1886, vol. LXXXIII, n° 165, p. 36-56.

Colinet, Ph., *Ist der Buddhismus atheistisch? Allg. Osterr. Lztg.*, 1er avr. 1886, vol. II, n°s 1 & 2, p. 9-10.

Elwell, L. H., *In translation, Nine Jâtakas.* «Pâli text, with vocabulary», Boston, Ginn, 1886, 118 p. [Ed. & tr.]

Feer, Henri Léon. *E. B. Cowell & J. Eggeling, «Catalogue of the Buddhist Skt. MSS. in the possession of RAS; W. W. Hunter, «Catalogue of the Skt. MSS. collected by B. H. Hodgson»; C. Bendall, «Catalogue of the Buddhist Skt. MSS. in the Univ. Libr.», Cambridge, JA*, 1886, sér. VIII, t. VII, p. 88-95. [Rec.]

Müller, Friedrich Max, *A Sanskrit Grammar for Beginners.* «Nes and abridged ed., accented and transliterated throughout, with a chapter on syntax and an appendix on classical metres, by A. A. Macdonell», London, Longmans, Green, 1886, 192 p.

Renan, Ernest, *Studies in Religious History*, 1886. [Tr.]

Reynolds, Henry Robert, *Buddhism.* «A comparison and contrast between Buddhism and Christianity», London, *Present Day Tract*, 1886, vol. VII, sér. 2, n° 46, 64 p.

1887

Ahles, *Buddhismus und Christentum, ZMkR*, 1887, vol. II, p. 1-20.

Alexander, Sidney Arthur, *Sakya-Muni. The story of Buddha*, London, *Newdigate Prize Poem*, Simpkin Marshall, 1887.

Benham, (Rev.) William, *The Dictionary of Religion* : «An encyclopedia of Christian and other religious doctrines, denomination, sects, heresies, ecclesiastical terms, history, biography, etc. Ed. by the Rev. William Bentham», London, Paris, New York & Melbourne : Cassel & Co., 1887, 1148 p.

Bose, Ram Chundra, *Buddha as a Philosopher, Calcutta R.*, 1887, part. I-II, p. 16-35, 362-380.

Bühler, Johann Georg., *Three New Edicts of Asoka, IA*, 1887, vol. VI, p. 149-160; 1888, vol. VII, p. 141-160.

Dasa, Philangri, *Swedenborg the Buddhist, or the Higher Swedenborgianism. Its secret and Thibetan origin.* «Publ. by the Buddhistic-Swedenborgian Brotherhood», Los Angeles, 1887, 322 p.

Dering, Edward H., *Esoteric Buddhism*, London, *The Month*, 1887, vol. LIX, p. 219.

______, *Esoteristic Buddhims. The New Gospel of Atheism.* «Repr. and a little enl. from 2 articles in *The Month* (Febr.-Mar. 1887)», London, Washburn, 1887, 48 p.

Forlong, James George Roche, *Through what Historical Channels did Buddhism influence Early Christianity?*, Chicago, *Open Court*, 1887, vol. I, p. 382-384, 416-418, 439-441.

Lacaze, H., *Le Bouddhisme et le Christianisme, R. scient.*, 1887, t. XXXIX, p. 272-276.

Liesching, Louis F., *Buddha and Christ, or the Light of Asia and the Light of the World.* «A lecture delivered at the Notional Club», Norwood, 1887, 22 p.

Lillie, Arthur, *Buddhism in Christendom, or Jesus the Essence*, London, Kegan Paul, 1887, 410 p.

Olcott, Henry Steele, *Ein buddhistischer Katechismus nach dem Kanon der Kirche des südlichen Indiens.* «Geprüft und zum Gebrauch f. buddh.

Schulen empfohlen von H. Sumangala, dem Hohenpriester von Sripada und Galle (Ceylon). Mit den Anm. der amerik. Ausg. von E. Coues. Erste deutsche Ausg. (von Hübbe-Schleiden)», Berlin, Th. Grieben, 1887, 100 p. [Tr.]

Sinnett, Alfred Percy, *The Buddha's Teaching*, London, *London Lodge Transac.*, G. Redway, 1887, n° 12.

1888

Blavatsky (ou Blavatzky), Helena Petrovna, *The Secret Doctrine*. «The synthesis of science, religion and philosophy», New York, Boston, 1888. («2ᵉ ed., 2 vol. and separate index. Additional 3 vol. publ. by Theosophical Publ. House», London, 1897, 594 p.)

Bühler. Johann Georg., *A New Asoka Inscription*, *Acad.*, 11 fév. 1888, p. 100 *sq*.

Burnouf, Emile, *Le Bouddhisme en Occident*, Paris, *RDM*, vol. XXXXVIII, p. 340-372.

Burnouf, Emile, *The Science of Religions*. «Tr. by Jule Liebe. With a pref. by E. J. Rapson», London, Swan Sonnenschein, Lowrey, 1888, 275 p. [Tr.]

Burrell, J., *The Religions of the World*. «An outline of the great religious systems», Philadelphia, 1888, 332 p.

Koeber, Raph., *Buddhas Leben und Lehre, dem «Buddhistischen Katechismus» von Subhadra Bhikshu nacherzählt*, I : *Das Leben*; II : *Die Lehre*, *Sphinx*, 1888, vol. VI, p. 320-324, 361-367.

Mitra, Rajendrala, *Ashtasâhasrikâ*. «A collection of discourses on the metaphysics of the *Mahâyâna* school of the Buddhists, now first ed. from Nepalese Sanskrit MSS», Calcutta, As. Soc., *BI*, 1888, 530 p. [Ed.]

Preiss, Hermann, *Religionsgeschichte*. «Geschichte der religiösen Entwicklung des religiösen Bewusstseins in seinen einzelnen Erscheinungsformen, eine Geschichte des Menschengeistes», Leipzig, Maeder & Wahl, 1888, 548 p.

Sinnett, Alfred Percy, *Esoteric Buddhism and the Secret Doctrine*, *Lucifer*, 1888-9, vol. III, p. 247-254.

Subhadra, Bhikschu (*i.e.* Heinrich Zimmermann), *Buddhistischer Katechismus*. «Zur Einführung in die Lehre des Buddha Gotamo. Nach den heil. Schr. der Südl. Buddhisten zum Gebrauche für Europäer zusammengestellt u. in Anmerk. versehen», Braunschweig, C. A. Schwetschke & Son, 1888, 88 p.
Voir R. Koeber, *supra*.

Trégard, L., *Le Parrain du Bouddhisme en France, M. Emile Burnouf. Lettre à un catholique*, *Etudes religieuses, philos., hist. et litt.*, nov. 1888, p. 377-395.

Trenckner, V., *The Majjhima-Nikâya*. «Ed. by V. Trenckner», London, Humphrey Milford (pour la PTS), vol. I, 1888, 573 p. (Vol. II-III, par R. Chalmers; vol. d'index par Mrs Rhys Davids.) [Ed.]

Voigt, G., *Buddhismus und Christentum*, Heilbronn, *Zeitfragen des Christl. Volkslebens*, Gebr. Henninger, 1888, vol. XIII, 45 p.

1889

Carpenter, Joseph Esltin, *Dîgha Nikâya*. «Ed. by T. Rhys Davids & Carpenter» (vol. III, par J. Estlin Carpenter), London, Henry Frowde (pour la PTS), 1889-1911, 3 vol., 261; 394; 327 p. [Ed.]

Fausböll, Michael Viggo, *Das Sutta Nipâta*. «Eine Sammlung von Gesprächen, welche zu den kanonischen Büchern der Buddhisten gehört. Aus der engl. übers. von V. Fausböll ins Deutsche. Übertr. von Arthur Pfungst», Strassburg, Karl J. Trübner, 1889, vol. I, 80 p. [Tr.]

Fujishima, Ryauon (Ryoon), *Le Bouddhisme japonais, doctrine et histoires des douze grandes sectes bouddhiques du Japon*, Paris, Maisonneuve, 1889, 160 p.

Glardon, Aug., *La Déconvenue de Mandalou*. «Scènes de mœurs bouddhistes», *Bibl. univ. et R. suisse*, 1889, t. XLIII, 128, p. 242-270.

Martin, (Rev.) William Alexander Parsons, *Is Buddhism a Preparation for*

Christianity? Chinese Recorder, mai 1889, p. 193-203.

Monier-Williams (sir Monier), *Buddhism, in its connexion with Brahmanism and Hinduism, and in its contrast with Christianity*, London, John Murray, 1889, 563 p.

Subhadra, Bhikschu (*i.e.* Heinrich Zimmermann), *Catéchisme bouddhique, ou Introduction à la doctrine du Bouddha Gotama.* «Extrait à l'usage des Européens, des livres saints des bouddhistes du sud et annoté», Paris, E. Leroux, *BOE*, n° LXI, 1889, 120 p.

______, *De Leer van Boedhha.* «Naar de heilige Boeken van het zuidelijk Boeddhisme voor Europeanen bewerkt. Uit het Duitsch vertaald en met een Voorwoord voorzien door Mr S. van Houten», s'Gravenhage, Mouton, 1889, 101 p. [Tr.]

1890

Arnold, sir Edwin, *The Light of Asia.* «Tr. into Russian by A. Annenskoi, with an introd. », St. Petersburg, 1890, 103, 239 p. [Tr.]

Davids, Thomas William Rhys, *The Question of King Milinda.* «Tr. from Pâli by T. W. Rhys Davids», Oxford, *SBE*, Clarendon Pr., 2 vol., vol. XXXV et XXXVI, 320; 388 p.

Green, R. F., *Christianity and Buddhism, Proc. Lit. and Philos. Soc. Liverpool*, 1890, vol. XLIV, p. 299-322.

Macdonald, Kenneth Somerland, *Note on Buddha's Atheism and Nihilism*, Calcutta, 1890, 2 p.

McKerlie, (Miss) Helen Graham, *Western Buddhism, As. Quarterly R.*, janv.-avr. 1890, sér. I, vol. IX, p. 192-227.

Mariano, Raffaele, *Buddismo e Cristianesimo : studio di religione comparata*, Napoli, Tip. d. Univ., 1890, 97 p.

Milloué, Léon de, *Précis de l'histoire des religions*, Part. 1, *Religions de l'Inde*, Paris, *AMG : Bibl. de vulgarisation*, E. Leroux, t. II, 335 p.

Minayeff, Ian Pavlovitch. Cântideva : *Bodhicaryâvatâra.* «Spasenie po uceniju pozdnejsich buddhistov», *Zap.*, 1890, vol. IV, p. 153-228. [Ed.]

Petrenz, Otto, *Buddha und Christus (Eine Parallele), Die Kritik*, 1890, vol. XII, p. 446-456.

Scott, Archibald, *Buddhism and Christianity. A Parallel and a Contrast*, Edinburgh, *Croalle Lectures, 1889-1890*, Douglas, 1890, 391 p.

Weber, Albrecht Friedrich, *Die Griechen in Indien*, Berlin, *Sb. d. Pr. Akad. d. Wiss., philos.-hist. Kl.*, 1890, p. 901-933.

기타 도서목록

19세기의 불교 관련 중요 철학서술

A. Comte

Système de politique positive, Paris, 1853, t. III, p. 243-260.

B. Constant

De la religion considérée dans ses sources, ses formes et ses développements, Paris, Béchet aîné, 1827, t. III, p. 109-119.

V. Cousin

Cours de l'Histoire de la philosophie, Paris, Pichon et Didier, 1829, p. 155.

Histoire générale de la philosophie, depuis les temps les plus anciens jusqu'au XIXe siècle, Paris, Didier, 1863, p. 90-95.

G. W. F. Hegel

Vorlesungen über die Philosophie der Religion, II, 1, 3, 1, éd. Lasson, Leipzig, 1927 (*S. W.*, t. XIII, 2) : «Die Religion de Insichseins», p. 119-137. (Nouvelle éd. par Walter Jaeschke, Hambourg, Felix Meiner, 1985, t. 2a.)

Vorlesungen über die Philosophie der Weltgeschichte, t. II, *Die Orientalis-*

che Welt, éd. Lasson, Hambourg, Felix Meiner, 1968 : «Der Buddhismus» (1822-1823), p. 411-413; «Das mongolische Prinzip» (1830), p. 332-342.

F. Nietzsche

Der Antichrist, § 20-23.

Der Wille zur Macht, § 64, 220.

Die Fröhliche Wissenschaft, § 353.

Ecce Homo, § 6.

Jenseits von Gut und Böse, § 56, 262.

Zur Genealogie der Moral, III, § 7.

Très nombreuses occurrences dans les posthumes, depuis l'époque de *Die Geburt der Tragödie* jusqu'aux derniers fragments.

E. Quinet

Le Génie des religions, Paris, Chamerot, 1842, p. 208-217.

E. Renan

Nouvelles Etudes d'histoire religieuse, Paris, Calmann-Lévy, 1884 : «Premiers travaux sur le bouddhisme» (1851), p. 41-130; «Nouveaux travaux sur le bouddhisme» (1862), p. 131-166.

C. Renouvier

Philosophie analytique de l'histoire, Paris, Ernest Leroux, 1897, t. II, p. 122-210; t. V, p. 400-424.

F. W. J. von Schelling

Sämtliche Werke, Stuttgart, 1856-1861, vol. XII : *Philosophie der Mythologie*, chap. XX-XXII, p. 431-520.

A. Schopenhauer

Die Welt als Wille und Vorstellung : nombreuses références dispersées dans le livre IV, notamment § 68, et dans les *Suppléments* de 1844, revus et augmentés, principalement en ce qui concerne le bouddhisme, en 1859.

Parerga und Paralipomena : notamment § 181-182, 189.

Über den Willen in der Natur : chapitre «Sinologie».

Correspondance complète, trad. française par Christian Jaedicke, Paris, Alive, 1996; *Gesammelte Briefe*, éd. A. Hübscher, Bonn, Bouvier, 1987 : correspondance avec Adam von Doss (1856).

Manuscrits posthumes : *Der Handschriftliche Nachlass*, éd. A. Hübscher, Francfort-sur-le-Main, Waldemar Kzamer, 1966-1975, 5 vol.

H. Taine

Nouveaux Essais de critique et d'histoire, Paris, Hachette, 1865, p. 317-383.

일반 도서목록

Almond, Philip C., *The British Discovery of Buddhism*, Cambridge, Cambridge University Press, 1988.

Bareau, André, *Recherches sur la biographie du Bouddha dans les Sutrapitaka et les Vinayapitaka anciens : de la Quête de l'Eveil à la conversion de Sariputra et de Maudgalyana*, Paris, Ecole Française d'Extrême-Orient, 1963.

Bear, Douglas, «Early Assumptions in Western Buddhist Sutdies», *Religion*, 1975, vol. V, 2, p. 136-159.

Benfey, Theodor, *Geschichte der Sprachwissenschaft und der orientalischen Philologie in Deutschland*, Munich, Gotta, 1861.

Bugault, Guy, *La Notion de «prajña» ou de sapience selon les perspectives* du *«Mahâyâna»*, Paris, Institut de civilisation indienne, 1968.

______, *L'Inde pense-t-elle?*, Paris, PUF, 1994.

Cannon, Garland, *Sir William Jones : A Bibliography of Primary and Secundary Sources. Library and Information Sources in Linguistics, Amsterdam Studies in the Theory and History of Linguistic Science*, Amsterdam, John Benjamins, 1979.

Collins, Steven, *Selfless Persons, Imagery and Thought in Theravada Buddhism*, Cambridge, Cambridge University Press, 1982.

Conche, Marcel, «Nietzsche et le bouddhisme», *Cahier du Collège international de Philosophie*, 1987, n° 5.

Conze, Edward, *Thirty years of Buddhist Studies*, Oxford, Bruno Cassirer, 1967.

Das Gupta, R. K., «Schopenhauer and Indian Thought», *East and West*, 1982, n.s., vol. XIII, 1, p. 32-40.

Dharmasiri, G., «Principles and Justifications in Morals : The Buddha and Schopenhauer», *Schopenhauer Jahrbuch*, 1972, n° 53, p. 88-92.

Frank, Bernard, *L'Intérêt pour les religions japonaises dans la France du dix-neuvième siècle et les collections d'Emile Guimet. Essais et conférences*, Collège de France, Paris, PUF, 1986.

Gérard, René, *L'Orient et la Pensée romantique allemande*, Paris, Didier, 1963.

Giard, Luce (dir.), *Les Jésuites à la Renaissance. Système éducatif et production du savoir*, Paris, PUF, 1995.

Glasenapp, Helmuth von, «Das Gottesproblem bei Schopenhauer und in den metaphysischen Systemen der Inder», *Schopenhauer Jahrbuch*, 1941, n° 28, p. 151-198.

______, *Das Indienbild Deutscher Denker*, Stuttgart, Koeler Verlag, 1960.

Gusdorf, Georges, *Du néant à Dieu dans le savoir romantique*, Paris, Payot, 1983.

Hadot, Pierre, *Exercices spirituels et Philosophie antique*, Paris, Etudes augustiniennes, 1981 (2e éd. revue et augmentée, 1987).

Halbfass, Wilhelm, *India and Europe. An Essay in Understanding*, Albany, Suny Press, 1988 (éd. revue et augmentée de *Indien und Europa. Perspektiven ihrer geistigen Begegnung*, Stuttgart, Schwabe, 1981).

Hecker, Max F., *Schopenhauer und die indische Philosophie*, Köln, Hübscher & Teuffel, 1897.

Hulin, Michel, *Le Principe de l'ego dans la pensée indienne classique, la Notion d'ahamkâra*, Paris, Institut de civilisation indienne, 1978.

———, *Hegel et l'Orient*, suivi de la traduction annotée d'un essai de Hegel sur la *Bhagavad-Gîtâ*, Paris, Vrin, 1979.

Jong, J. W. de, «A Brief History of Buddhist Studies in Europe and America», *The Eastern Buddhist*, 1974, vol. VII, 1, p. 55-106 et vol. VII, 2, p. 49-82.

Kapani, Lakshmi, *La Notion de samskâra*, Paris, Publications de l'Institut de civilisation indienne, De Boccard, 1992 et 1994, 2 vol.

Kishan, B. V., «Schopenhauer and Buddhism», *Shopenhauer Jahrbuch*, 1972, n° 53, p. 185-189.

Kopf, David, *British Orientalism and the Bengal Renaissance. The Dynamics of Indian Modernization 1773-1835*, Calcutta, Mukhopadhyay, 1969.

Lacombe, Olivier, *Indianité. Etudes historiques et comparatives sur la pensée indienne*, Paris, Les Belles Lettres, 1979.

Lubac, Henri de, *La Rencontre du bouddhisme et de l'Occident*, Paris, Aubier, 1952.

Marshall, P. J., *The British Discovery of Hinduism in the Eighteenth Century*, Cambridge, Cambridge University Press, 1970.

Merkel, R. F., «Schopenhauer Indien-Lehrer», *Schopenhauer Jahrbuch*, 1948, n° 32, p. 158-181.

Mockrauer, Franz, «Schopenhauer und Indien», *Schopenhauer Jahrbuch*, 1928, n° 15, p. 3-26.

Murti, T. R. V., *The Central Philosophy of Buddhism, A Study of the Mâdhyamika System*, London, George Allen and Unwin, 1855 (rééd.

Unwin Paperbacks, 1980).
Nichitani, Keiji, *The Self of a Coming of Nihilism*, tr. anglaise de Graham Parkes et Setsuko Aihara, New York, Suny Press, 1990.
Olender, Maurice, *Les Langues du Paradis. Aryens et Sémites : un couple providentiel*, Préface de Jean-Pierre Vernant, Paris, Gallimard-Le Seuil, 1989. (Rééd. Éd. du Seuil coll. «Point-Essais», 1994.)
Peris, William, *The Western Contribution to Buddhism*, New Delhi, Motilalbanarsidass, 1973.
Poliakov, Léon, *Le Mythe aryen*, Paris, Calmann-Lévy, 1971.
Renou, Louis, *Les Maîtres de la philologie védique, Annales du Musée Guimet*, t. XXXVIII, Paris, Librairie orientaliste Paul Geuthner, 1928.
Rhothermund, Dietmar, *The German Intellectual Quest for India*, New Delhi, Manohar, 1986.
Schwab, Raymond, *La Renaissance orientale*, Paris, Payot, 1950.
Silburn, Lilian, *Instant et Cause, le discontinu dans la pensée philosophique de l'Inde*, Paris, Vrin, 1955.
______, *Le Bouddhisme*, Paris, Fayard, 1977.
Société asiatique, *Le Livre du centenaire (1822-1922)*, Paris, Librairie orientaliste Paul Geuthner, 1922.
Stache-Rosen, Valentina, *German Indologists. Biographies of Scholars in Indian Studies Writings in German*, 2e éd. révisée par Agnes Stache-Weiske, New Delhi, Max Müller Bhavan, 1990.
Vermeren, Patrice, *Victor Cousin. Le jeu de la philosophie et de l'Etat*, Paris, L'Harmattan, 1995.
Welbon, G. R., *The Buddhist Nirvâna and Its Western Interpreters*, Chicago-Londres, The University of Chicago Press, 1968.
Wickremeratne, Ananda, *The Genesis of an Orientalist. Thomas William Davids Rhys, Davids and Buddhism in Sri-Lanka*, New Delhi, Motilalbanarsidass, 1984.
Willson, A. Leslie, *A Mythical Image : The Ideal of India in German*

Romanticism, Durham NC, Duke University Press, 1964.

Windish, E., *Geschichte des Indo-arischen Philologie und Altertumskunde*, Strasbourg, Trübner, 1917.

Young, Richard Fox, *Resistant Hinduism. Sanskrit Sources on Anti-Christian Apologetic in Early Nineteenth Century India*, Vienne, Publications of the De Nobili Research Library, vol. VIII, 1981.

Zimmer, Heinrich, «Schopenhauer und Indien», *Schopenhauer Jahrbuch*, 1938, n° 25, p. 266-273.

찾아보기

ㅁ

ㅂ

ㅎ

저 · 역자 소개

로제-폴 드르와(Roger-Pol Droit)

1949년 파리에서 출생. 인문 · 자연과학을 총망라하는 프랑스 국립과학원(CNRS)의 철학교수이다. 주된 연구 방향은 유럽의 철학적 상상 속에 나타난 동양의 모습. 저서로 『잊혀진 인도: 철학적 기억상실』(1989), 『과학과 철학, 무엇을 위함인가』(1990), 『그리스인, 로마인, 그리고 우리: 고대는 현대적인가』(1991), 『돈을 어떻게 생각할 것인가』(1992), 『철학, 프랑스, 19세기』(1994) 등이 있고, 프랑스 일간지 〈르 몽드〉에서 철학평론을 담당하고 있다.

신용호

고려대학교 불문학과를 졸업하고 프랑스 포대학과 툴루즈대학을 거쳐 파리4대학에서 박사학위 논문으로 바타이유와 니체에 관한 「당함과 여명, 한계사유로의 입문」을 발표했다. 저서로 『인간의 원무』, 『그림자의 고백』, 『축복의 시학』이 있고, 역서로 『新 죽은 자들의 대화』가 있다.

송태효

현재 고려대학교 레토릭연구소 연구교수. 에티엔 라모트의 『나가르주나의 「대지도론」 역주』를 번역중이다.